探知新视界

罗马

一座城市的兴衰史

ROME: THE BIOGRAPHY OF A CITY

Christopher Hibbert

[英国]克里斯托弗·希伯特 — 著

孙力 — 译

译林出版社

图书在版编目（CIP）数据

　　罗马：一座城市的兴衰史 ／（英）克里斯托弗·希伯特（Christopher Hibbert）著；孙力译．—南京：译林出版社，2022.8
　　书名原文：Rome: The Biography of a City
　　ISBN 978-7-5447-9162-5

　　Ⅰ.①罗… Ⅱ.①克… ②孙… Ⅲ.①古罗马 - 历史 Ⅳ.①K126

　　中国版本图书馆 CIP 数据核字（2022）第 086864 号

著作权合同登记号　图字：10-2016-367 号

罗马：一座城市的兴衰史　[英国] 克里斯托弗·希伯特／著　孙　力／译

责任编辑　王　蕾
特约编辑　荆文翰
装帧设计　iggy　韦　枫
校　　对　王　敏
责任印制　董　虎

原文出版　Viking, 1985
出版发行　译林出版社
地　　址　南京市湖南路 1 号 A 楼
邮　　箱　yilin@yilin.com
网　　址　www.yilin.com
市场热线　025-86633278
排　　版　南京展望文化发展有限公司
印　　刷　南京爱德印刷有限公司
开　　本　652 毫米 ×960 毫米 1/16
印　　张　36.5
插　　页　20
版　　次　2022 年 8 月第 1 版
印　　次　2022 年 8 月第 1 次印刷
书　　号　ISBN 978-7-5447-9162-5
定　　价　108.00 元

版权所有·侵权必究
译林版图书若有印装错误可向出版社调换。质量热线：025-83658316

献给汤姆和爱丽丝

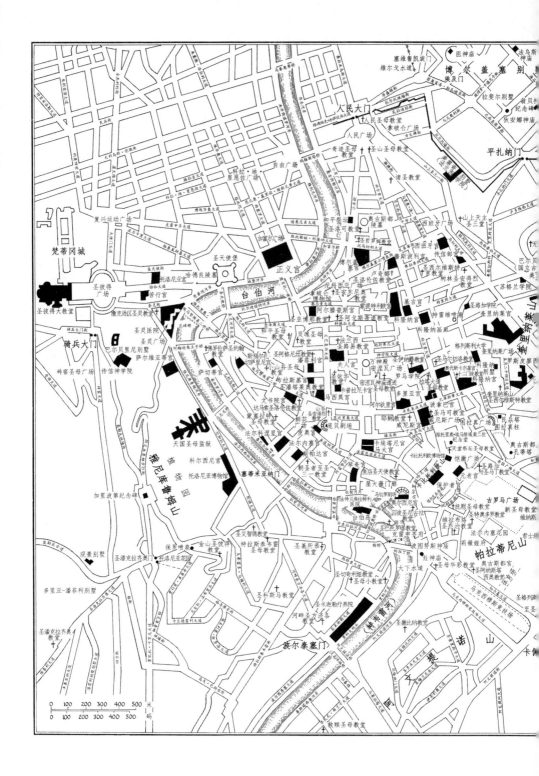

罗马地图

梵蒂冈城

圣彼得广场

圣彼得大教堂

骑兵大门

台伯河

正义宫

梵天使堡

人民大门

人民广场

自由广场

平扎纳门

博尔盖塞别墅

帕拉蒂尼山

波尔泰塞门

诺山

0 100 200 300 400 500 米
0 100 200 300 400 500 码

罗马城

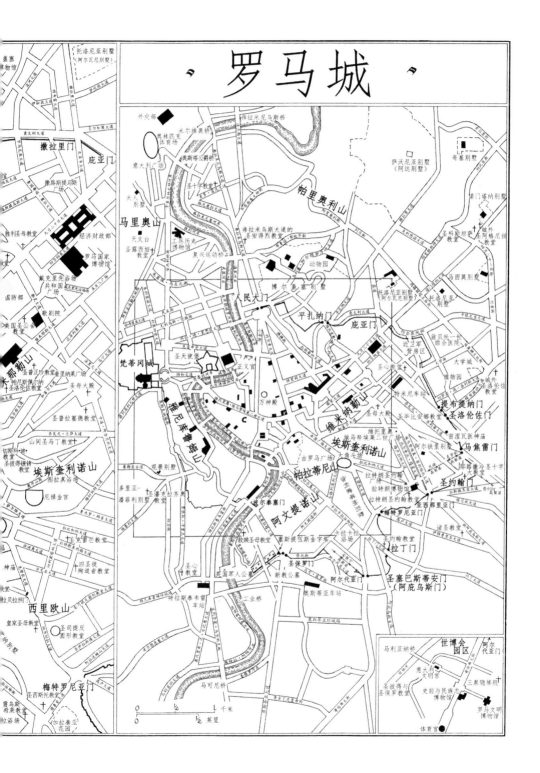

ROMA CAPVT MVNDI

目　录

序　言

　　我在写这本书的时候想把它写成一本介绍罗马城市历史和罗马人社会生活历史的书，时间跨度从伊特鲁里亚人作为罗马国王的年代一直到墨索里尼时期。而同时，我也试图让此书在某种意义上成为一本旅行指南。诚然，这本书不是一本全面综合的旅行指南，但书后的注释中包含了关于前文所提到的所有建筑和宝物的信息。我觉得本书已尽收罗马的所有主要景观。因此，我希望，这本书不仅可以使大众读者了解到罗马异彩纷呈的历史以及在罗马漫长的历史和发展过程中扮演过重要角色的人物，还能对想要有朝一日去游览或重访罗马这座最伟大城市的人具有实用价值。

　　如果没有我的朋友，前英国驻罗马大使馆参赞埃德蒙·霍华德阁下相助，这本书是无法完成的。他掌握着关于罗马和罗马人的渊博知识，在本书的每一个创作阶段都为我提供了指导。他在注释这个部分给予了我鼎力支持，在读完底稿后，他还提出了许多完善本书的建议。而如果没有我的另外一位朋友约翰·格斯特的鼓励，写这本书也不会有那么多的乐趣，二十五年来，他都是我的编辑，业务娴熟，值得信赖。他也曾无数次陪伴我漫步于罗马。

我对特莎·斯特里特同样深表感激，她既是一位无可挑剔的打字员，也是一位一丝不苟的读者。我还要非常感谢其他在不同层面帮助过我的朋友们：我的经纪人布鲁斯·亨特，维京出版公司的彼得·卡森和埃莱奥·戈登，诺顿出版公司的托马斯·华莱士，彼得·赫布斯韦特和菲利普·卡拉曼神父，本·魏因雷布和已故的罗伯托·魏斯教授，玛丽亚·奥尔西尼和泰雷兹·波伦，瓦莱丽·古迪尔和诺妮·雷，伦敦图书馆和意大利文化研究所的工作人员。我的太太为本书编制了综合索引，我会永远感谢她。

I

第一部分

1

神话、君王和共和主义者

在罗马帝国首位皇帝奥古斯都的时代，蒂托·李维，一位来自帕多瓦的年轻作家，已经在罗马生活并完成了他那部关于罗马城的史学巨著的第一部分。李维笔下的故事展开于遥远的年代，那是在他出生之前七百年的一段时期。彼时关于罗马城的起源萦绕着许多浪漫传说。罗马的风景蔚为大观，高地可俯瞰台伯河，这条河流经距高地约二十四公里的盐滩流入大海。群山脚下奔淌的溪流形成了山谷中的沼泽和小型湖泊。[1] 而山谷之外是广阔的坎帕尼亚地区，在这片寂静、呈波状起伏的平原上有密集的森林和牧场。放眼望去，平原可延伸至周边的群山，南至阿尔班山，东达亚平宁山脉，北边则可及地势高耸的伊特鲁里亚王国。台伯河的中游迂曲之处，有一座岛屿，形似抛锚泊定的船，也只有从这座岛上，人们可以轻松惬意地渡河。岛上还有座名为帕拉蒂尼的山，正是在这里，在公元前 8 世纪，蒂托·李维的史诗拉开了帷幕。

李维在书中描写了孪生兄弟罗慕路斯和雷穆斯，他们的母亲雷娅·西尔维亚是阿尔班山阿尔巴朗格国王努米托的女儿，同时也是特洛伊的英雄埃涅阿斯的后人。尽管西尔维亚本是神庙的女祭司，须为处女之身，她却称她被战神玛尔斯强暴，所生的双胞胎婴儿也被人放进篮子投入了汹涌的台伯河处死。但这对双胞胎兄弟被一只母狼救下，母狼让双胞胎喝自己的奶，并悉心抚养他们长大，直到有一天一个牧人发现了这对兄弟，把他们带回了自己的家。公元前753年，当两兄弟长大成人的时候，他们决定为他们的部落建立一座新的城池，而且这座新城要建在他们获救的岸上。为了决定谁将是新城的执政者，兄弟俩各自去向郊野之神寻求神的示意。罗慕路斯爬上了帕拉蒂尼山的山顶，雷穆斯则登上了附近的阿文提诺山的顶峰，由于神的示意是通过秃鹫显露的，二人便各自在山顶观望飞鸟。不一会儿阿文提诺山上飞过了六只秃鹫，雷穆斯遂将此兆理解为神选择回应了他的诉求。然而随后十二只秃鹫展翅掠过了帕拉蒂尼山，罗慕路斯认为这是神对他的青睐。兄弟二人为此争执不下，两人的支持者们也开始互相争斗。罗慕路斯在帕拉蒂尼山的城墙建了一半时，雷穆斯跳过了城墙，此举是不吉之兆，因为它暗示城墙很容易被攻破，所以罗慕路斯在盛怒之下杀了雷穆斯。

此后，罗慕路斯建立的城市开始发展、繁荣。然而，罗马城中虽然不乏强壮、能干的男人，女人却寥寥无几。出于增加人口的考虑，罗马城曾为其他部落的难民提供庇护，但拥入城中的难民绝大部分还是男性。为此，罗慕路斯派出使团出访邻近的部族，提出异族联姻，但这些请求都被对方以鄙夷的态度拒绝了。对罗慕路斯而言，诉诸武力来达成目的似乎不可避免，不过他进行了一番周密而狡诈的谋划。罗慕路斯不露声色，表面上掩藏了对其他部族的愤恨。他对外宣告罗马城将举办一些盛大活动来庆祝丰收节，一个被李维认为是崇拜海神尼普顿的节日，并且欢迎所有的邻近部族都来参加庆典。很多部族接受了邀请，同时也想一睹迅速发展的罗马城的城墙和民居。其中有一个族群叫作萨宾，是一个来自北方山间的富足部落。当庆祝活动达到高潮时，罗马人突袭了萨宾人的城池，劫掠了萨宾的年轻女人，把她们拖回了自己的住处，而萨宾少女们的父母则惊惶地夺门而逃。泪流满面的萨宾女人们随后得到了安抚，罗慕路斯向她们保证，作为罗马人的妻子，她们今后将被妥善对待，能与罗马人共享新集体的利益和未来的荣华。但她们必须克服现在的痛苦，用心去爱那些占有了她们身体的男人。

萨宾的女人们的确学着去和她们的罗马丈夫和谐相处了，但萨宾的男人们却无法忘记自己的女人被劫掠之耻，始终伺机报复。萨宾人终于等到了机会：这一日，罗马城卫戍部队的指挥官塔尔皮乌斯的女儿跑出她父亲的大营去寻取一些湖水供祭祀用，在山谷中她遇上了一队萨宾的士兵。在和士兵们的打情骂俏中，她被萨宾士兵说服，答应带他们进入罗马城中要塞。作为对她这种叛徒行为的回报，她要萨宾士兵把他们拿着盾牌的那只手上的东西送给她。她指的是萨宾人手上的金镯子，在当时，萨宾人从手腕到手肘都会戴这种饰品。这笔交易很快达成，在指挥官的女儿看来，她定能得偿所愿。但是，当萨宾人进入要塞后，他们并没有把他们拿盾牌的手臂上的金饰品送给她，而是直接用手上的盾牌把她砸扁，让她得到了一个叛徒应有的惩罚。在随后与罗马人的战斗中，萨宾人拔得头筹。但罗慕路斯很快召集了他麾下的勇士挽回局面，就在罗马人马上要摧垮对手之际，萨宾女人一个个披头散发，衣衫破败，跌跌撞撞地硬是挤入两军之中，因为一边是她们的丈夫，一边是她们的父亲和兄弟，萨宾女人向两边苦苦哀求，不要亲人相残。"女人的哀呼即刻取得了效果。"李维在书中写道，"现场一片肃静。没有一个男人再动，片刻后，罗慕路斯和萨宾的指挥官走到阵前言和。事实上，他们的议和更深入了一步，两方的人民统一在了一个政权之下，罗马城占据了权力的宝座。"

在随后的许多年，其他敌对部落也同罗马交战过，但他们均尝败绩。这些落败的部族被允许在罗马人的周边安家落户，罗马人口的多元性也由此得到提升。罗马的势力范围此后逐渐扩张，西至大海，东至亚平宁山脉，南至伏尔西人的地界，北至伊特鲁里亚帝国。

罗马的成功得益于罗慕路斯的领导，但这位居功至伟的人有一天却突然失踪了。那是一个雷雨交加的日子，当时罗慕路斯正在战神广场 [2] 外的空地上检阅士兵，一片乌云遮住了他，而当乌云散去，太阳重现，人们发现罗慕路斯所在的位置上只剩下了一个空空的王座。有人说罗慕路斯是被旋风卷走了，重回了神的怀抱，因为他是神所生的。另外一些人则坚持罗慕路斯是被谋杀的，说他任命的一百名元老中有嫉妒他权力的人，这些人隐藏了他的尸体。罗慕路斯离奇失踪后，政权处于空白期，众元老联合执政，一年后终于选出了新的国王，而新国王之后又陆续出现了五位继任者。国王的选拔按例都要看神的兆示，六任国王无一例外。他们中的第一任是努马·庞皮利乌斯，他是一个知书达理、爱好和平的萨宾人，也正是他让罗马人变得敬畏神灵。努马指派了一些祭司，委以特定的宗教职责，同时任命了一位高级祭司，即祭司长，赋予其管理其他祭司的权威。他还指派了处女侍祭在维斯塔神庙奉职，保护灶神维斯塔的圣火不被熄灭。此外，他还设立了专门供奉战神玛尔斯的舞蹈祭司一职，共十二人，统一着装：身穿饰有刺绣的束腰宽松衫和青铜色护胸甲。努马给这些舞蹈祭司提供了圣盾，他们在往来城中的路上会一边拿着圣盾，一边跳着仪式性的舞蹈，并跟着舞蹈的三重节拍一路高唱颂歌。努马将一年划分为十二个月份，并规定在一些日子里做生意是不合法的。他还建了雅努斯神庙，供奉门神雅努斯，神庙在战时会对外开放，而和平时期则保持关闭状态。[3] 努马在他的任期内维护了与邻近各部族的盟约，这也使他成功地给罗马带来了和平稳定。

努马死后，这种和平状态被其忠诚的继任者图卢斯·霍斯提里乌斯打破了。图卢斯统治罗马达三十二年，其间作为一名战士立下赫赫军功。下一代国王是安古斯·马奇路斯，他是努马的外孙，一心努力重现其外祖治下那些庄重高贵的宗教典礼活动。如果有战事宣告，首先会按照严格的法令性礼节和惯例仪式与敌方谈判，这些礼节和仪式后来是由罗马祭司代表即国务祭司监督执行的，但一旦议和无果，安古斯也会像图卢斯一样，为了罗马的荣耀与独立，随时准备一战。

安古斯统治时期，一个伊特鲁里亚的年轻人南下来到了罗马。此人精明狡猾、满怀抱负，他的祖父是科林斯的一个流亡者，他以卢基乌斯·塔奎尼乌斯·普里斯库斯为名，几年内便成为罗马城中炙手可热的人物，他树立的名望使其在安古斯去世后被推上王座。作为国王，卢基乌斯规划了马克西穆斯竞技场[4]，在那里举行壮观的竞技活动，让伊特鲁里亚的马匹和拳手参与其中来娱乐罗马人。他给罗马围了一道新的、坚固的城墙。他将城市广场[5]所在的低地下的水抽空，让工匠们在这个传统的会议场所周围建造房屋、商店和门廊。他还在卡比托利欧山上搭起基石来建一座新的朱庇特神庙。[6]

公元前 579 年的某一天，卢基乌斯，罗马史上第一个以伊特鲁里亚人身份当上国王的人，遭遇了暗杀。原来，安古斯的儿子们希望能继承王位，因此雇刺客将卢基乌斯杀害。然而已成寡妇的王后对外隐瞒了她丈夫死于谋杀的真相，说服了百姓接受她的女婿塞尔维乌斯·图利乌斯为摄政王，塞尔维乌斯后来进一步成了国王，得以身穿白紫相间的王袍，出行由扈从开道，每个扈从都扛着束棒——一捆绑着斧头的棍棒，这种武器是国王威权的象征，让扈从们有可以不经审判就抽打顽抗者或砍下他们脑袋的权利。

王权巩固之后，塞尔维乌斯开始了他将被后世永远铭记的伟大创举。他将罗马社会按固定的层级和财富划分为几个等级。人口普查就此产生并得到有序开展。罗马的百姓被分成不同的区进行选举表决，每一个区进而又被分为不同的等级，按照他们的财富状况，相应地承担战斗职责或享有不参战的特权。最富有的公民被要求组成骑兵队，或者作为步兵队首领，配备剑、矛和盔甲。步兵团的其他人则分成四个等级，其中最穷的人只配备投石器。最穷的公民免于服兵役，但同时也不能享有其他等级的人拥有的相应政治权利。

在按财富将罗马社会划分成等级体系后，塞尔维乌斯又将罗马分成不同的行政区域。他同时拓疆扩界，在奎里纳莱和维米那勒两座山的周围修建防御墙。他还把防御墙之外经战争得来的土地分发给了普通民众。这一分地行为引起了元老们的不悦。这种不满情绪让塞尔维乌斯的政敌，被谋杀的卢基乌斯的儿子塔奎尼乌斯看到了取代塞尔维乌斯的机会。受到他那恶毒又野心勃勃的妻子图利娅的怂恿，塔奎尼乌斯以承诺和贿赂的方式加强了他在元老院的影响力。当他觉得时机成熟时便除掉了塞尔维乌斯。图利娅以胜利者的姿态坐着马车，马车碾过塞尔维乌斯的尸体，图利娅的裙子都溅上了血。大约在公元前534 年，高傲者塔奎尼乌斯的暴政开始了。

塔奎尼乌斯宣称无业者是国家的累赘，他启动了一系列营造公共建筑的大型工程。在对伏尔西人的战役获胜后，他将战利品挥霍于朱庇特神庙的扩建和装修，那是他父亲在世时建造的宏伟神庙，如今他不仅命令来自伊特鲁里亚各地的工匠们投入扩建工程，还让成百上千的罗马无产者加入其中。马克西穆斯竞技场也开始整修，增加了很多排新座位。同时，他还下令开凿罗马的大下水道。[7]

在这个时候，李维写道："一桩令人惊慌的、不祥的事件发生了。"位于城市广场的王宫中的木柱有一条狭窄的缝，一条巨蛇从缝里钻了出来。通常，要解释这样的预兆，需要向伊特鲁里亚的占卜师求教。但塔奎尼乌斯认为，既然这怪事是在他自己的王宫发生的，那么他有资格自己做主。他决定去希腊寻求启示，因为在希腊的德尔斐有全世界最有名的神谕所可以提供答案。由于此事关系重大，塔奎尼乌斯不愿假托他人，就派了自己三个儿子中的两个，提图斯和阿伦斯，以及他的外甥布鲁图斯执行这一使命。

到了德尔斐，年轻的王子们问了关于蛇的神谕后，不禁问出了下一个问题："谁将是罗马的下一任国王？"从岩洞深处传来了回答："谁第一个亲吻他的母亲，谁就会拥有罗马的最高权力。"提图斯和阿伦斯同意相互保守秘密，让留在罗马的三弟塞克斯图斯·塔奎尼乌斯蒙在鼓里。两人又抽签决定在他们回去的时候谁可以先亲吻母亲，就在他们抽签时，看上去安分老实，实际上机敏而又充满野心的布鲁图斯佯装跌跌撞撞地摔倒在地，亲吻了大地——万物生灵之母。

两个王子回到意大利后便与三弟及一众朋友聚在一起喝酒，席间聊起了家人的美德和妻子的忠诚。聚会上有个人叫科拉提努斯，他非常自信地声称他的妻子卢克蕾西亚是全罗马最贤淑的女子，并承诺要证明他的观点。他说如果大家现在突然造访他的妻子，她绝对正在做些有用的而无害的事情，不会像酒席上其他人的妻子那样。科拉提努斯的话果然得到了验证，其他人的妻子都沉醉于奢靡的宴席，卢克蕾西亚却正和身边的女仆们在灯下辛勤地纺纱。看到众人来访，卢克蕾西亚起身向丈夫和他的朋友们，也就是那些王子致意。科拉提努斯因证明了自己的观点而非常得意，邀请众人和他共进晚餐。

席间，三个王子中最年轻的塞克斯图斯·塔奎尼乌斯被女主人的美貌和毋庸置疑的高尚节操迷得神魂颠倒。他色欲熏心，意图强占卢克蕾西亚。几天之后，他趁卢克蕾西亚独自在家时潜入宅中，摸进了卢克蕾西亚的卧室。当他把手放上卢克蕾西亚的胸部时，卢克蕾西亚惊醒了。他在卢克蕾西亚耳边小声威胁道："卢克蕾西亚，别出声，我是塞克斯图斯·塔奎尼乌斯。我带了家伙，如果你叫出声，我就宰了你。"但卢克蕾西亚并没有屈从于他的淫威和哄骗。塞克斯图斯·塔奎尼乌斯又威胁说他要在世人面前羞辱她，先杀了她，再割了一个奴隶的喉咙，把他赤裸的尸体放在她的身旁。"你说人们会不会以为你的死是因为你被捉奸而受到了惩罚呢？"他问道。这一下卢克蕾西亚屈服了，于是塞克斯图斯·塔奎尼乌斯占有了她，然后大摇大摆地走了。

第二天，卢克蕾西亚对她的父亲、丈夫以及丈夫的朋友布鲁图斯讲述了发生的一切，然后从袍中抽出一把刀捅进了自己的心脏。布鲁图斯将刀从她身上拔出，举在自己的面前宣誓道："以卢克蕾西亚的鲜血和众神之名起誓，我要用剑、火和一切能赐予我力量的武器追杀高傲者塔奎尼乌斯、他狠毒的妻子和他的子嗣，我绝不会再让这些人和其他任何人做罗马的国王！"

在布鲁图斯慷慨激昂的鼓动下，罗马的人民拿起武器奋起反抗暴君。塔奎尼乌斯和他的长子、次子被迫流亡至伊特鲁里亚，塔奎尼乌斯的小儿子塞克斯图斯被杀。罗马的王政时期终结了。约在公元前507年，布鲁图斯和科拉提努斯被共同推选为罗马的第一任执政官，罗马的共和国时代正式开启。

以上便是关于罗马早期历史的传奇故事，这些传说里表露的罗马人的品质和行为让后世的罗马人油然生敬；如果他们伟大到发明出了如此动人的传说，那么如歌德所言，我们至少也可以足够伟大去相信这些传说。事实上，这些很多源自古希腊的神话尽管有些天马行空的渲染成分，却是有一定的事实依据的。相传罗马建成于台伯河上的那几座山，而这些山中确实存在着铁器时代的定居点，其中一处小屋被称作罗慕路斯府，位于帕拉蒂尼山的山坡上，作为史迹展示一直保留到了罗马帝国时代。我们也的确有理由相信罗马人曾生活在这些定居点中，他们和萨宾人融为一个群体，共同服从一个国王的统治。有足够明显的证据表明罗马人的等级结构和据说被塞尔维乌斯·图利乌斯强加于他们的军事职责是真实存在的。还有一些证据表明了伊特鲁里亚人影响了罗马的制陶工艺和城市广场的排水系统，各种传说将这种影响归因于塔奎尼乌斯·普里斯库斯，这个从伊特鲁里亚流亡到罗马的人后来成了罗马的国王。

这些伊特鲁里亚人是一群很神秘的人，他们有可能是从巴尔干地区漂洋过海到达意大利的，也有可能是从北方经由陆路在波河流域和西海岸地区（即日后的托斯卡纳）安家立业的。伊特鲁里亚人是制造金属器和陶器的专家，他们同时也是精力充沛的商人，与意大利南部的希腊城市有着红火的贸易往来。伊特鲁里亚人迁至罗马并不奇怪，因为罗马的山丘是离海最近的地方，可以从这里跨过台伯河，它还通往台伯河入海口处的一片盐床，那儿滋生了一条"盐道"，可通往佩鲁贾和北部其他一些伊特鲁里亚城镇。

伊特鲁里亚人在罗马立足之后，给这座城市带来了广泛而深远的影响。罗马的国王采用了伊特鲁里亚人的服装、王权的标志和礼仪用椅，即后来成为罗马行政长官权力象征的权贵座椅；罗马祭司效仿了伊特鲁里亚的宗教活动和他们占卜预言的方法；罗马的农民则学习了伊特鲁里亚人的耕地和排水之道；伊特鲁里亚人用人和动物作祭祀品来抚慰死者躁动不安的灵魂，这成了后来罗马圆形剧场内经常上演的节目，而伊特鲁里亚的斧头和棍棒日后也成了法西斯主义的标志之一。

对伊特鲁里亚国王的驱逐以及随后不久爆发的与敌国的战争让罗马人进入了艰难时期：贸易戛然而止，农业一蹶不振，瘟疫肆虐不绝。为了平息神怒，新的神庙在罗马相继动工，这些神庙被分别献给了阿波罗（医神）、刻瑞斯（丰收女神）、墨丘利（商业之神）和能庇护庄稼免于枯萎的农神萨图尔努斯。但罗马人艰难困苦的日子仍在继续，贫穷的罗马人越来越认识到他们在共和国与以前他们在王政时代一样对国治没有什么话语权，也没有什么权利。

约在公元前494年，罗马平民百姓的不满最终引发了一次反抗行政长官和元老院统治的起义。在这次起义过程中，罗马还同时面临敌对国家的威胁。起义的平民们浩浩荡荡地冲出罗马城，登上阿文提诺山，扬言要建立一个新的城邦。他们选出了两名保民官作为人民的代表，随后又成立了一个十人委员会来编纂法典。由十人委员会编纂的《十二铜表法》是罗马法律史上第一份里程碑式的文献，这套法典被刻在铜碑上展示于城市广场，此后世世代代的学童都被要求诵记《十二铜表法》的条文，并将其视为共和国的丰碑。罗马共和国的军团经常会携带带有"元老院与罗马人民"字样的物件，这种标志彰显了共和国的伟大。《十二铜表法》在内容上体现了一些改革，它将本质上乡野的、高度保守的罗马社会所沿用的传统习俗编纂成文。《十二铜表法》中的很多条款尚显粗鄙，但确实向"法律面前人人平等"的目标迈进了。法典中的刑罚颇为严酷，比如它规定："任何人焚毁任何建筑或堆放在室外的积粮，都将被捆起来鞭打，然后放在火刑柱上烧死；如果有人创作了或者唱了一首中伤诋毁他人的歌，这个人将被棍棒打死；如果偷盗行为发生在夜间，那么户主刺死小偷将被视为合法行为；如果窃贼是奴隶，他们在偷窃过程中被当场抓获的话，将受鞭笞然后从［塔尔皮娅］悬崖[8]扔下去；如果一个人有激怒敌人或向敌人出卖同胞的行为，那么他将被处死。"《十二铜表法》同时也规定，"无论是谁都不得杀死一个没有被定罪的人"，法典也包含了其他一些保护弱者不被强权欺压的条款。

尽管《十二铜表法》颂扬公义，罗马的平民们却并未能借此分享半点元老院的权力。那些法典中赋予他们的权力，比如说只有他们有权在公民大会上宣战，其实也没有什么实效。元老院仍然是实际掌控罗马的权力机构，而且元老院中的议员无不来自富贵之家，这些人看似公平地把共和国的重要部门的职位占了个遍。在各个要职中最举足轻重的当属执政官一职，他们脚穿带有月牙形鞋扣和皮鞋带的红色凉鞋，身穿带有紫色宽带子的托加袍。跟先前的国王一样，他们由十二个扈从随行，每个扈从都拿着束棒，一种由棍棒和斧头组成的武器，代表着国家的权威。共和国的其他部门也由贵族把持，其中，有在公元前 421 年之后专门主管财务的财务官；有公元前 440 年设立的监察官，负责监督税收，税收也是决定公民纳税额和服兵役的重要指标。此外还有裁判官，负责主持法庭事务，以及市政官，负责城市的街道、神庙、排水系统和集市场所，市政官还负责公共展览、竞技和节日的组织安排。在紧急时期，将有一名独裁官获得任命，他享有最高权力。独裁官平时由二十四名扈从护拥出行，但他不能在罗马城内骑马，如果获准骑马，恐怕独裁官会产生一种自认为君王的跋扈感。

除政府部门之外，罗马共和国还设有宗教部门，这些部门同样被贵族掌控，贵族们费尽心机不让相关职位落入平民之手。宗教部门中的职位都很有分量，其中以祭司长最为位高权重。祭司长主管"圣法"，主持掌管大祭司团，他不仅负责历法的调整，维持一年三百五十五天，同时还负责涉及生与死的大事，比如婚礼、领养、葬礼等，这些事件中都包含仪式。祭司长还主管供奉维斯塔的贞女，灶神维斯塔的圆形神庙位于城市广场中部，是罗马最早建造的一批神庙之一。[9] 供奉维斯塔的女祭司们没有任何身体上的瑕疵，她们在六到十岁的年纪被挑选出来，由她们的父亲交到城市广场上的维斯塔贞女府[10]，从此祭司长对她们全权负责。这些女祭司被要求三十年内不得结婚，在此期间她们必须全身心供奉，执行规定的仪式，看护象征国运的圣火。用希腊历史学家哈利卡纳苏斯的狄奥尼修斯的话来说，"维斯塔贞女一旦有过，将面临重罚"。"犯了一点小错的维斯塔贞女会被棒责，而那些失贞的女祭司将会以一种最可耻、最痛苦的方式被处死［活埋］……有许多征兆能够暗示某个维斯塔贞女不再拥有贞洁的身体来履行她神圣的职责，最明显的一个征兆是圣火的熄灭，它被罗马人看作最可怕的灾难。无论是什么原因造成了圣火的熄灭，罗马人都认为这预示了罗马城的灭亡。"

维斯塔贞女像：维斯塔贞女为专门敬奉灶神维斯塔的女祭司，她们平时穿祭典礼服，这种礼服通常只有新娘才会穿

除上述职责外，祭司长还要确保诸神不被戏谑或冒犯，同时将诸神的意愿昭告天下。祭司长手下的占卜官能够帮助他揣测神的想法和指令，占卜官是解读神意的专家，他们能够根据电闪雷鸣、祭祀动物的内脏活动和鸟的迁徙来领悟诸神传达给大地的意愿。

罗慕路斯看到了振翅掠过的秃鹫，他把这个现象看作他建城称王的吉兆，自罗慕路斯之后，罗马人便十分重视预兆及对其合理的解读。在危险时期常常有些奇事发生，罗马人对此总是高度敏感，比如他们会关注哪里生了个怪胎，什么时候天上出现了奇怪物体，还会关注滴血的雕像、会说话的动物、哭泣的庄稼以及从天而降的石头和肉等。只有占卜官知道解读预兆的那套绝密法则，他们可以用各种方式对预兆予以解读，有时候解读甚至是杜撰的，所有占卜官实际上拥有巨大的权力。要阻止一次选举，占卜官只要宣布当天不是吉时，不宜进行选举；要阻碍一项法令的颁布，占卜官只要声称预兆表明了众神对该法令的反对。西塞罗后来承认占卜官算得上是可以让他重返政坛的"唯一诱因"，他甚至说：

> 在这个国家拥有最高、最重要权威的人是占卜官。还有什么权力能比休停议会……或者阻止议会颁布法案、宣布议会通过的法案无效的权力更大呢？有什么权力能比占卜官仅凭一句"改天吧"就取消已经开始的各种活动的权力更重要呢？有什么权力能比可以迫使执政官下台的权力更令人震惊呢？又有什么权力能比批准或者禁止举行公民大会的权力更神圣呢？

毋庸置疑，罗马人民对于占卜官的结论总是乐于接受，言听计从。罗马人对神明的敬畏深重，总是严格细致地操办对神明的祭祀，他们一丝不苟地对待宗教仪式的形式，如何操办仪式变得和仪式本身一样重要。保守派政客马尔库斯·波尔基乌斯·加图是祖辈传统习俗的忠实拥护者，也是一个富农，他在公元前160年写的关于农业的专著被认为是现存最早的一部完整的拉丁语散文著作。加图曾对其他农民建议道：

> 在收割庄稼之前你应该按下列方法先献祭一头母猪：在你囤积包括斯佩尔特小麦、小麦、大麦、豆类、油菜籽在内的粮食作物之前，你要将母猪献祭给刻瑞斯。而在献祭母猪之前，你要焚香上酒祭拜雅努斯、朱庇特和朱诺。祭拜雅努斯的时候要供奉一块糕点，同时要说："雅努斯神，我献上这块糕点，许下美好的祈愿，愿你能庇佑我、我的孩子、我的家宅还有我所有的家属。"[你还要]在白天的时候去树林里用耕牛祭拜玛尔斯·西尔瓦努斯，还要准备三磅的斯佩尔特小麦粉、四磅半的猪油、四磅半肉、三舍克斯塔里*的葡萄酒……女人不得在场，祭拜过程不得被女人看到。

关于祭拜神明时应该说些什么，不同的神应献祭什么样的供品，应该怎么称呼不同的神，也都有准确的指导。

罗马的神明多得不计其数，每个神根据各自神力都相应有一套特定的、精细的祭拜方式。种在地下的种子有它的守护神，长在地上

---

* 舍克斯塔里（sextarius，复数 sextarii），古罗马容量单位，约合0.5升。——译注

的作物有另外的守护神，作物囤积起来的时候又有其他守护神。诺都图斯是茎神，沃路缇娜是叶鞘之神，弗洛拉是花神，马图塔是成熟之神，伦西娜是收割之神。

每一个神都有其专属祭司，但这一职位因有百般禁忌限制，远远不及占卜官吃香。比如朱庇特的专属祭司不得骑马、不得看到排兵列阵，他不能说出某些食物的名字也不能吃它们，他不得从葡萄架下经过，在露天场合必须戴帽子。此外，据律师奥卢斯·格利乌斯称，朱庇特专属祭司睡的沙发底部要涂一层薄薄的黏土，而且他不能连续三晚不睡床，他那张床绝不可以被别人睡……如果他丧了偶，就得卸任专属祭司一职。除非死亡，否则他的婚姻不能终止。

在卡比托利欧山的朱庇特神庙，也就是朱庇特专属祭司司职的地方，存放着"西比拉之书"，书中藏有关于罗马命运的答案，也因此被尊为占卜官的谶言。根据塔奎尼乌斯·普里斯库斯的描述，这些命运之书记载了一个著名女先知解释神谕的语录，这个女先知来自位于坎帕尼亚的希腊城邦库迈，这些书后来经人购买被带到了罗马。"西比拉之书"被严密守护在朱庇特神庙中，被珍视为圣物，每逢重大决策，这些书都会成为重要参考。但这些书中语焉不详，多疑的西塞罗就曾抱怨说，书里没有任何明确的时间和地点，掌管这些书的人，即占卜官，可以随意把书中的话解释为他们想要的预言。因此，占卜官一职的政治影响力庞大，它也成了罗马的平民极力争取对他们开放的职位。

平民阶级为争取政治权力进行的奋斗也取得过一些成效。比如在公元前445年，《十二铜表法》颁布后不久，一个平民和一个贵族被允许结婚，而法律上是禁止这种通婚的。公元前348年，规定了两个执政官之中的一个必须是平民；公元前338年，规定了元老院应自动批准经公民大会表决通过的措施。到了公元前287年，国家遭遇危急时刻，在独裁官昆图斯·霍尔滕西乌斯的临时政府管控时期，规定了平民议事会通过的决议无须元老院首肯也具有法律效力，看起来这个规定是平民阶级的一次大捷，但在实际操作过程中却并没有什么效果。因为平民议事会中的领导层和富裕的成员并不想惹恼当权者，甚至连作为平民议事会指路人的保民官，也因为被许以享有元老的特权而渐渐冷眼旁观为平民争权的事情。所以平民其实没有能够尝到胜利的果实，他们还是被贵族蔑视为下等人，贵族依旧掌控着元老院，而元老院控制着国家。

在阶级斗争的漫长岁月中，罗马的势力范围日益扩张。意大利中部的敌对城邦尽数被击败，其中包括伊特鲁里亚，它的都城维爱距罗马仅十六公里，在战争中被彻底摧毁。败军中有人获准成为罗马公民，享有一切公民权利；有人只享有部分权利；那些尚不好处理的人则臣服于罗马，直到他们被认为有价值才获准加入发展壮大的联邦。然而，在公元前4世纪末，罗马遭遇了一场大败，当时高卢游牧民族跨过阿尔卑斯山长驱直入意大利。"复仇者们咆哮而来逼临城下，城中惊恐的人们慌忙操起武器，"李维记载道，"野性的战歌和刺耳的吼叫在空气中震荡，让人心悸。那些咆哮的人们，他们的生活本身就是一场狂野的冒险……人们四散逃命，逃离战场，逃离广阔的故土，沿途数里都有大群掉队的人马，他们哭喊着'去罗马'。"

罗马军团在城北遭遇溃败，高卢人的军队拥进了城门大开的罗马。据李维描述，所有能够携带武器的男人，连同妇女、儿童和健壮的元老都撤退到卡比托利欧山上的堡垒中，罗马城内只留下了老弱病残。留下的人中包括年迈的贵族，他们穿着正式的长袍，这种装扮只有他们在职时才会有。他们坐在行政长官那镶嵌象牙的椅子上，在庭院中等死。后来敌人发现了他们。

他们看起来好像圣殿里的雕像，有一阵子，高卢的士兵们站在那儿看他们看得入了迷。一个高卢士兵忍不住摸了一下一位叫马尔库斯·帕皮里乌斯的人的胡子，因为他胡子很长，留得非常老派，结果这个罗马人用象牙拐杖敲了高卢人的脑袋。这下这群野蛮人被激怒了，他们随即大开杀戒：高卢人杀死了那个长胡子贵族，其他人则在他们坐的椅子上被屠戮。从那一刻起，他们不再手软，洗劫了房舍后将空屋付之一炬。

今天的罗马还能找到当年那场大火的痕迹，比如城市广场角落的一片被烧毁的废墟、屋顶的碎瓦、炭化木头等。

卡比托利欧山是罗马人抗击高卢人的据点。高卢人白天的袭击被打退后，在一个星星闪烁的夜晚，高卢人试图再一次发起进攻。他们无声无息地攀上了陡峭的山坡，一个接一个地传递武器。罗马人的岗哨丝毫没有察觉，就连狗都没叫一声。

但高卢人最终还是被警觉的鹅给发现了。鹅本是供奉给朱诺的牺牲，但由于鹅的数量过少不足以敬供，罗马人并没有宰杀它们。这些家禽的叫声和它们拍打翅膀的声音惊醒了马尔库斯·曼利乌斯。此人正是三年前的执政官，同时也是个骁勇的战士。他拿起武器，一边叫醒其他人也抄家伙，一边从迷迷糊糊的战友身边跃过，冲向一个已经爬上山顶站稳脚跟的高卢人，抡起盾牌把对方砸倒。这个高卢人脚下一滑，从山上摔了下去，结果这一摔又掀翻了他后面的人。有的高卢人见势纷纷丢了兵器，死死抓住岩石，但随后也被曼利乌斯干掉。此时，其他罗马人齐上阵，用投枪和石块猛击侵略者。不久，整个高卢兵团都失去了立足之处，一头坠下悬崖而亡。

到这个时候，高卢人的军需开始不足，房屋被焚散发的呛人烟尘弥漫在他们的军营中，疾病开始蔓延，堆积如山的尸体被放在一个叫作"高卢柴堆"的地点焚烧。高卢方面准备停战，活着的高卢人一心想着回国去对付自己边境上的敌人，他们在接受了一笔赔偿金后撤军了。

对罗马而言，这是一次惨痛、可耻的教训，罗马人采取了一系列措施来确保日后能够更好地守卫城池。在塞尔维乌斯·图利乌斯修建防御墙的地方，一道新的由火山岩构成的城墙建了起来。这道城墙是由希腊的工程师设计的，圈地逾四百公顷，罗马的七座山丘也被它围入其中。[11] 今天我们还能看到这道城墙的大部分城门，罗马军团从这些城门出征，征战无数，攻击艾奎人、赫尔尼基人和伏尔西人、萨莫奈人、翁布里亚人，还有高卢人。罗马人屡战屡胜，收服列国。成千上万的外族人被带回罗马为奴，很多奴隶后来获得了自由。当时意大利南部仍属于希腊人的势力范围，但到了公元前 265 年，罗马人控制了这片地区，一举成为波河以南的意大利半岛上的霸主。

彼时，西西里仍不在罗马的势力范围内。罗马对西西里岛的野心导致了它和迦太基的战争。迦太基乃北非海上霸主，其战舰和海军控制了地中海西部的大部分区域。罗马人和迦太基人的第一次战争持续了超过二十年，其间罗马在暴风和激烈的海战中损失了五百多艘战舰。但根据公元前 241 年的一份和约，罗马人控制了西西里的大部分地区，随后又控制了撒丁岛和科西嘉岛。罗马与迦太基的第二次战争开始于公元前 218 年，这次战争让罗马军队伤亡惨重。此战大败罗马的是迦太基的出色将领汉尼拔，他率部翻越阿尔卑斯山，手下的兵团和战象一次次重创罗马军团，尤其是在意大利南部的坎尼大获全胜，歼灭了三万多名罗马士兵。后来，罗马人在梅陶罗河击溃了汉尼拔的兄弟哈斯德鲁巴，报了坎尼大败之仇。但是汉尼拔在意大利始终保持不败战绩，他那支饥饿的部队在罗马的郊外摧枯拉朽。由于缺乏围城装备，汉尼拔并不想攻占罗马城。但在这次漫长的战争期间，有好几次罗马人都以为汉尼拔会来攻城。一次是汉尼拔在罗马城数里外安营扎寨，从罗马城墙上可以直接看到他。罗马人轻蔑地拿汉尼拔的营地地址来拍卖，还拍得了高价。还有一次，城里出现了一些奇怪的征兆，甚至有两名维斯塔贞女失节，她们一个按惯例被活埋，另一个自杀了。罗马人从"西比拉之书"中寻求答案，按照书中的指示，一对高卢男女和一对希腊男女在集市被活埋。最终，公元前 204 年夏天，在一位年轻的、资质过人的将军的率领下，一支强大的罗马军团渡过地中海抵达非洲，这位将军就是普布利乌斯·科尔内利乌斯·西庇阿。汉尼拔被召回非洲应对危机，但两年后在一场决定性的战役中兵败于迦太基西南部的扎马。迦太基的霸主地位从此失落，公元前 146 年，为了防止迦太基东山再起，罗马人将迦太基夷为平地并屠杀了当地居民，这也应了加图的屡次呼吁。加图在元老院演讲时，不论涉及什么主题，都会以"迦太基必须毁灭"作为结束语。

此时罗马的版图不止越过了地中海触及北非，还跨过了亚得里亚海触及伊利里亚、西班牙和叙利亚。马其顿已经成为罗马的一个行省，此后不久希腊也将变成罗马的阿提卡省。

希腊的思想、文化对罗马人的生活产生了深远的影响。和希腊人打过仗的士兵、东部地区的使馆官员以及罗马在希腊行省的行政人员回到罗马之后无不推崇希腊的建筑师、雕刻师、制陶工人、家具工人、教师、哲学家和作家。很快，罗马社会生活的方方面面都或多或少地受到了希腊的影响。希腊的教师来到罗马传授年轻人各种艺术和技艺，从语言到文学，从修辞到哲学，从摔跤到狩猎……在教小孩子时，希腊人总是说希腊语，这门语言成了高等教育的专用语言。在此之前，人们普遍接受和使用拉丁语作为教授语法的专门语言。来到罗马的还有希腊艺术家，在罗马，有钱人的房子里摆满了希腊的雕塑、针对罗马市场特别制作的希腊雕像的复制品，以及浮雕和珠宝饰品，这些浮雕和饰品是由希腊奴隶或被解放的奴隶制作的。这些房子也是按希腊的建筑师推荐的方案设计的。通常，建造房屋会采用罗马当地的石头，外部涂上灰泥，屋顶的瓦片涂上黏土。房屋的几个房间都朝着中庭。后院比较小而清幽，往往作为花园，被柱廊围绕，也被称为"绕柱式庭院"，这个名称也源自希腊语。[12]

希腊诸神也被列入了罗马的万神殿。现有的罗马众神都有各自对应的希腊神祇。比如朱庇特对应于宙斯，维纳斯对应于阿佛洛狄忒，朱诺对应于赫拉，狄安娜对应于阿耳忒弥斯。此外，一些新的神也开始被崇拜。大约在公元前186年，人们对希腊神话中的酒神和狂欢之神狄俄尼索斯，即巴克斯的崇拜，在罗马风行一时。狄俄尼索斯的信众声色犬马、纵情狂欢，关于他们此类行为的传闻让罗马高层产生了警惕。"这种宗教信仰包含了酒宴之乐，是为吸引更多的人来崇拜。"李维写道。李维对酒神节有非常生动的描述。"信众们喝得酣歌醉舞。夜色降临，所有的礼义廉耻都被他们抛诸脑后，男的和女的、年纪小的和岁数大的交缠在一起，所有人都放浪不堪，沉溺于各自欲望的满足之中。"据称这种酒神崇拜是对革命活动的掩护，因此元老院下令，未经允许，任何人不得进行酒神崇拜活动，并且一次活动参与者不得超过五人。

在大部分老派的、德高望重的元老看来，罗马共和国在公元前 2 世纪末已经衰败。祖辈们的美德，比如他们的耐心、智慧、节俭、勤奋、忠诚、自律和强烈的责任感为他们赢得了独立和广阔的疆土。但罗马也付出了巨大的代价。掠夺和战争赔款给罗马城带来了巨大的财富；罗马城中有西班牙的金银器饰，有来自东方的豪华的帷幔床、花哨的床单、青铜睡椅和华贵的家具，这些都是罗马人从来没有见过的高端奢华之物。罗马的威武之师源源不断地从圣道运回战利品。打了胜仗的将军脸上涂着血红色的记号，穿着华丽的衣衫，手上还捧着金色的王冠，王冠因为太沉而戴不了，所以只能举在头上。他手下得意的士兵们一路哼着歌，歌词中含有各种下流笑话和对领袖的调侃。俘虏的队伍很长，一眼望不到头，对于俘虏中的头领而言，这将是他最后一次在大地上行走，不久后他就要在卡比托利欧山下的地窖里被处死。战车跟在俘虏队伍之后，碾过地上的石头时发出咔嗒咔嗒的声音，紧跟着的是满载着战利品的马车，车上拉着宗教礼服、壁毯、黄金器皿、镶着宝石的刀鞘以及各种艺术品。在过去，大部分战利品都交由国家保管，或是用于敬奉诸神，只有一小部分战利品会分给士兵。而现在，军队能拿多少战利品就拿多少，功成名就的将领往往拥有惊人的财富。

进入罗马的不光是战利品。征服西西里后，大量的小麦以纳税的形式进贡罗马，这些粮食足够养活全城人大半年。公元前167年后，罗马公民自己再也不用上缴此类粮食税了。面包师成了司空见惯的职业，而此前面包是由私人在家中制作的。曾经被古人视为最低等奴隶的厨子，变成了众人眼里的"香饽饽"，他们干的活过去被当成只是仆人干的，如今却被看成了一种高雅艺术。除了战利品和粮食，数以千计的奴隶被带到罗马，投入到各个行业中。有的在城市作坊中被剥削免费劳动力，有的去了城外的农场和牧场，有的去了富贵人家的葡萄园、橄榄园中干活。奴隶的到来让罗马那些贫穷的乡下人被迫挤进城里去找工作，但这依然于事无补。这些贫农的遭遇很惨，但奴隶的处境更糟，因为他们总是被虐待。罗马的法庭只会相信奴隶在受过严刑拷打之后说出的证词；如果一个奴隶被他脾气暴躁的主人激怒，一下没忍住持械反抗，他和与他共事的奴隶都会被诛杀。加图曾表示干活的奴隶饮食要简朴，不能吃肉。如果有奴隶干不了活了，他就会被卖掉，能卖多少钱就卖多少。有时候奴隶们会操戈反抗，发动起义。但每次起义无不被血腥镇压。

除了奴隶和不满的贫农，一个新的阶级在与迦太基的战争进入尾声的时候开始引人注目。他们是罗马的富商，被称为骑士派。因为在过去他们有足够财力买马，正是由于他们供马才组建了罗马军队中的骑兵团。这些人并不想谋求什么政界职位。的确，让他们进入元老院意味着要他们放弃主要的收入来源，因为元老及其子嗣的收入来自地产，还有在当时被看作农业分支的砖瓦制造业。骑士派不得参与竞争政府合同，也被禁止放贷，他们也不得拥有可进行海外贸易的大型船只。

元老们的阶级归属也在发生变化，涌现了一支被称为"贵族派"的精英派系。他们自诩为"最优秀的人"，并不以家族庞大显赫为荣，而是以其家族中曾有多少人担任过共和国的高官为豪。这些人的家中摆满了杰出先人的面具、半身像和雕像，时刻提醒自己和宾客他们的家族在建设罗马的过程中所发挥的重要作用。在礼节性的场合，尤其是在葬礼上，虔敬的仆人会高举主人家族前辈伟人的半身像，演员会戴上面具，穿上礼袍，佩戴官职勋章，发表歌功颂德的演说，演说内容多为不朽的传说，而非有据可考的事实。贵族派属于保守派，很多时候也是反动派，他们非常认同西塞罗在《论共和国》中通过西庇阿·埃米利阿努斯之口讲出的话："没有哪种政体，从法律上说也好，从理论上说也好，从实践上说也好，能够和我们的父辈留给我们的政体相提并论，而他们那个时代的政治体制也是由他们的父辈传下来的。"贵族派坚决拥护元老院的至高权力，声称公民大会应当服从元老院的领导，听从元老院的合理建议。

在政治上和"贵族派"唱反调的是"平民派"。虽然名字看起来像是个平民组织，但平民派的大部分成员来自老一辈元老家族，他们赞成在宪法、司法以及土地方面进行改革。平民派得到了骑士派的支持。骑士派被提比略·格拉古宣扬改革的提案所打动，此人是个年轻的贵族，在公元前133年曾被选为保民官。但由于格拉古的改革方案过于激进，深深触痛了贵族派，在他当选后，他在卡比托利欧山的朱庇特神庙前被谋杀。格拉古的三百名支持者也被杖杀，他们的尸体被扔进了台伯河。提比略的弟弟盖乌斯·格拉古精明而充满干劲，是一个出色的演说家，他一心继承哥哥的改革事业。有一段时间盖乌斯离成功只有一步之遥，但是他想让大部分意大利人享有罗马公民身份，这使他失去了人民的支持。因为他的这个方案允许外来人和罗马人分享罗马人才有的免费娱乐活动和廉价粮食，并让外来人也可以因为公民大会上的投票权而收取贿赂。公元前121年，盖乌斯也被赶下了台。为了求生，盖乌斯不得不逃亡。当他逃到台伯河上的一座木桥，眼看就要落入追兵之手时，他让一个忠诚的、一路追随他的奴隶杀了自己。有不下三百名盖乌斯的支持者随后未经审判便被处以极刑。

罗马政界的政见不合最终发展为一场前所未有的暴力冲突。贫苦百姓对富人贵族的仇恨达到了顶峰，罗马共和国堕入苟延残喘的阶段。就在此时，一个来自统治阶级之外的士兵脱颖而出。此人叫盖乌斯·马略，他勇猛、粗犷、直率。他拒绝学习希腊语，理由是他觉得使用一个被统治民族的语言很荒谬。他做生意赚了大钱，成了纳税大户。盖乌斯·马略曾在军中服役，参与过在北非镇压当地王室叛乱和在意大利北部前线抗击日耳曼部落的战斗，表现骁勇。他打造了一支全新的部队，他招募士兵时不再考虑他们的财产情况是否符合参军资格，士卒不再是需履行公民职责的人，而是自愿入伍的无业平民。这些人在罗马的银鹰军旗下征战，始终对供养他们的将军效忠。元老院对这支部队怀有戒心，士兵们也不听从元老院的号令。

在军队忠诚于谁这方面所发生的变化日后将产生深远的影响，但比起军队的问题，当下元老院更担心的是一场由愤怒的意大利同盟国挑起的战争。在罗马赢得北非战役和抗击日耳曼部落战役的过程中，这些同盟国功不可没，但他们始终不能享有罗马公民身份，尽管盖乌斯·格拉古和他的支持者尽力争取过。这场战争被称为"同盟者战争"，罗马所面对的不仅是昔日盟友的军队，还有萨莫奈人的部队，萨莫奈人无法忘却其先辈败于罗马之恨，他们图的并不是罗马公民身份，而是独立。这场战争一直持续到公元前 87 年，据退伍军官维莱伊乌斯·帕特尔库鲁斯的描述，这场战争"夺走了超过三十万意大利年轻人的生命"，后来元老院不得不做出妥协。即便如此，罗马仍没有迎来和平。马略因为自己未被授予军队的最高指挥权而愤然离去，这一走让曾在马略麾下任参谋官的卢基乌斯·科尔内利乌斯·苏拉有了出人头地的机会。苏拉是个富有的贵族，才华横溢、足智多谋，他后来建立了同马略一样的威望。当小亚细亚耀武扬威的国王米特里达梯六世开始扩张势力范围，不断击败罗马盟国，侵入罗马在东方的行省和附庸王国时，苏拉被授予了罗马军队的指挥权。但此次任命随即因马略支持者们的挑唆而被取消。这些人推拥马略执掌帅印。并不接受换帅的苏拉离开罗马，率领本已远征小亚细亚的兵团重返城中，宣布马略为罪人，迫使马略流亡北非。马略在非洲并未逗留太久，他趁苏拉出征希腊攻打米特里达梯之时潜回意大利，召集旧部组成了一支军队，并与另一名充满野性的将军卢基乌斯·科尔内利乌斯·秦纳联手挺进罗马，向苏拉的党羽复仇。马略在这场复仇中表现得极其残暴，他屠杀了主要敌人，放任自己的士兵和奴隶烧杀抢掠、奸淫妇女。公元前 86 年，第七次当选为执政官后不久，马略病逝。秦纳接手统管罗马，两年后，秦纳在一场兵变中被杀，当时他正着手准备领军对付仍在希腊的苏拉。

公元前 82 年，苏拉班师回国，再一次出现在意大利。由平民派控制的元老院派出了一支军队抵挡苏拉进入罗马，但苏拉率兵势如破竹地杀进城中，其屠杀对手的暴戾程度比起马略有过之而无不及。单单是苏拉的护卫就杀了将近一万人，其中包括四十名元老。一千六百名骑士和不计其数的平民财产被苏拉的部队侵吞。不久后，苏拉自封为独裁官，赐土地于十万部下，这些土地都来自被屠杀的家族。

在随后的两年中，苏拉，这个脸上斑点和坑洼多得就像撒了燕麦的桑葚一样的男人独掌了罗马大权。为了维护贵族派的利益，苏拉通过了一系列保守法案，恢复了元老院的寡头统治，削弱了保民官的权力。他同时着手开展宏伟庞大的市政工程。他拨款建造了新的元老院议政厅[13]和档案馆[14]。他娶了他的第五任妻子，"一个来自煊赫世家的绝世美女"，和苏拉一样，这个女人也刚刚离婚。不过，根据普鲁塔克的记载，"苏拉仍然和舞女、女竖琴师以及剧院的戏子厮混"。

他们常常坐在沙发上一起喝酒，一喝就是一整天。这期间和苏拉走得最近的人有：喜剧演员罗斯基乌斯、杰出的舞者戈雷克斯，以及男扮女装的演员梅特罗比乌斯。尽管梅特罗比乌斯已经过气，但苏拉始终坚称他深爱着梅特罗比乌斯。长期饮酒作乐的生活让苏拉的肠溃疡日益恶化。起初苏拉根本没有意识到他有这个病，肠溃疡的早期问题并不严重。病情严重时，他的皮肉开始腐烂生虫。很多人夜以继日地帮他驱除虫子，但是驱虫的速度远远没有虫子再生来得快。大量的虮虫爬了出来，他的衣服、浴缸、洗手盆和食物都因沾上了虫子而腐烂。他每天一遍又一遍地在浴缸里冲洗，试图洗净自己，但这起不到任何作用，他的肉体生虫的速度实在太快了。

公元前 79 年，苏拉隐退到坎帕尼亚，一年后在那儿去世。其染病的尸体被运回罗马后施以火葬。

　　突然刮来一阵大风，吹到柴堆上燃起了一团烈焰。火化完毕，人们刚刚收好尸骨，柴堆就开始闷烧，火焰即将熄灭，此时下起了倾盆大雨，一直持续到深夜。似乎苏拉的好运从来没有离他而去，连葬礼上都有好运相伴。在战神广场上有一座苏拉的纪念碑，据说纪念碑上的铭文正是苏拉对自己的评价，大意为：滴水之恩当涌泉相报，睚眦之恨必加倍奉还。

苏拉死后不久，意大利陷入了另一场暴烈的冲突，这场冲突导致的伤亡之惨重不亚于之前罗马卷入的数次战役。冲突源起于卡普阿的营房，那里关押的奴隶多为色雷斯人和高卢人，这些人被训练为角斗士，过着水深火热的日子。有一天，大约八十名角斗士逃出了营房。一开始他们拿了厨房里的烤肉叉和斧子作为武器，路上袭击了一支前往其他城市的车队，抢得了角斗士的武器装备，然后，他们在位于那不勒斯东南部的荒城卢卡尼亚击败了罗马派来镇压他们的小股兵力。一路上不断有奴隶和同样心怀怨念的牧马人、羊倌加入角斗士的队伍，直到后来，角斗士的领袖斯巴达克斯，一个足智多谋且有一定学识的色雷斯人，拥有了一支强大的、装备精良的部队。斯巴达克斯本有机会率部一路向北，他们翻越阿尔卑斯山后就可以重获自由。然而，角斗士们在连取四捷之后，觉得自己是战无不胜的，于是决定留在意大利，继续在周边地区大张挞伐。然而在公元前 71 年，斯巴达克斯最终兵败阿普利亚，其部众六千人沿着阿庇乌斯大道被钉死在十字架上。

格奈乌斯·庞培·马格努斯（伟大的庞培）是个天资过人却又傲慢自负的政治家、将军，他于公元前48年在法萨卢斯平原被尤利乌斯·恺撒所败

　　率领罗马军团击败斯巴达克斯的将领是马尔库斯·李锡尼·克拉苏，他富可敌国，善于迎合别人，同时又贪得无厌，在战役后期他得到了格奈乌斯·庞培的协助。庞培是个天资过人、有雄心壮志的指挥官，却也是个傲慢自负的人，后来被称为"伟大的庞培"。在剿灭斯巴达克斯一役中，庞培立下了汗马功劳。庞培与克拉苏之间原本难免也有一战，但他们都认识到了彼此合作的好处。公元前70年，克拉苏和庞培同意联手担任执政官，但实际上，二人作为战场上的指挥官，是没有资格当选为执政官的，庞培因为过于年轻，更不符合条件。二人当选后，克拉苏留在罗马，进一步积累财富并巩固自己的政治地位。而庞培则继续荣耀于沙场，他先是率领五百艘战舰在地中海剿灭了海盗，这些海盗曾嚣张地侵扰罗马的水路粮运，而后他又在西亚建立了新的行省、附庸国和城市，在此过程中，庞

培不仅将罗马的版图扩张到了伊奥尼亚海之外，也聚敛了比克拉苏更庞大的财富。

庞培返回罗马时，整个罗马为他举行了一场凯旋庆典，这是庞培第三次受到这种礼遇，而这一次庆典的声势和规模之大在罗马城历史上前所未有。仪式足足办了两天，但即便如此，还是没有足够的时间来完整地呈现所有精心准备的精彩节目。排在庆典游行队伍前面的人们举着标语，拉着横幅，扛着旗帜。标语上写着被庞培纳入罗马版图的城市的名字，横幅上写着这些新的领地将给罗马带来巨额税收，旗帜上则写着庞培大破海盗的功绩。队伍后面跟着的是祭司、乐手、舞者和弄臣，在他们身后排着长队的是戴着镣铐的囚犯、成排的海盗首领，还有普鲁塔克所列举的："亚美尼亚国王提格兰的妻子和儿女、犹太国王阿里斯托布卢斯、本都国王米特里达梯的妹妹和五个孩子、一些斯基泰妇女，以及由伊比利亚人、阿尔巴尼亚人和科马基尼国王交出的一些人质。庆典仪式上还摆放了庞培每一次打胜仗带回的纪念品，琳琅满目，不计其数。恐怕真正让这次凯旋庆典算得上是罗马空前辉煌荣耀的，是庞培在这第三次凯旋庆典之时已经征服了第三个大洲。在庞培之前已经有人享受过三次凯旋庆典，但庞培不同，他在第一次凯旋庆典时已征服利比亚，第二次凯旋庆典时已征服欧洲，而现在这第三次时已征服亚洲。所以某种程度上，庞培似乎已将全世界纳入怀中。"

在罗马，有人担心庞培这样伟大的英雄会不会变成像苏拉那样只手遮天的独裁官。为了防止这种局面形成，一群贵族趁庞培不在罗马的时候开始密谋。这其中有个激进分子叫卢基乌斯·塞尔吉乌斯·喀提林，他是执政官竞选人之一，此人虽相貌堂堂，但道德败坏、谎话连篇。就在这个卑鄙的人散播谣言引起广泛猜疑之际，另一个执政官竞选人开始扬名立万，这个人的出身相对卑微，而出身不够好对于那些想干成一番事业却资质欠佳的人而言，是个难以逾越的鸿沟。

这个人便是马尔库斯·图利乌斯·西塞罗，他的父亲是个退休乡绅，他的祖上从来没人担任过执政官。西塞罗虽一心想在政坛出人头地，但"贵族派"常不把他放在眼里，管他叫作"新人"。他的演说天赋惊人，他总是在城市广场上发表热情的演讲，在那里他能够熟练地用拉丁语面对罗马法庭就各种案件雄辩滔滔地控诉，深深地震撼了前来聆听他演说的民众。于是，在他二十九岁那年，他被选为财务官。公元前 63 年，在他快到四十四岁的时候，他最终成为执政官。

西塞罗的政敌喀提林对于自己的落选非常失望，怀恨在心。为了在来年能够担任执政官，喀提林承诺他一旦上任，就将进行大刀阔斧的改革。不料，接下来这年喀提林又失利了。这一回，喀提林不再寄希望于靠常规策略来获得权力，而是企图谋反，以政变的方式夺权。当西塞罗得到关于这个密谋的风声后，他果断下令火速缉拿谋逆者。喀提林逃出了罗马，但随后在皮斯托亚附近被杀。喀提林的五个帮凶被押到了元老院，西塞罗要求对这五人处以极刑，并为此作了精彩的、颇有说服力的陈述。五人被处死后，西塞罗走出元老院，向等待他的民众宣布："我活着！他们死了！"人群中爆发出震耳欲聋的欢呼。西塞罗要求将五人处死的陈述得到了马尔库斯·波尔基乌斯·加图的大力支持，这个加图和他的曾祖父一样，执拗而刻板地推崇罗马的老派传统。但当时也有个人反对西塞罗的提议，他便是新上任的裁判官，年轻的盖乌斯·尤利乌斯·恺撒。

2

帝国时期的罗马

恺撒是个高大英俊、永远精力充沛的人。他出身于贵族世家，但家境并没有那么富裕。恺撒的穿着带着一种艳丽的华贵，这种风格在后世被认为属于花花公子。恺撒总是要费很大工夫打理他的头发，他年纪越大，他的头发就变得越稀疏。他在政治上似乎同情平民派，人们无从断定他的这种政治倾向到底是源自他的信念、他的政治野心，还是源自他家族的影响——他的姑妈嫁给了马略，他的妻子是秦纳的女儿。显然，独裁官苏拉并不喜欢，或者说不信任恺撒。恺撒的家人觉得若是恺撒能在小亚细亚这样远离罗马的地方谋得一职，他倒也惹不了什么麻烦，起码那儿很少有人会在意他那藏不住的野心，也不会有人因为他的黑眸仿佛能洞穿一切，他的凝视总是咄咄逼人而感到忧虑。在小亚细亚，恺撒受到了比提尼亚那位爱慕同性的国王的关注，很多传闻都说恺撒常与国王共享床第之欢。这一传言在随后的几年里也被恺撒的政敌一致当作攻击恺撒的把柄。

苏拉死后，恺撒回到了罗马，不久他便因天才的辩护水平而名震法庭。恺撒的嗓音过于高亢，但讲话时的举手投足非常刚毅，富有激情和感染力。为了提高自己的演说技巧，恺撒前往罗得岛求学，师从于一位在岛上授课的著名希腊修辞学家，此后演说技艺果然精进。恺撒还以冷酷无情而闻名，就在他去罗得岛的途中，他的船只遭遇海盗袭击，海盗绑架了他做人质，要求用赎金交换。在这期间海盗善待了恺撒，他们拿到赎金之后就将恺撒毫发无损地释放了。但恺撒发誓他一定要报这个仇，后来他果真召集了一支人马冲海盗而来。恺撒奇袭了海盗，擒获他们后将他们全部钉上了十字架。为表怜悯，在此之前，恺撒将他们全部割喉。

再一次回到罗马后，恺撒在法庭上重新亮相。公元前 81 年，恺撒成为祭司团成员，在团中表现活跃。在入伍做了一阵下级军官之后，恺撒作为一名年轻贵族开始崭露头角。他以血统可上溯至罗慕路斯乃至女神维纳斯为傲，对现有政权坚定的保守主义嗤之以鼻。在第一个妻子去世之后，恺撒又娶了一个女人，但他这次择偶非常慎重，挑了个非常有钱的妻子，其财富不仅能满足他的挥霍和奢华的趣味，而且对他在罗马争掌大权有实质性的帮助。

当时的罗马最响亮的名字仍然是克拉苏和庞培。为了实现自己的宏图大业，恺撒在积极准备的同时不忘拉拢克拉苏和庞培，三巨头的局面由此形成。公元前 65 年，恺撒当选为市政官，这一职位负责丰富罗马百姓的娱乐生活以及城市建筑的保养维修，为恺撒赢得民心提供了千载难逢的良机。为了把握这次机会，恺撒在罗马城中举办了规模空前的马戏团表演、猛兽表演和角斗士竞技。恺撒一路从市政官做到了祭司长，公元前 62 年又荣任裁判官，在任期间恺撒奔赴西班牙战场，展现了和他的演说天赋同样惊人的战略天赋。恺撒从被他击败的部族那里获取了巨额财富，这笔财富使他更加有钱，不仅能让他大手大脚地打赏部下以使士兵们更为忠心，还能让他把部分战利品送回

尤利乌斯·恺撒在公元前 44 年成为终身独裁官。但不久后恺撒被刺，死在了庞培雕像前

罗马用来巩固有利的同盟。

恺撒就这么一步步地向权力巅峰迈进。他与第二个妻子离婚，娶了卡尔普尔尼娅为妻。卡尔普尔尼娅的父亲是一名元老，不久当选为执政官。对恺撒来说，执政官的位子现在已是唾手可得。恺撒在高卢战役中无情地碾压对手，又参与了对不列颠的两次入侵，其声名和财富已如日中天，此时恺撒有了随时挑战庞培的实力。

另一位恺撒之前的盟友，克拉苏，已于美索不达米亚兵败被杀。公元前52年，庞培成了罗马唯一的执政官，要想铲除庞培绝非易事。起初，恺撒试图进一步巩固他与庞培的联盟，提议他可以与卡尔普尔尼娅离婚，再娶庞培的女儿，而庞培可以娶恺撒的一个年轻亲戚。然而，庞培娶的女人最终来自罗马最古老、最显赫的家族之一，庞培曾邀请该家族族长与他共同担任执政官。此后，恺撒渐渐与庞培决裂。公元前49年，在他五十一岁的时候，恺撒率兵南渡卢比孔河。卢比孔河是位于拉文纳和里米尼之间的一条小河，作为界河，它将阿尔卑斯山以南的高卢和意大利一分为二。罗马的法律规定行省总督不得带兵越出自己的行省边界，如有违者，视同叛国。当恺撒率兵逼近卢比孔河时，他对部将们说："现在回头也许还来得及，但一旦过了这座桥，所有的事都要用剑来解决了。"

于是，恺撒率部越过了卢比孔河。一开始，恺撒在向南推进至意大利的途中只遭遇了零星抵抗。当他到达里米尼时，来自罗马备受拥戴的保民官盖乌斯·斯克里博尼乌斯·库里奥加入了恺撒的阵营。恺撒以帮库里奥还债为酬换得了库里奥的支持。另一位罗马保民官，机智、强壮、直率的马克·安东尼也驰援恺撒。三人共同挺进罗马，而庞培向南撤退到了坎帕尼亚，从那儿又一路退到了布林迪西，后来又越过亚得里亚海抵达了巴尔干，在那里他将同恺撒展开生死决战。

极其厌恶恺撒的西塞罗也追随庞培而去。对于未能赢得西塞罗的支持，恺撒非常失望。同样让恺撒备感失望的还有元老院，恺撒到达罗马之后，元老院对他的欢迎并非真心。尽管元老院中大部分老议员不信任庞培，但他们对恺撒也满心疑虑，尤其是当恺撒挪用了农神庙的国库资产之后。但无论老派贵族是否认同，恺撒一统罗马之心不可动摇。当时担任执政官的两个元老表示要力挺庞培，可他们已经离开罗马，而没有他们的监督就无法进行执政官的选举，恺撒也就不可能当上执政官。因此恺撒自封为独裁官，全力应对罗马城里因接连动荡而产生的经济危机，处理完经济危机后，恺撒才出兵征讨他的对手。

恺撒在法萨卢斯平原重创庞培的军队，一路追击庞培到了埃及。当时，埃及国王托勒密十三世还是个孩子，他手下的军官取了庞培的首级，在恺撒到达亚历山大港时献上首级示好。但恺撒没那么容易被打发走，他决定在埃及大捞一笔，不达目的绝不离开。事实上，当他遇到二十一岁的克娄巴特拉七世之后，与其说他在埃及的逗留是一种必要，倒不如说是一种乐趣。克娄巴特拉七世是托勒密十三世同父异母的姐姐，她本是和托勒密十三世共同执政的人，后来却被托勒密的摄政党流放。此番克娄巴特拉七世偷偷潜回埃及，藏身于一个睡袋里，当她被带到恺撒在亚历山大港居住的宫殿时，她才钻出来见到恺撒。恺撒瞬间被克娄巴特拉的美貌倾倒，克娄巴特拉也被恺撒深深吸引。二人变成了情人，克娄巴特拉还为恺撒生了个孩子，取名为恺撒里昂。克娄巴特拉年轻迷人，甜美的嗓音宛如"有许多琴弦的乐器"，恺撒与她暗通款曲，也引发了他与支持托勒密十三世的埃及军队之间的战争。最终，埃及军队落败，托勒密被杀，埃及成了罗马的附庸国。克娄巴特拉被尊为女王，与同父异母的弟弟托勒密十四世联合执政，但只有前者手握实权，这种名义上的联合执政只是基于传统。后来，恺撒在小亚细亚和非洲战场上继续所向披靡，在他回到罗马后，举办了四场凯旋仪式庆祝他的伟大胜利。恺撒死去的对手庞培曾享有无比华丽隆重的庆典，但即便是庞培的凯旋仪式，比起恺撒的仪式也要黯然失色。

恺撒那些盛大的凯旋仪式耗资不菲，这后来在曼泰尼亚的油画作品中有所体现。这样的仪式如果放在别的将领那儿恐怕要令大多数人倾家荡产，但恺撒应付起来绰绰有余，他有足够的钱来不断举办未来更多的凯旋仪式。他还决定将城市广场[1]整个重修扩建。城市广场是传统会议场所，是罗马各种公众活动的中心地带，在这里可以看到演讲、选举、葬礼和神灵祭祀，还可以看到凯旋仪式和宗教仪式的队伍，有时能看到行刑和角斗竞技，经常还有包括酒宴在内的各种庆祝活动，恺撒就曾于公元前45年在广场上大宴两万两千位宾客。除了城市广场外，恺撒还投入大笔资金用于多个工程项目，比如整修元老院议政厅[2]，在城市广场靠卡比托利欧山的那一端搭建一座新的演讲台[3]，以及在圣道[4]南部兴建尤利乌斯会堂[5]。

尤利乌斯会堂宏伟壮观，其外表完全由大理石打造，中部大厅的竞技广场引人注目，大厅周围是由三十六根支柱支撑的观众席。尤利乌斯会堂是律师们辩诉案件的地方，也是百人法官团审理重要民事诉讼的地方，因此这里吸引了大批热衷法律事务的人前来围观，法庭上的唇枪舌剑也招来了许多爱好辩术的观众。但会堂的回声问题屡遭诟病，百人法官团分别组成四个议事庭，当四个议事庭同时审理各自的案件时，现场就会一片嘈杂、混乱不堪。律师们常常会花钱雇一些人

曼特尼亚绘制的《恺撒的胜利》（局部）

来到会堂，让这些人在合适的时候给他们喝彩叫好，这些呼喊让会堂变得更加喧闹。有时候，如果有一个律师声若洪钟，那么他的演讲会在整个会堂回响震彻，根本听不见其他人的发言。有一次，声若惊雷的伽列里乌斯·特拉查路斯做了一番有力、动情的恳求后，不仅他所在议事庭的人群中响起了热烈的掌声，其他几个议事庭的人群也都报以热烈欢呼。

尤利乌斯会堂北侧建有祖先维纳斯神庙[6]，这座神庙是恺撒广场的一部分，恺撒声称自己的家族是维纳斯的后人。神庙外有一尊恺撒骑着马的雕像，那匹马是由雕刻家留西波斯创作的，取自亚历山大大帝的一块纪念碑。神庙内有一座由阿凯西劳斯创作的维纳斯雕像，维纳斯的胸部点缀着珍珠。维纳斯雕像旁有一座克娄巴特拉的镀金铜像。

埃及女王克娄巴特拉带着儿子恺撒里昂也来到了罗马。表面上她是为确立与罗马的盟约而来，实际上她是来见她的情人恺撒的。恺撒为她在台伯河东岸、阿文提诺山下建了一处富丽堂皇的寓所。克娄巴特拉住在那里时表现出的傲慢无礼激怒了西塞罗，西塞罗对好友阿提库斯坦言自己对克娄巴特拉的憎恶，像西塞罗这样既痛恨克娄巴特拉，又不信任恺撒的人不在少数。有些人认为克娄巴特拉对恺撒造成了一定的影响，比如恺撒计划按照埃及公共图书馆的样式在罗马建造公共图书馆，又如恺撒任命一位埃及天文学家负责修订混乱的罗马历法。不能说这些影响都是负面的，但是恺撒在其他领域的革新，比如照搬亚历山大港将统治者敬奉为神的宗教仪式，就被很多恺撒的批评者抨击为明显暴露了恺撒自己也想当神一样的统治者的欲念。

恺撒的成就是不可否认的。比如，他将罗马的无业贫民和老兵重新安置到海外殖民地，很好地缓解了罗马的贫困和失业问题；他增加了元老院的席位，放宽了在意大利选拔元老的地域限制，从而使元老院成为一个比从前更具代表性的机构。与此同时，恺撒为扩大个人权力而进行的谋划也使人担忧。他授意通过了一项法律，允许他个人有权选拔重要职位的候选人。他采用了"统帅"头衔，暗示着自己对罗马军队拥有最高指挥权。后来，恺撒又自封为终身独裁官，罗马的硬币上铸有恺撒头像，旁边印有恺撒获封终身独裁官的字样，这也是罗马历史上首次在硬币上铸有仍在世公民的头像。恺撒出众的外表也被很多半身像所表现，这些半身像都是上乘的雕塑作品，而雕塑也是罗马人至今仍然擅长的艺术形式。在当时，恺撒的半身像遍布罗马城和周边行省。有人开始议论说恺撒不久后就会恢复王权统治，这种传言在奴颜媚骨的元老院罢免了两个保民官后愈演愈烈。这两名坚决拥护共和国体制的保民官曾移除了一座恺撒雕像头戴的王冠，又逮捕了一群呼拜恺撒为王的人的头领。

为了让关于他野心膨胀的传言不再继续传播，恺撒安排马克·安东尼在城市广场举办了一场仪式，他将在仪式上表明对共和国的忠诚。据普鲁塔克描述，这个仪式便是在每年 2 月举行，纪念牧神法乌努斯的牧神节。"在这一天，很多行政长官和贵族子弟会在城中裸跑，他们手里拿着鞭子，欢乐地轻击一路遇到的人。很多出身高贵的女人会故意站在跑道边，像学校里的孩子一样伸出她们的手等着被击打，因为她们相信沾到鞭子的人如果不孕就能马上怀孕，如果已经怀孕就能顺利生产。"恺撒身着庆祝胜利的衣袍，坐在演讲台的王座上观礼。而安东尼作为执政官、牧神的祭司之一也参与了这场神圣的长跑。当安东尼跑到城市广场时，围观人群都给他让了道。安东尼想把手上的一顶缠有月桂的王冠献给恺撒，但两次都被恺撒以浮夸的方式拒绝了。

恺撒的举动赢得了广场上群众的欢呼。但关于恺撒意图称帝的传言却依然不绝于耳。当恺撒决定出征帕提亚，并任命自己的亲信作为他不在罗马时的全权代表时，一场反叛已经密谋展开。这一反叛计划的中心人物包括盖乌斯·卡西乌斯·朗基努斯、卡西乌斯的随从普布利乌斯·卡斯卡，以及卡西乌斯的妻舅马尔库斯·布鲁图斯。卡西乌斯是个骄傲、暴躁的军人，因为在出征帕提亚的军中未获得任何指挥权而对恺撒愤愤不满。布鲁图斯曾对恺撒非常忠诚，他备受恺撒提携，一些人甚至称他是恺撒的私生子。但他是拥护共和国体制的狂热分子，历史上曾有位叫布鲁图斯的推翻了罗马最后一个伊特鲁里亚人国王，而他认为自己就是那个布鲁图斯的后人，并因此极为自豪。

恺撒非常清楚他并不受所有人爱戴，但他也丝毫不觉得自己可能会处于险境。某一天，当一众元老向他呈上表彰他的法令时，恺撒就一直坐着，根本不屑起身搭理。更要命的是，他遣散了自己的私人卫队。

公元前 44 年的 3 月 15 日，就在恺撒即将带兵征讨帕提亚前不久，恺撒出席了一次元老院会议。会议在庞培剧场[7]的附属会议厅，即庞培娅议政厅举行。当恺撒走近议政厅时，一个人把一张警告恺撒的字条塞到了他手里，但恺撒没有看字条上写了什么。恺撒就这么独自一人毫无防备地进了会场。马克·安东尼虽然一路跟随恺撒，但他在进门之时被密谋造反者之一拖住攀谈。在恺撒快落座时，参与了密谋的提利乌斯·金博尔为他流亡的兄弟给恺撒提交了一份请愿书，其他密谋者假意支持请愿，将恺撒围拢。第一个出手的是卡斯卡，但是他没刺中，只是划伤了恺撒脖子以下的部位。恺撒一下子跳起来，挣开卡斯卡的拉扯，一只手握住卡斯卡的刀，另一只手拿金属笔的笔尖刺向卡斯卡的手臂。

所有密谋者都行动了，他们亮出刀刃围攻恺撒。对刺杀行动毫不知情的人们一时惊呆了，而恺撒被拖来拽去，挨了一刀又一刀，直到白衫被鲜血浸红。普鲁塔克写道：

> 有人说恺撒当时奋力还击众人，一边奔跑躲避攻击，一边呼救。但是当恺撒看到布鲁图斯也拔出刀时，他用托加袍捂住头瘫倒在地。也许是出于巧合，也许是被刺客们推搡所致，恺撒不偏不倚地倒在了庞培雕像的底座上。雕像底座沾满了恺撒的血，不禁让人觉得这一切是庞培一手安排的复仇，他的敌人恺撒身中数刀，倒在了自己的脚下，痛苦地抽搐挣扎。

布鲁图斯从刺客群中走出来，似乎要做一番演说。但元老们根本等不及他开口，便冲出会场奔回各自家中。元老们或惊恐或兴奋的情绪感染了城中百姓。有的人吓得关上了门，而有的人则激动地从家里、店铺里跑到会场一探究竟。

事发后安东尼躲了起来，布鲁图斯和他的同谋者们仍沉浸于刺杀的热血亢奋中，他们向卡比托利欧山行进，一路上把刀高举在前，高喊着罗马已重获自由，并邀请途中遇到的名士加入他们的队伍。第二天，布鲁图斯发表了演说，听众席一片肃静，普鲁塔克认为这既表明了人民对恺撒的怜惜，也反映了他们对布鲁图斯的尊重。元老院似乎也感受到了民众的情绪，投票决定恺撒在位时期通过的方案不再改动，同时对布鲁图斯和他的伙伴冠以荣誉和嘉赏。"于是，每个人都觉得事情已经得到处理，并且是以一种最好的方式解决的。"

然而，事情远远没有被妥善处理。"事件实在令人错愕。"恺撒的一个部下描述道，"局面一片狼藉，不可收拾。如果像恺撒这么有才华的人都不行，谁才能接替大任？"独裁官已死，共和国的体制却没有完全恢复：权力仍掌握在那些可以调动兵马的人手中，任何一个拥兵自重的人都可以迫使元老院接受专制，成功夺权。

仍然是执政官的马克·安东尼便是这么一个可以调动兵马的人。当恺撒的尸体由庞培剧场移送回城市广场后，安东尼发表了一番感人肺腑的演讲，后来莎士比亚运用他的想象力将这出演讲表现得令人难忘。罗马人民在听了安东尼的告白，看到恺撒那伤痕累累的尸体的惨状，以及听说恺撒的遗嘱是将财产赠予每一个罗马公民的传言之后，群情高涨。他们拆倒了栏杆，摔坏了桌子和板凳，做了一个柴堆用来给恺撒的遗体火葬；他们手持燃烧的木头在城中宣泄，焚烧了刺客们的房屋。布鲁图斯和卡西乌斯不得不逃离罗马，后来，安东尼准许他们担任东部的指挥官。

安东尼的执政总体上采取安抚政策。他掌握了所有文件，签发指令时都以恺撒的名义发出。他还在城市广场为恺撒建了一尊雕像，称恺撒为"国家的荣耀之父"。但后来安东尼遏制了神化恺撒的势头，并永久废除了独裁官这一头衔。尽管安东尼处心积虑掌控局面，但他始终处于劣势，因为恺撒指定了其侄孙同时也是其养子的屋大维作为其继承人。屋大维尚不满十九岁，成为恺撒继承人后便更名为盖乌斯·尤利乌斯·恺撒·屋大维阿努斯。他是个聪颖机敏、工于心计的战士。曾有一段时期，安东尼与年轻的屋大维，以及马尔库斯·埃米

屋大维是尤利乌斯·恺撒的养子和继承人，罗马的第一个皇帝。他声称，他将罗马由一座
砖头建造的城市变成了由大理石建造的城市

利乌斯·雷必达联合执政。雷必达出身于贵族，曾是恺撒的得力干将，他曾极力提议恺撒为独裁官。他们三人联手在腓立比战役中大败共和派的军队，布鲁图斯和卡西乌斯战败后自杀，西塞罗被处死。尽管安东尼起初反对，但恺撒仍被尊拜为神，屋大维的地位也相应提高，成为"神之子"。

屋大维充分利用了他的这个独特地位，当他与安东尼的势力压过了雷必达后，罗马被划分势力范围。屋大维掌控西部，以罗马城为都城，当时西部地区的硬币上将统治者屋大维描述为"神圣的尤利乌斯的儿子"。罗马东部归属安东尼，如今他成了克娄巴特拉的情人。安东尼极力支持克娄巴特拉的说法，称恺撒里昂乃是恺撒的儿子，恺撒里昂才是恺撒合法的继承人。屋大维和安东尼的冲突在所难免，双方最终在安布拉基亚湾外的亚克兴展开决战。公元前 31 年，在屋大维的密友马尔库斯·维普撒尼乌斯·阿格里帕的指挥下，屋大维的舰队击溃了安东尼和克娄巴特拉的战船，二人逃往埃及，次年双双在亚历山大港自尽。

屋大维在亚克兴战役后攫夺了克娄巴特拉的财富，从而财力大增。回到罗马后，他谨慎而圆滑地安抚共和派的情绪，同时利用罗马人民饱经内乱后对和平的渴望心理，一步步地奠定了自己的首脑地位。不过，由于屋大维身材不及恺撒高大魁梧，加上他体弱多病，也总是觉得自己会患病，所以远没有恺撒那样被万众膜拜的个人魅力。屋大维带兵打仗的天赋也逊于恺撒，但好在他善于用将，在军团中严肃纲纪，朋友都对他很忠心。在他执政期间涌现了一批伟大诗人和作家，其中有一些也对屋大维表示支持。奥维德因为行为不端、放浪不羁，冒犯了屋大维后被流放到了罗马尼亚。李维对恺撒持有保留观点，对恺撒的敌人却表露崇敬之心，因此屋大维称李维是个"庞培党"。但维吉尔表达了对屋大维的赞许，还有贺拉斯，他后来成了屋大维的朋友，尽管此前他曾追随布鲁图斯和卡西乌斯在腓立比战役中与屋大维为敌。

屋大维有时候冷酷无情，不仅对待敌人，而且对待家人也如此——当家人违背了他对于生活简朴、自律的要求时：他的女儿和孙女分别做了他不能容忍之事，结果被屋大维相继驱逐出境。但屋大维绝不是个暴君，他的称号是庄严高贵的"奥古斯都"，这指的是一个神圣的人，总能在吉兆庇护下建功立业。后来屋大维又获得了"国父"的称号，这一称号体现了人民对他的爱戴。屋大维责任感强烈，他推行的改革和在其治下长久维持的安定和平都深得民心。罗马的奥古斯都和平祭坛纪念了屋大维缔造的和平景象，它是一座美丽的白色大理石纪念碑，在公元前13年作为祭坛使用。祭坛上的浮雕描绘了一次盛大的仪式，出席仪式的有被扈从簇拥的高官和祭司、戴着奇特的尖顶无边便帽的专属祭司、王室成员以及奥古斯都本人。[8]

奥古斯都执政时期，百姓们都能感到幸福，不仅粮食供应充足，还有丰富多彩的娱乐项目。奥古斯都打造了一支高效的警察队伍，设立了消防队，还成立了一支勇猛的、永久性的私人卫队，即禁卫军。他大兴土木，其工程项目比起尤利乌斯·恺撒的更为庞大繁重，此举也让他得意地宣称，他将罗马由一座砖头建造的城市变成了由大理石建造的城市。他的建筑设计师团队中大部分是希腊人，在这个团队的帮助下，他在与恺撒广场成直角的地方建成了一个新的面向北面的广场。广场两侧立着巨大的柱廊，在两侧还各有一个半圆形凸出的区域。在广场的柱廊间建有一座献给复仇者玛尔斯的神庙[9]，里面摆满了财宝，此神庙也是为纪念奥古斯都在腓立比战役中报了恺撒被杀之仇而建的。奥古斯都为了纪念他那被敬奉为神的父亲，又建了一座宏伟的神庙[10]，他在这座神庙附近搭建了一座新的演讲台。他还下令重建了一批设施，包括被焚毁的尤利乌斯会堂、供奉罗马家庭庇护神拉尔和皮纳特斯的古老神庙，以及古老的埃米利乌斯会堂。埃米利乌斯会堂世世代代都是举办会议的地方，也是兑换货币的重要场所。在罗马的萧条时期，大举来犯的高卢人在罗马城内纵火，兑换货币者身上的铜钱都被烧得熔进了石头里，至今人们还能从埃米利乌斯会堂路面的青斑中窥见铜币烧熔的痕迹。[11]与此同时，奥古斯都家族的多位成员及奥古斯都的友人也参与整修了一批项目，

奥古斯都和平祭坛浮雕带上刻画的人物。公元前 13 年的 7 月 4 日，该祭坛被祝圣

包括罗马国库、农神庙[12]、和谐女神庙[13]、卡斯托耳与波鲁克斯神庙[14]，以及祭司长的公府[15]。

在卡比托利欧山上，奥古斯都亲自督工修复了朱庇特神庙，修复工程花费巨大，奥古斯都对此颇为得意，声称是花了"天价"。他还专门建了座神庙献给了"掌控天雷的朱庇特"，原来，早先当奥古斯都在西班牙的时候，他曾差点被闪电劈中，脱险之后，他许下誓言要给"掌控天雷的朱庇特"修建一座神庙。[16]在帕拉蒂尼山，他建了一座新的、巨大的阿波罗神庙，神庙边上是华丽的门廊和书库。[17]他还将帕拉蒂尼山上的牧神洞改造为一处具有观赏性的洞窟，正是在这个洞中，母狼用狼奶喂养了罗慕路斯和雷穆斯两兄弟。[18]在奎里纳莱山，他重建了奎里努斯神庙，在这个神庙中，罗慕路斯被当作玛尔斯一样受人崇拜。[19]在阿文提诺山，他修复了古老的狄安娜神庙[20]和朱诺天后神庙[21]。在神庙下方，他建了一处巨大的、圆形的伊特鲁里亚陵墓，陵墓的顶部呈圆锥形，坡度极高，顶部的空地种满了柏树。[22]在陵墓的下游方向，他建成了马切罗剧场，剧场与台伯河上的岛屿隔岸相望，这座岛屿可以通过法布里奇奥桥抵达。剧场以奥古斯都外甥的名字命名，后来成了罗马文艺复兴时期众多的宏伟宫殿之一。[23]

公元 14 年，奥古斯都逝世，此后，屋大维的遗孀，意志坚强的莉薇娅继续生活在罗马郊区，她住在位于第一大门区的一处豪华别墅内。别墅里有个房间用抹灰装饰得非常考究，墙上画的花鸟是以一种立体感极强的错视画法完成的，画中的小鸟笼足以乱真。这个房间的墙壁被保存在浴场博物馆中。[24]莉薇娅在帕拉蒂尼山还有处小别墅，也许就是今天被人们称为"莉薇娅府"的地方。[25]这座房子的墙

意志坚强的莉薇娅是奥古斯都皇帝的遗孀。她在帕拉蒂尼山的住处很有可能就是今天的
"莉薇娅府"

壁同样装饰别致，墙上满是精美的画，有的画着水果和花卉，有的以神庙和门廊为背景，勾勒了一番神秘意境。在帕拉蒂尼山上，莉薇娅那机警又爱挖苦人的儿子提比略，奥古斯都的继任者，给自己建了座宫殿，即提比略府邸，这是帕拉蒂尼山上第一座气派的皇家建筑，很快，其他皇家建筑便如雨后春笋般遍及全山。[26] 在 16 世纪，提比略府邸的楼层消失了，在其废墟之上建起了法尔内塞花园。[27] 尽管提比略府邸曾经看起来气势恢宏，但与尼禄皇帝梦幻般的"金宫"比起来，还是相形见绌。

尼禄是奥古斯都的女儿尤利娅的曾孙。尤利娅是提比略的妻子，但曾经嫁给亚克兴战役中的罗马统帅阿格里帕。尤利娅与阿格里帕生了五个孩子，她最小的孩子又生了卡利古拉，即提比略的下一任皇帝。卡利古拉的大部分青春是在卡普里岛上度过的，提比略在卸任皇帝之位后也隐居此岛，度过了自己人生的最后十年。卡利古拉继承皇位时年仅二十四岁，他狂妄自大、荒淫无度、精神错乱。他对朝政国事毫无兴趣，让助理官员代为处理事务。和卡利古拉一样，提比略也曾让副手代为处理朝政，但其中有个叫塞扬努斯的人却因野心膨胀招致杀身之祸。塞扬努斯是在一个古老的蓄水池中被处死的，这个蓄水池后来被改造成马梅尔定监狱的地牢。[28] 卡利古拉在位时间很短，公元 41 年初，他和他的妻子、女儿都被禁卫军军官所杀。禁卫军对于皇家事务的影响力越来越大，他们此前曾力保卡利古拉不足四年的统治，如今却将皇位交给了克劳狄。克劳狄是卡利古拉的叔叔，尽管他性情古怪，而且很有可能罹患上了麻痹症，但是心地善良。

克劳狄起初娶了梅萨利纳为妻，此女水性杨花、心肠狠毒。后来他被人说服杀了梅萨利纳，因为梅萨利纳和她的情人参加了一场公共场所的婚礼。之后他又娶了侄女阿格里皮娜为妻，阿格里皮娜是奥古斯都的外曾孙女，外界普遍怀疑是她用一餐致命的蘑菇毒死了克劳狄。阿格里皮娜和她之前的一个非常富有的丈夫生下了尼禄。

尼禄当上皇帝时年仅十六岁，人们很期待他会是一位慷慨大方、洞察力敏锐的统治者。他被形容为"英俊且有威严的气场"，但他完全受他那强悍的母亲摆布，对他的母亲既爱又怕。没多久，尼禄就显露了他可鄙的品格特征：令人发指的暴虐、恣意放荡的挥霍以及歇斯底里的虚荣。这些特征都在历史学家塔西佗和苏埃托尼乌斯的文章中得到了呈现。"他的身体丑陋污秽，"苏埃托尼乌斯描述道，"他的眼睛是蓝色的，近视，脖子粗。他大腹便便，腿却细得夸张。他的身体很好，尽管作风奢靡放荡，但在位十四年中他仅仅病了三次，而哪怕在病中他也依然饮酒作乐，丝毫不改其放纵的生活习惯……或者说他的娱乐方式。"根据塔西佗的描述：

> 这些娱乐方式中最臭名昭著、最奢靡的活动都是由提盖利努斯［一个不太好说话的西西里人，是尼禄手下重臣，与尼禄共同统领禁卫军］在罗马安排的。比方说，一次晚宴被安排在皇宫内一个湖上的一艘大游船中。在周围牵引游船的，都是经过精挑细选的、带有黄金和象牙装饰的船只。游船上的桨手是一群纵情声色的年轻人，他们之所以能当上桨手是因为他们都精于淫技。此外，餐桌上摆的美食有从遥远国度搜集来的珍禽异兽，还有从大海中捕来的海怪。湖的两岸都是妓院，里面充斥着不少出身高贵的女人，她们身边是一丝不挂的妓女，每个人都在尽情地搔首弄姿、淫声浪语。当夜幕降临时，果园和凉亭中有莺歌回响，被火

尼禄皇帝执政时期（54—68）的硬币。据历史学家苏埃托尼乌斯描述，尼禄"头发浅黄，相貌堂堂却不惹人喜爱，他的眼睛是蓝色的，近视，脖子粗"

光照得无比闪耀。尼禄堕落于各种卑劣行径中，有的行为是寻常的，而有的行为则很变态。尼禄的放荡已经到了极致，他掉入的是一个最淫秽的深渊。

尼禄曾谋划将他的母亲溺死，但阿格里皮娜逃过一劫。后来，他派了一群水手杀害了阿格里皮娜。他又下令处死了他十九岁的妻子。他的妻子死在了浴缸的热水里，死的时候被绳索捆绑着，身上所有的血管都被割开。后来他娶了他的情妇，当她怀孕的时候，他狠毒地踢了她一脚，结果她一命呜呼。尽管尼禄堕落不堪、残暴得毫无人性，但他在艺术上却有一定的天赋，并积极地发挥他的艺术才能。他会写诗，还花大量时间练习竖琴。为了塑造一副好歌喉，他睡觉的时候会在胸口上压一块铅，虽然压得他很痛苦，但这锻炼了他的横膈膜。他研习希腊文学，还试图在文艺中引入希腊的竞技比赛，为此他几乎到了入魔的地步，他不仅作为乐师、诗人、演员亲自投入各种公共表演，还曾作为战车驭手亲自上阵参赛，吓坏了整个上流社会。他常常以自己还是个业余建筑设计师而自命不凡，他确实也有这方面的才能，公元 61 年所建的体育馆和"尼禄浴场"就是由尼禄亲自参与设计的，最大程度体现了他作为建筑设计师的兴趣。[29]

公元 64 年 7 月 18 日，在一个月光皎洁的夜晚，帕拉蒂尼山附近的一些商铺着了火，受风势影响，大火很快蔓延至全城，火势完全无法控制。这场大火后来为尼禄施展其建筑才能提供了更多机会。塔西佗写道：

> 极具破坏力的火焰汹汹席卷而来，大火先是扫过平地，接着蹿上高地，然后又吞噬了山谷。任何补救措施都赶不上大火蔓延的速度，这座古老的城市只能任由大火肆虐，狭窄蜿蜒的街道和错综排列的住宅区纷纷被火海吞没。惊惶尖叫的妇女、羸弱的老人、无助的幼童、展开自救的人、帮助邻居的人、匆忙拖着家中病人一块儿逃生的人，以及焦急等待他们的人——所有这些都构入了大火造成的一派乱象之中。

火灾发生时，尼禄正在安提乌姆。他火速赶回罗马指挥灭火，同时亲自监督为无家可归的灾民提供栖身之所。但尼禄灭火赈灾的功德被一则有依有据的传闻给抹杀了。传闻说当火灾席卷全城之时，尼禄登上宫殿的高台，看着大火唱起了一首关于特洛伊劫掠的歌谣，把这场火灾比作古代特洛伊的灾难。

这场大火足足烧了六天，罗马城中一片焦土废墟。罗马有十四个城区，只有四个城区完好无损。十个重灾区中有三个被烧成了平地，其余七个城区也是满目疮痍。尼禄的皇宫缥缈宫在大火中被彻底烧毁。随后尼禄开始按他的构思重建罗马，他下令对城市进行合理的规划布局，过去的建筑规划实在是过于随意和零散了。他还下令拓宽街道，创建露天场所，在部分片区建立高的住宅楼来容留无家可归的工人们。他的大部分精力是和建筑设计师塞维鲁与凯列尔共同设计"金宫"，这座宫殿恢宏雄伟，宫中富丽堂皇的门廊、亭台、浴场、神庙、喷泉和花园星罗棋布，散落于八十多公顷的庄园中。金宫的地域范围从帕拉蒂尼山绵延到了埃斯奎利诺山，还包括了西里欧山的部分地区。在山谷中有一个巨大的人工湖，湖的周围是奇特的石洞、石柱和露台。在通往金宫那金色外观的路上有柱廊环绕，柱廊中矗立着一座巨大的镀金铜像，高约三十七米，这尊铜像雕刻的正是金宫的主人尼禄本人。

金宫里的房间是白色的，带有绘画装饰。有时，从受磨损的象牙天花板上飘下的花瓣，会落在走入其间的宾客身上。房间的墙壁上镶嵌着珍珠母和宝石，檐口装有喷嘴，会洒出玫瑰香水。金宫的餐厅也颇为华丽，餐厅的屋顶日夜都在缓慢地随着天幕旋转。金宫的地板经镶嵌画装饰而闪闪发亮，涓涓溪流顺着地板上方的楼梯流淌下来。金宫内的浴场用的是海水和蒂沃利的含硫水。金宫的每个角落都有艺术品，这其中可能就有拉奥孔的雕像。[30]

金宫现存于世的部分很少，尼禄的继任者们将金宫改作公共设施，但它在公元104年毁于一场大火。在15世纪，金宫的部分房间被人发现位于图拉真浴场的地下。房间装饰有精致的灰泥浮雕，这些

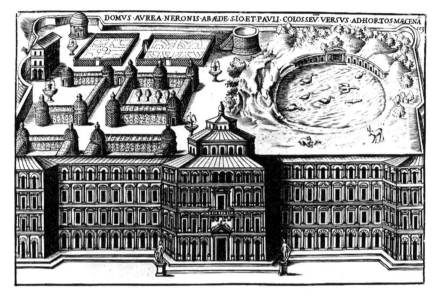

金宫的想象复原图

浮雕出自艺术家法布鲁斯之手。金宫房间被发现后，艺术家们系上绳索深入地下去探究他们伟大前辈的创作，这些房间也为日后拉斐尔和乌迪内的乔瓦尼装饰梵蒂冈宫的凉廊提供了创作灵感。[31]

　　金宫建成后，尼禄感叹道："太好了！现在我总算可以活得像个人样了！"然而，尼禄没有享受太久他为自己建造的仙境。不仅罗马人民憎恶他，元老院也痛恨他。因为元老院完全丧失了独立性，元老经常被以叛国罪论处，比起元老，尼禄更偏爱任命希腊人和东方人为高官。一批元老开始密谋取代尼禄，然而，计划败露，密谋者们纷纷被缉拿、处决。此后，尼禄变得更为专横自大。他将自己与一些神明相提并论，包括太阳神和艺术之神阿波罗，他宣称自己凌驾于一切约束凡人的法律之上。当有造反的消息传来时，他只是付之一笑，下令筹办一场宴会，又创作了更多曲子。他曾扬言只要他露个面、唱首歌，整个世界便都将拜服在他的脚下。

公元 68 年的一天晚上，尼禄从噩梦中惊醒后发现整个皇宫安静得蹊跷。他的宾客们全跑了，他的侍卫们也消失了。他跑遍了宫中的房间，全都空无一人，他返回寝室后发现他藏在寝室的一瓶毒药也不见了。他呼喊着角斗士斯皮库鲁斯的名字，这个人可以在情势所迫时给他干净利落的一剑，让他死得毫无痛苦。但斯皮库鲁斯也和其他人一样跑了。最后，他撞上了一个侍从，侍从让尼禄藏匿在他城外的房子里。尼禄"光着脚，外衣上披了件陈旧褪色的斗篷"，就这么骑上了马，苏埃托尼乌斯记述道："他的脑袋包着手帕，手帕也蒙住了他的脸。突然，地震了一下，一道闪电从尼禄的面前劈过。担惊受怕的尼禄听见附近军营的士兵在咒骂他，他又听到一个路人说，'这些士兵一定是去抓尼禄的'。"尼禄的马在经过路边散发出恶臭的尸体堆时因受了惊吓而突然变向，这么一颠让尼禄头上的手帕滑落了下来。禁卫军的一个老兵认出了尼禄，本能地向他行军礼。

尼禄一直躲在他那个侍从在城外的屋子外，直到屋里挖好了一条地道，有了这条地道他进出房间便不会被发现。尼禄从水塘中舀了些水，自言自语道："这就是尼禄的冰水了。"他从隧道匍匐到最近的一间房间，把他的破斗篷铺在一张薄薄的垫子上，躺在上面睡觉。侍从给了他一块粗糙的灰面包，尽管他很饿，但他还是不吃那块面包。他放弃了所有希望，要求侍从给他挖一个足以容纳他肥胖身体的壕沟，还让侍从在他死前带来木头和水，以便进行必要的仪式。当这些东西都被收集来了后，尼禄不禁泪崩，反复地号啕着："我这一死，一个多么伟大的艺术家就这么没了！"

有一天尼禄听到消息：他已被元老院宣布为全民公敌，一旦行踪暴露，他将被逮捕并处决，就像尼禄的先辈执政时期处决罪犯那样。尼禄问到底会是怎么个死法，得到的回答是，他会被剥光衣服绑在刑柱上，然后被鞭笞而死。尼禄拿起一把刀，试了试刀刃，却没有勇气自行了断。他让别人给他示范该如何自杀，责备自己犹豫不决。"像这样活下去对我来说太丢脸了。"他用希腊文说道，"对于尼禄这样的人而言，这种活法太不值了。"但直到他听到屋外的马蹄声，他才鼓足勇气刺向自己。他嗓音颤抖着低语了一句荷马的话："快马疾驰的节奏传进了我的耳朵。"尼禄紧握着刀，在别人的帮助下扎进了自己的喉咙。

尼禄是奥古斯都家族在罗马历史上的最后一个皇帝。尼禄死后，罗马帝国由于此前朝政荒废，陷入了内战的兵荒马乱。一个又一个皇帝接连如昙花一现。先是内西班牙富有的总督加尔巴被士兵们山呼万岁，率部开进罗马，但他不久便遭谋杀。加尔巴的下一任皇帝是奥托，他后来被迫自杀。奥托的继任者是维特里乌斯，他在罗马城的大街上被人处死。在乱世中静候时机的是一个六十岁的老人，他被任命去镇压犹太行省的起义。他曾因在一次皇家独奏会上睡着而被尼禄羞辱。此人便是韦斯巴芗，他谨慎、勤奋、专制却又温和。他的父亲是一名诚实的萨宾税务员，他的朴素作风非常符合他的出身。离开犹太后，韦斯巴芗调任埃及，随后在埃及称帝。但韦斯巴芗在求问神谕前拒绝前往罗马，后来他问卜得到了吉兆，这才进了罗马城。韦斯巴芗自公元 69 年登上帝位，在位长达十年。尼禄和维特里乌斯的骄奢淫逸以及经年累月的内战给罗马帝国带来了巨大破坏，而在韦斯巴芗的治理下，罗马逐渐恢复元气。韦斯巴芗推行的经济政策新颖而有效；

罗马皇帝韦斯巴芗（69—79 在位）

他为人可靠、平易近人，由于自幼成长于萨宾的山村，他很自然地向往简朴的乡村生活。此外，他还有一种粗俗、唬人的幽默感，这一切都让他很招罗马人民喜爱。他每天的生活非常规律：起个大早，在穿衣时接见友人和下属，接着认真负责地参与国事，坐着马车兜个风，和他的某个情人睡个觉，洗个澡，然后享用一顿丰盛但不浮夸的晚餐，一边吃还一边讲些粗俗的段子。他讲的笑话很出名，其中一则笑话尤为具有代表性。这个笑话说的是韦斯巴芗征收尿税，因为罗马的漂洗工从罗马的公厕中采集尿液，而尿液中含有氨可以用于漂染衣服。韦斯巴芗的儿子觉得这个税不太得体，建议他把这个税免掉。而他拿过一枚硬币凑到了他儿子的鼻子前，让他明白金钱可是没有尿骚味的。

韦斯巴芗凭借征收的资金，修复了一些在前代皇帝们的统治时期被破坏或被焚烧的建筑。同时，他还兴建了许多新的大型建筑。这番成就让他觉得在当时的钱币上铸下他的铭文"罗马重新崛起"是理所应当的。他曾亲自挑着一篮砌石现身于施工现场，鼓励卡比托利欧山和广场的重建工作。他斥巨资修复了献给克劳狄的神庙 [32]，又建了一座新的广场，即韦斯巴芗广场 [33]，还建了一座和平神庙，神庙里存放着从耶路撒冷掠回的战利品，如今神庙已不复存在。[34] 尼禄建的那片巨大的人工湖已经干涸，在人工湖所在位置，他开始修建古罗马最著名的遗迹之一——罗马大角斗场。

3

面包与竞技

"罗马又恢复了往日的荣耀，"罗马帝国诗人马提亚尔在备受期待的罗马大角斗场即将建成之际写道，"曾经只属于暴君的乐趣变成了百姓的乐趣。"尼禄曾建了一尊自己的巨型雕像，后来他的雕像被换成了太阳神的雕像，而太阳神雕像那时依然矗立在大角斗场附近。罗马大角斗场的得名很可能是因为这座巨大的雕像，而并非由于角斗场本身的宏大。角斗场之"大"令人咋舌：椭圆形的地面长轴为一百八十八米，短轴为一百五十六米，其中用于角斗竞技的部分长轴为八十六米，短轴为五十四米。角斗场的围墙有四层，高达五十七米。最顶层的观众席被柱廊环绕，这一层的座位都是木质的，专门留给女性和贫民。接下来一层的座位是留给奴隶和异邦人的。底下两层都是大理石座位，两层中较高的一层是给市民坐的，底下的那层专供更为显贵的人士。而挨着角斗场略高的地方设有包厢，专门为元老、行政长官、祭司、维斯塔贞女以及皇室成员准备。在顶层的最上面有一班能够熟练控制帆布的水手，他们的职责是在必要的时候拉起遮篷为观众遮阳挡雨。

罗马大角斗场共能容纳大约五万名观众。要到达罗马大角斗场，观众得穿过一个遍地火山岩的地区，再经过一条路边都是石头的平坦通道，才能看到大角斗场的外观。大角斗场由当地的一种石灰岩构筑，拱廊之间的拱门上矗立着各种雕像。观众可由七十六个入口进入角斗场，每个入口都标明了序号，和入场券的序号对应，入场券除了标有入口号外还标有座位号。大角斗场有四个没有标序号的入口，其中，两个是皇帝的随行人员通道，另外两个是角斗士通道。角斗士的两个通道中的一个名为"生命之门"，角斗中的胜者由此门返回他们的营房。而另一条通道以丧葬女神利比蒂娜的名字命名，角斗中落败一方的尸体从这里被抬出去。[1]

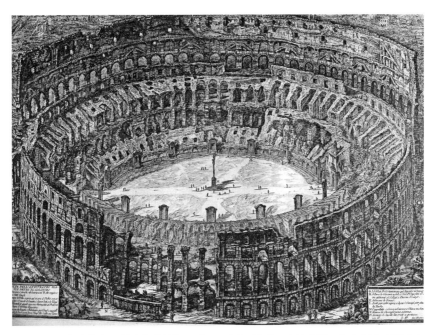

意大利雕刻家皮拉内西创作的蚀刻版画《罗马大角斗场》。皮拉内西一生中创作了两千多幅有关罗马和罗马遗迹的版画

罗马人从伊特鲁里亚人那里学来了角斗竞技，但他们的角斗失去了很多原始角斗竞技中包含的宗教和献祭意味。罗马的百姓中很多人是无业游民，罗马的统治者有一套抚慰百姓的做法，角斗便是其中之一。百姓可以定期享受这种娱乐活动，还可以领到免费的食物。角斗的宗教感在罗马仍得以部分保留。比如，角斗竞技又被称为"祭品"；若角斗中有一方倒地不起，会有人进场给倒地之人头部致命一击，以确保他死掉，这个人通常打扮得像卡戎，即冥河上把亡灵从人间运到地府的摆渡人。当然，这些都是把戏。伟大的角斗士们献上了一场比一场更惊心动魄的厮杀格斗，但他们不是为了献祭亡灵，而是为捍卫自己的荣誉和博得观众的喜爱而战。皇室利用角斗士拉近帝王和人民的关系，将角斗士作为重要的社交纽带。

角斗通常在早上开始。身着紫金披风的角斗士们列阵入场，驾着战车绕着角斗场飞奔。然后他们会步行绕场，身后跟着奴隶替他们扛着武器、盾牌和有羽毛装饰的头盔。走到皇帝所在的包厢时，角斗士们会止步行礼，伸出右手举在袒露的胸膛前，高呼："吾皇万岁！我等将以死向您致敬！"接下来角斗士们便会退下，等待出场厮杀的时刻。角斗竞技表演不是让角斗士们直接展开激烈搏杀，而是由小丑、残疾人、侏儒和肥胖女人们的表演先行铺垫，逐步推向高潮，这些人拿着木剑假装格斗，以极为浮夸的方式演绎着倒地暴毙。

在人群的欢呼声和号角声中，角斗士们重新回到了大角斗场。有些角斗士举着重剑或长矛，手臂和腿部都戴着护甲。而另一些角斗士除了一副肩甲就没什么护具了，他们手里有一张网，会想着先套住对手再用矛刺死对方。角斗开始后，观众席中不断发出激动的呼喊："他干掉他了！""抽他啊！""打他啊！""烧死他！""杀了他！""抽他，拼命地打！""为什么他畏手畏脚躲着对方的剑？""他就不能像个男人一样死去吗？"但不用多久这些三三两两的呼喊声就会被鼎沸的喧哗声淹没。负伤倒下的角斗士可以扔掉他的盾牌，举起左手请求饶命。在皇帝不在场的情况下，他的对手可以选择杀死或饶恕对方。如果皇帝在场观看，将由皇帝做出决定是否饶其一命。观众们会喊出他们倾向的选择，皇帝也会把自己的选择公布于众：大拇指向上表示求饶者可暂时保住性命，大拇指向下则等于宣判了他的死刑。

获胜的角斗士是当天的英雄。有的角斗士不像有些令人印象深刻的罪犯和战俘，他们过这种刀口舔血的生活是想为自己赢得名头和女人的钦佩。角斗士的生活充满危机，也很艰苦。他们的训练漫长而严格，即便角斗士学校能够提供充足的医疗保障和伙食，角斗士的住宿条件也很差，他们往往住在空间狭小、气味难闻的地方。

角斗士之间的对决仅仅是大角斗场里上演的精彩节目之一。除角斗外，还有拳击比赛、箭术比赛、女剑客的拼杀以及战车驭手之间的较量，所有这些节目都有乐队和水力风琴的伴奏。而这其中最激动人心的表演是斗兽，成百上千的野兽在斗兽表演中被杀死。斗兽的表演场地布有树木和岩石，上百只嘶吼嚎叫的动物会从角斗场下迷宫一样的地牢里探出头来：豹、熊、狮、虎、骆驼、长颈鹿、鸵鸟、鳄鱼、鹿和羚羊。这些动物跑出来后会在角斗场惊慌奔窜，训练有素的猎手会吸引这些动物的注意力，然后诱捕、击伤它们，最后毫不留情地杀死它们。经过长期训练的职业猎手知道怎样在不置身于险境的情况下逗弄并激怒野兽，他们也熟稔于如何满足观众嗜血的欲望。有一个学法律的年轻学生叫阿利皮乌斯，他去看斗兽表演的经历很好地反映了，即使是一个易受惊吓、心地善良的人，也会被周遭人群的歇斯底里影响。阿利皮乌斯和几个同学刚参加完一场宴会，回家路上他很不情愿地被同学拽到了大角斗场看斗兽。起初他根本不敢睁开眼睛看，但是周围观众的狂热和兴奋、他们的助威声和咒骂声一直吸引着他去观看这场杀戮，而当他睁开眼后，眼前的一切使他深深入迷，他的视线再也无法移开。阿利皮乌斯逐渐体会到了一种野性的快感，和周围人一样，他也激动地叫着跳着。此后阿利皮乌斯尽可能地绝不错过任何一场斗兽表演，他还拖着别人跟他一起去看，那些人也像他以前一样不大情愿去看这种野蛮的表演。

公元 4 世纪关于角斗士和猎手的镶嵌画

也有一些人斥责大角斗场的各种表演。尼禄的老师塞涅卡有一天中午去大角斗场看到了极其野蛮的表演，事后他表达了自己的厌恶情绪。他本指望能看到"一些有趣、巧妙的节目"，却发现事实和预期"截然相反"：

> 这是彻头彻尾的谋杀。角斗士身上没有什么保护性的装备，他们赤膊而战，拳拳到肉、招招见血。观众叫嚷着让胜者杀死对手，要求胜者留待下次出场再战。角斗士的结局总是死亡，他们的搏杀满是刀光剑影……当表演中止、进行休息时，观众叫着："再杀个人吧！继续啊！"

像塞涅卡这种提出异议的人很少。贺拉斯和普林尼对大角斗场的表演都不曾有微词。事实上，绝大多数罗马显贵都称赞角斗士竞技表现了罗马人的优秀传统品质：面对死亡时展现的勇气、毅力，对古代习俗的尊重。就连批评过斗兽很残忍的西塞罗，也说他从角斗士竞技里看到了美德，称角斗是展现纪律和自我牺牲的实物教学课。"看看这些训练有素的斗士，都是直面攻击，从不畏缩地躲避。"西塞罗写道，"角斗士把为主人和为人民牺牲看得最重，这种表现是多么频繁！……有品格的角斗士有谁会哼一声？谁不是面不改色？"

和成功的角斗士一样受人崇敬的是竞技场里的战车驭手。竞技场里的表演都是在观众眼皮底下进行的，这里的观众即便没有大角斗场的观众数量多，也保持了和大角斗场观众同样的热情。罗马的竞技场包括：建于共和国时期的弗拉米尼乌斯竞技场[2]，卡利古拉修建的盖乌斯竞技场[3]，以及竞技场中最为雄伟的马克西穆斯竞技场[4]。大约在罗马王政时期，马克西穆斯竞技场便已经投入使用，恺撒后来对它予以修缮扩建，整个竞技场足够容纳超过十五万观众。马克西穆斯竞技场的大型竞技场地长轴为五百四十九米，短轴为一百八十三米，竞技场周围是商铺、餐馆、小旅馆、妓院和占卜店，竞技场内每天上演赛马和战车比赛，而周围广场上也总是笑语喧阗，充斥着疯狂赌博和卖俏行奸的勾当。奥维德在他的《爱的艺术》一书中阐释道：

> 在竞技场上有许多机会等待着你。没有人会阻止你坐在某个女孩的旁边。坐得离她越近越好。因为座位都很拥挤，所以这很容易做到。找个话题搭讪……问她进场的是什么马，她看好哪匹马，然后对她的选择表示赞同。如果她腿上有灰尘（这种可能性是存在的），就轻轻地帮她掸掉。哪怕没有灰尘沾在她的腿上，你也可以假装有，然后还是可以帮她掸。如果她的外套沾到了地上，就帮她撩起褶边，把外套捡起放好，这时候你肯定是有机会瞄一眼她的大腿的……一块坐垫如果用得巧妙，对求爱的人也大有帮助……竞技场给想发生一段风流韵事的男人创造了诸多有利条件。

竞技活动由一名官员宣布开始，该官员总是身着紫袍，头上戴着一顶沉重的镀金桂冠，手上拿着一支象牙棒，棒上还有只鹰。他会向人群举起一张白色餐巾，然后把它丢在竞技场刚耙过的黄沙上。开场时可能有马术表演，骑手们经常不踩马镫，或在马上倒立，或躺在马背上，或从一匹马跳到另一匹马上。他们有时候在马上拿着剑进行模拟格斗，或是行进中一个俯身，捞起沙地上的奖杯。马术表演后是赛马，赛马后亮相的是绕着跑道奔鸣的战车。马厩两边的墨丘利雕像中间的绳索一放，十二驾战车就同时从马厩中冲出。有时候战车是两匹马拉的，更多的时候是四匹马拉的，还有些时候有十匹马拉的战车。战车绕跑道赛跑七圈，激烈的赛况常笼罩在车轮和马蹄扬起的尘土中。在跑道中部高高筑起的路基上，放置着一只巨大的木蛋（后来换成了木海豚），战车每完成一圈，木蛋就会被移动，观众可以根据木蛋的移动来掌握赛情。战车按照所属车队和马厩颜色的不同，分别有红、白、蓝、绿四种颜色。拉着战车的马的鬃毛装饰着珍珠，马铠上嵌满了小饰品和勋章，马脖子上和打了结的马尾上系着代表车队颜色的彩带。战车驭手拽着缰绳，手拿鞭子，头戴盔甲，腿上绑着皮带，大腿一侧的刀鞘内插了一把匕首，以备在必要时将自己和马车割离。根据他们外衣的颜色可以区别他们所属的车队。疾驰的战车在赛道标杆处需要拐弯，这个时候需要战车驭手有精湛的技艺，能够驾马在正确的位置拐弯。马如果在离标杆太近的地方转向，战车可能会撞杆。如果离得很远就转向，就可能会被别人甩下好几个身位，怎么追也追不回了。

马克西穆斯竞技场和罗马大角斗场的精彩表演所吸引的观众数量远远超过了罗马的剧场所能招徕的观众人数，即便剧场里上演的戏剧会表演同样暴力的情节，甚至在剧场里还会出现比竞技场里更为色情的行为。这一时期，罗马有三家主要的剧场，后世建成的最大的剧场也不及这三家大，但三家剧场能容纳的人数仍无法与马克西穆斯竞技场和罗马大角斗场相提并论。庞培剧场约有两万七千个座位，马切罗剧场约有一万个座位，建于公元前 13 年的巴尔布斯剧场规模较小，约有八千个座位。[5] 罗马剧场里名家云集的日子已经一去不复返了。曾经活跃于罗马剧场的剧作家包括罗马戏剧的奠基人之一李维乌斯·安德罗尼库斯，还有将希腊大师作品的内容和形式搬演到罗马戏剧舞台上的普劳图斯和泰伦提乌斯。如今的剧本创作不是为了进行公演，倒像是为了个人申辩观点。剧场推出的作品更突出其舞台效果，而不再强调语言的精美、情节的引人入胜和人物的塑造。面对台下大量的观众，演员戴着很容易被辨认出的面具，穿着五颜六色的花哨衣裳，当台上演到有一群人谈论事情的时候，演员常常做一些程式化的手势，或者跳舞，或者大声唱出台词。竞技场的血腥表演已经拉低了观众的趣味，他们在剧场里也想看到类似的内容，于是剧作中便出现了强奸、乱伦、劫掠和吃人的剧情来满足他们的需求。舞台上会有裸体的女演员，会上演勒达和天鹅做爱，帕西维和米诺斯的白牛亲热；打斗戏会假戏真做，演员真的会流血受伤。在 1 世纪即将进入尾声时，被定罪的犯人会代替演员出现在最后一幕，在演出现场被处决；强盗会在现场被钉死在十字架上。曾经有一名罪犯被强行命令扮演赫拉克勒斯，穿上了一件有毒的外衣，然后在火葬堆上被活活烧死。

剧场里尺度最大、最极端的演出都出现在暴君当道的年代，然而在仁君当政时期，剧场演出的野蛮程度依然夸张。提图斯在位时，大角斗场已投入使用，据苏埃托尼乌斯的估算，一天之内有不少于五千只动物被杀戮。

提图斯在公元 79 年继承帝位，他的父亲韦斯巴芗不久后得了致命的中风。按惯例，罗马皇帝逝世后都会被尊奉为神，韦斯巴芗在他弥留之际还开着玩笑说："乖乖，我觉得我快成神咯！"

提图斯是一个报复心很重的征服者。他镇压了犹太人的起义，洗劫了耶路撒冷后又大规模屠杀了俘虏，把俘虏喂了野兽。提图斯把罗马帝国的鹰旗插进了耶路撒冷圣殿的至圣之所，把希律王神庙里神圣的宝物统统带回了罗马，这些宝物包括银质小号和犹太教的七枝大烛台。建于公元 81 年的提图斯凯旋门位于圣道尽头，在凯旋门的浮雕上还能看到这些宝物被运回罗马的景象。[6] 提图斯还以其奢靡的作风著称，他常常举办聚会狂欢，宠爱娈童，还对犹太公主贝勒尼基情有独钟。但他在罗马当权后，就把贝勒尼基送回了她的国度，并且再也不与他那些俊俏的男朋友们见面了。作为统治者，他显得慷慨、友善、富有魅力，当罗马境内各处遭到瘟疫或大火侵袭后，他对改善民生表现出了切实的关心。然而，他在位时间很短，公元 81 年他就去世了。他死后，他的弟弟图密善继位。图密善登基时二十九岁，是个内向的人，总是独来独往。他嫉妒提图斯取得的成就，但他对诗歌和音乐表现出来的兴趣远远比政治上的兴趣要浓厚。根据苏埃托尼乌斯的记载，图密善执政前期大量时间都是一个人独处，他会捕捉苍蝇，然后用他的笔尖精准地把苍蝇戳死。当他的妻子移情别恋于一个演员后，他不得不将妻子逐出皇宫。但此后他愈发寂寞，不久后便找了个借口又把妻子召回身边。他年纪越大，就变得越孤僻和多疑。他和元老院结怨颇深，因为他任命自己为终身监察官，还给自己冠以前所未有的神圣头衔，比如"主与神"，同时一心搞专制主义。也因此，他有足够的理由担心自己遇刺。据说他在帕拉蒂尼山上的皇宫里的时候，经常在庭院里徘徊，然后忧心忡忡地看着卡帕多西亚大理石平面反射的花园景象，看看有没有杀手潜伏其中。

图密善那巨大宫殿的恢宏气派不逊于尼禄的金宫。建造宫殿的资金大部分来自元老，这些元老以叛国罪被指控，财产充公。为图密善设计这座宫殿的是盖乌斯·拉比里乌斯，整座宫殿包括图密善的官邸弗拉维宫、他的私家府邸奥古斯都宫，以及一座由双层门廊环绕的大型运动场，运动场里可能赛过马。为了给这座巨大宫殿腾出地方，成排的房屋被拆，上吨的土被清理。宫殿耗时十五年才修建完成，其中回廊迂曲、泉溪潺潺，建有地下园林、神庙和华丽的寓所。宫殿的餐厅得以保存至今，从中仍能看出昔日宫殿的宏伟华贵。餐厅中粉色大理石墙壁下方摆放着加了衬垫的沙发，曾几何时，皇帝的宾客们惬意地躺在这些沙发上，透过窗户俯瞰花园。花园中的喷泉散发着晶莹的光，喷泉旁的鸟笼里羽毛五颜六色的鸟儿欢快地扑扇着翅膀。[7] 但是得了"被害妄想症"的图密善并没能好好享受这座奢华的宫殿。公元96 年，适逢宫殿竣工之年，图密善整天担心的行刺到底还是发生了。受到图密善妻子多米提娅、多位皇宫大臣和禁卫军指挥官的唆使，几名杀手刺死了他。

性格软弱的年迈律师马尔库斯·寇克乌斯·涅尔瓦是参与行刺计划的密谋者之一，他被推选为图密善的继任者。图密善曾给军队大幅提薪，受图密善恩惠的军方逼迫涅尔瓦领养一个其家族之外的人作为养子和继承人。于是，公元98 年，涅尔瓦逝世后，涅尔瓦领养的马尔库斯·乌尔皮乌斯·图拉真成为罗马的皇帝。

图拉真于公元53 年出生在塞维利亚附近，他的母亲是西班牙人，父亲是罗马殖民者的后裔。图拉真在担任上日耳曼行省总督时功绩卓著，在达契亚王国（今罗马尼亚）的两次战役大胜之后，他从这片富饶之地攫取了巨额财富。利用这笔财富，他在罗马展开了一系列市政工程项目，规模宏大之程度前所未有。在尼禄的金宫原址，他建起了罗马最豪华的浴场。[8] 他建了一座新的广场，也是罗马最后一座议事广场，该广场由大马士革的建筑大师阿波罗多洛斯设计，阿波罗多洛斯所建造的大理石柱廊、神庙、图书馆以及由大理石雕像和青铜浮雕围绕的乌尔皮乌斯会堂，长久以来都被视为古代最了不起的奇观。[9]图拉真打造了大型集市图拉真市场，起初在市场上建了三层商铺，这些商铺至今在"十一月四日大道"上还能看到。[10]图拉真的一系列工程中最为不凡的是他于公元113年建成的纪念石柱。图拉真石柱高约四十三米，一度为图拉真广场和战神广场的分界。石柱仍然为阿波罗多洛斯设计，采用了十八块大理石，每块大理石一米多高，直径约四米。图拉真石柱上盘绕有精美绝伦的浮雕，刻画了两千五百个人物，还生动而又详细地描述了图拉真在达契亚的征战情况。石柱顶端矗立着一尊打了胜仗的图拉真皇帝的雕像，石柱里的螺旋石梯通往一

去往城市广场的罗马元老。让·勒梅尔（1598—1659）绘

个地处高位的平台，人们在这个平台上可以将罗马城的广阔景象尽收眼底。[11]

这个时期罗马的人口约达一百万，城市面积约二十平方公里。但罗马有相当多的大型会堂、神庙、竞技场、浴场、剧场，还有占地相当大的皇家园林，这些地方都不能住人，因为住人会冒犯神灵。大部分人不得不生活在狭街窄道上六层楼高的公寓楼里。[12]

在那些略为严实和舒适的公寓楼里，第一层整个楼层就住了一户人家，住宿空间宽敞得像住在一座大房子里。一层往上的公寓空间会变得狭小拥挤，越往上住宿条件越差，最顶楼也是最便宜的楼层，往往挤满了租户、租户的房客、租户家属以及他的房客的家属。如果从外部看，公寓楼好像还不错，其外观装饰有砖瓦和镶嵌画，各层楼都有木质或砖砌阳台，阳台栏杆后面还种了花花草草。但公寓楼的内部往往乌漆麻黑，叫人不大舒服。公寓楼里只靠糊着羊皮纸或塞了布条的窗户采光，有些房间里用的是木质百叶窗，虽能遮阳挡雨，但整个房间会陷入黑暗，即便用烛光照明也收效甚微。房间里的家具少得可怜，只有几张凳子和床，所谓的床也通常是利用了房间的一部分，靠着墙搭好的架子和床铺。房间的取暖靠的是随手搬来搬去的火盆，人们在没有保护装置的火炉上做饭做菜。这种构造粗糙的房子很容易坍塌，也很容易着火。

公寓楼的供水和卫生条件还停留在罗马王政时期的水平。图拉真在位时期，每天有超过两亿加仑的水通过八个高架渠输送到罗马，但也只有公寓楼的第一层住户会从中受益，高层住户用水仍然麻烦。人们不得不拎着桶到街上的喷泉处取水，或者让送水工送水上楼，但送水工是出了名的又懒又坏。罗马城的排水系统自七百年前就不断地扩建改造，而楼层较高的居民家里连不了排水系统，他们不得不用容器盛了生活废水，跑到楼下倒进地下室的坑里，或是倒到附近的废水池里。那些下不了楼或不想下楼的人则把废水从窗户直接泼到大街上。

尽管公元 64 年那场大火之后，尼禄按照更为规整的方案改造了城市，但罗马城的很多街道仍和过去一样狭窄、弯曲、幽暗，最宽的街道不过六米，位于城市中心的圣道和新道甚至还不到六米宽。并不是所有的道路都铺好了，也不是所有的街道都有人行道。图密善在位时期曾明令禁止商贩在大街上展示他们的商品，但这条法令没有被严格遵照执行。许多公寓楼的低层住宅开设店面、旅馆、仓库，很多生意人平时都在阁楼生活，用梯子爬上爬下，这些人自然希望在天气好的时候到大街上透透气，同时摆出自己的商品吸引过往行人的注意。和商铺经营者一样，理发师也把生意做到了大街上。他们理发用的是铁剪子，其手法得到了当朝皇帝和一些偶像级战车驭手的喜爱。理发师为年轻人修剪头发，为老年人染发，拿铁剃刀为顾客刮下巴，他们的剃刀已经在磨刀石上磨了多回，但还是很钝，所以刮起来很疼。万一理发师在刮的时候胳膊被路人撞了下，他们就会用蘸了油和醋的蜘蛛网给顾客止血。

在街上谋生的人还有其他各种行业：手工艺人在街边琢磨物件，流动的小贩沿街叫卖货物，杂耍艺人、驯蛇师、杂技演员卖力地招徕围观客，乞丐捧着碗和罐子乞讨，就连学校的教员们也会在喧哗的街头给孩子们上课。恺撒时期曾颁布法令禁止马车和其他驮货牲畜白天在街道通行，这一法令一直行之有效。但骑手不受此法令约束，同样不受法令约束的还有拆迁或建筑承包商的货车，以及运送垃圾和椅子的奴隶。在竞技活动频繁举办的时期，前往竞技场的战车可以在街上畅行无阻。在宗教节日期间，载着祭司和维斯塔贞女的马车也可以畅行无阻。实际上，对于其他车辆的禁运并未能有效地缓解白天街道上混乱的拥堵，而到了晚上，车夫们的嚷嚷和暗巷里巡夜人的咋呼声此起彼伏，扰作一团。"很多病人都是因失眠而死的。"1 世纪末生活在罗马的作家尤维纳利斯在他的一篇讽刺文中写道，

休息就别指望了。在罗马睡个好觉是要花钱的。

人们生病的根源就是失眠。狭窄的街道上车水马龙，牲畜停下的时候赶牲口的就开始叫骂，这吵闹就连聋子或慵懒的海象都睡不好。

一大早人们忙不迭地给载着百万富翁的马车让道，要不然马车可以把人们碾得稀烂。车里的富翁在读着什么，或者在写着什么，也可能睡着了，因为车窗都关着，车里那么安逸，人是很容易犯困的。

富翁会比我们先到达目的地。而我们得从前面的人浪中挤出条路来。我们的身后是乌泱乌泱的人群，我们的屁股不时被身后的人推搡着；身上总是这里被胳膊捅一下，那里被杆子戳一下，一会儿被木块或石块撞了一下，一会儿又被桶给打了一下。

我们的腿上沾满了泥，脚上到处是被别人踩的大鞋印，有时候士兵的鞋钉还会扎在我们的脚趾上……新补好的衣服走个路又会被撕扯坏。

行进的一辆马车上运着冷杉木，一摇一晃的；后面的马车上拉着一根长长的松木：这些木头摇晃不定，威胁着大家的人

身安全。

万一车上运的是利古里亚的石头，车轴要是断了，那一座山都得滚下来砸到行人。到时候人们的尸首何在？胳膊、腿、骨头被砸到哪儿去了？普通老百姓的尸体就像他们的灵魂一样灰飞烟灭了。

富人和穷人的生活形成了鲜明对比。穷人的日子就在黑暗、嘈杂、难闻的街巷里一天天地过。元老都是从上流社会的住宅里走出来的。那些房子装修虽不华丽，但是家中的家具却质量上乘，由各种精美材料制成：青铜、枫木、象牙、龟甲、松节油、嵌着金银的斑岩等。他们家中的房间整齐地摆着雕塑、半身像、水钟、新奇的小玩意儿，以及他们从帝国各边远行省出差带回来的奇珍异宝。不同的房间连着一个个庭院，庭院郁郁葱葱、泉水叮咚，充满了鸟语花香。

房子的主人在卧室里很早就会醒来，有时候天刚亮就醒了。当奴隶们拿着刷子、海绵，拎着盛满水和沙子的桶开始干活的时候，主人会起床更衣。穿衣的过程不会太长，因为他夜里不会换特别的睡衣，穿着白天穿的内衣就睡了。在他的缠腰布上他会穿系带子的亚麻或者羊毛束身衣，天冷的时候他会穿两到三件这样的衣服，然后外面套上礼服。在更为正式的场合，礼服就是白色的托加袍，如果没有经过长期练习或者没有一个有经验的奴隶帮忙，这种托加袍是很难叠的。主人脚上会穿凉鞋或者软革靴，这种靴子就像士兵穿的靴子，可以盖半个小腿肚。

女主人的梳洗过程往往较复杂。穿衣倒花不了太长时间，因为她和她的丈夫一样，也是穿内衣就睡了，更衣的时候她只要换上斯托拉袍，这种袍长可及地，遮住了她的脚；然后再戴上帕拉，即围巾，只要她愿意，她可以把围巾套在头上。但是她整理头发或者套假发（通常是金发）就要花很长时间了，一般会有一个专门负责梳妆的女奴来把她的头发梳或盘成一个曼妙的发型。她的化妆过程同样耗时颇长：额头需要美白，嘴唇需要涂红，眼部要用锑粉修饰，眉毛要用潮湿的灰来描画。为了改善肤质，她会使用某种药膏，奥维德描述的药膏中含有大麦粉、小麦粉、豆类种子、鹿茸、碎鸡蛋、水仙花茎、树胶和蜂蜜。她的头发编了辫子，辫子里插上珠宝首饰，头发上再喷上香水；她的耳朵上会戴闪闪发亮的耳环，脖子上会戴项链，手上戴戒指和手镯，这时候她只要穿上一件色彩亮丽的披风就可以完美地出门了。她漫步在朝阳下，手里也许会拿着一把羽扇，身后还跟着一个打阳伞的仆人。

早期，女性完全听从丈夫支配。她们所嫁的人是由她们的父母挑选的，嫁人的时候往往年纪很小，有时候只有十二岁，但通常是十四岁。公元前449年颁布的《十二铜表法》中的第五条规定，"罗马女性即便在成年之后仍受监护"。在当时，女人根本无权与丈夫离婚，而男人则可以不费吹灰之力，以最无理的借口休妻。哪怕男人自己通奸被曝光在先，妻子如果不忠，男人还是有权杀妻。此后女性虽然鲜有执业者，但她们逐渐开始自我解放，慢慢地获得了曾经只属于男人的利益和影响力。这让很多老派的保守人士大为恐慌，他们对新潮女性展开批判，谴责她们避孕、试图学习参与男人的竞技活动。"当女人戴上了头盔，抛弃了自己的性别，以展示武力为乐，你还指望她能有多么端庄？"尤维纳利斯愤愤地问道，"谁……会拿着矛，露着胸去猎野猪啊？"同样令尤维纳利斯震惊的是，过去女人都是自己吃饭，要么就是娴静地坐在丈夫的脚边，现在的女人和男人一起躺靠在沙发上，吃吃喝喝、谈天说地，她们躺的沙发可以坐三个人，餐厅"triclinium"这个词就是因这种沙发得名的。

大多数家庭把晚餐作为正餐，早餐和午餐仅仅吃些零食。餐桌一般较矮，周围摆放着沙发。沙发上加了垫子，光着脚就餐的人坐上沙发时可以把胳膊靠在垫子上。小孩吃饭时坐在凳子上。餐桌上通常铺着块餐布，上面摆着刀、勺子和牙签，尚不清楚那会儿用不用叉子。只要是用勺子吃不方便的，人们都用手抓着吃，因此仆人会端上一碗有香气的温水和餐巾给就餐的人净手。奴隶们会把菜送上餐桌。宴会上满是美味佳肴，这些餐品中有的是传统美食，并且在接下来的几百年中依旧大受欢迎，比如：牡蛎、龙虾、鲻鱼、鹅肝、阉鸡、乳猪、烤牛、芦笋、松露、蘑菇、水果和蛋糕。葡萄酒盛在贴有标签的双耳瓶里，瓶口用木塞塞住。要喝的时候，通过滤器倒入搅拌碗中醒酒，然后用雪冷却或者兑入温水，最后再倒进酒碗供人品尝。

晚餐吃得非常悠闲自在，一般会上七道菜，上菜的间隙，宾客们还可以欣赏歌舞或杂技表演。有些人家以饕餮盛宴、酒池肉林闻名，这些人家里的一顿晚餐能吃上十个钟头。宾客们一边狼吞虎咽，一边观看西班牙裸体舞女的表演。有时候客人们会吃得太撑，感觉不舒服，不得不到旁边一间专门的小房间内去休息一下。有时候客人们喝太多酒站也站不起来，这时候他们会让马提亚尔笔下那样的富有而又粗鄙的主人唤奴隶拿着双耳瓶过来，这样他们就可以"让奴隶往瓶子里倒酒，来重新量量自己到底喝了多少"。但这种胡吃海喝的行为是非常少有的。在图拉真时代，很多富人家招待客人吃晚餐，更重视客人吃得健康，而不是吃得多。他们也认为就餐时应文雅礼貌，尽管当时在地上吐痰是很常见的行为，在席间打嗝也不会被视为无礼，而是一种吃得很愉快的表现。

晚餐前罗马人要先洗澡。有钱人自己家里就有浴室，奴隶们会给主人擦洗、按摩。所有的罗马公民也都可以去公共浴场。就像公厕是人们碰面、交流日常见闻的地方，公共浴场也一样。一代代的执政官和皇帝在城中各地修建了公共浴场。大多数浴场里都有不同的厅室，人们在更衣间脱衣服，在蒸汽浴室坐着出汗；热室的气温没蒸汽浴室那么高，洗澡的人们可以在浴桶或温泉池里清洗自己，还可以用刮刀清洁皮肤；从热室到温室凉快会儿之后，客人们就可以进冷水浴室来个冷水澡了。在一些名声不那么好的浴场里，男女是裸体共浴的，但大部分浴场按性别错开沐浴时间，或者给男女澡客分别提供浴室，一般男女浴室都是挨着的，这么一来既按性别分开了澡客，又能使男女浴室共同用上供热系统。男人在浴场里有时候会穿条皮短裤，更多的人通常就赤身裸体；大多数女人会裹块缠腰布。

很多浴场里都有一条长长的通道，通道两边艺术品纷呈，浴场里还有图书馆、阅览室、展览馆和体育馆。人们在浴场里可以打各种球类比赛，或进行其他各种运动项目，尤其是摔跤，男女都可以参加。女浴场里有美容院，而不管是男浴场还是女浴场，浴场的外面都开有餐馆和小商店。

浴场在日落时分就停业了。浴场歇业之后，在竞技场和角斗场也都关门的情况下，罗马人还是有很多找乐子的去处的。比如说妓院，妓女们就坐在妓院门口的板凳上搔首弄姿。这些妓女，即便不能说大多数都是外国人，也可以说她们中有很多人来自国外，以埃及人和叙利亚人最为常见。她们穿的衣服妖艳得吓人，没有哪个良家妇女会这么穿着。她们穿着很短的束身外衣和托加袍，脚踝上还戴着镯子。她们从嫖客那里赚取的嫖资中有一部分要被抽来缴税，她们获许游街拉客，这甚至成了圣道和苏布拉的一景，苏布拉是罗马喧闹拥挤的地区，尤维纳利斯称之为"沸腾的苏布拉"。本分人家的年轻人偶尔被看见和妓女勾勾搭搭并不会受责备。人们当时已经认识到有性病这么一回事，但性病远远没有广泛传播。

妓院的营业时间是有严格规定的，而小酒馆就没那么多限制了，人们随时都可以去那喝上一杯凉爽的饮料。同样，人们也可以随时赌上一把。尽管官方禁止赌博，但赌博是罗马公民最常见的消遣活动，很多人沉迷其中。各种游戏都可以下注，比如双陆棋、象棋、跳棋，还比如其他更简单的，用弹珠、骰子、坚果、距骨玩的游戏。赌注可以下得很高，而人们赌兴十足。"什么时候赌博变得如此不计后果？"尤维纳利斯曾有这样的疑惑，"现在的人坐上赌桌都不是拿钱包来赌，而是用金库来赌。"对于那些不热衷冒险、刺激的活动的人而言，城墙外的迷人小路值得一走，人们可以漫步在神庙和门廊前，徜徉在尤利乌斯选举大厅[13]的雕像和壁画下，游走在战神广场柏树和橄榄树的林荫之下。

图拉真在位期间，罗马城得以繁荣富强，图拉真死后，罗马人民尊称其为"最佳元首"。公元117年，图拉真的养子哈德良继位，不知疲倦的哈德良个性复杂，是同性恋者。对于哈德良这个皇帝，罗马人民更加心怀感激。哈德良是西班牙后裔，青少年时期在罗马度过。在罗马，年轻的哈德良以其极高的文化修养而著称，作为皇帝，哈德良根本不喜欢有人质疑他在艺术上的观点。他曾和阿波罗多洛斯就维纳斯与罗马神庙的设计问题展开激烈争吵，他将阿波罗多洛斯逐出罗马，后来有可能将其处死了。维纳斯与罗马神庙最终由他亲自设计，这座神庙于公元 135 年开始供奉维纳斯女神。作为哈德良负责的工程，这座神庙是罗马为数不多的有着新颖设计理念和精巧施工构造的建筑。[14] 哈德良对希腊文化的喜爱不仅反映在他位于蒂沃利的豪华别墅 [15] 上，在万神殿里也得到了淋漓尽致的体现。万神殿这座纪念建筑保存的完好程度令人赞叹，在哈德良时代，它就已经是文明世界顶礼膜拜之物了。

万神殿由阿格里帕始建于公元前 27 年至前 25 年，重建后的万神殿门廊上仍刻有阿格里帕的名字。阿格里帕的万神殿以外观雄伟著称，而哈德良的万神殿最令人赞叹的，是其门廊灰红色花岗岩石柱后的圆形大厅。大厅的穹顶覆盖有镀金青铜，至今它仍然是世界上最大的穹顶。穹顶之下立着饰有珠宝的众神像，据普林尼所说，维纳斯神像的两只耳朵各戴着半颗珍珠，珍珠原本是一对，属于克娄巴特拉，为了赢下一次赌局，克娄巴特拉把其中一颗珍珠溶解在醋里一饮而尽，剩下的一颗被马克·安东尼带回了罗马。[16]

经哈德良重建后的万神殿恢宏壮观，不愧为供奉众神的圣地。在这之后，哈德良开始修建自己的陵墓。这座陵墓即为圣天使堡，在罗马的历史长河中它先后作为雄伟的要塞和监狱使用。[17] 哈德良于公元 138 年驾崩，其时，陵墓尚未建成。陵墓后来由哈德良的养子安东尼建好，因为安东尼对国家、神明、父亲忠诚奉献，他被称为安东尼·庇护。

安东尼在位长达二十多年，在此期间，罗马的大部分疆土保持了安定和平，但罗马的辽阔边疆却频受袭扰。安东尼之后的皇帝为巩固

万神殿，威廉·托马斯在 1549 年称它为"最完美的古迹"。图为乔瓦尼·保罗·帕尼尼所画的万神殿内景

江山越发注重加强军事防御。安东尼·庇护的继任者马可·奥勒留在位时大部分时间都在与北方的日耳曼部落交战，圆柱广场上矗立的石柱纪念着奥勒留的战功。[18] 还有一尊奥勒留骑马的铜像，这尊铜像给人以奥勒留要意气风发地骑马越过卡比托利欧山的感觉，铜像也给米开朗琪罗留下了深刻的印象。然而，奥勒留是给罗马带来盛世的四位贤帝中的最后一位。[19] 他的儿子康茂德残暴自负，极度痴迷于角斗竞技，曾亲自上阵参加了近千场角斗。康茂德常常自比为赫拉克勒斯，走进角斗场时，他会戴着一顶镶满珠宝的金皇冠，身前的一个侍从拿着棍棒和狮皮，和赫拉克勒斯的装备一样。在角斗之前，他会非常冷血地屠杀动物向赫拉克勒斯致敬。元老们乖乖地当观众看他表演，还为他的嗜血叫好，但据其中一名元老卡西乌斯·狄奥记载，元老们内心最强烈的情感其实是恐惧，因为曾有传言说，康茂德为了纪念赫拉克勒斯诛杀斯廷法罗湖怪鸟，决定在竞技场上酣畅地展示精湛武艺后再杀几个观众。

据卡西乌斯·狄奥描述，有一次，"在将一只鸵鸟斩首之后，康茂德走到了我们元老的座席前，左手提着鸵鸟头，右手高举着沾血的剑。他一言不发，只是摇着头朝我们咧嘴一笑，好像在威胁说他也会这样对待我们"。尽管元老们感到害怕，但是皇帝这般滑稽古怪的举动还是让他们忍俊不禁，同时，他们又深知要是真笑出声来，恐怕他们会当场丧命，于是纷纷把头上花冠的月桂叶摘下来含在嘴里，拼命绷住不笑。

自大狂妄的康茂德后来被禁卫军指挥官派出的刺客勒死，此后罗马帝国内战不断。接连几任皇帝或受军事力量挑唆，或借助军事力量打打杀杀，下场惨烈。康茂德的继任者佩蒂纳克斯是一个被释放的奴隶的儿子。佩蒂纳克斯在军队里表现突出，后来担任罗马城市长官，但他在位不到三个月就被人刺杀身亡。下一个皇帝是狄第乌斯·尤利安努斯，他是个富有的元老。禁卫军把皇位拿出来拍卖，他出价最高，买得了皇帝宝座。然而，他只当了九个星期的皇帝，就被刚毅强势的北非人塞普蒂米乌斯·塞维鲁下令诛杀，塞维鲁被自己在多瑙河的兵团拥立为帝。他在不列颠寿终正寝，相传他曾叮嘱他的儿子们要友好相处，对军队要慷慨大方，不要惹恼别人。但是他情绪冲动的儿子卡拉卡拉继承帝位后，杀害了自己的兄弟，自己也在公元 217 年被禁卫军司令马克里努斯刺杀。马克里努斯自己做了皇帝，但他在位时间很短，后来死于一场叛乱，这场叛乱的策划者是塞维鲁在叙利亚的妻妹尤利娅·马埃萨，马埃萨又将帝位交给了她的外孙，这位新皇帝时年十四岁，是叙利亚太阳神埃拉伽巴的虔诚信徒，也是太阳神大祭司。在叙利亚，太阳神的象征是一块圆锥形的黑色石头，备受人们崇敬，据说这块石头是从天堂掉落人间的。这位皇帝被称为埃拉伽巴路斯，也是因太阳神而得名。他将叙利亚的太阳神崇拜带到了罗马，但并没打算将这种崇拜同化到罗马的社会风俗中去。爱德华·吉本在他的一篇个人风格鲜明的文章中写道：

> 这新皇帝的心思完全不在当皇帝上，一点点小乐子就能分散他的注意力。埃拉伽巴路斯从叙利亚到罗马的路上耽搁了好几个月，一直拖到次年夏天才成功抵达罗马。在他进罗马之前，他下令将他的一幅画像挂在元老院的胜利祭坛上，这幅画像生动地描绘出了埃拉伽巴路斯的模样和高贵仪态，而其实他本人谈不上多么高贵。画中的他身着金丝祭祀袍，头上戴着价值连城的宝石。

他的眉毛很黑，面颊白里透红。元老院中地位显赫的元老们纷纷叹息：在历经多任本土帝王的严苛暴政后，罗马最终臣服于柔和而奢靡的东方专制统治……

当埃拉伽巴路斯庄严的队伍走在罗马的大街上时，道路上撒满了金粉。代表着太阳神的黑色石头被装在珍贵的宝石中央，而宝石则被安在了一辆马车上，马车由六匹雪白的骏马拉着，每匹马都穿着华丽的马衣。虔诚的埃拉伽巴路斯拉着缰绳，在大臣们的帮助下，缓缓地倒行，仿佛一直享受着他的无上尊荣。在帕拉蒂尼山一座供奉埃拉伽巴路斯的宏伟神庙里，对埃拉伽巴路斯的祭献总是以极其奢华庄重的方式进行的。在祭坛上被用来慷慨祭祀的包括最贵的酒、最出众的人、最稀有的香料。一群叙利亚少女跟着狂野的音乐跳着艳舞唱着歌，而军政要员个个穿着长长的腓尼基外衣，在祭祀仪式中装模作样，看似热忱，但暗中不爽。

为了让神庙显得更为尊贵，埃拉伽巴路斯将罗马的所有圣物都搬进了神庙，包括埃涅阿斯从特洛伊带回罗马的智慧女神帕拉斯·雅典娜的一尊木刻像。元老们对这种亵渎圣物的不敬行为深感震惊，但令他们更震惊的是皇宫里无时无刻不在进行的狂欢。饕餮盛宴从来没停过，情妇和娈童在填满了番红花花瓣的垫子上嬉戏，而皇帝自己则男扮女装，戏耍宫中重臣，把大臣们送给他不同的情人。不仅如此，他还亵渎了一名维斯塔贞女，触犯了罗马最神圣的法律。

由于担心埃拉伽巴路斯这种过分的行为可能殃及自己，尤利娅·马埃萨断绝了与埃拉伽巴路斯的关系。她不费吹灰之力就说服禁卫军暗杀了埃拉伽巴路斯和他的母亲，同时扶持她的另一个外孙亚历山大·塞维鲁为帝。亚历山大·塞维鲁和他的母亲共治罗马达十三年，公元235年，二人死于部下发动的兵变。

此后的罗马皇帝更迭之频繁令人眼花缭乱，仅在公元238年这一年，罗马就出现过六个不同的统治者。很多人都是篡位称帝，大部分是军中将领，几乎所有的皇帝都死于冲突，他们经常是被拥戴其对手的士兵所杀。这其中有个皇帝是阿拉伯人菲利普，他是沙漠酋长的儿子，自公元244年统治罗马五年。他在位期间举办了罗马建城一千周年庆典。当时罗马大角斗场内举行了无比野蛮的斗兽秀，各种娱乐表演"闪花了大众的眼睛"，"被无数灯烛和火炬点亮的"战神广场上还举行了神秘的祭祀活动和盛大的歌舞表演。然而这样的疯狂庆祝也无法掩盖罗马的悲惨困境，元老院不再得势，军队掌握了权威，边境逐步分裂，国内不断出现经济危机。

罗马自塞普蒂米乌斯·塞维鲁执政起在建筑领域还是有些许值得称道的地方的。塞维鲁修复了屋大维娅门廊[20]和灶神庙，在帕拉蒂尼山上建了观景台[21]。而为了纪念塞维鲁，人们在马克西穆斯竞技场附近建了钱商拱门[22]，在城市广场上建了宏大的塞维鲁凯旋门[23]。塞维鲁在位时期还大兴浴场，这个浴场在公元217年，也就是在塞维鲁的儿子卡拉卡拉执政时期开业，它以卡拉卡拉的名字命名。作为罗马历史上最豪华的浴场，它的遗址分布在今天法尔内塞广场喷泉处、法尔内塞宫的赫拉克勒斯厅和拉特朗圣约翰大教堂的洗礼堂。[24]它也曾是罗马城中最大的浴场，能够同时容纳一千六百人，直到戴克里先皇帝执政时期，罗马才出现了一个更大的浴场。[25]

戴克里先出身于达尔马提亚的平民家庭，他在公元284年成为罗马皇帝。在他称帝之前，罗马的国力曾得到缓慢提升。公元253年，瓦勒良皇帝即位，他的儿子加里恩努斯曾辅佐朝政，后成为下一任皇帝，加里恩努斯曾率大军抗击波斯人和日耳曼人。他重组了军队，在一次决定性的战役中大败哥特人，剿灭对方五万多人，这场决战的地点就在今天的前南斯拉夫地区。加里恩努斯之后的皇帝是克劳狄二世（哥特人征服者），在此之后即位的是奥勒良，他在意大利北部卓有成效地打击了罗马帝国的敌人，还在罗马城周围修建了防御性城墙，它囊括了共和国时期的防御性城墙，把范围拉得更广。[26] 在临近 4 世纪时，罗马帝国虽仍陷于经济危机，但不再处于四分五裂的边缘。戴克里先拥有高明的治国才干，将罗马管理得井井有条。他扩充军队，改革税制（此前按照公元 212 至 213 年卡拉卡拉颁布的安东尼努斯敕令，罗马公民人数大幅增多，凡是罗马公民都有义务纳税）；他增加了行省数量，剥夺了行省总督的兵权。他还任命了其他三个统治者，以他本人为最高权威，四人共治罗马。其他三个统治者分别定都米兰、特里尔、萨洛尼卡，他则以爱琴海边的伊兹密特为都城。元老院仍然存在于罗马，为帝国大业献计献策，日后人们对元老院的崇拜有如敬神。

戴克里先的改革收效良好：罗马帝国达到了世代以来最井然有序、最团结的状态。不过戴克里先也察觉到了罗马的统一和宗教信仰面临的威胁，即来自异邦的、不爱国的、发展势头迅猛的基督教。为此，他决定斩草除根。

4

地下墓穴和基督教徒

    4 世纪中期的一个礼拜日下午，一群罗马学生出了奥勒良城墙的城门，走到了阿庇乌斯大道上。"我们走进了地下墓穴。"其中一个叫优西比乌·希罗尼穆斯的学生记载道，"地下有很多挖得很深的洞穴，不管你走进哪个，都会发现墙里掩埋着尸体。地下乌黑一片，偶尔射进一道光来能让你感到这里不那么阴森恐怖，这里的窗都像个洞，也透不进什么光。你每走一步都得小心翼翼，因为你仿佛已置身于深夜。"

    这些迷宫般的地下通道是在罗马周围的凝灰岩中挖出来的，数代以来都被一个教派使用，而这个教派用塔西佗的话来说，"它的卑劣行径被人深恶痛绝。很多人管它叫基督教。提比略皇帝执政时期的总督本丢·彼拉多处死了一个叫基督的人，该教派因此人得名"。起初，基督徒死后既会埋葬在地上的坟墓，也会埋葬在地下的坟墓。但后来随着墓地变得稀少而昂贵，同时基督徒遭到进一步迫害，他们不得不转移到挖出来的这些墓穴中，因为在这里举行葬礼不会被统治阶层注意到，也不会被异教徒打扰。这些地下墓穴中最大的墓穴都建在富贵人家的土地之下，比如图密善皇帝的弗拉维家族中改信基督教的亲戚，他们的别墅就被图密善批准用于基督教众的集会和崇拜活动，

阿庇乌斯大道的部分地下墓穴可以追溯到皇帝提比略统治时期

他们的花园被批准用作墓地。在阿庇乌斯大道两边的柏树下，在罗马城外的其他道路之下，也挖了很多地道，其中有一些足足挖了四层，比如圣加里斯都地下墓穴，这个墓穴得名于一个曾在撒丁采石场服苦役的奴隶，他获得自由后负责地下墓穴的修建，后来成了基督教的一名领袖。该墓穴厅室的墙壁上画着基督教的标志——鱼、羊羔、牧羊人，以及《圣经》中的场景。在墓穴的暗室里安置了遗体，遗体上裹着沾有石灰的寿衣，暗室里还存放了很多宝物，比如精致的灯具、金色玻璃容器，还有圣人、殉道者、圣徒的遗物。[1]

人们相信在圣加里斯都地下墓穴埋葬的圣徒包括圣塞巴斯蒂安，据说他是戴克里先皇帝的一名护卫，因为被人得知他信仰基督教而遭皇帝下令用箭射死。此外，有段时间，这里还埋着两位早期圣徒的遗体，一位是保罗，他是一个来自希腊城邦大数的伟大的犹太传教士。另一位是西门，他是来自加利利海边的渔夫，他的阿拉米语名字是 Kepha（彼得），意思是磐石。基督当时亲自给他取这个名字时说："我要把我的教会建造在这磐石上；阴间的权柄不能胜过他。我要把天国的钥匙给你。"为了完成使命，彼得来到罗马，他和保罗遭到了尼禄的迫害，两人都被处死。

尼禄对基督徒的迫害发生于公元 64 年的那场大火之后。尼禄被普遍认为应对大火负责，而他需要找些替罪羊来给他背黑锅。据塔西佗记载：

> 为了终止谣言，尼禄把矛头转向了其他人。先是那些承认信仰［基督教］的人被捕，后来根据他们的供词，大批信徒被判刑……他们的死法也成功转移了民众的视线。基督徒们被裹上兽

米开朗琪罗的画作《圣彼得的受难》。根据传统，圣徒要头朝下倒着被钉死在十字架上，这样就不会和基督之死过于相似

皮，任由野狗撕咬成碎片；他们被绑在十字架上，或被焚烧，烧他们是为了在天黑的时候当灯来用。尼禄甚至在自己的花园里施行这些极刑。

基督教不仅在尼禄的时代遭到了迫害，在图密善、马可·奥勒留、德西乌斯和瓦勒良等皇帝执政时期也遭到了迫害。有些皇帝对待基督教比较仁慈。比如，图拉真就曾下令："不可随意捕杀基督徒。被指控和定罪的人才必受惩罚。但如果一个人否认他是基督徒，并且以实际行动，比如崇拜我们信奉的神明，来证实他的说法，他应当被免罪，不管过去他多么像个基督徒。"整个公元 2 世纪和 3 世纪，基督徒多半都被迫害致死。即便有时候皇帝已经准备赦免基督徒了，老百姓却还是觉得他们排外，对他们的仪式持怀疑态度，认为他们有一些卑鄙行为，比方说食人的习惯。老百姓把基督徒当成制造麻烦的异类和革命者，是对帝国的威胁和对罗马古老神灵的亵渎。因此，处死基督徒成了竞技场上最能让观众感受到野蛮快感的节目之一。基督徒会被饥饿的狮子咬死，在太阳神的肖像前被活活烧死，被乱箭射死，被剑斧砍死。戴克里先执政时期，基督徒被禁止集会，教士被捕后改拜罗马的神才会被释放，基督教场所连同他们的圣物和经书会一并被毁坏，尽管如此，单单在戴克里先时代的殉道者仍多达三千人。基督教的发展势头依然迅猛，尽管有基督徒被捕后，在大角斗场被野兽撕成了碎片，但活着的基督徒的阵营仍在不断壮大，到了戴克里先驾崩之时，罗马的基督徒人数已达约三万。基督徒们会聚集起来进行崇拜活动，有时候在专门举行崇拜仪式的大厅里，更多的时候是在别墅，或者在被称为领衔堂的"宗教府邸"里，该领衔堂的名字即为府邸所有者的名号。

当时，罗马已经出现了三十三个主教或教皇，每个人在基督教内都拥有神圣地位和特殊权力，他们觉得基督当年给圣彼得赋予的也就是这样的地位和权力。这三十三个人中的一小部分是罗马人，有一些来自东方，至少有一个来自非洲。他们中的有些人出身平凡，而另一些人是贵族出身。基督教这种很明显的包容性吸引了罗马帝国各行各业、不同层次的人来信教。戴克里先逊位后，局面混乱，有一个人成为帝王之位的强有力竞争者，而基督教的包容性也成了这个人热衷基督教的主要原因。

此人便是君士坦丁。他的父亲是一名军官，他本人也是个经验丰富的军官。他大约生于公元285年，出生地在现在的前南斯拉夫地区。戴克里先皇帝为了更好地保卫罗马边疆，将罗马帝国分为东西两个部分，而君士坦丁的青年时代主要在帝国的东部度过。他的母亲海伦娜来自小亚细亚，做过女仆，是个基督徒，但皈依时间不详。海伦娜造访圣地期间发现了耶稣基督受难的十字架。据传，君士坦丁将十字架上的钉子熔化，用来做马笼头。君士坦丁娶了与戴克里先共同执政的皇帝马克西米安的继女为妻，公元312年，君士坦丁入侵意大利，在罗马附近的米尔维奥桥击败了他的妻舅，马克西米安的儿子马克森提乌斯，此役之后，君士坦丁也成为帝国西部无可争议的霸主。在这场战役中，君士坦丁行军打仗时采用了印有基督标志的旗帜，此时，君士坦丁已不再信奉太阳神，而改信了基督教，他转变信仰不仅有政治上的考虑，也出于个人需求，他需要有一个神圣的仲裁者。此后，君士坦丁又打了一些胜仗，他将帝国的东西两个部分统一于自己的掌控之下，这些战役都号称是为耶稣而战，是为了捍卫他的信仰去打击邪恶力量。他后来下诏宣布允许所有基督徒自由进行崇拜活动，并归还了基督徒在受迫害时期被剥夺的私有和集体财产。

在罗马，君士坦丁设法在不冒犯权贵阶级的同时给基督教群体创造福利，在当时，大部分权贵阶级仍是虔诚的异教徒。他给基督徒提供了场所，让他们聚会、拜上帝、进行殡葬活动、祭拜圣徒和殉道者。他确保这些场所远离城市中心，尽管这些场所内部可能会富丽堂皇，但其外表都很不起眼，不会引起路人的注意。

在马焦雷门[2]的西南侧有一座宫殿，它曾经属于富有的拉泰拉尼家族，是君士坦丁妻子嫁妆的一部分。[3]君士坦丁将这座宫殿给了教皇，后者在宫中建了一个私家小教堂，至今仍存于世，这个小教堂就是至圣堂[4]，今天人们需要经过圣阶才能进入至圣堂。而相传当年耶稣就是走圣阶进了本丢·彼拉多在耶路撒冷的宫中，而圣阶是被君士坦丁的母亲海伦娜带回罗马的。[5]作为皇太后的海伦娜有一处宫殿在拉特朗附近，即十字宫，这座宫殿的大厅被改造为一座名为耶路撒冷圣十字的大教堂，这个名字是为了纪念耶稣受难的圣十字架，而圣十字架也是该教堂最珍贵的圣物。[6]在耶路撒冷圣十字大教堂的北边，有一座教堂被认为是由君士坦丁亲自建造的，即城外圣洛伦佐大教堂。[7]该教堂地下的墓穴埋葬着圣洛伦佐，他是罗马最早的一批基督教执事之一。相传，圣洛伦佐于公元258年被烧死在烤架上，死前曾被命令交出教会的宝物。于是，圣洛伦佐召集了罗马城内的穷人和病人，把他们给交了上去，他说："这就是基督教的财富。"而在拉特朗宫旁边，在今天的拉特朗圣约翰大教堂所在的地方，君士坦丁建起了君士坦丁大教堂，由于这座教堂内有一张主教宝座，因此它从那时起就成了罗马的主教教堂。[8]这座教堂的大厅呈长方形，正厅两侧有两个通道可达后殿，看起来君士坦丁想把这座教堂建得非常宏伟，至少其内部壮观程度可以与罗马的公共议事大厅媲美。

类似的想法在君士坦丁所建的另一座大教堂上有很明显的体现。这座建于梵蒂冈山中属于皇家地界的教堂和君士坦丁教堂一样宏大，但它的后殿和正厅之间有个十字翼部，不像君士坦丁大教堂是纵深向，它呈十字形，在这个十字区域遍布着坟墓。十字翼部下方是圣彼得圣陵，圣陵由华盖覆盖，支撑华盖的是扭曲的大理石柱。圣彼得的遗体从地下墓穴移到大教堂并在这里被重新埋葬，因而这座大教堂从此以后被称为圣彼得大教堂。[9] 差不多在同一时期，另外一座大教堂也建在了地下墓穴之上，这座教堂作为封闭的墓地使用，和圣彼得大教堂一样，该教堂内也满是坟墓。这座被献给耶稣门徒的教堂后来被称为圣塞巴斯蒂安大教堂，用来纪念这个信奉基督的士兵。圣塞巴斯蒂安曾被乱箭射中而奇迹般地生还，但他后来还是被处死了。[10]

君士坦丁时代的精美建筑不仅有大教堂、教堂、封闭的公墓和陵墓。在城市广场上，君士坦丁对马克森提乌斯曾着手打造的会堂在设计上加以润色，最终建成了巨大的新会堂。它是古罗马最后的法庭和会议场所，至今，新会堂的三个大型镶板拱顶还保存于世。[11] 在新会堂的一个后殿里，君士坦丁放了一尊他自己的大型坐像，坐像的身体是木刻的，衣袍是青铜所铸，表面镀金，而头部是用大理石雕刻而成的。光是头像就高达一点八米，重达九吨，今天，人们可以在卡比托利欧山上的保护者宫的庭院里看到这个头像，头像的眼睛很大，瞳孔刻得很深，目视前方，看起来眼神深邃而有穿透力。眼睛下面刻着大大的鹰钩鼻，就像是一位威严的神的鼻子一样。

君士坦丁和他多数伟大的先辈一样，也在罗马建了公共浴场。他还很有可能负责修建了四面雅努斯凯旋门[12]，这座巨大的凯旋门位于台伯河畔古老的牲口市场——屠牛广场。[13] 而君士坦丁本人也与君士坦丁凯旋门有关，这座凯旋门是元老院和罗马人民在公元315年为了庆祝君士坦丁在米尔维奥桥击败马克森提乌斯所建的。[14]

尽管君士坦丁把罗马打造得气派不凡，在这座城市中建了许多新的雄伟壮观的建筑，但他还是不得不认同戴克里先的观点：罗马距离北部和东部边境过于遥远，已不再适合作为帝国的首都。君士坦丁同时认识到，他没能让罗马全盘接受基督教，大部分家庭的异教信仰根深蒂固，他们还和过去一样虔诚。因此君士坦丁迁都到博斯普鲁斯海峡边上的拜占庭，在那里建起了一座新的基督教城市，即君士坦丁堡。

虽然帝王宝座已不在罗马，但罗马仍然是世界之都。正如罗马钱币上所刻，它是"不可征服的永恒之城"。作为文明世界的中心和典范，罗马人口达到了八十万，城中的富贵之家不计其数，这些家族中还有很多人在元老院呼风唤雨，在意大利和帝国身居要职。他们中很多人的生意都是在罗马运作的，城外有他们的别墅，通往城外的一路上还有他们祖先的陵墓。游客到访罗马仍会满怀崇敬，他们从城市广场逛到大角斗场，或观赏卡比托利欧山上金碧辉煌的神庙，或惊叹于数不胜数的雄伟会堂、凯旋门、雕像、方尖碑、浴场、图书馆、竞技场和剧院。

台伯河上架起了八座桥梁。[15] 十九条高架渠引河水穿过城外看起来绵延不断的一排排凯旋门，通入城中。[16] 罗马诗人卢提里乌斯·纳马提安努斯对罗马坚不可摧的辉煌非常自豪，他在诗中写道：

忘却你的人是不会平安的；
在太阳落下的时候我还是想赞美你。
细数罗马的荣耀就像
数天上的星星。

在罗马仍然有一些有权有势的人觉得，要想维持罗马的荣光，就应当遵循传统，崇拜古老神明；对基督教应予以排斥，毕竟它是外来的、平民的教派，而且它内斗不断，其艺术表现形式也尚未流行。这些人之中有一个名为昆图斯·奥勒留·叙马库斯，他是元老院的高层，其人高贵正直、富有且很有涵养。尽管他有很多朋友是基督徒，他却始终认为异教的传统美德是更棒的。他甚至支持角斗竞技，在他的儿子当选裁判官后安排了一场盛大的竞技表演。但令他失望的是，他安排押运到罗马的日耳曼囚徒选择用锁链勒死了彼此，没能在公众面前厮杀格斗。后来君士坦丁堡来了一道圣谕要把元老院里的胜利女神像撤掉，叙马库斯闻讯大惊。"世上不应该只有一种理解伟大奥义的途径。"他代表其他元老抗议道，"把我们世世代代发誓敬护的神像留给我们吧。不要改变曾带给元老院繁荣的体制了。"但他的抗议无济于事，公元 382 年，胜利女神像终被撤走。而到了公元 392 年，叙马库斯死后不久，官方颁布了一道比先前的法令更为严厉而有效的敕令，禁止各种形式的异教祭祀活动，各种守护神的祭坛上不得再摆放鲜花和香炉。"那些曾经被罗马人信奉的神明，"圣哲罗姆写道，"如今无人问津，孤零零地只有猫头鹰和蝙蝠为伴。"公元 408 年，又一道法令出台，规定所有的神庙都不得用于宗教活动。角斗竞技活动早在公元 404 年就被当时出台的法令禁止，该法令之所以颁布，是因为一名叫忒勒玛科斯的基督教修道士曾试图分开在大角斗场厮杀的两名角斗士，结果被角斗场内愤怒的观众拿石头砸死了。

一直到 4 世纪末，异教圣陵才得到修复使用，它们附近就有基督教进行崇拜活动的地方。君士坦丁于公元 337 年驾崩，几年之后，沿着圣道又建起了新的异教雕像，也是从那时起，灶神庙得以翻新。但如今，斗争结束了。此时的基督教已经不需要再苦苦挣扎，它已大行其道。基督教的建筑也遍地开花，工人不需要再跑到罗马的郊区去施工，每一座基督教建筑无论规模如何都很庄重。这些建筑作为基督教的见证，往往宏伟壮观，有些建筑建在了城市的最中心地带，大部分建筑的设计风格都愈发经典，都有高旷的正厅，正厅两旁是过道，正厅外是前廊，经过正厅继续走下去就是半圆形的后殿。

这种新式的教堂建筑得到了圣达马稣的大力支持，他是一个悲天悯人的高级教士，出身于富贵之家。他在公元366年当选为教皇后，一心促使基督教像罗马的传统经典那样为人推崇，他的很多继任者都是出身于上流阶层的罗马人，这些继任者和他一样重视罗马的古典文化，尊敬伟大的拉丁作家，崇拜他们所处时代的伟大建筑，并且把天国视为罗马帝国神圣的延续。此时，在罗马城内涌现的基督教建筑很好地体现了这些理念，同时也反映出基督教越来越强的自信。这些建筑糅合了一些古典建筑风格，比如采用了石柱，其中包括公元384年动工的城外圣保罗大教堂，该教堂威严壮观，它所在的地方原先有一座君士坦丁修建的相对普通的教堂，地下是圣保罗的坟墓；[17] 位于达马索的圣洛伦佐教堂，现已成为文书院宫的一部分；[18] 此外还有圣普正珍教堂，该教堂是为一名元老的女儿所建，这名元老是罗马最早一批追随圣彼得的基督徒之一，这座教堂的后殿里有巨大的镶嵌画图案，上面描绘了一群身着元老托加袍的门徒簇拥基督的场景。[19] 大约在公元400年，大角斗场北边的圣彼得镣铐教堂开始修建，这座教堂存放了用来锁圣彼得的镣铐，也被视为镣铐的圣地。[20] 没过多久，大角斗场南边又建了一座圣约翰与圣保罗大教堂，这座教堂是为纪念两位基督教的殉道者所建，公元361年，这两位殉道者因拒不敬奉异教神明而被斩首。[21]

罗马城内的基督教堂不停地在建，城外却是一片废墟。外敌侵犯一拨接着一拨，帝国的反击则屡战屡败。公元378年，日耳曼人中的西哥特人在阿德里安堡大败罗马帝国军团。公元408年，在首领亚拉里克的带领下，西哥特人入侵意大利，南下进犯罗马。亚拉里克出身贵族，曾在罗马军队中担任哥特士兵的指挥官。当西哥特人的大军第一次逼临奥勒良城墙之外时，奥勒良城墙刚刚被加固，有原先的两倍那么高，西哥特人一时打不开局面，于是拿了罗马给的钱之后就撤去了。但在公元410年，西哥特人再度来袭的时候，罗马城内的叛徒打开了城门，于是，罗马八百年来首次被外族军队占领。

哥特人的战斗号角震耳欲聋，让人毛骨悚然，仿佛预示着一场血腥劫掠。但是亚拉里克手下那些身材高大、长相凶狠的士兵们倒没那么凶残，大部分士兵和亚拉里克一样是基督徒。西哥特人进城后烧毁了一些建筑，包括撒路斯提乌斯宫[22]，很多房屋和教堂被抢，一些罗马公民被粗暴地对待，异教神庙遭到疯狂洗劫。但是，西哥特人对圣彼得教堂和圣保罗教堂的神圣性很敬重，三天后便撤兵而去。城中建筑设施虽未被严重毁坏，老百姓在情感上却遭受了沉重打击。"这就是世界末日。"圣哲罗姆悲叹道。基督徒怪异教徒，骂他们侮辱了基督，异教徒则怪基督徒背离了过去曾给予这座城市庇护的诸神。"我悲痛得无言以对，泪水夺眶而出……这座城市曾经是世界中心，如今却沦为俘虏。"

不过，罗马人很快就重拾信心。亚拉里克入侵罗马时期的教皇是英诺森一世，此人意志坚强、能力出众，极力强调教会的最高权威，突出宣扬教会是一股重要的政治和精神力量。公元440年，一个同样果敢、强势、精力充沛的人当选为教皇。此人便是出身于罗马的利奥一世，他声称他从前任教皇们那里获得的力量来自圣彼得，而圣彼得的力量是基督赋予的。

正当罗马遭到来自北方的蛮族入侵，再一次危难当头之际，坚信自己能力的利奥一世亲自出马。这一次罗马的敌人是暴躁凶悍的阿提拉，他是匈人的首领，身材矮胖、皮肤黝黑。阿提拉觉得自己是万物之主，并对人们给予他的称号"上帝之鞭"颇感自豪。公元452年，阿提拉的兵马穿过了阿尔卑斯山，在洗劫了包括米兰、帕多瓦、维罗纳在内的几个北部城市后，阿提拉准备南下罗马，而此时利奥一世已坐镇军中。利奥一世要求与阿提拉会面，没有人知道二人在会面时说了什么，只知道会面后不久，匈人就撤退了，也许是因为匈人考虑到，如果继续南进罗马的话，一路的饥荒和瘟疫将拖垮他们。

数年之后，利奥一世遭遇了另一次外族威胁，这次他面对的是汪达尔人，这些彪悍的日耳曼勇士总是趁着夜色发动袭击。公元455年，在席卷了西班牙、蹂躏了北非之后，汪达尔人入侵意大利，在他们能力出众的首领盖萨里克的带领下又一路进逼罗马。利奥一世这次未能阻止汪达尔人攻陷城池，与亚拉里克的西哥特人相比，汪达尔人对于罗马的洗劫程度可谓十分彻底。他们在罗马待了两周，把卡比托利欧山上朱庇特神庙屋顶上的大部分镀金瓦片都扒掉了，还扫荡了富人的宅邸，侵入了基督教堂，然后浩浩荡荡地抵达奥斯蒂亚海港，那里停泊了他们的船队。一路上他们还带着数以千计的俘虏和马车，马车上载着堆积如山的战利品，包括七枝大烛台和提图斯皇帝从耶路撒冷带回罗马的其他一些圣物。

野蛮而贪婪的汪达尔人原本会对罗马大肆破坏，但幸好利奥一世极力斡旋，才力保罗马免于生灵涂炭。在利奥一世的努力下，盖萨里克承诺约束部下不得随意烧杀奸淫。他并未完全信守诺言，但至少罗马古代的会堂没有被破坏。不久之后，罗马的生活又恢复如常。自第一次蛮族入侵罗马的这些年以来，基督教信仰对罗马人的道德影响不断加强。教堂仍然很富有，教皇已经成为能够影响欧洲事务的决定性因素。利奥一世曾自豪地说："罗马因圣彼得的神圣地位重回世界之巅。"

罗马城内教堂的修建虽然受过干扰，但仍在快速推进，这期间成千上万的人开始信奉基督教。早期基督教堂中气势最为宏伟，也最能完美体现古典建筑风格在 4 世纪末备受青睐的，是阿文提诺山上的圣撒比纳教堂。这座教堂实际上在亚拉里克入侵罗马后不久就动工开建了，它于公元 432 年完工，至今这座教堂的大部分仍保持着原貌。[23]同样在公元 432 年，圣母大殿在埃斯奎利诺山开建，这座教堂里装饰有 5 世纪最美的镶嵌画图案，至今我们还能看到这些装饰。[24]不久之后，对城市建筑有浓厚兴趣的教皇西克斯图斯三世着手重建拉特朗洗礼堂和城外圣洛伦佐大教堂。而西克斯图斯三世的继任者之一，公元 468 年当选教皇的辛普利修，则在西里欧山上建造了美丽的圣司提反圆形教堂，这种教堂不寻常的圆形设计也许是受到了耶路撒冷圣墓教堂的启发。[25]

在辛普利修担任教皇期间，东罗马帝国的基督教界由于激烈的教义分歧而产生分裂，而西罗马帝国则走向最终的分崩离析。公元 476年，西罗马帝国的小皇帝罗慕路斯·奥古斯都路斯被日耳曼武士奥多亚塞废黜，帝位无人继承，奥多亚塞成了意大利的统治者。然而罗马城里的人仿佛对这些事件漠不关心，一系列建筑工程依旧在进行，西罗马皇帝被废反而让罗马这座教皇所在的城市更具威望。罗马那些老的建筑被翻新扩建，新的建筑如修道院、陵墓、小教堂、圣陵和洗礼堂则遍布城内外。殉道者坟墓附近的郊区得到了很好的发展，来自世界各地的基督徒不断拥入罗马朝圣，人数日益增多，郊区也相应建起了旅舍、商店和客栈来满足朝圣者的需求。

前来罗马朝圣的人惊讶地发现，这些年来罗马城并没有因战乱纷争而有大的变化。公元467年，奥弗涅的主教形容罗马人多得挤挤搡搡，但是都很和善，竞技场和集市的氛围轻松愉悦。富人们在家中款待来宾，体现了罗马的好客传统。城市广场上仍然有演说者练习着雄辩之才，大角斗场还在上演着摔跤比赛和斗兽，其巨型围墙仍然保持原状，只是日后被建筑承包商当作了采石场。马克西穆斯竞技场照常有战车驰骋在飞扬的尘土中，引得兴奋的观众欢呼呐喊，城市的每个地方还是能看到形形色色的雕像。继奥多亚塞成为下一任意大利统治者的东哥特人狄奥多里克声称，罗马的青铜和大理石雕像就像真人一样是有生命的。在狄奥多里克去世十年之后，据统计，罗马城内矗立着三千七百八十五尊雕像。狄奥多里克在世时一贯主张种族和谐，他同时也热心于雕像的保护工作，视雕像为"罗马街头和露天空间的珍贵遗迹"。他指示他在罗马的代理人要对雕像严加守护，夜晚要留心听警铃声，这可能是有贼试图偷盗雕像的胳膊或腿。狄奥多里克还下令修复损毁于公元508年一场地震的大角斗场，同时还拨出酒税收入修复了帕拉蒂尼山上的皇宫。

狄奥多里克死于公元526年，其后意大利陷入了又一轮毁灭性的动荡，加速了古罗马的衰亡。拜占庭皇帝查士丁尼一世决意将信奉阿里乌斯教派的东哥特人逐出亚平宁半岛，重新确立皇帝的直接统治和真正的基督教信仰。在随后爆发的战争中，查士丁尼麾下大将贝利撒留经过三次围城战攻陷了罗马，交战过程中守卫罗马的军队曾打碎哈德良陵墓里的雕像，用投石机把雕像碎块射向敌人。最终占领罗马的是东哥特人的新领袖托蒂拉，他摧毁了一大段奥勒良城墙，烧了特拉斯泰韦雷区，还威胁要把罗马的其他地区夷为牧场。为阻止托蒂拉，贝利撒留做了一番深情的恳求，告诫托蒂拉要明白"践踏罗马的崇高伟大势必将被视为穷凶极恶的暴行"：

> 在这片大地上的所有城市中，罗马最为伟大、最为非凡。罗马之伟大并非因为她是凭某个人的一己之力缔造的，也不是因为她在短时间内便集如此荣耀与美丽于一身。恰恰相反，罗马出过历代帝王和无数名士，在历经岁月和财富积累后才有了罗马的宝库。这座城市是世间所有美德的丰碑……毁了罗马，你失去的不是这座城市，而是你自己。保护好她，你将拥有世上最辉煌的财富。

托蒂拉被贝利撒留的恳求打动而收手。在连番攻城后，罗马的人口减少到三万人。托蒂拉占领罗马的日子并不长久，公元552年，他在亚平宁山的战役中被宦官纳尔塞斯击毙。纳尔塞斯曾是皇帝的护卫统领，接替贝利撒留做了拜占庭军队的将军。

东哥特人被彻底打败之后，意大利又遭遇了其他侵略者。日耳曼人中的伦巴第人在公元568年从北方南下，摧毁了罗马的郊区，把农民、修道士、教士都赶进了罗马城里，而后发生的一系列灾难，大火、洪水、粮食紧缺以及瘟疫，让城里的人生活在水深火热中。

当6世纪进入尾声之时，罗马已经陷入了可悲的颓败境地。目睹这惨状的人画下了罗马城的荒凉景象：建筑物坍塌为废墟；高架渠和下水道亟待修复；公共粮仓倒毁多时；纪念碑破碎不堪，如果被认定为"无法修复"，就根本没人去管；雕像要么被掳走，要么被亵渎；台伯河泛黄、发泡的河水上漂着死牲畜和蛇；有数以百计的人饿死，而全城的人都害怕感染上传染病。有钱人放弃了罗马，跑去君士坦丁堡寻求相对的安逸，这些富人的乡间别墅遭舍弃后，被当作采石场或者贫困修道士的生活区使用。罗马周边不能排水的地区沦为了沼泽，坎帕尼亚的平原上蚊虫肆虐。

公元 590 年，罗马的街道上出现了一支长长的队伍，队伍里都是祈求者和忏悔者，人数加起来比罗马的总人口数还多。他们耷拉着脑袋走着，有些人已经奄奄一息，沿途不断有人摔倒、丧命。活下来的人拖着缓慢的步履前行，一直走到哈德良陵墓，据基督徒记载，当这些人到达陵墓时，病人的守护者，天使长米迦勒在天上现身，米迦勒把他的剑插入鞘中，示意瘟疫马上就会结束。为了感谢天国的解救，人们在陵墓上方盖起了一座献给圣米迦勒的小教堂，后来陵墓变成了堡垒，被后世称为圣天使堡。

在公元 590 年的那支忏悔者队伍里，领头的人大概五十岁出头，他出身于罗马的贵族家庭，是教皇菲利克斯三世的曾孙，曾被隐修生活深深吸引而辞去了城市长官的官职。他将西里欧山上的家族府邸改造成了圣安得烈修道院，又变卖其他家产在各地修建了修道院，所有这些修道院都和圣安得烈修道院一样，遵循的规范类似于圣本笃创立的制度。在获得教皇任命后，他作为教皇大使出使君士坦丁堡，而在忏悔者的队伍行进前数周，他当选为教皇。他便是格列高利一世，他经常说自己从来无意升迁，但既然已经上位，他便用事实证明了自己不仅是最圣洁高尚的教皇之一，还是一位才华卓越的管理者、政治家、外交家，正是他一手缔造了中世纪的教皇权威。格列高利一世宣称，教会因为某些不体面的财产所得而蒙受玷污，对于这些财产，他分文不要。他致力于改善贫苦大众的生活，从皇权手中接管了食物配给职责，并重建了食物配给制度。此外，他还建立并完善了几处救济中心，这些救济中心日后也被改造成了教堂，比如维拉布洛的圣乔治教堂[26]和拉塔大道圣母教堂[27]。在格列高利一世担任教皇期间，前来罗马朝圣的人不断增多，对这些人中的穷困者，格列高利一世也给予了关照。

为了让更多的人皈依基督教，格列高利一世从罗马向各地派出布道团，有的去了伦巴第、西班牙、英格兰，还有的去了现今的德国、法国沿海地区以及低地国家。不久之后，来自这些地区的基督徒纷纷前来罗马朝圣，他们中有些人带着不菲的财产，有些人则身无分文，还有的人脖子上挂着铁圈，表明了他们的因犯身份，作为他们所犯罪行的补偿，他们必须到罗马朝圣。这些朝圣者蜂拥来到大教堂，排着队在地下墓穴中穿行，跑到圣殿中参与礼拜仪式，献礼捐钱，看到行乞者还会扔几枚钱币，有些人还会拥入救济中心去寻求食物和庇护。不久，这些朝圣者领到了出行指南，指南里交代了他们该走哪条线路，一路上要留心什么，以及在哪儿可以看到烧死圣洛伦佐的烤架、射死圣塞巴斯蒂安的乱箭和锁住圣彼得的镣铐。格列高利一世本人非常反感这种炒作遗址和圣物的行为，认为靠这赚钱十分荒谬。他曾发现一些希腊修道士从某个坟墓里挖出了"殉道者的遗骨"，而那个坟墓埋的分明是异教徒。格列高利一世警告了那些急于购买圣物的人，包括拜占庭皇后，她曾索要圣保罗的头颅。格列高利一世说移走圣物和冒犯圣人的遗骨是极度危险的行为。有一群工人在施工的时候不小心闯入了圣洛伦佐的墓穴，结果他们没过几天都一命呜呼了。格列高利一世认为墓穴中装着遗骨的亚麻布条和遗骨一样值得人们敬重。

格列高利一世担任教皇期间，罗马并没有修建新的教堂，总是有很多人不停地到访罗马，罗马人口也因此激增。几座现有的建筑已经或者即将能够作为基督教堂使用，而其他一些教堂则被改造用来接纳更多信徒，方便他们出入圣地，同时使信徒与珍贵的圣物保持一个安全距离。在菲利克斯四世任教皇时期（526—530），圣道上的城市长官大厅被改建为圣科斯马与圣达米安大教堂，并且用镶嵌画图案进行了装饰；[28] 大约五十年后，大概在本笃一世任教皇期间（575—579），帕拉蒂尼山脚下的一座礼堂被改造成了古圣母教堂；[29] 而到了博尼法斯四世任教皇时期（608—615），万神殿被改造为圣母与殉道者教堂，这也是第一座由异教神庙改造而来的基督教堂；[30] 625 年，教皇霍诺里乌斯一世将城市广场上的元老院改造为圣阿德里亚诺教堂；[31] 而格列高利一世的前辈教皇贝拉基一世（556—561 年在位）重建了城外圣洛伦佐大教堂，让朝圣者都能看到圣洛伦佐的坟墓；圣彼得大教堂中建了个环形地窖，一来可以疏散朝圣者的人流，二来可以确保朝圣的人群不至于离圣物遗迹太近而触摸或损坏它们。该地窖是最早出现于罗马教堂里的环形地窖之一，很有可能是在格列高利一世的建议下建造的。

从欧洲、小亚细亚和北非拥入罗马的朝圣者的数量很快就被成千上万躲避阿拉伯人的难民所超越。阿拉伯人扛着先知的旗帜向北或向西挺进，他们横扫叙利亚、巴勒斯坦、埃及、美索不达米亚和伊朗，征服了东欧，又穿过地中海南岸进入西班牙。难民们到了罗马，安顿下来后逐渐形成了自己的聚集区，比如希腊人就活动在马克西穆斯竞技场和台伯河之间的地区，在这个区域他们建了一座教堂，当时被称为希腊学院圣母教堂，也就是今天的圣母华彩教堂。[32]

在随后的几年中，来自东方的难民和他们的后代对罗马教会产生了深远的影响，这些人中有几个希腊人和叙利亚人甚至曾被选为教皇。到公元680年，他们在罗马城内及周边地区所建的修道院不下二十四座。他们也把自己的圣物带到了罗马，圣物中包括了波斯殉道者阿纳斯塔修斯的头颅，还有基督在婴儿时期睡过的马槽，在巴勒斯坦人狄奥多尔担任教皇时期，这个马槽被放在了圣母大殿。在这些人的影响下，他们的圣物在罗马城内普及，很多罗马教堂的装饰风格开始遵循东方模式，在东方习俗中，移动殉道者的遗骨是司空见惯的，这种行为曾遭到格列高利一世的强烈抵制，但后来渐渐被大众认可。

格列高利一世于公元604年逝世，他留下了一个有效运转的教廷，它不仅能够处理好自己的事务，还可以应付世俗权威。教廷的财力雄厚，足以维护宗教建筑，满足教士的各种需求，还可以照应贫苦之人。教廷聘用官员来管理，又雇佣军队保护自己。此外，在罗马和拜占庭关系紧张的时候，教廷还可以代表罗马与拜占庭斡旋，理论上，拜占庭还是罗马的领主。

格列高利一世去世很长一段时间后，在罗马仍然可以感受到君士坦丁堡和希腊世界的权威与影响。公元667年，性格乖张的拜占庭皇帝君士坦斯二世来到罗马进行国事访问，他得到了教皇维塔利安、教士和显贵人士周密细致的礼遇。君士坦斯二世的行为让人觉得罗马就像是他的私人财产。他运走了城里的很多铜像，把万神殿屋顶上的镀金铜瓦片拆了个干干净净，还在四面雅努斯凯旋门以及图拉真石柱上刻下了自己的名字。

一份 12 世纪手稿中的格列高利一世画像，他大约在公元 540 年生于罗马，卒于 604 年

在君士坦斯逗留罗马期间，他住在帕拉蒂尼山上的一座古老皇宫中，帕拉蒂尼山上的大部分其他建筑都已破败不堪，没有屋顶，墙缝中和过道上都长满了杂草。帕拉蒂尼山下的很多罗马帝国的建筑也处于一样的凋敝状态。但自从格列高利一世当了教皇之后，基督教的建筑大放异彩，为罗马增色不少。在公元625年至638年担任教皇的霍诺里乌斯一世来自贵族家庭，他长期居住在坎帕尼亚，曾斥巨资对老建筑进行修复和改造，并打造新的建筑。据说他在罗马的南部郊区重建了圣温琴佐与圣阿纳斯塔西奥教堂。[33] 在雅尼库鲁姆山的圣潘克拉齐奥门附近，霍诺里乌斯一世修复了圣潘克拉齐奥大教堂，把这座教堂装饰得富丽堂皇。[34] 在殉道者圣阿格尼丝的坟墓所在地，他重建了城外圣阿格尼丝教堂[35]，这座教堂原先是君士坦丁大帝的孙女康斯坦蒂娅为一个名叫阿格尼丝的少女基督徒所建，这名少女为信仰基督而一直保守了贞洁，殉道的时候还不到十二岁。

君士坦斯在他访问罗马的最后一天从帕拉蒂尼山上下来，带着"掠夺"的财物乘船去了西西里，而他的生命只剩下短短几个月。公元668年9月，他被叙拉古的一个奴隶杀害。君士坦斯死后，罗马更加不受拜占庭的控制，拜占庭帝国也因先后受到阿拉伯人和伦巴第人的围攻而自顾不暇。教皇的一些恩主还是喜欢东方的艺术形式，这些艺术形式都被罗马的传统艺术所吸收，而罗马仍然和从前一样，本质上是一座西方之城。

8世纪初，围绕圣像破坏运动展开的一场激烈争议鲜明地体现了罗马的独立性。拜占庭皇帝，叙利亚人利奥三世，认为对于宗教画像和圣物的膜拜是渎神行为，他下令拆除、毁坏圣像、圣物。对此，罗马人在教皇格列高利二世以及后来的格列高利三世带领下，迅速而果断地予以抵制。拜占庭派杀手到罗马试图行刺格列高利二世，格列高利二世则警告利奥三世说："整个西方都在关注着我们……和圣彼得……他是西方所有王国都崇拜的人物……我们走遍西方的天涯海角去为那些渴望受洗礼的人们施洗……那些国家的人民和他们的君王只愿意由我们来为他们施洗。"

公元 753 年，伦巴第人在攻占了拜占庭帝国位于意大利的首府拉文纳后，继续围攻罗马。当时的教皇司提反二世没有听从来自拜占庭方面的建议，亲自出马和敌军谈判。成功劝说伦巴第人撤军后，司提反二世又一路北上跋涉，翻过了阿尔卑斯山，最终来到了巴黎附近的圣德尼，在那里他接触了信奉基督的统治者法兰克人。法兰克人是日耳曼人的一支，在 5 世纪曾入侵西罗马帝国，如今已控制了比利牛斯山脉和莱茵河之间的广阔地域，这其中就包括了将以法兰克人之名命名的地区法兰西。法兰克人的国王是矮子丕平，其家族世代为高官，每一代都在墨洛温王朝腐败堕落的法兰克国王面前掌握了很强的话语权。矮子丕平废黜了当时墨洛温王朝体弱多病的国王希尔德里克三世，在教皇的默许下，他把希尔德里克三世赶进了一座修道院，还剪掉了他那头飘逸的长发，而长发一直是法兰克人心中王权的象征。在圣德尼，司提反向丕平保证他之前的教皇支持丕平的篡位行为。在明确法兰克人会援助罗马抵抗伦巴第人后，司提反在修道院对丕平施以涂油礼，宣布丕平为法兰克人的国王，并称丕平为"罗马人的贵族"。在随后的战争中，伦巴第人被打败，被迫归还他们侵占的大片领土，而位于意大利中部的属于教廷的大片土地和拜占庭地区日后被统称为教皇国。

公元 774 年，丕平的儿子查理曼继位。查理曼年轻、高大、英俊，非常懂得控制局面。他到访罗马的时候，教皇阿德里安派出了一批行政长官和贵族在城外列队恭迎。当查理曼一行走在弗拉米乌斯大道时，路边站满了手执武器的年轻士兵，小孩们手里拿着棕榈叶和橄榄枝，欢唱着称颂罗马拯救者和守护者的赞歌。不同民族的代表也在路边举着旗帜欢迎查理曼的到来。这其中就有撒克逊人，他们的聚集区被称为撒克逊区（Burgus Saxonum），今天位于罗马圣天使堡附近的博尔戈（Borgo）区即由此得名。查理曼在看到神圣的十字架和圣徒的象征物后起身下马，步行走完了去圣彼得大教堂剩下的路程，在踏入大教堂之前，他还亲吻了地面。

查理曼已贵为多个地区的最高领主，其管辖范围包括今天的法国、比利时、荷兰，以及德国和瑞士的部分地区，但在罗马之行后，他萌生了一个念头：要缔造一个更为庞大的帝国，一个取代罗马帝国的基督教帝国，帝国版图将越过莱茵河与维斯瓦河，扩展到阿尔卑斯山南部，把整个意大利囊括在内。

二十五年后，"欧洲之父"查理曼开始了他建立新帝国的漫长征程，最终他再一次造访罗马，实现了自己梦寐已求的宏图霸业。在查理曼前往罗马途中，他五任妻子中的最后一任，美丽的柳特加德去世，这使得他悲伤不已。公元 800 年 11 月，查理曼抵达罗马。那一年的圣诞节，当圣彼得大教堂举行弥撒的时候，教皇利奥三世将皇冠戴在了查理曼发已斑白的头上，人群中爆发出的欢呼声在教堂回响："查理·奥古斯都是被上帝加冕的！这位罗马人的皇帝伟大且爱好和平！查理·奥古斯都万岁！查理·奥古斯都必胜！"终于，西方的罗马帝国重新崛起。

神圣罗马帝国首位皇帝查理曼的青铜塑像

5

声名狼藉与政治混乱

　　伦巴第人在入侵罗马期间，破坏了高架渠，洗劫了教堂，闯入地下墓穴掠走了遗骨和圣物。台伯河的河水数次漫过堤岸，汹涌的河水淹没了田园和街道。生于贵族家庭的教皇阿德里安一世安排了大量劳力在郊区进行修缮工作，他还着手修复水利，改善罗马的福利体系，重建了奥勒良城墙和城墙上的防御塔。教会在城外也有大片土地，阿德里安也发展了那些地区的农业。此外，他还下令清理地下墓穴外的瓦砾，原本墓穴中安放的遗骨和圣物被整车整车地拉回罗马，重新埋葬在圣陵。大量教堂得到了翻新，有一些教堂还添置了五花八门的摆设、门帘、烛台。圣彼得大教堂的过道铺设了银色路面，还装上了一盏可插放一千多支蜡烛的大吊灯。

　　担任过教士的教皇利奥三世出身于罗马的普通人家，他得到了查理曼的慷慨资助，并凭借教会日益增多的土地资产，顺利地将阿德里安一世改善罗马的事业继续进行下去。不仅如此，利奥三世把再次成为帝国都城的罗马建设得更加辉煌闪耀。在拉特朗宫，利奥三世建了一座大型餐厅，其奢华程度堪比君士坦丁堡皇宫中的"十九沙发宴会厅"。在圣彼得大教堂周围，利奥三世修建了一道城墙，后人称此城墙为利奥城墙[1]，公元854年，这道城墙被同样是罗马人的教皇利奥四世建成。当时，利奥四世身边有一群光着脚、嘴里念念有词、头发上撒了灰的教士。在这些人的簇拥下，利奥四世一边祷告一边在城墙上洒了圣水，将城墙奉为圣墙。而到了又一位罗马人帕斯加尔一世担任教皇的时期，教堂的建造者们愈发鲜明地表现出了他们的意图：让罗马这座新的帝国都城能够完美融合君士坦丁时代的早期基督教风格和罗马的传统古典气质。很多教堂都是这种意图的例证。比如圣普拉塞德教堂[2]及其附属的圣泽诺小教堂[3]，两座教堂都有令人赞叹的镶嵌画图案；又如华丽的四圣徒殉道者教堂[4]、山间圣马丁教堂[5]、新圣母教堂（即今天的罗马圣弗朗西丝教堂）[6]、皇家圣母教堂[7]，还有被重建的位于特拉斯泰韦雷的圣切奇利娅教堂[8]，这座教堂里安置了原本埋在地下墓穴的圣切奇利娅的遗骨。圣切奇利娅是一名保持了处女身的殉道者，据说官方把她关在自己的浴室里，准备用蒸汽把她闷死，结果她活了下来。后来又有士兵奉命将她斩首，不料又被她躲过一劫。圣切奇利娅在城中逗留了三天，轻声唱着颂歌赞扬上帝的荣耀，在她的亲身感召下，很多人信奉了基督教。

利奥四世死于公元855年，加洛林王朝昙花一现的文艺重兴在罗马也宣告结束。查理曼早在四十年前就去世了，他的继任者们发现他们在罗马的处境越来越复杂，经常不受教廷待见，而教廷和罗马人也日益不满受制于神圣罗马帝国。一方面，罗马有影响力的家族不断干预，另一方面，帝国军队未能有效地保护罗马、抗击撒拉森海盗。撒拉森海盗在公元846年渡过台伯河，洗劫了圣彼得大教堂和城外圣保罗大教堂。这一切都使得围绕教皇和皇帝谁更权威的分歧与争论进一步升级。随着加洛林王朝和教廷之间的同盟瓦解，那些豪门及其支持者更加得势，他们按照他们的意愿任免教皇，甚至像罗马古代的贵族那样开始擅自做主。当时最富有、最具领导力的贵族之一狄奥菲拉克图斯在公元 10 世纪初全面控制了罗马。他自诩为元老和执政官，视自己为教廷和城市的统治者。狄奥菲拉克图斯的女儿马罗齐亚嫁给了斯波莱托君主阿尔伯里克，他们的儿子小阿尔伯里克自称"所有罗马人的君主和元老"，统治罗马达二十多年。公元 954 年，小阿尔伯里克在临终前为他那十八岁的儿子铺好了路。他的儿子以罗马皇帝屋大维的名字命名，生性放荡淫乱，在父亲的一手安排下后来成了教皇，即约翰十二世。

约翰十二世这教皇当得可谓一团糟。他先是把德意志国王奥托一世召来协助他抗击意大利北部的统治者贝伦加尔，还在圣彼得大教堂将奥托加冕为帝。但他马上就后悔了，奥托皇帝刚走，他又转而和贝伦加尔谈判。愤怒的奥托折回罗马，罢黜了约翰十二世，钦定了一个非教会人士当了教皇，即利奥八世。奥托让罗马人明白了罗马城和教廷都得由他说了算。长期视教廷为自家事务的罗马贵族阶级对此甚为反感，他们拒绝服从奥托，号召人民支持他们，不时地发起反抗运动。

第一次反抗运动爆发于公元 964 年 1 月。当时警钟突然大作，罗马人全副武装袭击了奥托皇帝在博尔戈区的部队，当时博尔戈区已经被利奥城墙围在其中。但是罗马人袭击失败，撤到了圣天使堡。奥托的手下突破了圣天使堡的防御，准备杀光所有俘虏，幸好奥托后来出面干预，才避免了一场屠杀。第二天，被俘的罗马头领们来到奥托面前乞求饶恕，他们被要求发誓效忠奥托和教皇利奥。反抗军中的一百个罗马人被押作人质，其他人在受了一番羞辱后重获自由。"奥托点燃了罗马城的怒火，教皇像一只被扔进狼群的小羊羔。"德意志历史学家费迪南德·格雷戈罗维乌斯曾这样描述道，"反抗军在 1 月 3 日流的血从来没有干过。罗马人对异邦人的仇恨由此滋生。他们被武力镇压，被俘的同胞很少获得释放。他们急需发泄复仇之欲，而此时的奥托则山高皇帝远。"

罗马人请回了被废黜的教皇约翰十二世，后者带着一大群属下和帮手把他的对手赶出了罗马。约翰十二世将利奥八世逐出了教会，对支持利奥的教士展开了疯狂的报复。有的人被鞭笞而死，有的人被砍掉了一只手，还有的人被切掉了两根手指，或被割掉了鼻子和舌头。如果不是因为约翰十二世在 5 月 14 日被杀，毫无疑问会有更多的人受到惩罚。据说，他是被其情妇的丈夫怒而杀死的。

罗马人虽然宣誓过效忠奥托，但他们未经奥托的同意就推选学识渊博的本笃五世接任教皇，这一无礼放肆的举动激怒了奥托，他带兵突袭罗马，一心想让利奥八世复职。神圣罗马帝国的军队在 6 月初兵临城下，霸道地要求本笃投降。但本笃一口回绝，帝国军队的第一次攻击随即展开。罗马方面的抵抗一开始很顽强，本笃在别人的建议下亲自登上城墙鼓舞士气。但是一场瘟疫在罗马城内蔓延，罗马的粮食供给也严重不足。终于，6 月 23 日，守军打开城门，交出了本笃。本笃的教皇服被利奥八世撕了个粉碎，他的羊毛披带被切成两截，他的戒尺被折断，而他本人则被永久流放。抵抗军的头领们在圣彼得的坟墓旁再次宣誓臣服于奥托，并承诺永远不再干涉教皇选举之事。

投降的罗马人没有再遭到什么责罚。利奥八世死后，奥托皇帝任命约翰十三世继任教皇，结果罗马人再次掀起反抗运动。这一次，奥托不再心慈手软。带头反抗的几个担任过执政官的罗马人被奥托放逐到了德意志。早期的中世纪城邦被划为不同的区域[9]，有十二名区域代表被绞死或弄瞎。城市长官被奥托交给了教皇约翰十三世处置，约翰十三世则下令吊着城市长官的头发，扒光了他的衣服，把他倒放在一尊马可·奥勒留骑马的雕像上，让他对着马屁股，而他不得不抓着饰有铃铛的马尾当缰绳。而后他又头上插着羽毛、大腿上也系着羽毛游街示众。最后他被流放到了阿尔卑斯山外。此外，有两个反抗者的遗体还被挖出来丢到了城墙之外。

如此百般羞辱并没有驯服罗马人，反而挑起了罗马人的愤恨。随后的几年中，罗马持续爆发暴乱，而教廷也因丑闻不断以及陷入了与对立教皇的斗争而十分狼狈。教皇司提反六世曾下令把他之前的教皇福尔摩苏斯的尸体给挖出来，因为福尔摩苏斯曾经对他不敬。福尔摩苏斯的遗体被穿上了教皇的衣服，放置于教皇宝座上，然后接受审判。审判裁决福尔摩苏斯所有被指控的冒犯罪名都成立，后来他遗体上的教皇服被脱了下来，遗体右手的三根指头，也就是教皇做祈福仪式时最常用的那三根指头被切掉，随后遗体被丢进了台伯河。几个月后，主持这场恐怖审判的司提反六世被判入狱，而后被人勒死。司提反六世的继任者被粗暴地罢黜，接下来的教皇又被人谋杀。公元904年，杀害前任教皇利奥五世的教皇克里斯托弗被处死，至此，八年中已经出现了八位教皇。从此之后，一有教皇死去或是被废黜，这个教皇的仆从们就会迅速把他的私宅和他在拉特朗宫里所有办公场所的财物处理掉，并将这些地方对平民百姓开放，能放进多少人就让进多少人，老百姓能拿什么走就拿什么走：衣物、钱币、家具、挂帘、画像以及金银。不过拉特朗宫里很快就又堆满了财宝，因为没有几个教皇是不敛财的。

同样，也没几个教廷高官不贪图荣华富贵，格雷戈罗维乌斯曾描述这些人"住在豪宅里，房子里的金色、紫色与天鹅绒绚丽夺目"。

> 他们一个个都跟君王似的，用金质的器皿用餐。他们用名贵的高脚杯或牛角杯喝酒。他们所在的教堂或许已满积尘土，他们用来喝酒的宽大的高脚杯倒是精致亮丽。在特里马尔基奥举办的酒席上，漂亮舞女的表演和乐师们的演奏让他们十分尽兴。他们有的枕着柔软的枕头，有的睡在镶金的床上，还有的则趴在情人的怀里，自己家里的事全部扔给仆从去打理。他们玩骰子赌博，用弓箭打猎或是射击。在弥撒仪式结束后，他们会骑着马离开祭坛，牵着金色的缰绳，脚踝上系着马刺，腿上绑着匕首。有的时候，他们也会去遛鹰。他们走到哪都会有一群拍马屁的食客跟着，他们坐的马车极其奢华，恐怕没有哪个国王敢说自己有过这样的马车。

教皇约翰十三世死于公元 972 年，他的强力后盾，皇帝奥托一世在次年逝世，但他们的死没有能终结罗马民族主义者和帝制拥护者之间的矛盾。约翰十三世的下一任教皇是由皇帝任命的本笃六世，但是罗马豪门克雷申齐家族发动了一场暴乱，他们把本笃六世挟持到了圣天使堡，并在公元 974 年绞死了他，后来又扶持了出生于罗马的博尼法斯七世为教皇。但博尼法斯七世又被奥托一世年轻的继承人奥托二世逐出罗马，受奥托二世的任命，本笃七世继任教皇。在那之后，罗马人在克雷申齐家族的带领下不断地与后来的皇帝斗争。奥托二世死于公元 983 年，而他的继任者奥托三世只是个三岁孩子，帝位随时会被篡夺。当初卷走教廷财产躲到君士坦丁堡的博尼法斯七世觉得他可以安全返回罗马了。在罗马，博尼法斯七世逮捕了本笃的继任教皇约翰十四世，后来将约翰十四世关进牢里并处死，一说是故意饿死，也有人说是毒死。不过博尼法斯七世自己后来也被反复无常的暴民所杀，他的尸体被丢在了马可·奥勒留的雕像下。混乱仍在继续。博尼法斯的下一任教皇是个罗马人，但他是克雷申齐家族的敌人，此人随后被拥有纯正日耳曼血统的格列高利五世取代。格列高利五世在被克雷申齐家族及其支持者赶出罗马后，把教皇冠以高价卖给了一个希腊富豪，这个希腊人也就成了对立教皇约翰十六世。在这一连串藐视皇家权威的行径传到奥托三世的耳朵里后，这个已经十七岁的皇帝率领大军南下进入罗马。奥托三世揪出了藏匿在坎帕尼亚的对立教皇，割下了他的鼻子、舌头和耳朵，抠出了他的眼珠，把他押回罗马后投入一座修道院的地窖里等死。接着，奥托三世把目标转向占据圣天使堡抵抗帝国军队的罗马人。公元 998 年 4 月 29 日，奥托三世强攻拿下圣天使堡，俘虏了克雷申齐家族的族长，一把将他的眼珠整个抠出，弄断了他的手脚，然后让他披着母牛皮游街，在城垛上砍了他的头，最后把他的头放在马里奥山的绞刑架上示众，一同被示众的还有另外十二个罗马人的尸体，这些人也都带头参与了反抗。

"悲哉罗马！"这个时期的一本修道院编年志中如此哀叹道，"压迫和践踏你的国家何其之多！你身陷囹圄，你的人民也被暴力奴役。你的勇武早已化为乌有……你曾经那么美丽……你的金银财富都落入了敌人的袋中。你曾拥有的一切已经不复存在！"

然而这还不算最糟糕的时期。克雷申齐家族之后，在罗马权力最大的是图斯科拉尼家族，他们的家宅建在图斯库鲁姆，那里地势高，可以俯瞰罗马。1032 年，图斯科拉尼家族中几名身居要职的成员联手将他们的一个亲戚扶上了教皇宝座，尽管他们的这个亲戚当时还只是个孩子。这就是本笃九世，在他当教皇的时代，教廷的道德沦丧达到了极致。本笃九世在拉特朗宫中过着好似土耳其苏丹一般的日子，而他的哥哥则作为"罗马人的元老"掌管着城市。根据格雷戈罗维乌斯的记载，在图斯科拉尼家族的治理下，罗马到处发生抢劫、谋杀，格雷戈罗维乌斯的描述很吓人，但也许并未言过其实。"根本就没有什么合法的事了……当基督的代理人是教皇的时候，暗无天日，只有偶尔出现的一道微光……简直比埃拉伽巴路斯的年代还要充满罪恶。我们隐隐地看到，罗马的领袖们已经准备在庆祝圣徒的节日上把教皇这个年轻的罪人给绞死在祭坛前，但一场日食造成的恐慌暂停了他们的行动，为本笃赢得了脱身的时间。"

公元 1044 年，一场将本笃九世赶出罗马的计划得以更为顺利地进行。继任的对立教皇是靠行贿上位的，为了当上教皇，他还在罗马地震期间与本笃的支持者展开过激战。但比起本笃来，此人也好不到哪去。他荒淫无度，生活糜烂。据说比起信奉耶稣，他更信奉撒旦。传闻他在树林里和魔鬼厮混，用铃铛呼叫情人陪他上床，按魔法书的指示召唤魔鬼，这本书后来在拉特朗宫被人发现。他在拉特朗宫待了不到两个月，就被图斯科拉尼家族赶出了罗马，最后躲进了萨宾山间。本笃九世后来重返拉特朗宫，却把教皇之位让给了他的教父。

此时，整个教廷看上去已处于崩塌的边缘。但正如历史上在教廷处于危难关头之际，总会有个人出来力挽狂澜一样，这次也出现了教廷的救星。此人来自阿文提诺山上的圣母修道院，是这所克吕尼修道院里一个默默无闻的修道士。

　　此人名叫希尔德布兰德，他的父亲是托斯卡纳的一个苦工。希尔德布兰德离开他原先待的修道院后，去了拉特朗的圣乐学院学习。在那里，他的品格得到了学院的一名管理者的高度赞许，这位管理者就是日后的教皇格列高利六世。格列高利六世将希尔德布兰德带入教廷做事。希尔德布兰德后来又陆续为教皇利奥九世和教皇亚历山大二世工作过，这两位教皇在公元 11 世纪中叶都忙于中世纪的教会改革。改革运动最先在意大利北部和法兰西的修道院展开，结果教会的各种滥用权力现象，比如出卖教廷职位、教士包养情妇等在当地都受到指责。改革者后来扩大了改革范围，要求教会拥有独立性，不再受政治的和外国的势力干预，同时要求教会享有独立选举教皇和授封主教的权力。

　　作为教皇的顾问，希尔德布兰德对教廷提出的要求表示强烈认同。1073 年，在一片赞誉声中，希尔德布兰德接替他之前的上司亚历山大二世，当选为新任教皇，即格列高利七世。坚定而又专制的格列高利七世一心维持改革势头，他强调宗教改革的重要性，明确抵制皇室与罗马贵族势力的任何反对意见。很快他便和皇室与罗马贵族阶层交恶。1075 年的圣诞节，他在圣母大殿的地下室读弥撒经文时，外面一片嘈杂，还响起了兵器的撞击声，一队人持械闯入教堂，其中一人拽着格列高利七世的头发，不顾他受了伤，把他拖下祭坛，然后押到马上扬长而去，消失在黑暗的街头。格列高利七世被带到了一座防御塔里，这座防御塔属于贵族肯齐乌斯·德·普莱菲克托。这一事件发生后，罗马城里很快就爆发了骚乱。到处都敲响了警钟，民兵武装封锁了城门，人们举着火把在城中各个区域游行，教士们把祭坛遮盖了起来。第二天，人们得知了教皇被关押的地方，用石头砸着攻进了肯齐乌斯的防御塔，救出了格列高利七世。而格列高利七世一出来就赶回圣母大殿继续读起被打断的弥撒经文。

格列高利七世完全没有被这次事件吓倒，反而更加强硬，要求教会更加强大、更加自治。他甚至宣称教皇不仅有权驳回教廷议会决议、罢免主教，还有权废黜皇帝，声称教皇所穿的红袍是最高统治者的象征，所戴的教皇三重冠代表着他受上帝指派统管世界。这些鼓吹教会权威的论断自然受到了当时的神圣罗马皇帝亨利四世的强烈反对。亨利四世自诩为"上帝任命的神圣皇帝"，扬言格列高利"不再是教皇，而根本就是个伪修道士"。格列高利七世对此迅速做出回应，宣布将亨利四世逐出教会，并罢黜他的帝位。此令一出，果然让亨利四世在阿尔卑斯山以北不再得势，亨利四世不得不南下乞求教皇的宽恕，将他重新纳入教会。格列高利七世当时正在去德意志的路上，去参加一个在奥格斯堡召开的会议，他听说亨利四世来了，但尚不清楚亨利四世的目的，就绕道卡诺萨，那里是格列高利的忠实伙伴托斯卡纳女伯爵的地盘。在卡诺萨城堡的三重墙外，亨利四世穿着忏悔者的衣衫，请求宽恕。当时正值 1 月寒冬，格列高利让亨利四世在城外足足等了三天，才打开城门放他进来。在赦免亨利后，格列高利要求亨利把皇冠脱下，交到他的手里，让亨利答应在教廷做出决定前要保持平民身份，如果亨利能重新当上皇帝，他必须发誓服从教皇的旨意。

亨利四世的这种委曲求全并非长期服从。在得到宽恕之后，亨利四世又自视为德意志当之无愧的王，认为其权威丝毫没有被削弱。于是他与教皇再次发生冲突，也再一次被逐出教会并被罢黜帝位。这一次，不服教廷宣判的亨利四世带兵南下包围了罗马。他说服德意志的主教们反过来废黜格列高利，让拉文纳的大主教来接任教皇，即克雷芒三世。抗敌心切的格列高利向阿普利亚和卡拉布里亚的诺曼人公爵罗贝尔·吉斯卡尔求助，开始积极备战。

罗马付出了惨重的代价。1083年6月，亨利的铁骑踏过了利奥城墙，在一番激战后攻占了圣彼得大教堂。格列高利退守圣天使堡，凭借圣天使堡的险要地势成功阻止了亨利的兵团渡过台伯河进入罗马城内。但随后的几个月里，格列高利失去了大部分罗马人的支持。罗马百姓厌倦了战争，不希望他们的家园毁于两个阵营的冲突，于是他们打开了城门。1084年3月21日，几支德意志军团通过了圣约翰门，包围了拉特朗宫，亨利四世和对立教皇克雷芒三世在拉特朗宫住了下来，克雷芒三世后来在圣彼得大教堂为亨利加冕。此时，仍然坚守在圣天使堡的格列高利拒绝投降，包括科尔西家族和皮耶莱奥尼家族在内的大部分罗马贵族及其仆从也继续追随格列高利抵御外敌，跟他们并肩作战的还有罗贝尔·吉斯卡尔率领的诺曼人。

在德意志兵团的猛攻下，科尔西家族和皮耶莱奥尼家族的府邸被夷为废墟，而尽管格列高利的侄子鲁斯梯库斯英勇地保卫了帕拉蒂尼山上由塞普蒂米乌斯·塞维鲁建造的柱廊林立的七行星神神庙[10]，它还是被德意志军队的攻城装备打得七零八落。让格列高利略感宽慰的是，诺曼人和数以千计从西西里赶来的撒拉森人以及成群结队的掠夺成性的卡拉布里亚贫农火速增援圣天使堡。听闻援军赶来，亨利四世尽管兵力占优，还是匆忙带着克雷芒三世从弗拉米乌斯大道撤退。一周后，罗贝尔·吉斯卡尔的先头部队进入弗拉米乌斯门，经坎波马尔齐奥区抵达圣天使堡，一路上击垮了支持亨利四世的罗马人。他们在帮格列高利解围，并护送他回到拉特朗宫之后，开始在罗马城内抢夺财物，一抢就是好几天。

此时的罗马人暂时撇开了不同的政见，开始打击他们共同的敌人。但是他们的领导者都被无情地砍杀了。仓皇而逃的人被抓为人质后，成了强盗们索要赎金的筹码。罗马人的家宅遭到洗劫后被烧了个干净。中世纪的编年史家描述了罗马可怕的景象：到处都有抢劫、强奸、谋杀，城中大片区域沦为废墟或毁于大火。有的修道士凭空想象，夸大灾难造成的破坏性来领取相应的补贴，但现实情况的确非常可怕。男人、女人和小孩都被掳走，脖子上套着绳子，一个个沦为了奴隶。很多教堂遭到破坏，其中，四圣徒殉道者教堂、圣克雷芒教堂、圣西尔维斯特教堂和卢奇娜的圣洛伦佐教堂都被烧成了平地。罗马城中人口密集的地区都变成了废墟，无数古迹被损坏得无法修复。如果说有某个地方没怎么被抢，那是因为先前的掠夺者已经把这个地方抢得差不多了，剩下的东西根本不值得拿。

罗马人将这场灾难怪在了格列高利头上，遭人厌恨的格列高利不得不跟着他的拥护者离开了罗马。尽管他的见识依旧广博，他也再没能从这场磨难中崛起。几个月后，1085 年 3 月 25 日，格列高利客死于萨莱诺。

在接下来的一百年里，罗马不断沦为战场。交锋的不仅有教皇与对立教皇，还有教廷的支持者与皇帝的拥护者。双方都会花钱雇佣士兵作战，还会收买对手的部下和侍从。有的教皇被绑架，被禁止进入罗马，比如乌尔班二世；有的教皇被逐出罗马，比如被亨利四世赶出罗马的帕斯加尔二世；还有的教皇被迫逃亡，比如格拉修二世。围绕世俗权力和宗教权力二者关系的争论始终在持续，二者在不同时期都

在这幅早期的城市画中，可以看到大角斗场在最左边，万神殿在中间，圣天使堡在最右边，在它后面是通往圣彼得大教堂的博尔戈区

曾各占上风。教皇加里斯都二世和神圣罗马皇帝亨利五世好不容易在主教和修道院长授职问题上达成一致，签订了《沃尔姆斯协定》，这一协定看起来缓和了部分争端。然而将罗马视为"所有城市的女王"和"世界之巅"的传统观念，以及罗马人既不愿让教皇也不愿让神圣罗马皇帝来管理他们的态度，使问题复杂化，再次激化了矛盾，引爆了冲突。

罗马的豪门望族曾在很长一段时间里控制城中百姓。这些豪门的家宅建得仿佛城堡，都带有城垛。很多家族的宅邸都建在了罗马古迹之上，从那里可以俯瞰罗马的各个城区。这些豪门包括科尔西家族、克雷申齐家族、皮耶莱奥尼家族、图斯科拉尼家族、弗兰吉帕尼家族、科隆纳家族、诺尔曼尼家族、帕帕雷斯基家族、泰巴尔迪家族、萨韦利家族、卡埃塔尼家族、安尼巴尔迪家族以及奥尔西尼家族。每个家族都相当富有，不少家族还声称他们是罗马帝国历史上那些伟大家族的后人。有一些家族中刚刚出过，或即将产生教皇人选。比如英诺森二世就是帕帕雷斯基家族的人，阿纳克莱图斯二世是皮耶莱奥尼家族的人，克雷芒三世是奥尔西尼家族的人。不过这些家族对于罗马各城区的控制力不再那么牢固，因为罗马社会上冒出了一股新的势力，其成员包括手艺人和工匠，他们组成了行业协会。这股势力还包括创业者、金融业者、商人、律师、初级教士，以及一些教廷聘用的官员。正是由于这股势力不断发展壮大，到了1143年，在来自帕帕雷斯基家族的教皇英诺森执掌教廷期间，罗马人发动起义，要求把所有罗马贵族驱逐出城。他们抢劫了贵族和红衣主教的府邸，宣布建立共和国，恢复元老院，并任命了政府首脑，这个首脑的头衔被称作"贵人"。后来，艰苦朴素的宗教改革激进分子"布雷西亚的阿尔纳多"来到了罗马，在他的革命热情的鼓舞下，元老院提出教皇逊位的要求，让教皇交出手中的世俗权力给"贵人"全权掌管，同时要求限制教皇的个人所得，规定教皇收入只来源于什一税和礼品，而在过去，古罗马的祭司靠着礼品收入就可以过得相当满足。

就在元老院和教廷的冲突达到白热化的时候，英诺森二世逝世。他的继任者教皇雷定二世没能和共和派达成一致，他当了不到五个月的教皇便也去世了。下一任教皇卢修斯二世同样没能处理好共和派这块烫手山芋，于是，他决定进行武力镇压。他袭击了共和派位于卡比托利欧山上的据点，但是在战斗中他被一块石头砸伤了头部。卢修斯二世和他前面的几任教皇一样，到死都没能解决这场冲突。此时，化解危机的接力棒传到了教皇犹金三世的手里，他是史上第一位西多会修士出身的教皇，"布雷西亚的阿尔纳多"贬斥他为"嗜血之人"，把他的议政厅称为"狼窝"。他曾想去圣彼得大教堂祭拜，却被一群共和派元老拼命阻拦在外。1145 年 2 月，犹金三世因拒绝放弃教皇统治权而被逐出罗马，他逃到维泰博，并在那里招兵买马，意图反攻。但双方其实都已被长期争斗搞得精疲力竭，于是便达成了和解。共和国

城外圣保罗大教堂的回廊，建于公元 12 世纪末，于 1214 年完工

同意免去"贵人"这个职位，而教皇承诺认可共和国的合法地位。

这次和解并未使双方完全满意，不久便破裂了。教廷和共和国在接下来的四十年里还是争个不停，矛盾时不时地升级为武力冲突。在此期间，双方都曾求助于日耳曼人，而神圣罗马皇帝选择了支持教皇，他拒绝了罗马人民提出的要求，再次挑起了争端。1188 年，出生于罗马的教皇克雷芒三世最终解决了这个矛盾。克雷芒三世认可罗马作为一个公社，有宣战和议和的权力，也有任命元老和城市长官的权力。他同时承诺从教廷收入中拨出部分款项用于修护城墙以及支付官员的工资。作为回报，成员中既有贵族也有平民的元老们要发誓效忠教皇，承认教皇的世俗权力，并归还在冲突中占有的教会资产。此后，罗马公民的意愿大部分得到满足，而教皇的声势也逐渐壮大，达到了格列高利一世时期才有的影响力。自 1198 年至 1227 年，在英诺森三世及其继任者霍诺里乌斯三世担任教皇时期，中世纪教廷摆脱了神圣罗马帝国的干预，独立自主地处理自身事务。在这一时期，罗马教廷是欧洲神权的最高权威，欧洲大陆上的政治和国家事务都必须请教廷斟酌。尽管教廷时常发生败坏道德之事，也一直缺乏军队的武力护卫，但它依然成了西欧的统治力量。

罗马恢复稳定之后，教皇的注意力集中到了城市物质生活条件的提高上。在此前那个动荡的一百年里，罗马也并没有完全停止建造教堂。在 11 世纪的头十年里，一些华丽的新教堂，比如四圣徒殉道者教堂、圣克雷芒教堂 [11]、特拉斯泰韦雷的圣母教堂 [12]、岛上圣巴托罗缪教堂 [13] 以及圣基所恭教堂 [14] 均已建成。还有一些教堂得到了重建，其中有些教堂加盖了高高的钟楼，比如圣母华彩教堂。后来，拉蒂纳门前的圣约翰教堂[15]和大数的圣博尼法斯与圣亚历克赛教堂[16]都成为祝圣教堂。此外，在11世纪末，城外圣洛伦佐大教堂被重新扩建。比起宗教建筑，教皇英诺森三世对世俗建筑更感兴趣。他翻新了拉特朗宫，还在今天梵蒂冈宫的所在地为教廷修建了一座坚如堡垒的大型府邸。[17]他和他的兄弟里卡尔多在涅尔瓦广场附近建了一座巨塔作为罗马的防御工事，这座巨塔就是孔蒂塔。[18]也许如此大兴土木太过浮夸，为了弥补这种奢侈行为，英诺森三世将撒克逊区的圣灵教堂改为医院和旅舍，向贫苦朝圣者开放，该教堂位于博尔戈区，地处圣彼得大教堂和圣天使堡之间。[19]

罗马处于利奥城墙之内的城区已经楼宅林立，变得和台伯河对岸的城区一样拥挤不堪。当时罗马城内大约有三万五千名居民，其中大部分人都住在利奥城墙内的城区。作为基督教最负盛名的圣地，圣彼得大教堂周围冒出了一堆修道院、客栈、小教堂、祷告堂、酒馆、供教士居住的地方和供隐士休息的小屋。此外，还出现了一间弃婴收容室、一所孤儿院、一座贫民医院、一个收留忏悔者和妓女的地方，以及各种商铺。如此一来，利奥城墙内的这个区域更像是一座城市，既是罗马的一部分，同时又是独立的墙中城。圣彼得大教堂附近总是聚集着货币兑换者，他们叫嚷着汇率，在桌上敲着钱币。街道上布满了各种摊位，生意人在各自的摊位前叫卖着自家的货物，有卖蜡烛的，卖纪念品的，卖念珠和圣像的，卖盛油和圣水的小瓶子的，卖圣洛伦佐墓穴中的亚麻布条的，还有人卖圣塞巴斯蒂安的坟墓附近长出的已经干枯的花。此外，有人专门出售铺床用的稻草，有修鞋匠为那些长途跋涉的朝圣者修补穿破了的鞋跟。在熙熙攘攘的人群里叫卖的还有鱼贩和水果贩，而书商则在圣彼得大教堂里租了块地方兜售书籍。教堂里还晃荡着一些乞丐和一心想当导游的人，他们的目标是好心人和好奇心重、容易受骗的人。

蜿蜒的台伯河水从圣天使桥下流过，台伯河两岸丢满了杂物：网、罐子和捕鱼的篮子。河里扔着古旧的谷磨，挑水的人在河边用木桶打水。河岸那头的街道幽暗曲折，房屋空间狭小，阳台和石砖拱门的高度刚好可以让头顶包裹的女人通过，而罗马人经过街道、户外的台阶和拱门之下时都在互相推搡，拼命避开驮着重物的牲畜和负荷满满的搬运工，他们跨过地上的垃圾和粪便，在经过屠夫和制革工人的店面时小心地跳过地上的血渍和脏水，尽管罗马有法令规定不得造成这种污染，但污水还是遍地流淌。路边的住宅是由砖砌成的，有些则是用从以前的废墟中扒拉出来的材料建成的。这些住宅的屋顶有时候盖了砖瓦或木瓦，更多则铺了茅草。房屋的主人一天大部分时间都在街上，要么坐在门口，要么坐在户外台阶上，有的在制作着什么，有的在做饭，有的在洗衣服，还有的则在闲聊，仿佛都没注意街上忙碌而司空见惯的场景。从他们身后往高处远眺，可以看到许多钟楼和富家府邸中的防御塔，类似的防御塔不仅在每个城区都有，还密集地分布在埃斯奎利诺山、西里欧山、阿文提诺山的高地，震慑力十足。离住宅区不远有很多市场：马切罗剧场那边有个肉市，鱼店圣天使教堂门口有个鱼市[20]，卡比托利欧山上有个集市。再往东、往北、往南都是无人居住的地区，在建筑密集区和奥勒良城墙之间绵延着大片空地、田园、葡萄园、农场、废墟、灌木丛和牧场。这个区域周边的住宅空间更为宽敞，屋子里还有花园，在园中的无花果树和葡萄树的林荫下可以自在纳凉，看上去简直是世外桃源，根本不像多雨、肮脏的特拉斯泰韦雷那样到处是黑暗狭窄的屋子。往西走很远，靠近现在圣约翰门的地方，又有一片建筑，刚好都被翻新过的拉特朗宫的影子遮盖住了。

罗马帝国时代的很多古迹已破碎不堪，而且明显无人问津。很多外国君主、主教以及其他富人在游览罗马城时随手就从这些古迹中拿走一些有趣的物件，比如 1430 年，英格兰国王亨利四世同父异母的弟弟在以温切斯特主教身份访问罗马的时候就这么干过。而其他古迹由于被教皇转让给教会或个人而得到了保护，比如塞普蒂米乌斯·塞维鲁凯旋门就是被转让给两个业主才得以保存下来的，其中一个业主是圣塞尔吉乌斯与圣巴克斯教堂，这座比塞普蒂米乌斯·塞维鲁凯旋门还高大的教堂就建在凯旋门旁边。[21] 而提图斯凯旋门和君士坦丁凯旋门被转给了弗兰吉帕尼家族，这个家族在基本维持这两座凯旋门原状的基础上把它们都改造成了堡垒，表明自己对于凯旋门的所有权。此外，弗兰吉帕尼家族还在马克西穆斯竞技场周围建了很多高塔。

尽管罗马居民对待大部分历史文化遗产显得过于随意，每一个来到罗马的人还是能够深切体会到这座古老城市对中世纪的影响。同时，尽管罗马帝国饱经风雨，被人忘却，游客们还是能感受到帝国留下的遗存。这个时期，有个圣彼得大教堂的教士写了一本名为《奇迹》的著名指南，吸引了大批读者。书中不仅介绍了罗马城里的各种基督教名胜宝物，还以敬畏惊叹的口吻，描绘了罗马的异教古迹。其中一些遗存展示于拉特朗宫外，在今天一些已经无法识别的古铜像旁边，人们可以看到：马可·奥勒留骑马的雕像；摆在石柱上的君士坦丁巨型雕像的头部和手部；[22] 一块铜碑，上面刻着法令，表示韦斯巴芗接掌奥古斯都的皇权；[23] 一尊铜像，雕刻了一个在拔脚上刺的孩子；[24] 母狼雕像，母狼是古罗马的标志，这座雕像曾放在卡比托利欧山上，公元前

65 年被闪电击中。[25] 此外，尽管有很多古代的纪念碑都被偷走用作建筑材料，还有些遗迹，甚至包括雕像，被扔进了石灰窑里，但还是有不少古迹得到了教会或元老院的保护，免于被进一步损毁或侵占。比如元老院为保护图拉真石柱就曾颁布法令，规定"严禁毁坏图拉真石柱，它是罗马人的荣耀，应长存于天地间。任何胆敢损坏石柱的人都会被处死，其家产全部充公"。同样，拥有马可·奥勒留石柱的圣西尔维斯特首教堂[26]里的修道士也宣称："任何强行夺走石柱的人将永远被诅咒为教堂破坏者，一生不得入教。就是这样。"

其他一些破败不堪的古迹也得到了修复和重建，比如今天位于西里欧山上马太别墅里的方尖碑[27]。这块方尖碑曾放在卡比托利欧山上，在元老宫[28]附近，它和早期的克雷申齐府[29]一样，是吸纳了古典建筑风格的中世纪建筑。那些负责修复这些古迹的人会像他们的前辈那样，很自豪地在自己修复的作品上刻上名字。在切斯提奥桥上至今还能看到刻于 1191 年到 1193 年间的字迹："本笃［本笃·卡鲁肖莫］，辉煌之城的首席元老，修复了这座几乎完全损毁的桥。"

教皇霍诺里乌斯三世死于 1227 年，其继任者是阿西西的圣方济各的朋友，格列高利九世。当时的神圣罗马皇帝是腓特烈二世，他与格列高利九世就神权的问题再次争论起来，而直到 1250 年腓特烈二世驾崩，这个争端还是没有解决。与此同时，罗马人提出了更多尺度夸张的要求，尤其是在经济上对教廷的要求很是咄咄逼人。1252 年，博洛尼亚人布兰卡莱奥内·迪·安达洛被任命为元老后，强势地表达了这些要求。领着优厚俸禄的布兰卡莱奥内是个坚强刚毅的人，他不仅压制了罗马的教廷，还把爱指手画脚的罗马豪门管束得服服帖帖。

那些豪门的防御塔被他拆了不下一百四十座，安尼巴尔迪家族里两个好斗的贵族还被他绞死了。布兰卡莱奥内去世后，他的头被放在一只古董瓶中，安置于卡比托利欧山的大理石柱上作为珍贵古迹展示，后来这只瓶子被教廷撤走了。在他去世后，罗马也再一次成了刀兵不断的战场，教皇的支持者和反对者在街上打成一团，围绕教皇权力的争论也比以往更为激烈。而直到安茹的查理出面保护教皇，罗马才总算恢复了那么点秩序。安茹的查理为人冷酷，他是法兰西国王的弟弟，从 1283 年起当上了那不勒斯和西西里的国王。对于教廷而言，或者归根结底地说，对于罗马而言，恢复秩序所付出的代价相当大。安茹的查理在罗马巩固权威后，自封为元老，并试图让此后当选的教皇要么是亲法兰西派，要么就像英诺森五世那样，直接就是个法兰西人。但这种外国势力的统治起初并没有什么明显的影响。1277 年，意大利贵族乔瓦尼·加埃塔诺·奥尔西尼当选为教皇，他的继任者是个法国人，但在这之后一直到博尼法斯八世之间的教皇全部是意大利人：霍诺里乌斯四世是萨瓦利家族的人，尼古拉四世来自阿斯科利的马希家族，博尼法斯八世来自阿纳尼的卡埃塔尼家族。

在这些意大利人担任教皇期间，教廷的财力得到大幅提高。法务费、贿金、教廷圣职人员和官员的俸禄、什一税、捐款等资金如潮水般涌入罗马。此外，各地前来罗马的朝圣者在各个基督教圣地也不吝撒钱。银行家、客栈老板和商贩纷纷发达起来，尤其是在 1300 年，这一年也被博尼法斯八世定为基督教历史上的第一个圣年。

那一年罗马人赚到的好处是无法估量的。一名在罗马的游客说，他"在圣诞前夜看到了一大群朝圣者离开，人数之多难以统计。罗马人估计，"这名游客继续说道，"他们一共接待了两百万人，有男有女。我时常看到男男女女被踩倒在地，有时候我自己也差点被踩踏，难以脱身。"罗马的街头从早到晚都挤满了人，人们排着队去参观教堂、圣殿和著名古迹，还会满怀崇敬地注视着圣维罗妮卡的手帕，在耶稣基督去受难之地的路上，圣维罗妮卡正是用这块手帕给基督擦了汗，手帕上还印下了基督的面容。在城外圣保罗大教堂，人们会把钱币投在祭坛上，两个教士在那里，手里拿着耙子，每天专门负责清理收集散落在地的钱币。人们还喜欢购买圣物、护身符、纪念品以及圣徒的画像，这些买卖让罗马街边的小贩赚了个盆满钵盈。

在 13 世纪的最后几十年，罗马城里的艺术家和工匠的事业发展得也红红火火。教皇及其家族坚持传统，以保守的态度谨慎对待建筑领域内的哥特式创新，这种创新之风从阿尔卑斯山外流行到了南方；他们同时也希望罗马城配得上它辉煌的过去，期待罗马可以与佛罗伦萨以及托斯卡纳的其他城市相媲美，甚至梦想着罗马的风头盖过那些城市。艺术家和工匠们帮助他们实现了愿望。这个时期，无数教堂被彻底翻新。圣彼得大教堂、城外圣保罗大教堂和圣母大殿都得到改造，拉特朗宫和拉特朗大教堂被重建。此外，人们还修建了豪华的坟墓和墓碑。画家、雕塑家、珠宝商、金匠以及制作镶嵌画图案和大理石的工人们忙得不可开交。这个时期的教士和普通信徒都崇尚奢华，喜欢攀比排场。契马布埃和阿诺尔福·迪·坎比奥从佛罗伦萨来到罗马；乔托被派去参与重建圣彼得大教堂和梵蒂冈新的豪华宫殿，这座新宫殿取代了英诺森三世修建的相对低调的府邸。生在罗马或者是长期定居在罗马的艺术家可谓人尽其用。彼得罗·卡瓦利尼参与修复了拉特朗大教堂、圣彼得大教堂、城外圣保罗大教堂、维拉布洛的圣切奇利娅教堂、圣乔治教堂以及特拉斯泰韦雷的圣母教堂。雅各布·托里蒂在菲利波·卢索蒂的帮助下设计了拉特朗大教堂和圣母大殿的镶嵌画图案。

　　但没过多久，这一阵"艺术潮"便戛然而止了，因为罗马的经济和政治实在是毫无保障。安茹的查理死后，安茹帝国在罗马的影响力也荡然无存。博尼法斯八世继续坚持英诺森三世提出的要求，在其颁布的《一圣教谕》中宣称："如果世俗政权犯错，那么它应当被神权审判。"然而法兰西仍然无意接受博尼法斯的要求。博尼法斯为使世俗权力低头，屡次将世俗权威逐出教会，因此惹恼了西方的君主，尤其是法兰西国王腓力四世。就在博尼法斯准备将腓力四世逐出教会之前，土地被教皇侵占的科隆纳家族唆使正出使意大利的腓力四世带兵打进了教皇在阿纳尼的宫殿，并把教皇押为阶下囚。博尼法斯在受了一番侮辱和虐待之后，被放回了罗马，没过多久就在罗马去世了。博尼法斯的继任者是能力不足的意大利人本笃十一世，他在位时间很短。而到了1305年，在腓力四世的操控下，法国人贝特朗·德·戈就任教皇，即克雷芒五世，此人一手打造了红衣主教多数由法国人担任的局面，确保在其之后连续几任教皇都是法国人。在腓力四世的要求下，克雷芒五世宣布博尼法斯的《一圣教谕》无效，他于1308年离开罗马，定教廷新址为阿维尼翁，这座法国南部的城市就此成为基督教新的中心，几任由法国人担任的教皇在此处理宗教事务长达六十八年，这段时期也被称为"巴比伦之囚"。而罗马的艺术家们在被金主们抛弃之后，也转身抛弃了罗马，这座城市再次陷入混乱无序之中。

6

圣徒、暴君和对立教皇

"我渴望到罗马去看一看，哪怕这座城市已经被人冷落，只残存着一些往日余晖。我对罗马的这种向往令人难以置信。"弗朗切斯科·彼特拉克在1334年圣诞节的前几天给朋友的信中写道，"塞涅卡去罗马看过之后，很开心自己的运气有那么好。如果一个西班牙人都能有这样的感受，你觉得，我作为一个意大利人，会怎么想呢？从来就不曾有过什么城市，也不会有什么城市，能和罗马相媲美。"

彼特拉克当时住在阿维尼翁红衣主教乔瓦尼·科隆纳的家中，他的父亲是一名来自佛罗伦萨的律师。父亲当初来到阿维尼翁是为了在教廷谋得一个职位，他把彼特拉克送到邻近的蒙彼利埃学习，希望彼特拉克将来也能继承父业。但是彼特拉克对法律丝毫不感兴趣，在父亲去世后他便放弃了学业，用他的话来说，转而投入"对文学无法抑制的热情"之中。随后的几年里，他忘我地研读古典拉丁诗人的作品，对罗马的向往也与日俱增。终于，在1337年，也就是在他三十三岁，已经成为一名杰出诗人的那一年，他实现了他的梦想。

当时的罗马就像彼特拉克设想的那样，只是恺撒统治时期那座荣耀之城的一个悲凉的影子，它日渐凋敝、腐败，"是历史留下来的烂摊子"。在教廷迁往阿维尼翁后的几周时间里，拉特朗大教堂毁于一场大火，此后，对于大教堂的重建工作断断续续。罗马城陷入了暴力纷争，由于各大豪门的族长不在，群龙无首的罗马贵族们开始在街头混战。科隆纳家族与奥尔西尼家族开打；孔蒂家族与萨瓦利家族交战；弗兰吉帕尼家族和安尼巴尔迪家族一会儿加入一派，一会儿又加入另一派。各个家族的侍从和佣兵驻守在烟尘弥漫的废墟中和红衣主教们被遗弃的房屋中；而一些教士也卷入了这场争斗，上街都带着刀剑，他们中的大部分人都与交战的家族有某种联系。罗马城陷入了无法无天的境地。不同的武装势力侵犯屋宅，洗劫财物。朝圣者和游客遭到抢劫，修女在修道院被强暴。用鞭子笞打自己以达到修行目的的人们排着长队鱼贯进入城门。这些自笞者光着脚，头上裹着头巾，到哪都是白吃白住。他们抽打着自己的光背，在教堂外哼着吓人的颂歌，在祭坛前哭泣、呻吟、流血。

有人告诫过彼特拉克要对罗马有心理准备。彼特拉克的恩主，红衣主教科隆纳曾催着彼特拉克去罗马看看，哪怕他关于罗马的浪漫幻想会被惨淡的现实击碎。当科隆纳家族的一些人陪着彼特拉克经过罗马的废墟时，这些人向彼特拉克描述了罗马，但他们口中的罗马景象其实是属于他们祖辈所在的时代的。而彼特拉克被深深打动，久久不能忘怀。他对罗马的衰落感到惋惜，因自己缺乏对罗马光荣历史的了解，也因自己不像多数罗马人对他们的英雄年代充满兴趣而感到苦恼。但是他告诉红衣主教科隆纳，他觉得现在的罗马，尽管遭人忽视，却比他想象中的更美。他恳求教皇本笃十二世从阿维尼翁回到罗马，帮助罗马再次成为"世界之都"。他决定效仿维吉尔的风格，创作一首史诗来歌颂古罗马最著名的英雄之一，西庇阿·阿非利加努

弗朗切斯科·彼特拉克于 1341 年在卡比托利欧山上被加冕为桂冠诗人

斯。彼特拉克还梦想着有朝一日能在卡比托利欧山上作为一名诗人得到加冕，加冕仪式将按照古希腊人的方式进行，就像在历史上的一些帝王执政时期发生过的那样。

三年以后，在 1340 年 9 月，巴黎大学校长和罗马元老院同时向彼特拉克发出邀请，愿意授予他梦寐以求的桂冠诗人称号。彼特拉克很快就做出了选择。巴黎已是欧洲的学术中心，而罗马虽遭冷落，仍然是高雅文化和精彩文明之都，相比之下，巴黎还只是个粗鄙的河边地带。1341 年 4 月 8 日，彼特拉克前往罗马。起先他到了卡比托利欧山上元老宫的大堂，后来传信官把他领到了围观的民众面前。彼特拉克用拉丁语发表了演说，他跪着戴上了桂冠，接着又跟随队列去了圣彼得大教堂，在那里他将桂冠放在了圣彼得的墓前。不久之后，他便离开了罗马。不过，老天像是要提醒他即便是桂冠诗人也免不了要受到凡人所接受的考验，他在途中遭遇了抢劫，不得不返回罗马找人护送。

那天在卡比托利欧山上为彼特拉克喝彩的人中有一个年轻、英俊的公证人名叫科拉（尼科洛）·迪·里恩佐。此人和彼特拉克一样是古罗马的铁杆拥趸，他后来夸耀自己是神圣罗马皇帝亨利七世的儿子，但事实上他的父亲只是个默默无闻的酒馆老板，他的母亲是个洗衣工。科拉能言善辩、感情充沛，也很情绪化，他成了著名的古迹和铭文鉴赏家，谈及古迹和铭文，他总是饶有兴致地讲得头头是道。科拉常常鼓吹对人权的捍卫，同时猛烈抨击贵族阶级，他的兄弟正是在与罗马贵族发生口角后被杀的。1343 年，一支使团离开罗马前往阿维尼翁，要求新当选的教皇克雷芒六世回到罗马治理这座混乱的城市，

NICOLO DI LORENZO DETTO COLA
DI RENZO, Tribuno del Popolo Romano.

科拉·迪·里恩佐，公元 14 世纪一个以救世主自居、善于煽动民意的政治家，他试图挽救衰落的罗马，让它重获荣耀

而科拉尽管当时不到三十岁，却也很自然地跟着使团出发了。事实上，在阿维尼翁，科拉俨然成了使团的领袖，他慷慨陈词，描述了罗马所遭受的苦难以及在贵族阶级祸害之下民不聊生的局面。他生动而感人肺腑的演说给教皇留下了深刻印象。克雷芒声称他将尽快前往罗马，同时签发谕令宣布1350年为圣年，并且此后每五十年都是一个圣年。科拉认为此行能够大获成功全是自己的功劳，他写了封信寄回罗马，陈述了自己的功绩，在这封信中，他的狂妄自大表露无遗，而这种狂妄也成了日后他偏执个性里的显著特征。

科拉回到罗马后，立刻建言要为教皇在大角斗场或卡比托利欧山上建一尊华丽的雕像。罗马的平民越发觉得科拉是他们的捍卫者，而科拉也自视为帮助平民脱离贵族奴役的救星和革命的发动者，这场革命将使百姓重享古罗马的辉煌荣耀。贵族阶级没有把科拉当作威胁，反而把他当成笑话。他们邀请科拉赴宴，席间嗤笑他的夸夸其谈和他关于因果报应的一番预言。但是每当科拉在公共场合发表演讲，比如某一日他出现在拉特朗大教堂，穿着托加袍，戴着白帽子，帽子上还带有金王冠和剑的古怪图标，在他发表演说的时候，民众都认真聆听，流露出钦佩之情。

罗马城里的墙上出现了各种讽喻式的涂鸦：沉船、大火以及其他类似的灾难。很多教堂门口也张贴了告示，维拉布洛的圣乔治教堂门前的告示上写的是："很快，罗马人将回到过去的善政时代。"老百姓和行业协会对于科拉的呼声越来越高，人们觉得，有了教皇作为盟友支持科拉，他可以打倒嚣张跋扈、毫无节操、仍把持着元老院的贵族阶级。1347年5月，科拉终于做好了起义的准备。

圣灵降临节的早晨，科拉在弥撒仪式结束后离开了鱼店圣天使教堂，前往卡比托利欧山去召开议会。他的支持者一路上对他前呼后拥，而他身旁的克雷芒六世的代理人则明显惴惴不安。除了头上没戴头盔，科拉身上其他部位都是全副武装。沿途各休息点都有武装护卫。科拉一行人打着旗帜，伴着教堂的钟声，他们根本不像是秘密行动，反倒有几分庆祝过节的意味。在卡比托利欧山上，科拉发表了一番鼓舞人心的演说，他向数以千计的听众承诺，他愿意为了教皇和拯救人民而牺牲。接着，他的一个助手宣读了针对贵族的革命计划书，听众对于计划书中的所有法令都欢呼接受。科拉被授予独裁者的权力，他宣称将与克雷芒六世的代理人协力用好自己的权力。后来，他又自封了一系列头衔："由最仁慈的主耶稣基督授权的尼科洛，严者和慈者，自由、和平、正义的保民官，神圣的罗马共和国的卓越救赎者"。

自诩为保民官的科拉迅速得势，这让贵族阶级始料不及并陷入困惑。起初，贵族阶级谴责这种非法篡权的行为，民兵首领斯特凡诺·科隆纳更是撂下狠话，要将"这个笨蛋从卡比托利欧山上的窗户给扔出去"。但是他们的这种态度很快就发生了转变。一伙武装暴徒包围了科隆纳家族的府邸，科隆纳家族族长逃到了帕莱斯特里纳，其他人都被困在了各自的住所和堡垒之中，不久他们被要求去卡比托利欧山向科拉行礼致敬。不堪恐吓的贵族们最终答应了。科隆纳家族、奥尔西尼家族、萨韦利家族、安尼巴尔迪家族、孔蒂家族和法官、公证员及各个行业协会一起，向新的共和国及其"卓越的救赎者"宣誓效忠。

科拉大力招募骑兵和步兵，培植了强大的军事力量。他还任命了一个贴身侍卫。他和同僚颁布了一系列涉及政治、司法、经济领域的法案。流亡海外的人被召回罗马；穷人们得到了慷慨资助；贵族们被勒令拆除府邸的防御工事，并移走墙上的盾徽。他的政敌都遭到了严惩，同时被严惩的还有犯罪分子、通奸者以及赌徒。贪污的法官被以枷刑示众，他们的罪名都被写在了头巾上；一个犯了罪的修道士被斩首，安尼巴尔迪家族一个拒不从命的贵族也被砍了脑袋。之前担任过元老的雅各布·斯特凡内奇因侵占财产被吊死在了卡比托利欧山上。

新共和国的严明公正并没有让科拉感到满足。科拉的眼界更为深远，他想要缔造一个意大利联盟国，以罗马为首都，整个"神圣意大利"的各个城邦都同气连枝，而这个"神圣意大利"将给全世界带来和平与秩序。他派出使节，这些使节手执银色权杖拜访了亚平宁半岛上的主要城市和领主，邀请他们派代表来参加将于罗马召开的国会。各地领导人都有心改变意大利宗教和政治事务的凄惨局面，而罗马这座城市仍然有强大的号召力，因此科拉的主张得到了各方的认真思量，很多情况下更是收到了积极回应。米兰、威尼斯、佛罗伦萨、锡耶纳、热那亚、卢卡、斯波莱托、阿西西等地都恭敬地给予了答复。二十五座城市答应派代表团出席在罗马召开的国会。克雷芒六世给科拉送来了一个银盒，上面刻了他自己的纹章以及罗马列位教皇和科拉的纹章。彼特拉克也从阿维尼翁传达了他对科拉的殷切鼓励："愿你谨慎、明智、勇敢……每个人都会祝罗马好运。这么光明正义的事业一定会得到上帝和全世界的支持。"

科拉自己也深信他得到了圣灵的庇佑，他的行为变得越来越夸张。他会穿着带有金边的丝绸衣服，打着刻有他自设的盾徽图案的旗帜，骑着白马绕城溜达。在圣彼得和圣保罗日，他骑着战马前往圣彼得大教堂，在那天那样的场合他竟穿着绿黄相间的天鹅绒，手里拿着钢制权杖。十五个持矛的人随行护驾，还有人给他扛着正义之剑。当他到达教堂的时候，钹号齐鸣，一名侍从还在人群中撒起了金子和佛罗伦萨领主为科拉特制的钱币。当科拉踏上圣彼得大教堂的台阶时，一名教士出来迎接，口中还唱着《来吧，圣灵》这首颂歌。

8月1日，这一古罗马的传统节日最终被选定为国会的开幕日及意大利统一纪念日，罗马在这一天举行了极其盛大的庆祝仪式。按照传统，锁住圣彼得的镣铐将在这一天向广大信徒展出。但在进行这个庄重的活动之前，科拉·迪·里恩佐先在拉特朗宫当着诸多教众的面自封为骑士，他泡在洗礼堂的绿色玄武岩水缸里完成了洗礼，据说君士坦丁皇帝也是在这里受洗而皈依了基督教的。第二天，科拉穿着红衣亮相，面对民众时自称"圣灵候选人，尼科洛骑士，严者和慈者，深爱意大利的狂热者，世界之友，保民官奥古斯都"。他宣读了法令，法令声称罗马人现在可以管控其他所有民族，就像他们的先辈从前所做的那样；罗马作为基督教的中心，再次成为世界第一城市；意大利的所有城市皆为自由城市，其公民享有罗马公民权。法令还称，既然科拉与教皇已成为世界的主宰者，那么对神圣罗马帝国有任何不满或者要求的人必须觐见科拉和教皇的代理人，接受他们的裁决。科拉将剑高举空中，潇洒地把剑接连指向三个方向，然后高呼："这是我的！"尽管不太明白科拉的这一声所指何意，围观的民众仍然爆发出了欢呼喝彩声，直到活动在喧天的号角声中落下帷幕。

科拉颁布的政策没过多久就丧失了热度。克雷芒六世对于科拉狠夸海口的这种张扬派头很不满意，表示他很遗憾一开始支持了科拉。意大利各个城市的领导人也害怕自己的城市丧失独立自主权，纷纷重新考虑是否要响应这么一个高调甚至也许有些癫狂的领导者所提出的国家联盟。那些曾与科拉共事的人，以及那些曾为科拉救世主一般的言论所倾倒的人开始怀疑科拉是否有能力将理想付诸实践。罗马人民对科拉也越来越不放心，因为科拉把君士坦丁凯旋门前的花草编成花冠戴在了自己头上，还在圣母升天节这一天把自己比作圣母的儿子。一个曾疯狂崇拜科拉的修道士也不禁崩溃痛哭，表达了理想的幻灭和对科拉的失望。

克雷芒六世派出了一个代理前往罗马对科拉提起诉讼，闻知此讯的罗马贵族们蠢蠢欲动，准备报复科拉。但科拉先下手为强，他邀请了科隆纳和奥尔西尼家族的一些成员出席卡比托利欧山上的盛大宴会，席间，作为宾客之一的斯特凡诺·科隆纳用言语讽刺了科拉华丽的衣着，于是科拉下令把这些贵族统统逮捕。科拉并没有进一步惩罚他们。正当民众等着他们被处决的消息，牢房上的钟楼也响起悲鸣之声的时候，科拉却赦免了他们，条件是他们发誓忠于共和国的法律。

不过这些贵族刚一被释放就违背了誓言，不到一个月他们就带着召集的兵马袭扰了罗马城外的乡野。而在罗马城内，克雷芒六世的代理人在梵蒂冈宫召见了科拉。科拉最近扬言"神圣意大利"作为一个整体必须成为一个新的罗马帝国，这一言论及其背后反映出的想当皇帝的野心让克雷芒六世对自以为是的科拉怒不可遏。身为法国人的克雷芒六世和红衣主教们根本不愿看到再出现一个罗马帝国，因为这不仅将对教皇的独立性构成威胁，也有可能导致教廷从阿维尼翁迁回罗马。因此克雷芒六世的代理人被命令不得对科拉妥协。

但科拉不是能被轻易吓倒的人。他身穿链甲，头戴银冠，手里拿着权杖来到梵蒂冈。令教皇代理人大吃一惊的是，科拉在链甲外还穿了一件只有皇帝在加冕仪式上才会穿的礼服，礼服上嵌满了珍珠。

"你请我来，"科拉说道，据说当时他的口气傲慢唐突，"有什么事？"

"我带来了我们教皇大人的口信。"

"什么口信？"

科拉这种狂妄而不耐烦的态度使教皇的代理人方寸大乱，彻底没了底气，在大厅里呆若木鸡。而科拉则"轻蔑地转身离去，嘴角还浮现出一丝微妙的笑容"。在梵蒂冈宫外，他纵身上马，飞奔着前去抗击贵族势力。

1347 年 11 月 20 日那个寒冷的早晨下着瓢泼大雨，科拉和贵族派两帮人马相互逼近，终于在圣洛伦佐门外相遇。科拉的部队大部分是忠于共和国的步兵，领军将领是与自己的家族闹得不可开交的贵族子弟。贵族派的军队包括约四千步兵和六百骑兵，带兵的是年迈的斯特凡诺·科隆纳和他的儿子、孙子以及他们令人意想不到的盟友——奥尔西尼家族、卡埃塔尼家族、弗兰吉帕尼家族的多名成员。这场战斗持续时间不长，但是打得很激烈。贵族一方刚开始就损失了二十岁的乔瓦尼·科隆纳，他的马摔进了一个坑里，他的父亲被甩出了马鞍，也一命呜呼。这激怒了贵族派的部队，他们冲向科拉的兵团，看起来好像要拿下这场战斗。科拉看到自己的旗帜掉进了泥地里，因为害怕敌人的猛攻而不由自主地颤抖，惊恐地叫着："哦，上帝啊！你抛弃我了吗？"科拉的士兵们很快重振士气，将贵族派的军队打得落花流水。贵族派的人马丢下了不少于八十名受人敬畏的贵族，他们的尸体被扒光了衣服扔在地上，下午的时候，罗马的暴民又践踏了这些人的尸骨。

重拾信心的科拉戴上了橄榄枝花冠，带着他的军队耀武扬威地回到了卡比托利欧山。他以夸张的动作用外套擦拭了他明亮的剑，然后把剑插入鞘中，接着又对他的胜利之师发表了演说。第二天，科拉带着他的小儿子来到圣洛伦佐门外，他用乔瓦尼·科隆纳倒地之处水洼中的血水给他的小儿子洗礼，封其为"胜利骑士洛伦佐"，还让骑兵团的将领们用剑触碰他小儿子的肩来完成封爵的仪式。

科拉的这般任性妄为以及他在战场上表现出的懦弱使他失去了仅有的支持。据说他性情大变，在宫中过着极尽奢靡的生活，花钱如流水。他身边都是些阿谀奉承的闲人，这些人整天吹捧着他疯狂的虚荣心。为了应付军队开支，他征税之重达到了前所未有的程度。但如果不是教皇下了一道谕令，人们还是会看在科拉过去的分上原谅他。教皇的谕令中针对科拉详细列出多项指控，控诉他为罪犯和异端分子，指示罗马人要废黜他。圣年将近，罗马人不想得罪教皇，因为一旦开罪教皇，他们就可能失去朝圣者带来的利益。失去民众支持的科拉时常被噩梦折磨，还总是晕厥，因此他决定退位。1347 年 12 月 15 日，他眼含泪水走下卡比托利欧山。一些目送他离开的人们也流下了眼泪，但没有一个人上前挽留他或祝福他。不久之后，教皇代理人正式进入罗马，以教廷的名义接管了这座城市，同时宣布 1350 年的圣年将如期举行。

在圣年来临之前的几周，通往罗马的路上挤满了朝圣者。他们在边界宿营，不断被人纠缠。骚扰他们的是数以百计的小贩、无赖、乞丐、向导、小偷、杂耍艺人和乐师，这群人只有在大批带着财物的朝圣者涌现于罗马时才会出现。根据教皇克雷芒六世的传记作者描述，每天有五千人来到罗马，他们在这座城里吃住，抱怨罗马人的贪财。他们发现罗马的饮食选择性很多，但都很昂贵。教皇本人待在了阿维尼翁；所以尽管在上一个圣年即1300年的时候，像佛罗伦萨的编年史家乔瓦尼·维拉尼以及但丁这样的朝圣者都有幸在拉特朗大教堂的长廊上受过教皇博尼法斯八世的祝福，但很多1350年的朝圣者却没有这样的好运气，他们就连拉特朗大教堂都没机会膜拜，因为大教堂再一次沦为了废墟。事实上，罗马的很多基督教遗址和帝国时代的古迹现在都很破旧，有的被人遗忘，有的损于战争，有的则毁于地震。两年前肆虐西欧的黑死病害死了佛罗伦萨城里超过半数的居民，但对于罗马和意大利的其他城市没有什么影响，为庆祝这桩幸事，通往天堂祭坛圣母教堂的路上建起了大理石台阶。[1] 但是罗马没能逃过1348年9月9日和9月10日发生的地震。圣保罗大教堂在地震中变成一片废墟，十二门徒教堂也被毁坏。[2] 地震还摧毁了几座塔，震倒了拉特朗大教堂的山墙，连大角斗场位置靠上几层的砖块都被震掉到了竞技场里。这场地震造成的破坏几乎没有被修复。"房屋都被掀翻，"震惊于罗马惨状的彼特拉克写道，"墙倒庙陷，圣所灰飞烟灭……拉特朗大教堂被夷为平地，各个教堂里的圣母像再无屋顶遮护，饱受风吹雨打。圣彼得大教堂和圣保罗大教堂摇摇欲坠，而最近，一些纪念基督门徒的教堂也成了一堆废墟，就连铁石心肠的人看到都会心生怜悯。"

罗马的法律，彼特拉克补充道，也被人"踩在了脚下"。朝圣者们彼此照应，抱团出行，因为落单的人总是有被抢劫甚至是被杀的危险。有一次，一名红衣主教在去圣保罗大教堂的路上遇袭，箭从某处窗户射出，刺穿了他的帽子。此后，这名红衣主教每次都要戴着头盔，在教服里还得穿着铠甲才敢出门。而这样的案例根本就不是什么稀罕事。圣年结束之后，为非作歹之事在罗马愈演愈烈。贵族雇佣土匪为私家武装，掌管各自的区域，俨然成为各地的小霸王。教皇代理人被赶出了罗马，而任何关于中央政府的场面话都成了空谈。1351年圣诞节后的第二天，一群罗马人在教皇的鼓动下聚集在圣母大殿，执意要选一个年长且德高望重的罗马人作为教区长。这个经教皇授意而上位的长者便是乔瓦尼·哲罗尼，但是他执掌大权没多久，就被一群意图逼他退位的人包围，不得已而声称自己不能胜任教区长的职位。哲罗尼后来离开了罗马，还带走了公库的财物。罗马再一次落入了贵族势力的手中，此番掌握话语权的豪门是奥尔西尼家族和科隆纳家族。而罗马的平民也再次发动暴乱，他们把担任元老的贵族斯特凡内洛·科隆纳逐出了罗马，还用石块砸死了从卡比托利欧山上下来的另一个担任元老的贵族贝托尔德·奥尔西尼，然后用砸他的石块把他给埋了。乱局之中，罗马人民再次推选出一位领袖来挽救共和国于水火，但这个新的独裁者弗朗切斯科·巴龙切利的能力还不及之前的乔瓦尼·哲罗尼。这个时候，罗马人民开始后悔把保民官科拉·迪·里恩佐弄下台了，尽管科拉有种种过错，但他确实让罗马人生活得安定有序，并且给罗马人看到了重振罗马昔日雄风的希望，即便这种希望是短暂的。

逃离罗马之后，科拉在罗马东部的阿布鲁齐山上的要塞待了两年，在那里他作为一个忏悔者过着隐居的日子，并且按照方济各会中被称为"小兄弟会"的清修保守派的方式来修行。后来，他从阿布鲁齐山一路向北，穿过阿尔卑斯山，最终见到了波希米亚国王查理四世。他敦促查理四世去拯救罗马，并承诺自己将作为王室代理先行前往罗马，就像施洗约翰为基督铺平道路那样为查理四世做好准备。科拉进一步解释了他的想法，他让查理四世设想自己被教皇加冕为神圣罗马皇帝，想象科拉被封为罗马公爵，那么查理四世、教皇和他将代表着俗世间的三位一体。查理四世对科拉这个不速之客以及他的"春秋大梦"非常谨慎，向教皇报告科拉来到了布拉格，而教皇则命令布拉格大主教拘捕科拉并严加看管。1352 年 7 月，布拉格大主教宣布科拉为异端分子，将他移交给教皇的全权代表处理。次月，科拉抵达阿维尼翁，不久后，教皇克雷芒逝世。

克雷芒的继任者英诺森六世曾是图卢兹的一名民法教授，他看待科拉的态度要比克雷芒乐观得多。彼特拉克曾盼着科拉回罗马，如今罗马人民也希望科拉回归，英诺森觉得也许科拉回到罗马对教会而言是有利的。科拉在处理罗马各种事务方面有着丰富经验，这将给身为卡斯蒂利亚贵族、新近被任命为意大利代理主教的红衣主教希尔·阿尔瓦雷斯·卡里略·德·阿尔沃诺斯提供很大帮助。因此，英诺森下令将已被判逐出教会和死刑的科拉从狱中释放。1354 年 8 月 1 日，罗马街头聚集了潮水般迎接科拉回归的人群。窗户和屋顶上挂满了旗帜和鲜花，科拉前往卡比托利欧山的这一路上，人们兴高采烈地欢呼雀跃。

此时的科拉已不再是七年前离开罗马的那个美男子了，他变得苍老、肥胖。他也不再像从前那样辩才无碍，他说话时激情全无，只是恍恍惚惚地反省，有时候又变得歇斯底里，一会儿笑一会儿哭。在他掌权之后，他成了暴君，手段极端，和 1347 年他最后担任保民官的那几个月所表现出的暴戾如出一辙。他通过强制征税等多种手段筹款，甚至通过逮捕罗马公民，再向其家属索取赎金的方式赚钱。很快，不仅仅是贵族阶级，连罗马人民也开始希望科拉垮台。

在 10 月的一天早晨，从科拉那间可以远眺梅尔卡托广场的卧室窗户，传来了人群的呼喊声："人民！人民！处死那个强行征税的叛国者！"科拉发现他的护卫和仆人都逃跑了，于是匆忙穿上铠甲和那身保民官的华服，一把抓过罗马的旗帜走到阳台上。起初，他试图对群众发表演说，但是人群的呼喊声淹没了他的声音。他将旗帜展开，用手指着旗帜上的金色大字：元老院与罗马人民。但是人们的呼声变得越来越高、越来越坚定："处死叛国者！"人们开始向科拉投掷石块，一支箭还射中了他的手。接着，暴怒的群众开始放火焚烧科拉府邸外围的木质防御工事。火势愈发凶猛，急匆匆刮掉胡子的科拉披上一件旧外套，涂黑了自己的脸，穿过楼道间的烟雾跑进院子里。他跟着人群高喊"处死叛国者！"，企图蒙混过关，但是他忘了摘掉自己的戒指和手镯。人群中有人注意到了科拉这些首饰的光泽，一把抓住了他，叫了声："保民官在这里！"他随后被拽下山，拖到了圣母雕像旁边，之前的贝托尔德·奥尔西尼就是在这里被砸死的。不过，这时候人群陷入了沉默。科拉双手抱在胸前，此时显得很可怜，他的外套被撕碎了，可以瞥见里面那件镶着金边的灰色丝绸华服，他的脚上还穿着紫色长袜。没有人上前动他，这个局面持续了很久，中世纪写科拉传记的作家称间隔的时间足足有一个小时。后来一名科拉从前的下属上前用剑刺穿了科拉的身体，他的头颅被割了下来，身体被刺了很多剑，他那血肉模糊的尸体被拖到了科隆纳家族管辖的城区，挂在了圣马尔切洛教堂附近的一间屋外。[3] 他的遗体被吊了两天，街上的小孩都会用石头来砸它。

这些年来，在帕尼斯佩尔纳的圣洛伦佐修道院[4] 门前，几乎每天都能看到一个皮肤白皙、上了年纪的女人在那儿为穷人募集救济品。每每收到捐赠，她都会将捐赠物举到唇前以示感激。这个人便是比吉塔·哥德马尔松，神圣救主修会的创始人。她是一名瑞典法官的女儿，也是一个瑞典贵族的遗孀，与先夫育有八个子女。由于基督曾出现在她的幻觉中要求她即刻前往罗马，让她待在那座城市，直到她见到教皇和神圣罗马皇帝，因此哥德马尔松一直心系罗马。到了罗马之后，她在不同的教堂和医院继续自己的宗教与慈善活动，有的教堂和医院甚至都坍塌成了废墟。在此期间，她又看到了幻象：基督和圣母都与她交谈，让她坚信罗马最终一定可以被拯救，教皇也必将回到罗马。哥德马尔松所住的地方位于今天的法尔内塞广场，随处可见的是已被焚毁的建筑物中烧焦的碎片、堆积如山的腐烂的垃圾、荒废的府邸、污浊的沼泽，以及被舍弃的堡垒，而这些堡垒的主人们都住进了他们在坎帕尼亚的宅子。此外，哥德马尔松所住之处附近到处都是濒临饿死的家庭，他们都挤在一间间小破屋里；周围的教堂也因长期缺乏教廷的管理而显得荒废破乱。有的朝圣者已经踏上返乡之旅，他们口中的罗马是一座阴郁、寂静之城，也只有犬吠和暴民们时不时的咆哮能够打破罗马的平静。

阿维尼翁的历任教皇对罗马民众的呼声充耳不闻，也完全不在意圣人般的比吉塔·哥德马尔松热忱的祈祷和彼特拉克在晚年撰写的文章。1362 年，纪尧姆·德·格里莫阿成了阿维尼翁的第六任教皇，即乌尔班五世。彼时，波希米亚国王查理四世已成为神圣罗马皇帝，查理四世劝说乌尔班五世返回罗马，并提出与他同行。当时的教廷已身处险境，其威胁既来自游荡西欧的雇佣军团，也来自正和法国人交锋并将与之鏖战百年的英国人。所以为了罗马和教廷的安危，乌尔班五世开始正视将教廷迁回罗马的必要性，他同时希望实现东部和西部教会的统一，并且认为如果他身在罗马，他与君士坦丁堡主教的谈判会进展得更为顺利。因此，在1367年，乌尔班五世穿过了阿尔卑斯山，来到圣彼得的坟墓前跪下祈祷，后来住进了梵蒂冈的府邸。府邸的房间早已为他备好，只是有点阴沉，而且不怎么通风。他在罗马并未逗留太久，罗马的压抑和破败超出了他的预想。罗马的教士们没想着和君士坦丁堡方面达成共识，乌尔班五世开始觉得他不如回阿维尼翁去更好地调停英法两国的矛盾。在罗马期间，他亲自负责将圣彼得和圣保罗的头像移到拉特朗大教堂内，装在银色的半身像上，作为教堂里的圣物。而到了1370年，他不顾圣比吉塔的警告，又回到了法国。圣比吉塔曾说，乌尔班五世如果离开罗马就会命不长久，她一语成谶，乌尔班五世回到阿维尼翁几个月就离世了。

六年后，乌尔班五世的继任者，同时也是阿维尼翁最后一任教皇的格列高利十一世，担心自己如果不回罗马的话，教廷将永远失去其在意大利的教会和财产，便下定决心将教廷永久迁回罗马。格列高利十一世的这一决定得到了一位卓越的年轻女性的鼓励，而这位女性日后成了意大利的守护神。

凯瑟琳·贝宁卡萨是锡耶纳一个染工的几个孩子中年纪最小的一个，她面容俏美、活力充沛。她自小便流露出一种不愿嫁人的态度，起先这让她的父母吃了一惊，慢慢地，这种态度让她的父母感到沮丧，因为他们用尽了法子，包括打她一顿，都没能令凯瑟琳改变主意。她决意成为一名多明我会修女，而作为三级修女，她只要立下一些简单的誓约，还可以继续待在家里。凯瑟琳花在祷告上的时间很长，其间几度陷入狂喜的状态，最终感受到了耶稣受难时的痛苦。她的神圣、她的禁欲主义，还有因为不会写字便由她口述的长篇信件和祷告词，引起了很多人的注意，还吸引了一批忠实信徒，即凯瑟琳派，这些人一路追随着她四处行走。凯瑟琳第一次意义重大的旅行便是去了阿维尼翁。在那里，她积极投身于维护教会和意大利内部安定的事业之中，并急切地宣扬发动十字军东征。格列高利十一世一动起回罗马的念头，她就请求教皇赶紧离开法国，回到罗马。1376 年末，格列高利十一世终于拿定了主意，听从了凯瑟琳的建议和自己内心的召唤。

格列高利十一世在夜间乘船沿台伯河而上，于 1377 年 1 月 16 日早晨上岸，在民众的欢呼声和号角声中抵达圣彼得大教堂。当天的场景正如他本人位于罗马圣弗朗西斯教堂中的墓碑浮雕所刻画的那样，好多红衣主教跟着他，他们骑的马都装饰着华丽的马衣。在浮雕中，格列高利十一世骑马时顶着华盖，身边是圣凯瑟琳，而罗马则化身为密涅瓦女神来迎接他。浮雕中的圣保罗门摇摇欲坠，而大门上方，教皇的宝座随着云朵飘动，一个天使捧着教皇三重冠和圣彼得的钥匙。然而，这组浮雕唤起的并非罗马历史上悲情时期的终结，它反而让人想起了一段更为混乱痛苦的年代的开始。因为格列高利十一世当时虽然不满五十岁，但看起来已经很衰老了，也确实处于垂死之际。仅仅过了一年多，他就去世了，而他死后的教皇选举充满了浓烈的火药味。

平图里基奥所画的锡耶纳的圣凯瑟琳在 1461 年被封为圣徒的场景

罗马人以代表团的形式，通过在各城区发表演讲，已经充分表明了立场：下一任教皇必须是意大利人，如果是个罗马人就更好了。而当红衣主教们走进梵蒂冈那间进行教皇选举的会议厅时，一大群人恶狠狠地叫嚷着："我们要一个罗马人或意大利人！"为了保护红衣主教们，民兵围守了梵蒂冈，博尔戈区也设了路障。为了警告人们不要作乱，一块砧板和一柄刽子手的斧头被放进了圣彼得大教堂里，教廷的财物也被转移到了圣天使堡。

选举教皇的会议厅最近曾被闪电击中，因此会议厅由帘幕分成了几个隔间，红衣主教们在进隔间之前被告知要小心暴乱，因此显得都很紧张。而一系列防范措施看起来是十分必要的。博尔戈区的首领侵入了会议厅，提醒红衣主教们罗马人的要求。一名比其他人显得更为勇敢的红衣主教回答说，在决定教皇人选时，闲杂人等必须离开会议厅。室外的群众仿佛被这个回答激怒，叫吼声一浪高过一浪，并且恫吓意味更浓。与此同时，会议厅里被人堆满了柴火和易燃物，上头还架起了长矛，顶在房梁间，地板都被压裂了。只要投票结果不尽如人意，整个会议厅将被一把火烧个干净。

第一轮投票表决显示，多数票投给了巴里大主教巴尔托洛梅奥·迪·普里尼亚诺，他虽然是意大利人，但更确切地说是那不勒斯人，而控制那不勒斯的仍是安茹王朝，因此选他做教皇未必不会被法国人接受。然而，一则声称罗马人弗朗切斯科·蒂巴尔代斯基当选为教皇的消息传了出去，结果，数百名民众高喊着祝贺词冲进了会议厅向他们设想的新教皇致意。其他红衣主教干脆撺掇蒂巴尔代斯基赶紧就职，免得他们都被从窗户扔出去。于是，年迈的蒂巴尔代斯基戴上法冠、披上法袍，颤颤巍巍地坐上教皇宝座，不安地向高声呼喊他的支持者们打招呼，而其他红衣主教趁机躲进附近的一座小教堂里，并在那儿确认了当选教皇的其实应该是迪·普里尼亚诺。最终，蒂巴尔代斯基承认自己是冒名顶替的，这一下，会议厅里又炸开了锅，人们吵闹得更凶了。不过，当人们得知称号为乌尔班六世的新任教皇尽管不是罗马人，但至少是个意大利人时，也就渐渐平静了下来，悻悻地接受了这个结果。

法国的红衣主教们对此结果却不买账。乌尔班六世行事粗暴，有时候还显得稀里糊涂，一些法国红衣主教认为迪·普里尼亚诺被升迁冲昏了头脑，他们抗议说选举无效，认为选举是在受到胁迫的情况下进行的。这些人宣布他们代表红衣主教团的多数派意见废黜乌尔班六世，同时推选日内瓦红衣主教罗伯特为教皇。教会的大分裂由此产生。

新的对立教皇克雷芒七世是个斜眼的跛子，他回到了阿维尼翁，而狂暴、精力充沛的那不勒斯人乌尔班六世则待在了罗马。锡耶纳的凯瑟琳对教会的分裂和自己未能改变堕落的教士而深感痛心，她于 1380 年 4 月在圣基娅拉大道逝世，死后被葬在密涅瓦神庙遗迹圣母教堂。[5]

前去悼念凯瑟琳的人中，有人想到凯瑟琳不会再看到罗马和教会继续堕落下去，反倒觉得一丝宽慰。乌尔班六世的继任者博尼法斯九世同样是个那不勒斯人，他聪明而贪婪，在他的任期里，举办了第三个圣年，即 1390 年的庆祝活动。这次庆祝活动经济上的保障完全得益于这一年发放了大量的赎罪券，数量之多前所未有，基督徒只要购买此券，便意味着自己的罪行可以被一笔勾销。那一年，拥进罗马的朝圣者络绎不绝。实际上，这次圣年的庆祝活动不是单纯地为了庆祝一个神圣的节日，而是出于经济利益考虑的权宜之计。同教会的腐败相比，同样令人忧伤的还有罗马的景象。如今的罗马是个腐朽的粗俗之地：不仅广场上长满了草，坎波马尔齐奥地区也变成了杂草丛生、老鼠窜来窜去的废墟，山羊都会在这些地方吃草；放牛的人都把牛带到了教堂里的祭坛前，而教堂衰败得连屋顶都没了；窄巷子里总有强盗出没；到了晚上，圣彼得大教堂外狼和狗会斗作一团，它们还会在附近的坟墓刨地下的尸体。"噢，上帝啊，罗马怎么变得如此可怜！"一名英国游客悲叹道，"曾经，罗马到处是伟大的贵族和宫殿，如今这里满目棚屋、小偷、狼、害虫，还有荒地；而罗马人在自相残杀。"

绝望的罗马人对于建立一个强大、稳定的政权是不抱任何幻想了，他们放任贪婪的博尼法斯全权控制了罗马。博尼法斯将梵蒂冈和经装修扩建的圣天使堡打造为要塞，将元老宫改造为教廷的堡垒，还在各个肥差要职上安插自己的亲友。博尼法斯死后，由于惧怕那不勒斯国王，罗马人选了另一个那不勒斯人为教皇，这个人就是英诺森七世。后来罗马人爆发起义反对英诺森，但起义失败。英诺森死后，其继任者为格列高利十二世，这个威尼斯人有意与阿维尼翁的教皇达成协议，不料那不勒斯国王不想在教会大分裂时期失去自己的影响力，格列高利的这个念头引得他在 1413 年进犯了罗马。

大约在这个时期，教会在比萨召开了一次会议，这次会议试图终结教会分裂，毕竟这已经导致欧洲分裂为不同的敌对阵营。会议上提出同时罢黜阿维尼翁和罗马的教皇，另选一个名为彼得罗斯·菲拉格斯的克里特人担任教皇，称号为亚历山大五世。亚历山大五世就职后即刻休会，但这次会议的决议根本不被他的敌对势力认可。至此，基督教世界同时出现了三个教皇，而每个教皇都下令将其他两人逐出教会。

为了解决这一团糟的局面，神圣罗马皇帝西吉斯蒙德在康斯坦茨再度召开教会会议。这时，又一个新的教皇登上历史舞台，此人便是巴尔达萨雷·科萨，一个看起来不太像教皇的人选。科萨是比萨会议选出的教皇亚历山大五世的继任者，坊间传言正是科萨谋杀了亚历山大五世。称号为约翰二十三世的科萨浪荡好色、毫无节操、极度迷信，他来自那不勒斯的一个古老家族，曾经当过海盗，后来成了个风流的士兵。

约翰二十三世虽与那不勒斯国王结盟，但两人彼此都怀着戒心。约翰在罗马站稳脚跟之后，与那不勒斯国王的关系破裂，后者在 1413 年 6 月 8 日对他发动进攻，将他赶出了罗马。约翰带着自己的班底逃到了卡西乌斯大道上，一些追随他的教廷高官精疲力竭而死，剩下的人则被雇佣军敲诈勒索。而他们身后的罗马又一次遭到洗劫。行为未受约束的那不勒斯军队放火烧了房屋，抢劫了圣彼得大教堂的圣器房，还把马拴在了教堂里。他们劫掠了避难所和其他教堂，坐在战利品中，用经过祝圣的酒杯和妓女们喝酒作乐。

约翰二十三世先是逃到了佛罗伦萨，后来又跑到康斯坦茨参加教会会议，在那里他被指控犯有多种罪行，包括异端罪、买卖圣职罪、专制、谋杀以及在博洛尼亚引诱过大约两百名女性。约翰乔装成雇佣兵逃离了康斯坦茨，但在路上被人认出、出卖，又被带回到会议席上，在这次会议上，约翰和阿维尼翁的教皇本笃十三世都被废黜，而德意志人、英格兰人和意大利人联手甩开了法国人，推选出了一个意大利人担任教皇，即马丁五世。

马丁五世出身于罗马的科隆纳家族，这一豪门尽管在过去三百年里叱咤风云，却从未诞生过一个教皇。1420 年，马丁五世回到罗马，他头上是紫色的华盖，身前是一群手舞足蹈的弄臣。罗马的民众欢呼着迎接他的到来，直到晚上，人们还点着火把穿街走巷继续着庆祝活动。马丁五世掌管罗马的时间将超过十年，而他之后的两个教皇都是品质优异的意大利人，一个是威尼斯人犹金四世，另一个是利古里亚人尼古拉五世。这一次，人们终于看到了罗马新时代的曙光。

7

"万国避难所"

尼古拉五世是罗马新时代的保护人和宣传者，但是他看起来似乎不能胜任他的职责。他身形矮小，面容苍白憔悴，走路的时候肩背佝偻。他的黑眼睛总是紧张地盯着他周围的人，他的嘴巴很大，经常噘着，似乎总是不满意。然而没有人质疑尼古拉五世的慷慨与仁慈，每一个认识他的人都称赞他的学识。他一心缓和教会与世俗文化之间的关系，当时文艺复兴正处于萌芽阶段。他也力图重建罗马，让罗马配得上它曾经的荣耀，并让它重新成为基督教的中心。人们对于他在这些方面做出的努力也赞不绝口。他是利古里亚一个医生的儿子，曾经因为家贫而不得不放弃在博洛尼亚大学的学业，转而去了佛罗伦萨做起了家教。他和蔼又机智，结交了很多朋友，朋友们都对他渊博的知识印象深刻。他的朋友之一，与他同样信奉人道主义的恩尼亚·席维欧·皮科洛米尼曾如此评价道："只要是他不知道的，那一定是超出了人类理解的范畴。"1447 年，尼古拉五世当选为教皇。

尼古拉五世之前的两任教皇马丁五世和犹金四世都曾力所能及地重建罗马。马丁五世恢复了古罗马时期的部门公共街道监督室，旨在清除罗马街道上那些危害空气的垃圾杂物。他还重建了一些教堂和几处公共设施。古罗马的高架渠早已荒废得不成样子，很多市民根本不知道这些设施起初是用来做什么的，马丁五世对这些高架渠也进行了修复，在修完其中的韦尔吉内高架渠后，他还在正对游行广场的地方开了一处喷泉，这个喷泉成了 18 世纪罗马最负盛名的景点之一 ——特雷维喷泉[1]。他把托斯卡纳的艺术大师马萨乔请到了罗马，还从奥斯蒂亚带回了圣奥古斯丁的母亲圣莫妮卡的遗物，而今天的游客在圣阿戈斯蒂诺教堂里还可以看到圣莫妮卡的坟墓。[2]

犹金四世是一个富商的儿子，他个子很高，为人严厉、高尚。犹金四世曾与马丁五世所属的科隆纳家族大吵了一架，结果被赶出了城。1443 年，当他重返罗马的时候，罗马的处境仍然非常糟糕。皇家圣母教堂和圣潘克拉齐奥教堂都危如累卵，随时可能崩塌。圣司提反教堂没有屋顶，其他的教堂情况也差不多，甚至更糟。博尔戈区的几条道路都被小心谨慎的市民封堵了，因为路面有塌陷的危险。罗马的街道还是一样肮脏，看起来就跟乡村小路似的，到处都有牛羊游荡，这些牲畜的主人也都穿着乡下人穿的那种长长的斗篷，脚上穿的靴子可以一直抻到膝盖。一个名为阿尔贝托·德·阿尔贝蒂的游客在 1444 年 3 月写道：

> 你一定从别人口中听过这座城市的情况，因此我就不再赘述了。这里有很多壮丽的宫殿、府邸、陵墓和神庙，以及其他数不胜数的宏伟建筑物，然而所有的建筑都成了废墟。古代建筑中很多都是由斑岩和大理石建成的，但每天这些大理石都遭到极为粗暴的破坏——被烧成石灰。现代的东西，更确切地说，新的建筑

教皇尼古拉五世建造了梵蒂冈图书馆，他于 1455 年在罗马逝世

物，都很粗糙；罗马的美其实藏于那些古迹之中。今天那些自称为罗马人的家伙，他们的言行举止和古罗马的居民相差甚远。简单地说，他们看着都像牛倌。

也有其他游客描绘了罗马的景象：雕像上长满苔藓，铭文被损毁或已无法辨认，"城中有些片区看起来像是茂密树林"，地窖成了丛林动物繁衍的窝，街上可以逮着野兔和鹿，还有每天都能看见有人被分尸，尸首要么丢在门前，要么摆在笼子里，要么钉在矛上。

犹金四世在马丁之后继续着重建罗马的工作。他修复了圣灵医院，翻修了拉特朗宫，着力整修了圣天使堡，此外还修复了一些城墙、桥梁和无数教堂。他下令清理万神殿附近成堆的垃圾，并拆除万神殿周围简陋的木屋；他还严禁动用大角斗场和其他古迹的一砖一瓦，违者将受到重罚；他铺平了街道，在圣彼得大教堂附近建了个铸币厂，还授权佛罗伦萨的建筑师菲拉雷特为圣彼得大教堂设计了气势恢宏的铜门，今天我们可以在圣彼得大教堂的中门看到这道铜门，它也是罗马出现得最早的文艺复兴作品之一。[3]

尽管他的前任教皇们做了大量工作，尼古拉五世仍觉得罗马很大程度上还是个衰落的、肮脏的中世纪城市。每当罗马迎来冬季，干冷的北风总会吹过已冻成冰的湿地，整个冬天都会很凛冽；而到了夏天和秋天，则是疟疾肆虐的时候，人很容易得病。罗马的居民大部分是外国人，剩下的人中大多数也是外地人，当时居民的人口总量大约不超过四万，还不及尼禄时期罗马人口总量的二十分之一，比美第奇家族治下的佛罗伦萨人口少了一万人。若不是每年都有大量的朝圣者来到罗马，罗马可以借此机会创收一把，只怕罗马的居民还会比这更少。

尼古拉五世非常坚决地开展重建工作，他深信如果人民能够坚定信念，那他们一定会看到成果，"雄伟的建筑，永恒的纪念碑，这些见证他们信仰的事物会拔地而起，仿佛是上帝一手创造"。更多的教堂得到了修复，包括圣司提反圆形教堂和圣特奥多罗教堂。[4] 元老宫再次被重建，同样被重建的还有梵蒂冈宫，它成了今后教皇的主要府邸。由于圣彼得大教堂的南墙偏离地基外倾了大约一点五米，有坍塌的危险，因此一座新的教堂已处于动工阶段，用来取代圣彼得大教堂。尼古拉在佛罗伦萨时结识了建筑师莱昂·巴蒂斯塔·阿尔贝蒂，在向他咨询之后，尼古拉决定建一座有一个中殿、两个耳堂的穹顶教堂。他不顾犹金四世曾颁布的禁令，从大角斗场运石料，运料马车浩浩荡荡地经过圣天使桥，前后足足运了不少于两千五百辆马车的石料。

1449 年初，尼古拉五世对罗马的重建工作和努力营造的教会安定局面给了他足够的底气来宣布 1450 年将作为全世界共同欢庆的圣年，圣年期间，来到罗马的人只要在某一个时间段内每天付费去罗马四座主要教堂：圣彼得大教堂、圣保罗大教堂、拉特朗大教堂和圣母大殿，他曾经犯下的罪过就会被赦免。对于意大利人而言，这个时间段是两周；对于那些跨过阿尔卑斯山来到罗马朝圣的人而言，这个时间段是八天；而对于罗马人而言，每天跑满四座教堂，他们必须足足跑上一个月。

于是，成千上万的朝圣者从欧洲各地赶来罗马。"你能看到不计其数的法兰西人、德意志人、西班牙人、葡萄牙人、希腊人、亚美尼亚人、达尔马提亚人和意大利人风风火火地前往罗马，罗马仿佛成了万国避难所。"一名朝圣者记录道,"朝圣者们都很虔诚,用各自国家的语言吟唱颂歌。"另一个目睹了朝圣者阵势的人将汹涌的人潮比作成群迁徙的椋鸟和蚁群。单单德意志的但泽(格但斯克)就有两千个男女老少踏上了南下罗马的旅程。布雷西亚一名狂热的编年史家这般记述道:

> 在以往的几次圣年中,从未见过有那么多朝圣者风尘仆仆地赶来。国王、公爵、侯爵、伯爵,还有骑士,基督教世界里各个阶层的人每天蜂拥而至,罗马已经容纳了几百万朝圣者。这一整年赶来罗马的人潮源源不断。在夏天,一场瘟疫夺走了无数人的生命,前来罗马的人相对变少了点,而一到秋季天气转寒的时候,疫情刚一好转,赶来罗马的人潮又变得汹涌澎湃。

很多著名的神殿都被朝圣者挤得水泄不通。而在一些圣地,朝圣者们每天从早到晚挤破头皮、探着脑袋争先恐后地一睹究竟,比如在圣塞巴斯蒂安教堂的地下墓穴;在圣彼得大教堂,常常能看见光着脚的教皇,他每个礼拜日都会往来不同的地方做祈福仪式;其他的圣地因为展示了一些圣物也同样挤满了慕名而来的朝圣者,这些被展示的圣物包括:耶稣门徒的头像、圣维罗妮卡的手帕,以及其他珍贵物件。在这一年中还有个特别的活动吸引了人们的目光,那便是封锡耶纳的贝尔纳丁为圣徒。圣贝尔纳丁是方济各会的修道士,被称为"人民的布道者"。封圣徒的仪式于圣灵降临节这天在圣彼得大教堂举行,教皇的宝座被搭得高高在上,灯架上还点起了两百根蜡烛。十四名红衣主教和二十四名主教簇拥在教皇的身边,他们都身着华丽的礼服,教皇则

"按礼仪准确地进行仪式，显得无比庄重华贵"。

1450 年，大批朝圣者们聚集罗马，给教会带来了巨大利润，教皇除了在美第奇银行存有十万金弗罗林外，还有充足的资金用于罗马的重建工作。很多罗马公民也借此机会狠赚了一笔，尤其是那些货币兑换商、药剂师、客栈老板，还有描绘圣维罗妮卡的手帕及其他圣物的画家。然而，朝圣者的人数太过庞大，无法有效管理。从教皇国调运来的粮食根本不够填饱成千上万朝圣者的肚子，磨坊主用完了谷物，面包师用光了面粉，商贩手里都缺葡萄酒、奶酪、水果和腌肉；物价飞涨，很多饥饿的朝圣者在还没做完该做的事情之前就不得不离开了罗马。根据来自佛罗伦萨的朝圣者乔瓦尼·鲁切拉伊的估算，在 1450 年，罗马一共有一千零二十二家旅店，而 1527 年的统计显示罗马的旅店数不超过二百三十六家。尽管 1450 年罗马旅店数量有如此之多，但这些旅店房间还是很快就爆满了，"后来每家每户都成了小客栈"。

朝圣者们祈祷着只要他们愿意花钱他们就有的住，然而这只是他们的一厢情愿，他们不得不在户外过夜，很多人被活生生地冻死了，场面惨不忍睹。即便如此，拥向罗马的人群还是没完没了，整个罗马闹起了饥荒。每个星期日都有无数朝圣者离开罗马，但过了一周所有的旅店又都住满了朝圣者。去圣彼得大教堂变成了一件不可能完成的任务，因为街道上挤满了人，根本走不动路。圣保罗大教堂、拉特朗圣约翰大教堂和圣母大殿里也挤满了信徒。整个罗马全是人，想要过个街比登天还难。当教皇庄重地进行祈福仪式时，圣彼得大教堂附近的每个角落，甚至包括葡萄园里都挤满了朝圣者，因为在葡萄园里可以看到进行祈福仪式的拱廊。而与有幸观礼的朝圣者人数相比，无法一睹教皇祈福仪式的朝圣者则更不计其数。这种情况一直持续到了圣诞节。

圣诞节过后，来罗马的人数变少，罗马经历了短暂的平静期，但到了大斋期，汹涌人潮再度涌进罗马。由于人数实在太多，很多人都得在葡萄园里宿营，罗马连个其他睡觉的地方都没有。

在圣周*，有太多的人往来于圣彼得大教堂，直到凌晨一两点还有人穿行在台伯河的桥上［根据同时代的罗马编年史家保罗·迪·贝内代托·迪·科拉·德罗·马斯特罗记载］。由于人数过多，圣天使堡的士兵和其他一些年轻人（我本人就经常在场）多次赶往圣彼得大教堂，用木棍隔离分散人群，以免发生严重的意外事故。到了晚上，很多可怜的朝圣者就睡在门廊下，而其他人则四处找寻着他们走散的父亲、儿子或同伴。这些人看起来真是惨。而这种场景直到耶稣升天节才有所好转，那时候适逢一场瘟疫侵袭罗马，来罗马的人因此锐减。瘟疫肆虐的罗马夺走了很多人的生命，尤其是那些朝圣者的。所有的医院和教堂都塞满了病患和奄奄一息的人，在受瘟疫感染的街道上还能看到这些人像狗一样倒在地上。染上瘟疫不治的人的尸体被火烧后用土掩埋，还有大批离开罗马的人在途中死于瘟疫，一路上坟冢遍立，坟墓甚至盖到了托斯卡纳和伦巴第。

在那场瘟疫之后，12 月 19 日这天又发生了一件可怕的灾难。当

---

* 复活节的前一周。——译注

天赶来罗马膜拜圣维罗妮卡的手帕并接受教皇祈福的人超出了以往，在四点的时候教会宣称由于时间太晚，当日的祈福仪式取消。于是这些人纷纷离开，走上了圣天使桥。桥上有很多商贩摆摊，阻碍了通行。桥的远端有一些马和骡子受了惊吓，堵住了人行通道。由于不知道此刻圣天使桥已无法通行，朝圣者们拼命地往桥上挤，他们推着前面的人，走在里面的人苦苦挣扎，有几个人摔倒后被踩踏，很快人群开始慌乱起来。有的人被压死，有的人被推得哭叫着挤过商贩的摊位，还有的人则被推过栏杆掉进了河里。人们都抢着要下桥，也有些人想挤上桥拖走死伤者，混乱的局面持续了一个小时。不久，超过一百七十具尸体被放在了附近的圣凯尔苏斯与圣尤利安教堂[5]，另外又有三十具尸体则被沉到了台伯河里。逃出来的人衣服都被撕扯成了碎条。一个佛罗伦萨的朝圣者向乔瓦尼·德·美第奇描述道：

> 人们四散逃窜，有的人穿着紧身衣，有的人穿着衬衫，而其他人几乎赤裸着。在这次可怕的混乱中，所有人的同伴都走丢了，人们寻找伙伴的呼喊声与痛悼死去亲友的哭声夹杂一片。到了晚上，圣凯尔苏斯教堂直到十一点还是挤满了人，在这儿出现了最令人揪心的一幕：有人在尸体中找到了他的父亲，还有个人在尸体中找到了他的兄弟，另一个人则发现了他的儿子。用一个目睹现场情况的人的话来说，就连经历过土耳其战争的人也没见过如此惨痛的画面。

不过，这场灾难也带来了一些好的结果：为防止未来再次发生类似灾难，教皇尼古拉五世下令拆除了位于大桥前方的一排房子，同时拆除废旧的格拉提安凯旋门、瓦伦提尼安凯旋门和狄奥多西凯旋门[6]，并新建了一处露天区域，即圣天使桥广场。

尼古拉五世不单想凭借修复或新建一系列建筑让罗马配得上它基督教中心的地位，他还一心想让罗马成为艺术之都。他将罗马打造成一个汇集一流金匠、银匠和挂毯制作人的中心，邀请巴黎的雷诺·德·迈因科尔来罗马开设了一个挂毯作坊。他还聘请了画家弗拉·安杰利科。身材矮小的安杰利科是个来自佛罗伦萨的圣人般的修士，每天早晨在绘画之前他都要跪着祷告一番。他是个非常感性的人，曾在描绘十字架上的耶稣时泪如泉涌。他为人谦和，同时又不谙世故，有一次尼古拉邀他共进晚餐，而他没和教皇打个招呼就拒绝吃肉，在他看来这事教皇根本管不着。安杰利科为尼古拉装饰了他在梵蒂冈美丽的私人教堂，用画作点缀了圣餐教堂，还为密涅瓦神庙遗迹圣母教堂的主祭坛创作了装饰画。1455 年，安杰利科在罗马逝世，他被安葬于密涅瓦神庙遗迹圣母教堂内。

除了艺术品之外，罗马还出现了大量书籍。尼古拉派出多人前往欧洲各地收购手稿和书卷，还重金聘请学者来罗马翻译或誊抄古籍。在尼古拉的要求下，荷马、希罗多德、修昔底德、色诺芬、波利比乌斯、托勒密、狄奥多罗斯等名家的著作都被翻译为拉丁文。尼古拉曾想做一名图书馆馆长，他本人还是个颇具天赋的书法家，在他死后，他给他一手建成的梵蒂冈图书馆留下了超过一千卷的书册。[7]

尼古拉的继任者是西班牙人阿方索·德·博吉亚，他于 1455 年担任教皇，是博吉亚家族中第一个当此大任的人，称号为加里斯都三世。他的任期很短，在此期间，罗马浓厚的文艺和学术氛围变得冷落。加里斯都三世能从分别受科隆纳家族和奥尔西尼家族支持的诸多教皇候选人中脱颖而出，其实是两方势力折中的结果。他年事已高，还患有痛风。他曾指责尼古拉五世在罗马的重建工作、艺术品和书籍上花了大量资金，而这笔钱在他看来本应用于对撒拉森人发动十字军东征。加里斯都三世本人曾变卖艺术品，还典当了他的法冠，将这笔钱用于和土耳其人作战，他还筹建了一支属于教皇的舰队去解放爱琴海上受土耳其控制的岛屿。但他大部分时间都在梵蒂冈养病，身边围着他的亲戚们，这些亲戚总是进出他那间点着蜡烛的卧室，他们还会邀请别的西班牙人到罗马分享他们的荣华富贵。罗马人对这些西班牙人的到来很不爽，他们对在街上能听到西班牙口音、看到西班牙风格的事物感到烦躁，他们将西班牙人称为侵入罗马的"加泰罗尼亚人"，而当加里斯都三世任教皇三年后过世之时，罗马人毫不掩饰内心的宽慰。加里斯都死后，欧洲各地的红衣主教再次齐聚罗马，他们都希望在教皇选举会议上占据一席之地。此时的罗马和教会已经密不可分，而这次的会议所选举出的教皇让罗马和教会都引以为傲。

在 1458 年那个夏天赶往罗马的红衣主教之一是纪尧姆·德·埃斯图特维尔，此人是鲁昂的大主教，富有且工于心计。心念教皇之位的他一到罗马就开始四处拉选票，承诺他可以提供荣华富贵。梵蒂冈的公厕被认为是可以进行密谋的最安全的场所，正是在公厕里，德·埃斯图特维尔的支持者们聚在一起商量如何确保他可以赢得三分之二的选票。这些人一开始很有把握，但后来的事实却表明与会的十八名红衣主教中的多数人更倾向于支持同样野心勃勃的锡耶纳主教，这位锡耶纳主教在他的自传里描述了选举会议上戏剧性的一幕：当时第一轮选举被宣布无效，第二轮选举即将开始。

红衣主教们在圣尼古拉教堂集中，在教堂的祭坛上放着一只金杯，主教们写完人名要把纸条塞在这只金杯里。这只杯子由三名红衣主教监管，其中一人是德·埃斯图特维尔，他因为兴奋而不由自主地发抖。红衣主教按照年龄长幼的顺序依次投票，所有人投完票后，金杯里的票要被取出，由专人展开纸条宣读选票，由德·埃斯图特维尔公布最终结果，但锡耶纳主教在唱票过程中曾仔细记录每个人的选票，他抗议德·埃斯图特维尔把他的得票数计错了，而事实确实如锡耶纳主教所言，但即便纠正了票数，他还是没有获得足够的票数。于是，红衣主教团不得不采取"继加票"的方式来选举教皇。所谓的"继加票"就是在经过讨论后，看看是否有人愿意转投别人来打破僵局。

"所有人都坐在位子上沉默不语，一个个面色苍白，仿佛都被打得失去了知觉。"锡耶纳主教如此记述着教皇选举会议的最后阶段，"在好一段时间里，所有人都一言不发，每个人除了眼睛左右瞥一下，身体的其他部位甚至都一动不动。会议室陷入了惊人的寂静。"突然，年轻的罗德里戈·博吉亚站了出来，这个二十五岁时就被他的叔叔加里斯都三世任命为红衣主教的人说："我同意投给锡耶纳主教。"但是，在他宣布他的决定之后，众人再次沉默。有两个红衣主教害怕以这种公开的方式表明投票结果，以出去方便一下为借口匆匆离去。接着，另一个红衣主教也站起身宣布自己支持锡耶纳主教，然而即便如此，锡耶纳主教的得票数离全体票数的三分之二还是差一票。就这样，又沉默了许久。最终，年迈的普罗斯佩罗·科隆纳颤颤巍巍地站了起来，"本想庄重地宣布［他支持锡耶纳主教］，但是［被德·埃斯图特维尔］拦腰抱住，德·埃斯图特维尔厉声呵斥他坐下。但是科隆纳想坚持自己的主意，于是，德·埃斯图特维尔想把他拽出会议室。被这种粗暴行为激怒的科隆纳干脆大声喊出了他的决定：'我的票也给锡耶纳主教，我让他当教皇！'"

那天晚上，因为得知一个意大利人当选教皇，罗马人开始了欢庆活动。"到处都是欢歌笑语，人们喊着'锡耶纳！锡耶纳！哦，幸运的锡耶纳！'……每一个路口都点起了篝火……邻里之间聚在一块儿庆贺。整座城市号角连连，欢庆不断。老人们说他们已经很久没见罗马那么热闹地搞庆祝了。"

新当选的教皇称号为庇护二世，他只是对罗马的暴民抢劫了他的住处表示失望，但按照风俗，罗马民众是可以这么做的。有一些参与抢劫的人把锡耶纳这个地名给弄混了，跑去抢了富有的热那亚大主教的住所，结果欢喜地满载而归，而那些闯进真正教皇住处的人却没找到什么值钱的东西，不过他们还是抢走了他们可以带走的一切，甚至连大理石雕像也被抱走了。

庇护二世自小家境贫困。他的父亲是托斯卡纳小镇科西尼亚诺的一个贫穷的贵族，平日就在小镇黄石墙外自己的地里种地。庇护二世是十八个兄弟姐妹中最大的一个，在生他之前，他的母亲曾做过一个吓人的梦，梦见自己的孩子出世的时候头上戴着一顶主教法冠。那个时候，异端分子在被迫害或被处死时都会戴着纸做的主教法冠，由此也衍生了一个说法叫作"值得戴主教法冠"，就是指某人会遭遇异端分子的命运。这使庇护二世的母亲担心自己的儿子会落得一个身败名裂的下场。所以尽管庇护二世自小很懂事，愿意帮父亲耕种那满是石头的灰土地，尽管他也是个勤奋的学生，虽然有点多情和活跃，但他的母亲始终放不下心中的石头。直到庇护二世有一天成了的里雅斯特

具有人道主义精神的教皇庇护二世（1405—1464）尽其所能地保护了罗马的遗迹免遭破坏

的主教，他的母亲才相信她所梦见的情景应该是个好兆头。庇护二世聪明、机敏、能言善辩、招人喜欢，很快就闯出了一片天地。他进入教会时已经是一个手腕高明的外交家，同时也因健谈而闻名，是著名的演说家及诗人。他从就任圣职到成为主教仅仅用了两年时间。参加教皇选举会议那天，他显得胸有成竹；而上位之后的他一边谋划着为教会谋福祉，一边像他的很多前任一样，满足他亲友们的各种要求。庇护二世曾经悔过说自己惧怕高尚节操，在他担任教会执事时，他曾对朋友说过这么一句话："我不否认我的过去。我游离于正道太久了，但至少我现在明白了这一点，希望我觉悟得不算太晚。"如今，庇护二世致力于成为一名称职的教皇，他也时刻提醒着自己要牢记他对朋友所说的那句话。

沉浸于罗马古典文学的庇护二世同时被这座城市建筑和自然的美深深打动，他对罗马的古迹产生了浓厚而永久的兴趣。他常常视察罗马的遗址，并饶有兴致地描述它们。在他还是红衣主教的时候，他写过一首著名的短诗：

哦，罗马！你的遗迹那么令人愉悦，
断壁残垣也显出你的宏伟，而你的宏伟曾盖世无双！
从你古城墙上抽取的华丽的石块
被贪婪的守财奴烧成了石灰。
恶棍啊！如果再让他们胡来
三个时代后，罗马的荣耀将荡然无存。

庇护二世尽其所能地去保护罗马的古迹免遭进一步破坏。他于

1462 年 4 月签署文件，严禁破坏罗马和坎帕尼亚的古建筑，哪怕古建筑已属私人财产也不得破坏。在他的《闻见录》一书中，他曾描写过有一次他看到有人在挖阿庇乌斯大道的石头，那个人把"大石块敲碎，再拿碎石去真扎诺盖房子"，为此他火冒三丈。他愤怒地斥责了那个人，并下令阿庇乌斯大道此后绝不可以再被这样破坏。然而庇护二世有一次因为自己所构思的建筑设施需要好的石材，也破坏了遗址。他在圣彼得大教堂建了座新的看台用于进行祈福仪式，而为了修建通向看台的台阶，他从大角斗场和城市广场弄来了大理石板。

庇护二世在罗马几乎没搞什么大工程，这些台阶和新的看台可谓其一。他的心中只想着策动一场伟大的十字军东征。尽管罗马可以借朝圣者和圣年庆祝活动大发横财，但是教会的资源、财力还是严重有限。教皇国以教皇为尊，但他们也并没给教会带来多少利润；罗马自身盈利远远不足；此外，由于《布尔日国事诏书》的颁布，教会还有两项收入大为减少：一是教廷在意大利之外的领地的税收收入，二是圣职者第一年的个人所得，原本的情况是自 14 世纪初，教会圣职人员必须向教廷交纳第一年的个人所得。但是在 1438 年，法国教士发布了《布尔日国事诏书》，认为法国教会拥有掌管其名下世俗财产的权力，这些财产教皇无权过问，该诏书还将圣职者上交教廷的第一年个人收入降低了五分之四。直到 1516 年，教皇和法兰西国王签署了《博洛尼亚协定》，《布尔日国事诏书》才不再具有效力。总体而言，庇护二世在担任教皇期间，一直面临着棘手的财务问题。教廷是教会资料的储藏者，主持教会公正的管理者，还是教会财务、外交、政治的监管者，更是基督教世界里最后的上诉法院，尽管有固定的收入用来维持教廷并支付教廷官员的薪水，但要想运转如此庞大复杂的组织机构，所需要的代价是极其高昂的。教皇本人需要支付行政长官的薪水，还要为管理罗马所涉及的各项不菲的花销买单。虽然罗马城里还存在着一名元老，人们常常能看见他在罗马四处走动，身上穿着红袍和锦缎外套，手里拿着象牙权杖，还有四个随从跟着，但元老已有名无实，实际上，教皇在总督的辅助下，像个国王一样统治着罗马。

教皇的统治并没有让所有人臣服，反抗运动仍时有爆发。1436年的一次起义逼得教皇犹金四世逃离了罗马，后来犹金分别借助两个人的势力控制了局面，一是他的代理人乔瓦尼·维泰莱奇，此人是雷卡纳蒂的主教，狡诈、凶狠、让人惧怕；二是红衣主教卢多维科·斯卡兰博，此人同样世故并且残暴，在他掌握话语权的时期，一些犯了盗窃罪的教士被关在一个笼子里晾在鲜花广场示众了好几天。策划这次起义的首领是一名教士，他被罚骑着一头驴，头上戴着绘有魔鬼的法冠，最终被吊死在圣约翰广场的一棵树上，而他的两个主要帮手则被活活烧死。在尼古拉五世任教皇期间也发生过一些骚乱，当时一个名叫斯特凡诺·波尔卡里的罗马公民很狂妄，试图效仿科拉·迪·里恩佐推翻教皇统治，建立共和国。波尔卡里连同他的姻亲安杰洛·德·马索，以及马索的长子一块儿被处死。到了庇护二世时期，当教皇和教廷的多数成员都不在罗马，去了北边的曼托瓦参加议会之际，安杰洛·德·马索的另外两个儿子蒂布尔齐奥和瓦莱里亚诺又带头造反。他们集结了三百个年轻人，大多数来自贵族家庭，这些人在罗马城里四处打砸，惊恐的元老不得不逃离了他位于鲜花广场的府邸，躲进了梵蒂冈。这伙暴徒肆意绑架公民，索要赎金；奸污妇女之后把她们扔到河里淹死；还洗劫了很多教皇支持者的家。其中一个暴徒把一名正在赶赴自己婚礼路上的姑娘绑架并强奸，此事发生后民愤滔天，总督面对舆情压力深感必须采取行动来控制局势。蒂布尔齐奥被劝说离开罗马，去了他亲戚萨韦利家族的一个城堡。他离开罗马那天，走在路上"就像个高贵的君王，得意扬扬地招摇过市"，向聚集围观他的民众挥手致意。

当庇护二世回到罗马后，得到科隆纳家族和佣兵队长贾科莫·皮奇尼诺支持的德·马索兄弟正密谋下一步的造反行动。庇护二世深知要想恢复罗马的秩序，巩固教会的统治，就必须对德·马索兄弟这股势力予以铲除。于是，就在蒂布尔齐奥通过戴克里先浴场附近的墙缝潜回罗马时，他被当场逮捕，随后，他和他的几个同伴被处死。担任元老的红衣主教泰巴尔多提议说这些人犯下"如此恶毒罪行"，理应先严刑拷打一番再处以极刑。但庇护二世则表示死刑已经足够了，教士们可以看着他们上刑场。当这些人被吊死的时候，庇护二世出于怜悯还流下了泪水。

此时的庇护二世已经五十五岁了。持续的痛风、结石和反复的咳嗽早已让他过早地衰老。他的头发几乎全白了，背越来越驼，本来就瘦小的身子骨又萎缩了；他变得易怒，尽管他很快就能平复情绪。他还是一如既往地勤奋：天刚亮就起床，在处理各种文件前总会吟唱或者聆听弥撒。接见访客、与红衣主教和议事庭官员的会谈占据了他上午大部分时间，接下来他会吃个便饭，中午小憩片刻。下午的时间他主要用于口授内容让下属记录，然后读书、写作、参与更多的接见。他会一直工作到晚餐时间。晚上临睡觉前他会梳理当天工作中尚未处理的事宜，上床睡觉的时候他会把秘书叫来，由他继续口授，秘书记录，这一切都完成后，他会睡上五到六个小时。

土耳其人于 1453 年占领了君士坦丁堡，把疆土一直扩张到了多瑙河。他们还将在 1480 年攻占奥特朗托，在意大利南部建立桥头堡。庇护二世一直以来视土耳其人为基督教世界的心腹大患，他在曼托瓦召开议会，商量发动十字军东征一事，结果会议并未通过他的提议，这让他非常痛苦和失望。回到罗马后，有一次，他站在圣彼得大教堂的台阶上，向聚集在教堂的民众展示基督门徒安得烈的头骨骨块，发誓要捍卫基督教世界，不让它受外敌侵略。1464 年的夏天，饱受痛风和高烧折磨的庇护二世出发前往安科纳，他将在那里集结一支基督教世界的大军，准备发起圣战。然而这一次，庇护二世还是未能如愿。当他抵达安科纳的时候，港口只有两艘战船；而当其他战船陆陆续续从威尼斯出发沿亚得里亚海而下抵达安科纳时，庇护二世留在人世的时间已经不多了。结果他刚一逝世，威尼斯的舰队就打道回府了；红衣主教们也暗自庆幸不用经历远征的劳顿，返回罗马准备选举他的继任者。

卡比托利欧母狼塑像，公元前5世纪，藏于卡比托利欧博物馆。双胞胎罗慕路斯和雷穆斯的
雕像是后来加进去的

奎里纳莱宫内收藏的一幅弗莱芒挂毯描绘了西庇阿和汉尼拔

第一大门附近莉薇娅别墅中的美丽壁画

古罗马广场复原图，19 世纪的一幅水彩画

罗马人抢劫萨宾妇女成为后世绘画与雕塑的常见主题。这幅画是 17 世纪法国画家尼古拉斯·普桑的作品

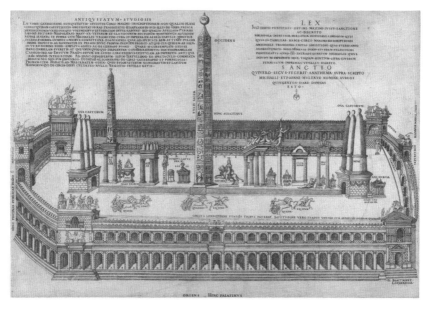

16 世纪绘制的马克西穆斯竞技场复原图

古罗马灶神庙遗址

尼禄金宫房间内的壁画遗迹，这些房间曾为日后拉斐尔装饰梵蒂冈宫的凉廊提供灵感

图拉真柱上的雕像局部，该石柱由阿波罗多洛斯建造，以纪念图拉真皇帝征服达西亚

巴黎奥赛博物馆收藏的画作《堕落的罗马人》。这幅画由托马斯·库蒂尔创作于 19 世纪中期，描绘了古代宴饮的场景

卡比托利欧博物馆中的哈德良
皇帝半身像

约创作于公元 330 年的巨型
君士坦丁雕像的头部，该雕像
现存于保护者宫的庭院内

13 世纪圣西尔维斯特清唱剧中用到的马赛克图案里描绘了君士坦丁将皇权的象征和拉特朗宫移交给教皇西尔维斯特一世的场景

圣普正珍教堂中一幅 4 世纪的马赛克画展现了身穿罗马托加袍的门徒们围着耶稣基督的场景

德意志画家海因里希·罗伊特曼创作于1865年的一幅木版画，展现汪达尔人在该撒里克的带领下于公元455年劫掠罗马。汪达尔人"浩浩荡荡地抵达奥斯蒂亚海港，那里停泊了他们的船队。一路上他们还带着数以千计的俘虏和马车，马车上的战利品堆积如山"

圣普拉塞德教堂中9世纪的马赛克画展现了善人被带入天国的场景

19 世纪意大利参议院的壁画，表现的是西塞罗在罗马元老院攻击喀提林

19 世纪末德国画家想象中的卡拉卡拉浴场复原图

拉斐尔所画的查理曼的加冕

台伯河畔的圣天使堡，远处为圣彼得大教堂

意大利艺术家乔尔乔·瓦萨里与别人合画的《教皇格列高利十一世从阿维尼翁归来》。"夜里，格列高利十一世乘船航行在台伯河上，公元 1377 年 1 月 16 日的早晨，他上岸来到圣彼得大教堂，围观的群众为他的到来欢呼雀跃"

意大利画家弗拉·安杰利科约创作于 1450 年的壁画，画中表现了圣司提反被圣彼得授予执事一职，向众人分发救济物的场景。这幅壁画现存于位于梵蒂冈的教皇尼古拉五世小教堂

圣彼得大教堂中门的两扇铜门的细节图。该铜门为佛罗伦萨的菲拉雷特所造，是"出现于罗马最早的文艺复兴作品之一"

拉奥孔雕像是一个意大利人于1506年在自家的葡萄园里挖出来的，当时人们"用鲜花装饰雕像，迎着教堂的钟声在街上运送它"。今天我们可以在梵蒂冈的观景庭院看到这座雕像

科拉·迪·里恩佐发誓要为他在罗马贵族派系冲突中被杀的弟弟伸张正义

与切萨雷·博吉亚共饮。左起为切萨雷·博吉亚、卢克雷齐娅、教皇亚历山大六世和一个年轻人，此人拿着空酒杯，暗示无法确定博吉亚的酒有没有毒

米开朗琪罗的雕塑作品《圣母怜子》，现存于圣彼得大教堂

19 世纪西班牙艺术家阿梅里戈绘制的《罗马之劫》，表现了神圣罗马帝国士兵抢劫和亵渎教堂的场景

《科学真理的胜利》，它更为人熟悉的名字是《雅典学院》，是梵蒂冈宫拉斐尔画室的名画之一

米开朗琪罗的《摩西》，这尊雕塑和教皇尤利乌斯二世的坟墓在 1544年都被安置于圣彼得镣铐教堂内，至今这尊雕塑还保存在那里

文书院宫的内廷，这里曾被认为是文艺复兴时期罗马最美的宫殿

米开朗琪罗在西斯廷教堂创作的另一幅壁画《最后的审判》

刺杀恺撒，19 世纪初由意大利画家文森佐·卡穆奇尼绘制

英国画家约瑟夫·透纳所画的古罗马城市广场遗迹

经过了四年的不懈努力之后，米开朗琪罗在西斯廷教堂天花板上创作的壁画于1512年展现在世人面前

委拉斯开兹为教皇英诺森十世画的肖像，这幅收藏于多里亚宫中画廊的画像曾让英诺森十世惊呼"太像了，太像了"

菲利波·劳里和 F. 加利亚尔迪合作的画，描绘了在巴尔贝里尼宫为瑞典女王克里斯蒂娜举行的盛大庆典的场景。这幅画现存于罗马博物馆

贝尼尼的雕塑《圣特雷莎的沉迷》陈列于胜利圣母教堂，贝尼尼认为这座雕塑是他最好的作品

《大卫》是贝尼尼的早期雕塑作品之一，现存于博尔盖塞美术馆

意大利画家乔瓦尼·保罗·帕尼尼的这幅画作描绘了红衣主教德·拉·罗什富科于 1747 年举办的一场大型音乐会，这场音乐会是在罗马的阿根廷剧场举办的。这幅画作现存于卢浮宫

英国画家、德比的约瑟夫·赖特的画作《圣天使堡的烟火表演》。留意背景处被纸灯和油灯点亮的圣彼得大教堂

罗马的拿破仑博物馆里的一幅画展现了教皇庇护七世在 1809 年 6 月下令将拿破仑逐出教会的场景

教皇保罗五世时期（1605—1621）的圣彼得教堂，此时方尖碑已经竖立起来，但贝尼尼的柱廊还没有建成

卡拉瓦乔的著名画作《马太与天使》，存于法兰西圣路易教堂

17 世纪意大利艺术家维维亚诺·科达齐所画的圣彼得大教堂

古罗马高架渠遗址

特雷维喷泉

人民广场上的方尖碑、奇迹圣母教堂和圣山圣母教堂

古罗马下水道遗址，19 世纪丹麦画家克里斯托弗·威廉·埃克斯贝尔绘制

17 世纪中叶的罗马狂欢节

贝尼尼的雕塑作品《阿波罗与达佛涅》

拿破仑的妹妹波利娜·波拿巴的雕像，卡诺瓦将她塑造成了维纳斯的形象

1798 年，法国军队进入罗马

威尼斯广场上的维托里奥·埃马努埃莱二世纪念堂

意大利画家 F. 卡瓦莱里的这幅画作描绘了圣体节游行期间，教皇格列高利十六世（1831—1846 年在位）出现在圣彼得大教堂前的场景

意大利未来主义艺术家塔托于 1922 年创作的《进军罗马》

在这幅由意大利艺术家坎贝洛蒂创作的宣传海报中，墨索里尼正在从罗马南部蓬蒂纳沼泽地开垦的土地上收割小麦

意大利画家安布罗西创作的《墨索里尼与罗马》

1943—1944 年间秘密发行的
宣传页："把德国人赶出去！"

FUORI I TEDESCHI !

美军第三十步兵团二
等兵保罗·奥格尔斯
比肃立在一座损毁的
天主教堂祭坛前

1945 年，大角斗场外的美国军队

1946 年 4 月，波兰第二军的几名士兵在圣彼得大教堂的穹顶上俯瞰罗马

梵蒂冈教廷的旋转楼梯

真理之口雕塑原本是古代的水渠盖，中世纪的时候被用作神断法的工具。被怀疑的人要把手伸进雕塑的口中，人们相信，如果他撒谎了，雕塑的嘴就会合上，把他的手指切断，由此得名

8

文艺复兴与衰落

在那座可以俯瞰拉塔大道的新宫殿里，教皇坐在凉廊上，观赏着罗马狂欢节中的亮点节目之一：赛跑。赛程起点就是教皇宫，终点位于图密善凯旋门。一开始是犹太人彼此竞赛，后来是年轻的基督徒们相互赛跑，接着还有中年组和老年组的比赛，以及赛驴和赛水牛。最后一项是万众期待的赛马，这些参赛马匹都源自阿拉伯，它们没有骑手驾驭，马身上都紧紧裹着白布，还配了镶着钉子的马鞍，这马鞍可以让它们"像发了疯似的跑"。这些马跑起来可以说是风驰电掣，而街两边拉起来的巨型白色布单则可以让它们减速停下。参与狂欢的群众身着各种奇装异服，扮成仙女、神明、英雄、精灵等诸多造型一路游行，满大街的建筑都被精心装饰，楼上的人们不时地将一些叶子、花冠、彩带和鲜花扔在楼下成排的凳子和讲台上。在狂欢就要结束的时候，教皇在教皇宫前大摆筵席，用满桌的美食款待罗马公民们。参加宴席的人可以吃完再走，而教皇还会从窗户向这些还在享受美味的群众撒钱。

这座新的教皇宫就在圣马可大教堂[1]旁边，教皇对这个教堂进行了仔细的修复。在当时，这座教皇宫被称为圣马可宫，它是今天规模相对较小的威尼斯宫的前身，旧时教皇宫的一些窗户至今还可见于威尼斯宫的正面外观。[2] 教皇在 1466 年搬进这座宫殿后，就决定要把狂欢节放在附近的拉塔大道上举办，而不是放在卡比托利欧山或是泰斯塔乔山上举办。也正因为这样，罗马的一条主要的大街科尔索大道得以形成，而这条街道的名字也源自狂欢节的赛跑（corse）。

这位教皇的称号为保罗二世，他在 1464 年经过选举成了庇护二世的接班人。保罗二世是个富有魅力、个性豪爽的威尼斯人，为人自负而又好色。他奉行享乐主义，凡事讲究排场，但同时也是个意志坚定的人。他修订了罗马的法令，同时，鉴于因家族世仇导致的争斗是造成罗马和意大利其他很多城市不安定和谐的祸源，他对那些因宿怨参与家族争斗的人采取了强制措施，剥夺了这些人的民权，甚至还拆毁了他们的房屋。由于他批准在狂欢节的庆祝活动中掺杂了异教元素，他遭到了大批保守派教士的指责。不过，他还是坚决抵制罗马学会，该学会是一个半神秘组织，其宗旨为复兴古罗马的典范和传统习俗，还积极推行古物研究和考古事业的发展。保罗二世以多项罪名逮捕了该组织的创始人尤利乌斯·庞波尼乌斯·拉埃图斯，还拷打了其中一个名叫巴尔托洛梅奥·普拉蒂纳的成员。

其实，保罗二世本人是个具有人道主义精神的基督徒。他资助了很多学者，并疯狂地爱好收藏艺术品。他所涉猎的物件包括：珠宝、凹雕、浮雕、花瓶、镶有宝石的杯子、金盘银盘，以及后来在教皇宫里摆满了的挂毯和锦缎。保罗二世的这种奢靡，在当时受到了一些人的严厉批评，不过，和他那任人唯亲的继任者西克斯图斯四世相比，人们发现原来保罗二世的那点癖好根本无伤大雅。西克斯图斯四世在为其家族牟取利益的过程中，将教廷卷入了意大利的政治旋涡。

西克斯图斯四世是个野心勃勃的人。他身材高大、不苟言笑。他的脑袋很大，鼻子很扁，少了颗牙齿，外表看起来令人生畏。他原名弗朗切斯科·德拉·罗韦雷，出生于利古里亚一个贫穷的渔民区。自打他就任教皇开始，他便不断地授予他人职位、给别人拨款、封别人为教皇国的领主。六个和他沾亲带故的年轻人，有的是他的侄子和外甥，有的则是他的私生子，都被任命为红衣主教。这其中就包括了彼得罗·里亚里奥，他先后被任命为特雷维索主教、君士坦丁堡主教，以及佛罗伦萨、塞维利亚和门德三地的大主教。彼得罗·里亚里奥死的时候还不到三十岁，在世时生活无节制，弄垮了身体。他还债台高筑，在当红衣主教不长的时间里挥霍了二十万金弗罗林。西克斯图斯四世的侄子朱利亚诺·德拉·罗韦雷在二十八岁时已经是卡庞特拉的主教，他后来被任命为红衣主教。西克斯图斯外甥女的儿子拉法埃莱·里亚里奥尽管只有十七岁，也当上了红衣主教。朱利亚诺的侄子利奥纳尔多·德拉·罗韦雷被任命为罗马城市长官，而彼得罗的哥哥，肥胖、聒噪、粗俗的吉罗拉莫·里亚里奥则被任命为伊莫拉的领主。伊莫拉是位于博洛尼亚和福尔利之间的小城，为了买下这座小城，教皇还向美第奇银行提出贷款要求。

这个贷款要求使教皇和美第奇家族产生了激烈争吵。由于伊莫拉具有重要的战略位置，美第奇银行的负责人，同时也是佛罗伦萨地区首脑的洛伦佐·德·美第奇自己就很急切地想拿下这个地盘，他决定不惜一切代价避免让伊莫拉落入教皇之手，于是就摆出各种理由拒绝提供贷款，这么一来，教皇就向帕齐家族求助，帕齐家族是罗马城里的佛罗伦萨银行家，也是美第奇家族主要的竞争对手，他们也很想抓住这个机会吸纳教会为客户。看好了这一有利形势，位于罗马的帕齐家族银行的年轻经理弗朗切斯科·德·帕齐想出了一个取代美第奇家族成为佛罗伦萨龙头老大的计划。为了实施这个计划，他向不满足于仅仅当个伊莫拉领主的吉罗拉莫·里亚里奥求助，并找到了佣兵队长吉安·巴蒂斯塔·蒙泰塞科帮忙，此人过去曾经为教廷效过力。蒙泰塞科答应帮忙，但是要求这个计划必须得到教皇本人的祝福。帕齐答应了他的要求，承诺教皇将接见他。在吉罗拉莫·里亚里奥和比萨大主教萨尔维亚蒂的陪同下，蒙泰塞科来到了梵蒂冈。萨尔维亚蒂总是气冲冲的，他的身份不被洛伦佐·德·美第奇接受，曾被禁止进入托斯卡纳。

"这件事情，圣父，如果洛伦佐和［他的兄弟］朱利亚诺，没准还有其他人不死的话，也许会变得不妙。"根据蒙泰塞科自己所记载的面见教皇时的对话记录，他曾如此说道。

"我无论如何都不想有任何人丧命，这与教廷的理念相悖，我是不会允许这样的事发生的。尽管洛伦佐是个恶棍，对我们不友好，我们还是不想让他死，只是希望执政者发生些变化。"

"我们会竭尽全力不让洛伦佐丧命，"吉罗拉莫说道，"但万一他死了，陛下您会赦免杀了他的人吗？"

"你这个傻瓜。我说了我不想看到任何人被杀，我只是希望换个人掌权。我再重复一遍，吉安·巴蒂斯塔，我非常希望能看到这个改变，洛伦佐是个恶棍，是个无赖，他一点儿都不尊重我们。一旦他离开了佛罗伦萨，我们想怎么和佛罗伦萨共和国打交道都可以，这会使我们很开心。"

"您说得对。那就让我们竭尽全力地去达成目的吧。"

"去吧，在不杀生的前提下放手去干。"

"教皇陛下，由我们来办这件事您满意吗？我们会把它办好的。"萨尔维亚蒂问道。

"我很满意。"

说罢，西克斯图斯四世站了起来，向三人保证他可以提供"包括武装人手或其他方面在内的一切援助"，然后就解散了他们。

走出房间的三人此时的想法，和他们刚进屋时的念头一样，要想计划成功，就必须除掉洛伦佐和朱利亚诺，虽然西克斯图斯四世嘴上说得强硬，但如果谋杀是必要之举，他是会宽恕杀人的行为的。

谋杀终究被实施，虽然这次行动并没有得到西克斯图斯四世的宽恕。暗杀发生在1478年4月26日，当天是个礼拜日，在佛罗伦萨大教堂里正在进行着弥撒仪式，朱利亚诺·德·美第奇被砍死在主祭坛前，洛伦佐侥幸逃生，脖子上受了伤。佛罗伦萨人迅速集结，赶来增援美第奇家族，他们全城搜捕刺客，抓到弗朗切斯科·德·帕齐后把他衣服扒光，然后用长绳把他吊死在市政宫的顶楼护墙外。

行动失败后，佛罗伦萨人疯狂的报复行为惹恼了罗马。吉罗拉莫·里亚里奥率领三百名戟兵突然逮捕了佛罗伦萨驻罗马大使，要不是威尼斯大使和米兰大使抗议这种行为侵犯了外交豁免权，他还想把佛罗伦萨大使扔进圣天使堡的地牢。里亚里奥的舅舅，也就是西克斯图斯四世，下令逮捕了所有在罗马的佛罗伦萨银行家和商人。不过后来他经人提醒想起，自己的甥孙，红衣主教拉法埃莱·里亚里奥是比萨大学的学生，最近人在佛罗伦萨的时候被抓进了监狱，虽然拉法埃莱·里亚里奥没有参与之前的密谋，还是有人威胁要吊死他。因此，西克斯图斯四世不得已，只好放了之前逮捕的佛罗伦萨人。

西克斯图斯四世将洛伦佐·德·美第奇这个"邪恶之子、地狱之子，以及其他佛罗伦萨公民，他的帮凶和教唆犯"统统逐出教会，并向这些人宣战。他还说服那不勒斯国王、锡耶纳国王和卢卡国王加入他的阵营。但洛伦佐凭借其高明的外交手腕化解了这次危机。西克斯图斯四世试图让整个意大利卷入矛盾，以期他那贪婪的家族可以从中渔利，后来，到底还是如他所愿地引起了战争；吉罗拉莫·里亚里奥一面和科隆纳家族交恶，一面和奥尔西尼家族往来甚密，这又挑起了罗马这两个爱折腾的豪门之间的争斗。

尽管西克斯图斯四世爱搞裙带关系，并因此付出了沉重、血腥的代价，但他给予罗马以及罗马人民的恩惠也是巨大的。1471 年，他"修复"了世世代代以来矗立在拉特朗大教堂外的古铜像，这些铜像现收藏于卡比托利欧博物馆内。罗马最宏伟壮丽的宫殿文书院宫背后也有西克斯图斯四世的功劳，这座宫殿是他的甥孙拉法埃莱·里亚里奥用一个晚上豪赌赢得的巨款建成的。[3] 西克斯图斯四世在任期间，推进了许多公共建设工程，这些工程的资金来源主要是各国教会缴纳的税收和他卖官鬻爵的所得。罗马的很多街道都被铺整、加宽，包括教皇大道、念珠商街和朝圣者大道。更多的教堂得到重建，其中著名的教堂有圣内雷乌斯与圣阿希莱夫斯教堂[4]、人民圣母教堂[5]以及和平圣母教堂[6]；此外，还新建了一个弃婴收容所。为给 1475 年的圣年庆祝活动做准备，西克斯图斯四世还为西斯托桥[7]奠基，他站在船上，往河里丢了几枚金币。而他给罗马的最好馈赠是西斯廷教堂，该教堂为乔瓦尼诺·德·多尔奇所建，当时很多才华出众的艺术家，比如波提切利、基尔兰达约、平图里基奥、西尼奥雷利和佩鲁吉诺都为装饰、点缀这座教堂贡献了自己的作品。[8]

除了资助文学、艺术、建筑作品外，西克斯图斯四世还推动了罗马大学的改革。⁹早在 1265 年，西西里国王，安茹的查理就在罗马创办了一所"宇宙学院"，教授法律和人文艺术学科。教皇乌尔班四世还曾请托马斯·阿奎纳到这里讲学过一段时间。但阿奎纳和在他前后来到这所学校的学者一样，都觉得罗马人普遍爱好法律、很务实，对经院哲学和哲学中的抽象概念不感兴趣。他觉得自己在法国才更像个神学家，更有归属感，另一位神学家圣波拿文都拉也有同样的感受。因此，罗马的这所"宇宙学院"并没能发展起来。相比而言，由教皇博尼法斯八世创建于 1303 年的罗马大学的情况就好了一些。这所大学被犹金四世重建，又经历了西克斯图斯四世的改革，办学更为长久，不过，因为教皇的军队索要军费，发生过几次教皇为了筹措军费停发教授薪水的事情。在罗马大学任教的教授之一是尤利乌斯·庞波尼乌斯·拉埃图斯，他是罗马学会的创始人，如今已归附教廷，仍在收集、研究古罗马的铭文。

与此同时，西克斯图斯四世也在收集书籍和手稿，不断扩充梵蒂冈图书馆的藏书量。他建了一座用于藏书的新楼，学者们在此处还可以研读书籍。他还安排画家美洛佐·达·弗利为他作了一幅画，画中人除了他以外，还有梵蒂冈图书馆馆长巴尔托洛梅奥·普拉蒂纳，他也是罗马学会的成员，曾在保罗二世任教皇时期遭受折磨。同样出现在画中的还有西克斯图斯四世的侄子和外甥吉罗拉莫·里亚里奥、乔瓦尼·德拉·罗韦雷和朱利亚诺·德拉·罗韦雷，这些人在画里想来也是理所当然的。

西克斯图斯四世仍在为他家族中年轻人的前途操心，为了维护他们的利益，他不惜与佛罗伦萨以外的一些意大利城邦翻脸。1483 年，在与威尼斯发生矛盾后，他甚至颁布禁令，禁止威尼斯的一切圣事活动。后来，当他得知威尼斯人从一场战争中获益后，愤怒得半天说不出话来，因为他本来指望自己的家族可以从这场战争中得利。憋了半天的西克斯图斯四世后来怒吼着说他绝对不允许这样的情况发生。但是第二天他就病倒了，不到几个小时就离开了人世。

得知西克斯图斯四世辞世的罗马民众第一反应是感到欣喜，觉得他那些靠关系上位的、贪得无厌的亲戚们好日子要到头了。城市里出现了暴乱，暴民们洗劫了里亚里奥宫[10]，又顺手抢了粮仓和热那亚人开设的银行。吉罗拉莫·里亚里奥为了挽救家族财产和势力而一路南下，但被科隆纳家族召集的人马沿途拦阻，佛罗伦萨和锡耶纳方面都给科隆纳家族提供了援助。当时的罗马街头架起了路障，民众在卡比托利欧山上聚集，眼看一场内战一触即发。快速被推选出的新教皇英诺森八世为人亲切随和，堪称是个完美的人选，他缓和了局势，却没有阻止冲突的最终爆发。洛伦佐·德·美第奇的一名属下把英诺森八世称为"兔子"，他的眼神忧郁，常斜着眼睛看人，性格很温和，在他身上确实有一种"兔性"。在教皇选举中，英诺森八世得到了已故教皇西克斯图斯四世的侄子朱利亚诺·德拉·罗韦雷的大力支持，行事上受朱利亚诺的左右。据说英诺森八世还受到洛伦佐·德·美第奇的摆布，洛伦佐的女儿马达莱娜嫁给了英诺森八世的一个儿子，英诺森八世则时常得意地说他们都是自己的儿女。

不管有没有人指使，英诺森八世施行的那些政策常常毫无原则，也几乎都不起作用。在他的任期内，罗马倒退到一个世纪前的那种无序、混乱的状态。夜晚，武装帮派在城市横行；白天，被捅伤的人倒在街头，或已丧命，或在垂死。朝圣者，甚至连外交大使出门都会被抢。敌对的红衣主教把各自的府邸都变成了防卫森严的要塞，在窗口

西斯廷教堂的缔造者、教皇西克斯图斯四世，因准备1475年的圣年庆祝活动而为西斯托桥奠基。美洛佐·达·福尔利的壁画里画的是他出席梵蒂冈图书馆开馆仪式的场景，同在画中的还有他的两个侄子、一个外甥，以及图书馆馆长巴尔托洛梅奥·普拉蒂纳

和屋顶都布置了弩手，甚至还架起了火炮。公平正义变成了商品。一个杀害了两个亲生女儿的人花了八百杜卡特金币就赎回了自由，还有的杀人犯通过收买教廷就可以被恕无罪，还可以获得一张安全通行证，有了这张通行证，他们走在街上的时候就会有武装护卫护送，以防仇人报复。当教皇内侍副总管被问及为什么这些罪犯不被惩罚时，他笑着对史学家因费苏拉说："上帝不想要罪人的命，他希望他们活着——而且给钱。"

英诺森八世弥留之际，除了女人的奶水，他吃不进任何东西。于是，红衣主教团开始商量物色一名合适的人选作为英诺森八世的继任者。现在的时局最不需要学者，也不怎么需要圣人，需要的是一个能让罗马恢复安定、能保护教皇国不受敌人侵犯的人。简而言之，下一任教皇应该是个能力出众的管理者和外交家，他不需要有多么高尚的道德，但他必须坚强果敢。在费尽一番周折后，这个人终于找到了。1492 年 8 月 11 日的清晨，教皇选举会议厅的窗户被打开，透过窗户可以看到会议厅里的十字架，下一任教皇也随即揭晓：他是来自巴伦西亚的罗德里戈·博吉亚，称号为亚历山大六世。

亚历山大六世在罗马生活了几年，在这期间他所住的宫殿就是今天的斯福尔扎-切萨里尼宫[11]。当年为了庆祝圣安得烈的头骨被人带到了罗马，这座宫殿里的窗户上都挂起了挂毯，博吉亚家族收藏的艺术品都被陈列于拱廊。亚历山大六世以富甲一方而闻名，他不仅继承了他哥哥的遗产，还继承了他叔叔，也就是教皇加里斯都三世的遗产。此外，他的经济来源还包括西班牙和意大利的多所修道院的收入和三个主教辖区的收入。他拥有众多情妇，这一点也广为人知。他至少有六个私生子，其中三个孩子是和瓦诺莎·卡塔内所生，这三个孩子中包括了亚历山大六世的爱女卢克雷齐娅，而作为卢克雷齐娅的母亲，卡塔内在今天看来是一位受人尊敬的，也是值得敬佩的女性。亚历山大六世算不上是个腐败、邪恶的教皇，在当时那个时代，用佛罗伦萨的政治家弗朗切斯科·圭恰迪尼的话来说，"如果教皇不比别人坏，那就该表扬他是个好人了"。他是个有魅力的人，精力充沛，还公然贪图享乐。他会劝导女人忽视他平凡的相貌和难看的、发福的身材。而不论男女都会为他的才智折服。"他胸怀抱负，"一个与亚历山大六世同时代的人写道，"口才一流，演讲时激情澎湃，机灵狡黠，但最重要的是在需要采取行动的时候，他表现出来的才智令人钦佩。"

罗马人民对于亚历山大六世当选教皇是非常欢迎的，他们觉得这个教皇的趣味和活泼开朗的个性对他们而言意味着好事。当亚历山大六世走过街道时，围观民众们的欢呼声和号角声此起彼伏，但是他似乎适应不了如此热烈的场面，当他走到拉特朗大教堂时，他一下晕倒在红衣主教里亚里奥的怀里。罗马人民的兴高采烈看起来是值：亚历山大六世虽然没有像民众预想的那样会慷慨解囊，但是在执法中明目张胆滥用职权的现象被终结了，市价变得更为合理、稳定，而曾经死个人如同家常便饭的街头，每晚也再没有喋血事件发生。不过，一些考虑深远的人还是对亚历山大六世产生了担心，怕他对子女的宠溺，尤其是对他那邪恶又迷人的儿子切萨雷的维护，可能会造成可怕的后果。

就在他父亲加冕成为教皇的那一天，年仅二十七岁的切萨雷被任命为巴伦西亚大主教。尽管切萨雷获得了很多世俗利益，这在大主教中绝无仅有，他在不久之后还是升为了红衣主教。随后切萨雷走上了

平图里基奥的画作《耶稣复活》中描绘了教皇博吉亚，即亚历山大六世（1431—1503）
向重生的基督祈祷的情景。此画现存于梵蒂冈的博吉亚寓所

在博吉亚寓所的圣徒厅里，有一幅平图里基奥的《亚历山大港的圣凯瑟琳的辩论》，平图
里基奥很可能以亚历山大六世教皇心爱的女儿卢克雷齐娅为原型，描绘了圣凯瑟琳

皮拉内西所画的圣天使堡风光

一条不那么光彩的权力之路：他通过贿赂、袭击、谋杀等手段成为罗马涅公爵和教会军队的首领。亚历山大六世对切萨雷寄予厚望，但是在切萨雷就任红衣主教没多久，就有一个同样具有壮志雄心的人对切萨雷构成了威胁。这个人就是其貌不扬，但是浪漫、爱冒险的法兰西国王查理八世。1494 年，查理八世宣称他作为安茹王朝的继承人要接管那不勒斯王国。当年 9 月，查理八世率领他的重装大军越过阿尔卑斯山，进入了伦巴第。

　　已经占据佛罗伦萨的法兰西军队正逐步向罗马逼近，亚历山大六世意识到如果此刻下禁令禁止查理八世自由通行于教皇领地，查理八世是不会搭理的。亚历山大六世人生中第一次显得完全没了主意。他召集了那不勒斯的军队，又把他们解散了；他带着他的贵重物品、武器、弹药躲进了圣天使堡，同时又在考虑逃去别的地方。他还是下了禁令不让查理八世自由通行，但随后又撤销了禁令。

查理八世的先头部队于 1494 年 12 月 31 日下午三点进入罗马，而他的最后一支部队在深夜才通过了人民大门。大批人马点着火炬和灯笼穿行在狭窄的街道上。这支队伍里有身穿彩色军装的瑞士和日耳曼步兵，他们扛着大刀和长枪；还有加斯科涅弓箭手、法兰西骑士和运着加农炮与重炮的炮兵。当然，还有被护卫簇拥的查理八世本人。他是个个子不高、相貌丑陋的年轻人。他长了一个大大的鹰钩鼻，肉嘟嘟的嘴唇很厚，嘴巴总是张开着。他在圣马可宫外下马，贝内文托大主教洛伦佐·奇博慌不迭地出来迎接，领着他进入圣马可宫。查理八世换了双拖鞋进了餐厅，坐在了炉火边。一个仆人为他梳理头发和他那凌乱的红胡子。食物被摆在了餐桌上，一名宫廷侍从先把每道菜尝一下，再让查理八世用餐，吃剩下的食物都被倒进了一个银罐子里；同样，酒也要被检查是否安全，宫廷内侍把吊在金链子上的独角兽角放在酒中搅动，经四名医生查验确认无毒后，查理八世才会端起酒杯。

在接下来的几天里，查理八世开始巡访罗马的教堂，而亚历山大六世躲进了圣天使堡，他手下的三名红衣主教开始和法兰西方面的人斡旋。查理八世的部队则在罗马城里兴风作浪。士兵们攻占了房屋，袭击了银行，洗劫了包括瓦诺莎·卡塔内位于布兰卡广场的府邸在内的多座宫殿。最终，教皇与查理八世达成了协议。查理八世于 1495 年 1 月 28 日撤离罗马，他承认亚历山大六世为教皇，但明确了他才是教皇所管辖领土的真正领主。不久之后，他还掌管了那不勒斯。在此期间，一支由意大利各城邦组成的神圣联盟试图将查理八世赶出亚平宁半岛，在查理八世回程途中，联盟的雇佣军在塔罗河畔阻击了查理八世的部队，但是未能阻止查理八世带着他的战利品撤回法国。不过神圣联盟雇佣军的指挥官曼托瓦侯爵还是声称他赢得了战斗的胜利。他控制了战场，还俘虏了法兰西部队的辎重车队，缴获的物品包括：耶稣受难的十字架的零件、圣荆棘、圣丹尼斯的肢体、圣母马利亚的花瓶，以及一本描绘了裸体女人的书，书中的裸女"画于不同时间、不同地点……还有描绘各座城市的人们淫秽不堪的春宫图"。疲劳的法兰西军队尽管遭到重创，仍是一支威武之师，他们每两个人就牵着一匹骡子，骡子身上满载着战利品，就这样他们一路向北到达了阿尔卑斯山，最终安全地回到了法国。查理八世的出现让意大利人惊觉面对北方的野蛮人来袭，他们所拥有的美德、才能、财富、过往的荣耀和经验都好似浮云。亚历山大六世对自己的毅力深感自豪，还喜欢把他的坚韧比作他家族盾徽中的公牛，但他也无法经受见到查理八世的那种震惊。看着眼前这个矮小、近视的人一瘸一拐地向他走来，一想到这个人背后就是强大的法兰西，他的头和手不禁抽搐起来，一下子晕倒在了地上。

查理八世让罗马和整个意大利蒙受了耻辱，但其他灾难又让罗马人的境况雪上加霜。大约在 1494 年，梅毒从非洲或西印度群岛被带到了欧洲，这种病也有可能是克里斯托弗·哥伦布的水手从美洲带回欧洲的。它的传播速度很快。法兰西军队的士兵在那不勒斯染上了梅毒，把它称为"那不勒斯症"；意大利人则称之为"法国病"。在罗马，梅毒传播之势极其恶劣，亚历山大六世家族和教廷中共有十七人染病，其中包括了他的儿子切萨雷·博吉亚，这些人不得不接受长达两个月的治疗。梅毒肆虐之后，罗马又遭遇了多年不遇的特大洪水。1495 年 12 月，汹涌的台伯河水淹没了罗马的街道，大水涌进了教堂，还冲垮了多座宫殿。这场洪水淹死了不少人，其中包括关押在托尔迪诺纳地区的囚犯。[12] 洪水给罗马造成了无法估量的损失。

这场洪水被认为是上帝对愚蠢、腐败的人类施行的惩罚。当时，狂热的、奉行苦行主义的多明我会教士吉罗拉莫·萨伏那洛拉正在佛罗伦萨布道，他对人类的愚蠢和腐败行为进行了猛烈抨击。他警告人们还会有更可怕的灾难降临；他谴责教会，说它是个鼓吹卖淫嫖娼和恶行的邪恶组织。他声称他预见到了瘟疫、暴风雨、饥荒和地表剧变。他还说他看见了从罗马上空升起的一个黑色十字架，上面刻着"上帝的愤怒十字"的字样。亚历山大六世禁止他再布道，但是他仍然我行我素。后来，亚历山大六世表示可以给他红衣主教的帽子，暗示可以让他当红衣主教。但他不为所动，说另外一种红帽子更适合他，就是那种"血色的红帽子"。最终，亚历山大六世将他逐出了教会。然而，萨伏那洛拉对教会的攻击仍未停止，这下，就连佛罗伦萨人也坐不住了，他们拷打了这个制造麻烦的疯子，吊死了他，然后烧了他的尸体。

此后，亚历山大六世和大多数红衣主教腐败得更加肆无忌惮。"教皇已经七十岁了。"保罗·卡佩洛于 1500 年 9 月写道，"他一天比一天年轻，不会整夜烦恼；他始终保持乐观，只做自己喜欢的事情；他唯一惦记的是怎么让他的子女提高权力和地位，其他事他一概不在乎。"他的爱女卢克雷齐娅嫁给了豪门，埃斯特家族的阿方索，他让卢克雷齐娅在他不在的时候负责管理梵蒂冈教皇宫、教廷事务和通信。他纵容他儿子切萨雷的任性，赐予切萨雷各种头衔和巨额财富，而这些钱都是靠卖官鬻爵赚来的。被出卖的圣职包括红衣主教一职，亚历山大六世把它卖给了亲戚和像阿德里亚诺·卡斯泰莱西·达·科尔内托这样的密友。科尔内托在博尔戈区建了座漂亮的宫殿，这座宫殿后来被称作吉罗-托洛尼亚宫。[13]切萨雷提出的要求无人敢不从，他的话成了罗马的圣旨：那些碍着他的人，有的被勒死，有的被毒死，有的被扔进了台伯河，还有的被关进了圣天使堡的地牢里。曾经有个写讽刺文的作家胆子很大，冒犯了他，结果被砍了一只手，舌头也被割了，手和舌头还被钉在了一起。

切萨雷的弟弟乔瓦尼享有多个头衔：甘迪亚公爵、特里卡里奥亲王、克拉洛蒙特·劳里亚伯爵、卡里诺拉伯爵、贝内文托公爵。有一天，乔瓦尼在罗马失踪了。人们立刻怀疑是切萨雷杀了他。一个住在小岸港[14]附近的卖木炭的人被抓去审问。他说：

> 大约在一点的时候，我看见两个人从斯拉沃尼亚医院左边的那条街出来向台伯河走去，走到了被人们经常扔垃圾的喷泉附近。他们四下张望之后就离开了。过了一会儿又来了两个人，同样往四处看了看，还比画了一个手势。然后来了一个骑白马的人，他的身后有一具尸体，头和手垂在一边，脚在另一边。他骑到了那个指定地点，他的随从们用尽全力把那具尸体扔进了河里。骑马的人问：“你们处理干净了吗？”他们回答：“是的，大人。”骑马的人向河里看，而他的随从看到那个死人的外套浮上来之后，开始往河里砸石头，把它给沉下去。

当被问到为什么不把这件事报官时，卖木炭的回答道：“我这辈子已经大约看见过一百具尸体在晚上被人扔进台伯河里了，从来也没有人查问过这些死人。"

几十个渔民开始在河里打捞尸体，最终尸体被捞上了岸。死者的手被绑着，脖子上有道很深的伤口，头部和大腿处也多处受伤。亚历山大六世为此悲痛欲绝。"我知道凶手是谁。"他在房间里哭着说，"只要能让我的儿子活过来，就是给我当七次教皇，我也一次都不当。"亚历山大六世宣称他今后只考虑教会改革事宜，为此他任命六名红衣主教成立了一个委员会，让他们为改革教会献计献策。但是当这些红衣主教真的提出意见之后，亚历山大六世又改了主意，他坚持教皇的权威不容削弱，对他儿子死因的调查也就此石沉大海。乔瓦尼的儿子尚且年幼，他那些名贵的家具、珠宝被托付给切萨雷代为保管。

切萨雷是否杀害了他的弟弟，人们不得而知。但是他的的确确杀了他的妹夫，也就是比谢列公爵，他妹妹卢克雷齐娅的第二任丈夫。切萨雷的心里盘算着给卢克雷齐娅安排一门对他更有利的婚事。比谢列公爵刚走出圣彼得大教堂就遇刺，当时他正想从梵蒂冈回家。结果他保住了一命。但是后来有一天，当他躺在床上养伤的时候又被人给勒死了。这件事发生在 1500 年 9 月，而 1500 年又是一个圣年。

朝圣者们在那一年拥入罗马的时候，城里正流传着很多故事，比如被添油加醋的比谢列公爵遇害一事，乔瓦尼·博吉亚之死，还有切萨雷刺伤了教皇的内侍，溅了教皇一脸血的事迹。但前来朝圣的人根本不需要听这些故事，就能明白吉罗拉莫·萨伏那洛拉把罗马称为"罪恶的污水坑"是有多么正确，因为到处都能见到这样的例子。红衣主教们在广场上公然炫富，在自己的府邸大摆筵席，美味之丰富就连卢库鲁斯家里的饕餮盛宴都比不上。卢克雷齐娅总是穿得很艳丽，身边围着一群同样衣着光鲜的女人，人们在街上常见到她骑着马去梵蒂冈，就连她的马也是珠光宝气。在圣约翰节时，切萨雷会在圣彼得大教堂门前骑着马，朝一群公牛投掷标枪，这些牛都是从一个木围场里抓过来的。他还会冲向牛群，一剑砍下其中一头牛的脑袋。拉特朗医院里有个医生一直以来都会在清晨用箭射伤路人，再对伤者进行抢劫。他还会毒害那些有钱的病人，这些病人曾向医院里的教士忏悔，而通过那个教士他对病人的财产情况了如指掌。这个医生后来被吊死在圣天使堡城垛上的绞刑架上，尸体就这么晃悠着，旁边还有其他被吊死的人。

不过朝圣者们还是会在圣殿里花钱，怀着信仰和希望去寻求救赎。圣彼得大教堂前还是有很多人跪着想要得到教皇的祝福。据统计，在复活节那天，圣彼得大教堂前的人数多达二十万。亚历山大六世有很多事情会遭人诟病，但他也有值得让人念他好的时候。他委派安德里亚·布雷诺建了座壮观的祭坛，这座祭坛现存于人民圣母教堂的圣器房里。他还改造了圣天使堡周边的区域，圣天使堡前的广场被铺整、扩建；他建了一条亚历山大大道，即今天的博尔戈·诺沃，这条大道连接了圣天使堡和梵蒂冈；他重建了圣天使堡的内部，还把圣天使堡的外观改造得更为气势不凡。为了建一座博吉亚塔，他将梵蒂冈宫扩建，这才让梵蒂冈宫有了今天的模样。他授意贝尔纳迪诺·平图里基奥和他的助手们装饰了博吉亚寓所的房间，包括教义厅和女先知厅。[15]

梵蒂冈宫的扩建完成于 1495 年，而在此前一年，一位天才的艺术家来到了罗马生活。当时这位艺术家已年过五十五岁，他曾在米兰与列奥纳多·达·芬奇合作完成了多个了不起的作品。他的余生都在罗马度过。在罗马的前四年里，他都在潜心研究和观测罗马的古迹，为日后名扬四海奠定了基础。这个人就是多纳托·布拉曼特，文艺复兴鼎盛时期的建筑大师和创新者，他的建筑风格从罗马风靡至整个欧洲。

9

恩主和食客

距离亚历山大六世的遗体被送到梵蒂冈已经过去了三年，他的遗体在炎热的 8 月早已腐烂。这时候，朱利亚诺·德拉·罗韦雷领着他的队伍来到了圣彼得大教堂，成为尤利乌斯二世。尤利乌斯二世非常讨厌亚历山大六世，称其为"给人痛苦回忆的西班牙人"。这一天，在红衣主教、高级教士和教廷很多大人物的陪同下，尤利乌斯二世走到教堂的后面，来到了一个 7.6 米深的大洞里。洞里的白色大理石是新的圣彼得大教堂的地基，他就是下来给新教堂打地基的。老的圣彼得大教堂已经日渐破败，而新教堂将在老教堂的基础上拔地而起。在他下到洞底的时候，洞的周围站了很多人围观，把土都踢到了他的法冠上，因此他愤怒地叫喊着让那些人后退。这时，有人给他递过来一只陶质花瓶，里面盛着一些金制和铜制纪念章，这些纪念章一面刻着他的肖像，另一面则刻着新教堂的效果图，穹顶、塔楼、柱廊一应俱全。这只花瓶被放在了基石下方的一个小坑里，基石上刻着："利古里亚人尤利乌斯二世教皇于 1506 年修复了这座破败的教堂。"因为担心他回到地面之前洞就塌了，紧张的尤利乌斯二世把基石放得有点儿歪。奠基之后，他赶紧爬了出去。

这种焦虑情绪在尤利乌斯二世身上并不常见。他个头很高、很瘦，相貌英俊。他性格粗犷，脾气暴躁，说起话来喋喋不休，喜欢折腾，还很专横跋扈。他说话的口气总是居高临下、咄咄逼人，而且他很容易动怒。他手里总是拿着根棍子，一有下属惹恼了他，他就抡棍子打人；如果信使传给他的是坏消息，他会就手把手上的东西砸向信使，有一次还把自己的眼镜扔了出去。他曾经有过很多情人，其中一个情人还把梅毒传染给了他。作为红衣主教，他抚养了三个女儿。不过后来他的欲望只体现在他对希腊和科西嘉的葡萄酒以及各种美食的痴迷上，他对鱼子酱、虾还有乳猪尤其钟爱。"谁都影响不了他做决定，他也几乎不会去向谁请教，"威尼斯驻罗马大使曾这般记述道，"晚上他一想到什么事，这事就会被立即执行……要应付这个人很难，你得更强悍，这种难度和你的强悍程度简直无法用语言来形容……他的事业和他的欲望都已经登峰造极。"

尤利乌斯二世的爷爷是个渔民，而他经常提起自己童年的贫苦生活，并且很自豪地表示自己不是个"读书人"。他有时候会说自己应该去当兵，而当他后来真的亲自带兵去镇压教皇国的城市叛乱、收复教会失地的时候，他表现得很能打苦仗，相比之下，随军的红衣主教都没他那么能吃苦，一场硬仗打下来他们都蔫了。由于雇佣军反复无常且作风不够顽强，尤利乌斯二世不愿依赖雇佣军，因此他决定建立一支职业的教皇军，于是便在 1506 年催生了瑞士禁卫军，这支部队一直存在到 1825 年，那时，它已经演变成了一支小规模的国家卫队，但仍沿用了旧时的制服和装备：露缝的紧身衣，条纹紧身裤，时髦的帽子，以及矛和戟。

尤里乌斯二世坚强、果敢、目标明确。他不仅决定重建一个承载着基督教永恒荣耀的古迹，还决心重新确立教会在教皇国的统治地位。他认为牢牢掌握世俗权力是确立教皇权威的关键，因此，他积极争取重掌世俗权力。而那处标志着教会声望的古迹就是新的圣彼得大教堂，1506 年的春天，在复活节后的第一个星期天，新教堂被成功奠基。

尤利乌斯二世的前几任教皇对老教堂只是小修小补。莱昂·巴蒂斯塔·阿尔贝蒂曾警告过尼古拉五世，老教堂里有些地方有倒塌的危险，尼古拉五世在修复了圣彼得大教堂的部分构造之后，却意识到这座教堂单单靠修是修不好了。他授权佛罗伦萨的雕塑家贝尔纳多·罗塞利诺去设计新的教堂，罗塞利诺很有可能是被阿尔贝蒂推荐的。但直到尼古拉五世去世，这项工程也没取得太大进展。加里斯都三世的心思全放在了怎么对付土耳其的威胁上，他对文艺复兴时期的艺术不感兴趣，因此也没有好好地把工程继续下去。庇护二世、保罗二世还有西克斯图斯四世对待圣彼得大教堂也都是给它简单修补一下，片面改良，他们都不想大动干戈地重建教堂。而对于好大喜功、勇于破釜沉舟的尤利乌斯二世而言，重建圣彼得大教堂是一项他无法抗拒的伟业。

不过尤利乌斯二世重建教堂的决定引发了红衣主教和罗马民众的质疑。他们抗议说毁掉如此神圣的教堂等同于亵渎神灵。因为圣彼得大教堂已经有一千多年的历史了，自从基督教诞生起它就是一个神圣的地方，被世世代代的人所景仰。罗马城里有一尊刻画了希腊神话中的斯巴达国王墨涅拉俄斯的古代雕像，这尊残缺不全的雕像被人称为帕斯奎诺[1]，在雕像的底座上，贴满了人们对尤利乌斯二世的抗议标语。但尤利乌斯二世却不为所动，一旦他决定做一件事，就什么也改变不了他的主意。他考虑了罗塞利诺的设计，但觉得这个设计过于老气，就把它给否决了。出于同情，他还研究了朱利亚诺·达·圣加洛的方案，但他觉得这个方案也还是不够大气。于是，用他自己的话来说，为了建一座"以当世和未来之眼光看都会觉得伟大"的教堂，尤利乌斯二世找到了布拉曼特。当时，布拉曼特已经在金山圣彼得修道院的回廊建了座精致的小圣殿，展现出了他的卓越才华。[2]

在教皇的鼓励下，布拉曼特满怀斗志地投入了圣彼得大教堂的重建工程。在他的指挥下，数百名工人拆除了圣彼得大教堂朽坏的墙壁，还丢弃了教堂里所有布拉曼特用不上的东西，比如雕像、镶嵌画图案、烛台、圣像、墓穴和祭坛，布拉曼特也因此赢得了"破坏大师"的绰号。整车整车的卡拉拉大理石、火山灰以及运自蒂沃利的石

多纳托·布拉曼特是教皇尤利乌斯二世手下主要的建筑家。1506年，尤利乌斯二世为新的圣彼得大教堂奠定了基石

灰华、运自蒙特切利奥的石灰被送到了施工现场。有一天尤利乌斯二世来视察工程进展情况，在向一位外国使节介绍布拉曼特时，他自豪地说："布拉曼特告诉我他手下有两千五百人在做事。他都可以办一个阅兵式了。"

重建教堂的花销一天比一天多，到1513年初，在这项工程上已经花了超过七万枚杜卡特金币。尽管要花钱的地方很多，比如市政、救济城市中的穷人、支付教皇军队的军饷以及对古建筑的不断维护，但钱并不是个大问题。美洲大陆的新发现让很多人富了起来，尤利乌斯二世也从中分了一杯羹；教廷多次发售赎罪券，还向很多银行家贷款，其中有个叫阿戈斯蒂诺·基吉的银行家富得令人咋舌，他拿教皇三重冠作为抵押，把它放在位于圣灵银行大道[3]上银行拱门[4]后面的账房里。教廷向欧洲各国索要重建教堂的物资，英格兰国王送来了做屋顶用的锡，教皇则给他寄了葡萄酒和帕尔马奶酪作为回报。

其实，需要花钱的不只是教堂的重建工程，尤利乌斯二世为改造梵蒂冈宫已经投入巨资，并且还在不断花钱。宫里建了一座美丽奢华的花园，这也是自恺撒时期以来罗马的第一座大型休闲花园。这项工程还形成了位于梵蒂冈办公楼和观景殿之间的观景庭院。[5]观景殿曾经是个孤零零的运动场，后来变成了一个雕塑馆。在这个雕塑馆内，曾收藏了两件属于尤利乌斯二世藏品的古典雕塑杰作。一件是观景殿的阿波罗雕像[6]，这尊雕像曾被放在尤利乌斯二世任红衣主教时所在府邸中的花园里，当时他的府邸就在圣彼得镣铐教堂的旁边。另一件就是拉奥孔雕像，这尊雕像是在1506年1月被一个人在自家葡萄园里给挖出来的，他的家就在图拉真浴场附近。[7]当时，尤利乌斯二世听说有人挖出拉奥孔雕像后，立刻派朱利亚诺·达·圣加洛前往

拉斐尔创作的壁画《博尔塞纳的弥撒》描绘了米开朗琪罗的恩主、教皇尤利乌斯二世（1447—1513）在去世前不久祷告的场景。这幅壁画现存于梵蒂冈的赫利俄多洛斯室

查看。朱利亚诺的儿子那会儿才九岁，他记录道："我和爸爸一起出发了。我骑在他的肩膀上。当我爸爸看到那尊雕像的时候，他叫了起来：'这就是普林尼提到过的拉奥孔像啊！'为了把这尊雕像拿出来，人们不得不挖宽了地面的开口。"很多收藏家都急于把拉奥孔像据为己有，但尤利乌斯二世答应拉奥孔像的发现者每年都会提供给他和他儿子一笔丰厚的补贴，所以这尊雕像到了尤利乌斯二世的手里。伴着教堂的钟声和朱莉娅小教堂唱诗班的歌声，人们运着被鲜花点缀的拉奥孔像走过了街头。尤利乌斯二世作为雕塑和音乐爱好者，亲自创办了朱莉娅小教堂唱诗班。

除了在梵蒂冈宫和圣彼得大教堂的工程上砸钱外，尤利乌斯二世还投入经费用于加宽、修复罗马的街道。暗店街、圣凯尔苏斯大道、伦加拉大道和犹太人大道都得到了改造。此外，被修复的还有教师大道，它后来成了朱莉娅大道，是罗马最漂亮的大道之一。尤利乌斯二世花了一大笔钱在人民圣母教堂上，他以重金请到罗马来的几名艺术家负责了该教堂的装修工程，他还把红衣主教吉罗拉莫·巴索·德拉·罗韦雷和阿斯卡尼奥·斯福尔扎的豪华坟墓放在了这座教堂，这些豪华坟墓的设计者是安德里亚·圣索维诺。[8]

为自己建一座精美的大理石坟墓是尤利乌斯二世一直以来最想实现的梦想之一。为了达成这个愿望，他首先派人从佛罗伦萨请来了年轻的雕塑家米开朗琪罗·博纳罗蒂。米开朗琪罗是贵族后裔，他的父亲是托斯卡纳一个没什么钱的行政长官。二十九岁的米开朗琪罗忧郁，沉默寡言，总是沉浸在自己的世界里。他很敏感，也爱与人争论。尤利乌斯二世认为，比起布拉曼特和曾为他在梵蒂冈宫设计了后来被称为拉斐尔画室[9]的拉斐尔·圣齐奥，米开朗琪罗实在太难打交道了。因为布拉曼特言听计从，而拉斐尔温柔、谦虚、低调。但米开朗琪罗已经展现出了他惊人的能力和多面的才艺，尤利乌斯二世作为罗马最具慧眼的恩主，是不可能不想把米开朗琪罗收为己用的。

刚开始，一切都进展顺利。尤利乌斯二世付给米开朗琪罗一百克朗作为他来罗马路上的费用，米开朗琪罗带到罗马展示的作品也让尤利乌斯二世甚为开心。他让米开朗琪罗去卡拉拉山中的采石场，在那儿，米开朗琪罗花了八个月时间帮助采集、挑选大理石石块，用来建一个他承诺可以超越"世上所有古墓和皇家墓地"的伟大作品，被挑出来的大理石总重量超过了一百吨。据与米开朗琪罗同时代的艺术家，他的托斯卡纳同乡乔尔乔·瓦萨里记载：

> 挑完了所有他需要的大理石后，他把这些大理石都装上船带回了罗马，结果这些大理石填满了半个圣彼得广场……在圣天使堡，米开朗琪罗给自己准备了专门的房间用来雕刻人物和设计坟墓；为了去看米开朗琪罗的创作，并且为了不被人打扰，尤利乌斯二世命人修了一座吊桥，通过这座桥他可以从走廊直接走到米开朗琪罗的房间。这样一来，两人变得更为亲密，而米开朗琪罗的受宠最终招来了其他为尤利乌斯二世效力的艺术家的嫉恨。

尤利乌斯二世和米开朗琪罗之间的亲密关系没有维持太久。米开朗琪罗不喜欢工作的时候有人旁观，经常锁起他的工作室不让人进；他也很讨厌被人问到他的工程进展得怎么样了。敏感易怒的米开朗琪罗渐渐反感尤利乌斯二世指手画脚地干预他的工作，教廷官员经常拒绝他要求面见和拨款的请求，这种怠慢的态度也让米开朗琪罗深感被冒犯。有一次，当他的要求被粗鲁地回绝之后，他大发雷霆，让他的仆人卖掉工作室里的所有东西，自己则离开罗马要回佛罗伦萨。最终米开朗琪罗被劝了回来，继续为教皇效力，但没有再负责他期望继续进行的墓地工程。一开始，尽管他抗议说这"不属于他的艺术创作范畴"，他仍被要求完成一尊尤利乌斯二世的纪念铜像，这尊铜像足有四米多高，后来被放在博洛尼亚圣佩特罗尼乌斯教堂的外墙前。几年后爆发了一场革命，这尊雕像被尤利乌斯二世的敌人费拉拉公爵炼作了加农炮。后来，米开朗琪罗被指派完成一项让他更觉得自己不能胜任的差事——西斯廷教堂天花板上的壁画。"他使尽浑身解数来推掉这份差事。"瓦萨里说道，"但是他越拒绝，教皇就越要让他做，毕竟教皇生性固执……后来，脾气暴躁的米开朗琪罗随时准备爆发，但看

根据米开朗琪罗的一幅自画像所作的版画。他于 1508 年开始创作西斯廷教堂天花板的壁画

到教皇那么坚持，他最终还是照办了。"他被预支了五百枚杜卡特金币，于 1508 年 5 月 10 日开始了他的创作。

米开朗琪罗马上就为自己的让步感到后悔了。他头疼于布拉曼特为他造的脚手架：一开始脚手架是从天花板由绳索慢慢地往下吊，但米开朗琪罗则希望它是被地面上的立柱支撑，由下往上拉。他对从佛罗伦萨召集来的助手也很不满意，认为他们太无能，就把他们画在天花板上的东西统统擦掉，决定自己独自完成整个天花板的画作，而天花板的整个区域有九百多平方米。他锁上了教堂的门，不让其他艺术家乃至任何人入内，这再次引起了他与尤利乌斯二世的争吵，因为就连尤利乌斯二世去西斯廷教堂的时候也被米开朗琪罗要求离开。米开朗琪罗遇到的另一个麻烦就是，每当北风一吹，教堂天花板的很多地方就会发霉，这让米开朗琪罗很受挫，他绝望地几乎想要放弃，直到朱利亚诺·达·圣加洛教他解决了这个难题。

创作西斯廷教堂天花板的壁画可谓劳心劳力。米开朗琪罗不得不站着作画，长时间的仰视使他的脖子变得僵硬、肿胀。当他从脚手架上下来的时候连脖子都伸不直，看书信的话，必须要把书信举起来，头向后仰才行。在天热的时节，西斯廷教堂闷热得不行，石灰粉会经常刺痛他的皮肤。一年中的任何时候，当他在创作时，画漆都会滴到他的脸上、头发上、胡子上。"此地不宜留，吾诚非画家。"米开朗琪罗在一首反映了他在西斯廷教堂辛苦工作的十四行诗中如此哀叹道，"终日苦作画，画漆沾满颊。"在给他弟弟的信中，米开朗琪罗写道："这差事太辛苦了，我都要累垮了。我都没朋友了……不过我也不想有朋友，我连吃饭的时间都没有。"

坚持进入教堂一看究竟的尤利乌斯二世总是来找米开朗琪罗。他爬上脚手架，手里还拿着棍子，由于他迫不及待地想要在有生之年看到西斯廷教堂对外开放，他不停地问起工程进度："到底还要花多长时间啊？"

"直到作为一个艺术家的我觉得满意为止。"有一次米开朗琪罗是这么回答的，结果引得尤利乌斯二世愤怒地说："你要让**我们**满意，尽快完成它！"

后来，米开朗琪罗不愿多言，一旦被问起就回答说当"我能完成的时候，工程就会被完成"。"当我能！当我能！"尤利乌斯二世气不打一处来地吼道，"你到底什么意思？当我能！我马上**让**你完成它！"尤利乌斯二世用棍子打了米开朗琪罗一下，还威胁说如果再不加快进度，就把他从脚手架上摔下去。不过，当这些气消了之后，尤利乌斯二世又会马上示好。他的近侍会送钱到米开朗琪罗家中，搬出各种说辞道歉，"解释说教皇那么对他其实是看重他、喜爱他"。

最终，在将近四年的时间之后，西斯廷的脚手架装置被拆除了。但是米开朗琪罗还是有些不满意，觉得要再进行一些润色，用深蓝色颜料点缀背景和布料，用金色修饰局部细节。可尤利乌斯二世实在等不下去了。拆卸完脚手架装置后留下的灰尘还没来得及打扫，尤利乌斯二世就兴冲冲地跑进了教堂。他眼前壮观的壁画包含了三百多个人物，其中很多人物比现实中的人大出两三倍。1512 年 10 月 31 日清晨，尤利乌斯二世在西斯廷教堂举行了弥撒，后来，用瓦萨里的话说，全罗马的人都"跑过来争相目睹米开朗琪罗的杰作，而且这幅惊艳的壁画让所有人都瞠目结舌"。

尤利乌斯二世已经七十多岁了，这是他活在世上的最后一年，他想起他的坟墓还没完工，而那是米开朗琪罗当初返回罗马最想接手的工程。尽管这座坟墓没有按照原先设想的那样建成，但是它宏大构思中的一件杰作还是得以留存于今世，那便是圣彼得镣铐教堂里鲜活的摩西像。[10]

1513 年 2 月 20 日，尤利乌斯二世辞世，消息传出后，罗马全城陷入了悲恸。哭泣的女人们在街上排起了长队，等着依次去葬礼教堂亲吻教皇遗体的脚；人们都说他们这辈子是看不到哪个教皇能像尤利乌斯二世这样对罗马忠诚、对他人慷慨了。前来吊唁的人数之多让教廷司礼官感到吃惊，他说他在罗马生活了四十年，还从未看过这样的阵势。"所有人都认为尤利乌斯二世是真正的罗马教皇。"佛罗伦萨的政治家、历史学家弗朗切斯科·圭恰迪尼说，"尽管他很狂暴，满脑子大排场大手笔，但比起他以前的教皇，人们对于他的离世更为沉痛……他的辉煌将被后人铭记。"

虽然罗马人在那个冬天感到哀伤，他们还是对新教皇利奥十世的上任表示热烈欢迎。利奥十世原名乔瓦尼·德·美第奇，是洛伦佐·美第奇的儿子，他的母亲是罗马人克拉丽斯·奥尔西尼。喜欢热闹、盛大场面的利奥十世为确保正式进入梵蒂冈的仪式可以被大操大办而费尽了心思，在他的督促下，教廷司礼官在资金允许的范围内把这个仪式办到了最好。利奥十世的队伍所到之处，房屋都被桂冠、冬青以及令人眼花缭乱的锦缎和天鹅绒布料装点得非常可爱；街上摆满了植被；精致的碑文用拉丁语刻着称颂利奥十世的话语，赞其为"教会的楷模""天堂的使者"。很多角落都布置了祭坛，在屋顶和门前还摆放了盾徽以及美第奇和奥尔西尼家族的标志物，喷泉里流出的是葡萄酒。一路上都可以看到富商和银行家们建造的凯旋门，其华丽和创意程度彼此不分伯仲。在凯旋门的壁龛里摆放着基督教殉道者的雕像，旁边摆的是异教神灵的古雕像。而在阿戈斯蒂诺·基吉建好的凯旋门下，是装扮成神的模样的真人。

利奥十世的队列在卫队的带领下走过了梵蒂冈前的广场。队列中有红衣主教们的家室和教廷高官，他们都身着一袭红衣；有旗手、骑着马的各个城区的负责人、教皇国送来的乳白色的骡子；还有穿着貂绒红袍的侍从，他们手里拿着教皇冠和镶嵌着珠宝的主教法冠；罗马的贵族们身边跟着一帮制服统一的随从，奥尔西尼家族和科隆纳家族的族长还手牵着手走在了一起。队列中有一些佛罗伦萨的商业巨头，其中一些人还跟利奥十世沾亲带故。此外，队列中还出现了外国使节和他们的随从；有一匹马专门驮着圣餐，圣餐被金布盖着，由拿着银杖的男仆押送。队列中的教士和律师穿着黑色或蓝紫色的衣服，主教和红衣主教骑着马，马尾上的白色衣饰随风摇曳。队列的最后是瑞士禁卫军，他们穿着色彩斑斓的制服，手中拿着戟。利奥十世跟在他们身后，骑着一匹白色的阿拉伯骏马，八名罗马贵族跟在他身边，撑着绣花的丝制华盖为他遮阳。

利奥十世的随行阵容相当壮观，他的身材却配不上这样的大气。他胖得离谱，身上的肉很松弛，看起来比他实际的三十七岁要老很多。他的嘴巴总是张着；因为天热，他的脸几乎发紫，他的双下巴和短脖子上也全是汗。他穿的那件镶满珠宝的外套很重，再加上头戴着教皇三重冠，骑在马上整个人感觉都沉下去了。他在路上还毫无顾忌地放屁。但他还是打起精神对一路围观的民众微笑。由于他视力不佳，看不清一路上的碑文，随从就念给他听，听到一些奉承他的内容，他就会沾沾自喜地点头；他的手也很肥，戴着个喷了香水、饰有珍珠的手套，一路上还时不时地举起手为路边的人祈福。他的侍从都背着很大的钱袋，有时会撒些银币给围观民众，这时候他会低声地肯定侍从的做法。利奥十世的和蔼、他这一路所表现出的享受、他的自豪与得意都显得十分亲切。罗马的民众们甚至改变了他们欢呼的口号，喊起了："利奥！利奥！利奥！"

在利奥十世前往梵蒂冈的路上，犹太人在圣天使桥附近聚集，要求教皇允许他们继续在罗马生活，按惯例他们确实可以在这个时候集体请愿。他们的拉比还给利奥十世献上了犹太教的法典。利奥十世拒绝了他们的法典，让拉比把法典放在地上，明确表示他不接受他们的信仰，但是准许他们继续留在罗马，值得注意的是，在此过程中，利奥十世的态度几乎一直都很和蔼。穿过教皇大道，利奥十世在拉特朗宫旁的马可·奥勒留雕像前下马，他走进拉特朗宫的大厅，虽然显得很疲惫，但是他已做好准备来享受一顿丰富可口的大餐了。

"我的脑海中尽是我之前看到的宏大场景。"一名记录了教皇到梵蒂冈这一路上各种细节的佛罗伦萨医生思忖道，"我产生了一种强烈的想当教皇的念头，兴奋得彻夜难眠。我现在能理解那些教廷高官为什么削尖脑袋想当教皇了。我觉得任何人都宁愿做一个教皇，而不是亲王。"

利奥十世在拉特朗宫里大快朵颐。他在父亲的督促下十六岁就当上了红衣主教，而自打那以后他从来没像这次这样吃得那么畅快。据说，在当选教皇后，利奥十世对他的弟弟朱利亚诺低声耳语道："上帝把教皇之位交给了我们。让我们好好享受吧。"

利奥十世确实好好享受了，可以说他是挥霍无度。据统计，在一年之内，他不仅花完了他前任教皇留下的积蓄，还把他自己和他继任

在拉斐尔为利奥十世（1475—1521）创作的画像中，利奥十世坐在椅子上，他的堂弟朱利奥，也就是未来的教皇克雷芒七世，出现在他的右手边，他的身后站着红衣主教路易吉·德·罗西

者的收入都花光了。他的个人所得是一笔庞大的数额，因为他卖了不少于一千二百个圣职，还以昂贵的价格卖了不少红衣主教的职位，此外，各主教辖区和修道院还要向他上缴收入。"他连一千枚杜卡特金币都攒不下来，就如同石头也飞不起来一样。"马基雅维利的朋友弗朗切斯科·韦托里这样认为。不久，利奥十世在罗马的很多银行里都负债累累，有些银行收取他四成利息。即便如此，他也丝毫不愿开源节流。在他治下，教廷成员人数飙升到了六百八十三人。如果有客人来访，并与他一起欢唱的话，他还会送钱袋给这些客人。他还经常在赌桌上豪掷千金，如果输了会毫无怨言地给钱，赢了则会把赢来的钱撒给身后的众人。他花了很多钱用于饲养法兰西猎犬和冰岛猎鹰，还斥巨资投入到坎帕尼亚的建设和维护工作中。他很喜欢在坎帕尼亚遛鹰、打猎、宰杀围捕到的猎物。他会对一些被缠在网中的猎物下手，他右手拿着矛、左手扶着眼镜放到他视力欠佳的左眼前，完成杀戮后，他的侍从们纷纷喝彩，这让他扬扬自得。

这些猎物的尸体被装了一车又一车运回罗马，大厨们则要把它们变成教皇餐桌上的美味，除了这些，大厨们还准备了别的佳肴和珍奇的菜品，比如孔雀的舌头，用丁香、坚果和克里特的料酒烹制的七鳃鳗，还有用夜莺做成的馅饼。而罗马的银行家、富商、教廷高官和贵族们在吃的方面也不输给利奥十世，举办的宴会一个比一个奢侈。在红衣主教科尔纳罗府上用餐的威尼斯驻罗马大使如此描述道：

> 晚餐实在是精致。菜上了一道又一道，仿佛永远上不完。我们已经吃了六十五道菜了，每道菜都包含了三种不同的菜式，而且上菜速度快得惊人。还没等我们吃完一盘菜，另一盘佳肴就又

被端在了我们面前。用来盛菜的盘子都是最好的银具,主教大人家里有好多这样的餐具。晚餐进行到最后时,我们都站了起来,肚子早已被丰盛的食物填饱,而餐厅内外演奏的音乐则震耳欲聋,各种乐声夹杂其中,有横笛的声音、大键琴的声音、四弦鲁特琴的声音,还有合唱团的歌声。

阿戈斯蒂诺·基吉的府邸位于河边,府上卧室中的设施非金即银。他在府上办的宴会更为奢侈浮夸。作为一个极其富有的银行家,基吉向来爱摆阔。据说他让下人们把盛过菜的银盘全部扔进台伯河里,显得他根本不在乎这种浪费。不过也有一种说法称他提前在台伯河里放了张网,晚上又把这些餐具给捞了上来。还有一次宴会上,他在上菜的盘子里都刻上属于来宾各自家族的盾徽图案,还在宴会大厅的墙上挂满了精美的挂毯。在晚餐结束时,作为嘉宾应邀赴宴的利奥十世向基吉表示感谢,他盛赞晚餐的精美和用餐环境的气派。这时,基吉给了一个信号,让人把固定挂毯的绳子都给解开,于是,挂毯都掉落在地,此时映入众人眼帘的是空空的马厩和马槽。"教皇陛下!"基吉说道,"这里根本不是我的餐厅。这儿只是我的马厩。"

利奥十世自己的宴会以各种娱乐表演闻名。在他的宴会上可以看到弄臣、侏儒、小丑的滑稽把戏,以及多明我会教士弗拉·马里亚诺·费蒂低俗而诙谐的表演:他可以一口气吃四十个鸡蛋或二十只鸡,还会假装很享用羽毛还没拔、鸟嘴还在的乌鸦。还有些饥肠辘辘的傻子会表演吃动物尸体的腐肉,这些肉上沾了口味很重的酱料,而这些傻子还觉得腐肉是教皇优待他们的美味。

利奥十世最成功的恶作剧被认为是戏耍巴拉巴罗的那次。巴拉巴罗是个老教士，写过一些莫名其妙的诗。而利奥十世成功地使巴拉巴罗相信他的诗堪比彼特拉克的伟大诗篇，而他应该在卡比托利欧山上被加冕为桂冠诗人。利奥十世告诉他，去卡比托利欧山的路上，他要骑着一头白象，这是种荣誉。而这头白象是葡萄牙国王最近献给利奥十世的，目前被关在观景庭院。指定去卡比托利欧山的日子到了，梵蒂冈的人们都挤在各家的窗户前看笑话。可怜的巴拉巴罗被哄得团团转，那天，他穿着镶有金边的红色托加袍，被人抬上了华丽的象轿。"要不是我亲眼所见，还笑了出来，我根本不会相信有这种事发生。"利奥十世的传记作家保罗·乔维奥写道，"一个六十岁的老人，身份高贵，样子庄重威严，白发苍苍，迎着号角声骑在一头大象上，这简直是个奇观。"

虽然利奥十世喜欢这种闹剧，爱看斗牛，还会眯虚着眼欣赏红衣主教和他们的情人们在化装舞会上跳舞，一看就是好几个钟头，但他绝对不是个沉溺于无聊琐事的人。诚然，比起也会在他府上上演的正经的戏剧表演，他的确更偏爱低俗喜剧和粗鄙的闹剧。他也的确对文学和音乐没什么鉴赏力，往往资助的都是些最蹩脚的诗人和讽刺作家，虽然他也资助了像阿里奥斯托和圭恰迪尼这样的一流文人，但他对伊拉斯谟反倒毫不关注。"很难去判断，"得到利奥十世慷慨资助的彼得罗·阿雷蒂诺说，"到底是学者的优良品质还是傻瓜的把戏更能让教皇陛下开心。"尽管利奥十世的品位惹人质疑，他却始终是一个值得尊重的恩主。他把欧洲最顶尖的唱诗班带到了西斯廷教堂，还大力扶持罗马大学，增加了教授和教职工的人数。他对罗马学会予以保护，积极鼓励学习拉丁语和希腊语。他结交了马尔科·吉罗拉莫·维达和阿里奥斯托这样的朋友，还把贾诺·阿斯卡里斯请到了罗马，示意他可以编辑他手头的希腊文手稿。他还请来了马科斯·穆索罗斯，后者带着至少十个年轻人来教意大利人希腊语。此外，利奥十世还将其家族涵盖领域极广、价值极大的藏书都搬来了罗马，虽然这些藏书后来又被他的堂弟运回了洛伦佐图书馆，但是它们保存在罗马期间都是对利奥十世请来的那些学者和作家免费开放的。利奥十世以优厚条件吸引了这些学者和作家齐聚罗马，为的就是将罗马打造为西方世界文化层次最高的城市。

利奥十世也很想努力将罗马建设为欧洲最美的城市。他授权圣索维诺去设计佛罗伦萨圣约翰教堂[11]，该教堂位于金色广场，而金色广场当时是佛罗伦萨人在罗马最主要的聚集区。他建了小岸街，有了这条街，人们前往人民广场又多了一种选择，而不必再挤在已经非常拥堵的那条老路上。[12] 他修复了皇家圣母教堂，巴尔达萨雷·佩鲁奇给教堂建了带有柱廊的壮观外观。他还筹集资金继续圣彼得大教堂的重建和梵蒂冈宫的装修工作。他让拉斐尔在十幅挂毯上画画，后来又把这些挂毯挂到了西斯廷教堂的墙上。

不过利奥十世无法忍受烦人的米开朗琪罗。他称自己非常喜爱米开朗琪罗，一说起他童年和米开朗琪罗一起生活在佛罗伦萨的美第奇宫的经历，还会忍不住流泪。据瓦萨里说，利奥十世的父亲因为在年幼的米开朗琪罗身上看到了他的天赋，就让米开朗琪罗住进了美第奇宫，把他当成了自家人。尽管利奥十世承认米开朗琪罗的才华，但他和米开朗琪罗就是处不来。"米开朗琪罗是个让人心烦的人，"利奥十世说，"根本无法与他相处。"他说服米开朗琪罗回佛罗伦萨去发挥建筑才华，在那儿，他为布鲁内莱斯基所建的圣洛伦佐教堂建了一个新的外立面。

在佛罗伦萨，利奥十世的堂弟朱利奥·德·美第奇安排的任务让米开朗琪罗忙得不可开交。朱利奥后来当上了教皇，不过在他之前还出现了一任教皇，即佛兰德人阿德里安六世。默默无名的阿德里安六世奉行苦行清修，他在位时间不长，也没什么建树。他大部分时间都用于祷告和私下里的学习，对教会事务过问甚少。而年轻、富有的朱利奥此前是红衣主教，做了教皇后取称号为克雷芒七世。他在罗马生活时住在文书院宫，这座府邸是从红衣主教拉法埃莱·里亚里奥那里查抄来的，因为里亚里奥参与了一场试图推翻利奥十世的阴谋。朱利奥·德·美第奇长得一点也不像他的堂兄，他高大、英俊，一头黑发，肤色泛黄，眼睛是褐色的，眼眸很深，一只眼有点斜视。他的风格也和利奥十世相去甚远，他冷漠、疏离，不大可能会像利奥十世那样慷慨而友好。弗朗切斯科·圭恰迪尼曾经在一篇文章里描述过克雷芒七世的性格，文章没有故意恭维，但对他的性格概括得却很准确，称"他一点儿也不和善，总是闷闷不乐、很难相处；他不值得信任，也不乐于助人；做起事来谨慎持重；他极为自律，能力出众，对事物往往能做出很好的判断，但有时候会因为胆小而影响他的判断"。尽管克雷芒七世看上去很阴郁，本人也确实很内敛，但他最终被证明是个对艺术家和音乐家都十分慷慨的恩主，对于这些文艺人才也独具慧眼。同利奥十世一样，克雷芒七世对各种慈善事业都非常支持，他也很热情好客，对客人很慷慨，但是从不炫耀。虽然天性不善交际，也不算个大方的人，但克雷芒七世深深意识到做人乐善好施的好处。克雷芒七世经历的教皇选举会议是史上用时最久的一次会议，其间，为当选教皇，克雷芒七世贿赂了很多人，完成了多笔交易。成为教皇后，他继续拉拢权贵，对有才华的人也不吝赏赐。他推进了一个旨在清理和改造罗马街道的庞大工程，对于成功大道、弗拉米乌斯大道、连接人民广场和威尼斯广场的拉塔大道以及纳沃纳广场周边的街道进行了重点改造，这项工程后来取得了圆满的成果。[13] 他继续聘请拉斐尔留在罗马，让他设计了一幢别墅，也就是后来被称为夫人别墅的建筑。这幢别墅位于马里奥山的山坡上，周围漫山柏树，在别墅里可以俯瞰米尔维奥桥，桥下的台伯河水蜿蜒曲折。[14] 他让拉斐尔最得意的两个学生朱利奥·罗马诺和吉安·弗朗切斯科·彭尼在梵蒂冈工作。他还对尼古拉·哥白尼的引发争议的研究持支持态度，在哥白尼来到罗马后还出席了他的讲座，并要求哥白尼发表他的研究理论。在自负、脾气暴躁的本韦努托·切利尼那里，他还买了几件艺术品。

克雷芒七世很少有时间再去关心他曾经交代下去的工作任务，在他还是红衣主教的时候，他可以晚上悠闲地听听音乐，参与神学和哲学话题的讨论，然而如今教会的外交事务以及教会内部分裂的势头让他无暇旁顾。对于从德意志传来的要求教会改革的呼声，利奥十世曾经置之不理，打算让德意志的传教士在激烈争论之后能自己解决这个问题。然而，一个奥古斯丁会的讨厌教士却不会善罢甘休。

10
罗马之劫

1510 年，马丁·路德为处理奥古斯丁会的事情来到罗马。他的所见让他深感震惊，他意识到教会必须进行大刀阔斧的改革。罗马城里的景象让他非常失望：很难寻觅到"古罗马的踪迹，那些古建筑都已深埋于地下，现在高高立起的都是些新房子。城里的垃圾成堆，台伯河岸边的垃圾堆得足足有两支长矛那么高"。罗马的整个文艺复兴氛围也让他不悦。他厌恶亚里士多德，结果罗马人把亚里士多德当"教会之父"一样来膜拜。拉斐尔画室的装饰风格很明显融合了基督教和异教元素，而罗马人觉得这样的装饰风格应该像《圣经》一样被认真研习。罗马人将美等同于好，认为在俗世中追求幸福与获得永恒的救赎并不矛盾。"当教士们含混不清地念着弥撒的时候，教皇却骑着被装饰得很花哨的骏马到处溜达。""我才念到福音部分，"路德抱怨道，"我旁边的教士就已经都念完了，还叫着'快点，读完，赶紧的'！"路德为自己可以回到德意志，不用待在罗马而感到庆幸。

利奥十世教皇最终将马丁·路德逐出了教会，他希望势力庞大的神圣罗马皇帝，同时也是西班牙、那不勒斯以及荷兰国王的查理五世，作为一名虔诚的罗马天主教徒，会把路德这个异教徒送上审判席，并最终处死路德。处死路德就是对宗教改革施以猛烈打击，在德意志势必会引起强烈反对，但查理五世还是准备拿路德开刀，只要教皇能满足他的一个条件：支持他攻打法兰西人在意大利的领地，包括法兰西国王弗朗索瓦一世于1515年占领的米兰。利奥十世和查理五世达成了协议。于是，查理五世的大军对弗朗索瓦一世的军队发起猛攻，终于夺回了米兰，而法兰西军队被迫向阿尔卑斯山撤退。不过，当生性多疑、优柔寡断的克雷芒七世当选教皇后，弗朗索瓦一世觉得教皇与查理五世之间的关系不会那么牢靠了。果然，在反复更改主意、调整政策之后，克雷芒七世决定与法兰西结盟，这也使查理五世成了教廷的敌人。而当查理五世再次击败法兰西军队后，他决定先发制人，来瓦解对他构成威胁的"反帝国"联盟。

首先，查理五世派他的使节乌戈·迪·蒙卡达去接近红衣主教蓬佩奥·科隆纳，这个科隆纳桀骜不驯，因为觊觎教皇之位曾公开反对选举克雷芒七世为教皇。科隆纳很快就被说动，组建了一支由雇佣军和家臣组成的精锐部队，以拯救罗马摆脱教廷暴政之名，杀进了博尔戈区，攻打了教皇宫。克雷芒七世躲进了圣天使堡，后来被迫签署了一份协议，协议里解散了反帝国联盟，并赦免了科隆纳的罪行。不过，当克雷芒七世得到喘息之后，他立马毁约，派教会的军队反击科隆纳的府邸，并宣布科隆纳家族为不法之徒，剥夺了他们的所有头衔。气急败坏的科隆纳在提到克雷芒七世的名字时不禁气得发抖，他集结了所有人马投奔了查理五世任命的那不勒斯总督。

由克雷芒七世的失信而导致的敌对关系只是教廷面对的威胁之一。查理五世的弟弟，"奥地利的斐迪南"组建了一支庞大的德意志雇佣步兵，这支部队中大部分人都是路德会的教徒，他们翻过阿尔卑

神圣罗马帝国士兵在罗马之劫期间模仿教皇游行和祝福

斯山，扬言要打击罗马的反基督者。这支部队的领军人物是格奥尔格·冯·弗伦茨贝格，一个胖胖的老将。在他的带领下，德意志雇佣步兵不畏暴雨和风雪，挺进了伦巴第，击败并杀害了善于打仗的佣兵队长"黑带乔瓦尼"*，乔瓦尼也是美第奇家族年轻男性中的佼佼者。1527年2月，查理五世麾下一支兵团的主力部队与德意志雇佣步兵团在皮亚琴察会合，一齐扑向罗马。这支新加入的部队中有西班牙人、意大利人和一支多国枪骑兵联军，领军的人是法军统帅、波旁公爵、叛国者查理。

---

* 即乔瓦尼·德·美第奇，为悼念去世的教皇利奥十世，他在自己和部下的衣服上加上了黑色边纹，由此得名"黑带乔瓦尼"。——译注

克雷芒七世的秘书吉安-马泰奥·吉贝蒂提醒教皇他们已经"危在旦夕"，于是，克雷芒七世赶紧和对方的两名指挥官议和。这一次他所面对的敌军超过了两万人。克雷芒提出他将支付巨额赔偿金，这让弗伦茨贝格和查理动了心，然而德意志雇佣步兵团却不愿放过这次掠夺的机会，他们把指挥官给团团围住，叫嚣着说他们不在罗马城里放肆一把是不会回去的。骚乱中，弗伦茨贝格突然得了中风，不得不被送去了费拉拉。这个时候，指挥官只剩下了波旁公爵查理，他只好战战兢兢地带着这支部队继续前进。波旁公爵虽名为指挥官，但其实他也和仆人似的，不得不伺候着这些目无军纪的多国部队。军中的人个个都饿着肚子，他们跋山涉水的时候，军装都被暴雨和山泉打湿了，现在都衣衫不整。每三十个士兵抱团行进，眼看离罗马越来越近，一想到马上就可以抢个痛快，他们立刻变得兴奋起来。

　　对于任何一伙人多势众的掠夺者而言，罗马都是一块可以轻易到手的肥肉。罗马的广阔疆土都被绵延的城墙所围，这些城墙虽然不断得到修复，但从来都不是难以逾越的障碍。和 16 世纪早期的其他意大利大型城市不同，罗马城里有葡萄园、花园、荒原，还有鹿和野猪栖息其中的灌木丛；别墅和废墟上满是常春藤和蔷薇，茂密的树叶里常常传来许多鸽子的鸣叫。帕拉蒂尼山、西里欧山和阿文提诺山上郁郁葱葱，遍布着农舍、修道院和世代以来都被用作采石场的遗址。在大角斗场西侧有一个奶牛牧场，它的占地面积极大，其间有很多沼泽和灌木丛，要不是这里有些古代神庙的石柱，你很难相信这个牧场在古代曾经是个广场。卡比托利欧山上塔楼和城垛密集，山谷中有些堡垒的遗迹让人回想起中世纪的动荡和那些惊心动魄的家族世仇。事实上，罗马在本质上还是一座中世纪城市。自文艺复兴时期开始，罗马出现了很多新的精美的教堂，比如人民圣母教堂、圣阿戈斯蒂诺教堂、佛罗伦萨圣约翰教堂以及金山圣彼得修道院。而除了文书院宫、威尼斯宫、法尔内塞宫和夫人别墅之外，罗马也建了一些其他的宏伟宫殿和别墅。在博尔戈区，有索代里尼宫、苦行宫[1]和卡斯泰利（吉罗-托洛尼亚）宫。在台伯河对岸的桥区，有羊肉贩广场的兰特宫[2]、西齐亚波齐宫[3]和琴奇宫[4]。而在附近的帕廖内区，有马西莫宫。[5]同样在这个区域，在可以通往博尔戈区的圣灵门和标志着特拉斯泰韦雷入口的塞蒂米亚纳门之间，巴尔达萨雷·佩鲁奇为阿戈斯蒂诺·基吉建了一座豪华的别墅。[6]

然而，在科尔索大道和台伯河之间的地区，以及特拉斯泰韦雷位于桥边的地区才是罗马的人口密集地带，也正是这些地区才体现了中世纪的罗马，这里坊巷幽深，庭院和走道盘根错节，仿佛迷宫一样；屋宅被建得很紧凑，一直到台伯河边都有民居，它们悬在泥水上，坐着小船都可以直接进屋。而在密密麻麻的屋宅中，偶尔还会冒出一些教堂和堡垒。

罗马的人口在五万到六万之间，其中大部分人都工作和生活在上述地区以及桥区。桥区活动着很多银行家、商人、珠宝商、银匠、书商，还有权贵的情妇。罗马居民中大部分是外国人，其中很多是犹太人，他们生活在软沙区、里帕区和圣天使区。罗马居民中约有七千人是西班牙人，此外还有一些法国人，这些不同国家的人聚在纳沃纳广场周边的街上，做些糕点和糖果生意。在罗马还有一个德意志人聚集区，生活在这里的大批德意志人主要在客栈、肉铺和印刷店里工作，而印刷业其实正是15世纪由德意志人在罗马兴起的。

不管是外国人还是本地人，他们中的大多数都在为满足基本生活需求而忙碌，很少有人再去做手工艺。有不少人，大概一百个人中有三个人靠卖淫为生。她们中有的人熟谙傍身权贵的套路，比如美丽的"不被母亲待见的"克拉丽斯，她可以背诵出彼特拉克的所有作品和维吉尔或奥维德的大部分作品；还有的人就是直接卖弄风骚了，比如让本韦努托·切利尼染上梅毒的那位。

　　罗马人口的国际化给城防工作带来了一些麻烦。很多罗马公民认为他们的统治者不妨是个掌管多国的皇帝，而他们的意大利教皇由于局势所迫，出台各种政策筹钱，这让他完全丧失了民心。为了保卫罗马，必须集结罗马所有地区体格强壮的人，但是让这些人按集合的鼓点集结在一起是一件非常困难的事情，十三个区最后只集齐了六个区的人，而他们中的很多人实际上未必是打仗的料，因为最强壮的那拨人早就被征召去保护私人领地了。就连在战前封锁大桥这样的事情都成了不可能的任务，久经沙场的雇佣兵队长伦佐·达·切里被任命为守城指挥官，结果罗马的老百姓不允许切里封桥，因为这影响了他们的生意。

　　罗马人民对教皇的死活毫不关心，优柔寡断的克雷芒七世此刻看起来一筹莫展。神圣罗马帝国的军队眼看着就要逼近城门了，克雷芒七世才想起来向罗马市政厅借款，却被告知他必须在别的地方筹到所需借款金额两倍的钱，才可以把钱借给他。结果，克雷芒七世一周之后才筹到钱，他把红衣主教一职卖给了六个有钱人，为了这事他整天唉声叹气，他的将领弗朗切斯科·圭恰迪尼说："哪怕教会和全世界都毁灭了他也不会那么忧愁。"5月4日，帝国的军队已行进至马里奥山上，克雷芒七世的别墅也被军官占为营地。直到这时，克雷芒七世才在天堂祭坛圣母教堂召开议会，会上他很没底气地向众人表示这场危机几天以后就会结束，但同时罗马的公民必须尽全力自卫。

为克雷芒七世领军作战的伦佐·达·切里已经加固了利奥城墙防守最薄弱的地方，他也在梵蒂冈建了一些防御工事。但由于士兵人数太少，切里对阻击敌军不抱什么希望。罗马城里有些帝国军队的代表曾跟切里说，如果他能放他们走，他们可以尝试让切里和帝国军队私下达成和平协议。切里手下一共只有八千人，其中有两千名瑞士禁卫军和两千名"黑带乔瓦尼"·德·美第奇的旧部。卡比托利欧山上的警钟彻夜长鸣，而切里则等待着帝国军营使者的到来。

前来罗马的使者要求教皇方面投降并支付巨额赔偿，但双方都认识到这场谈判只是进攻之前的例行序曲。即便波旁公爵想按兵不动，他也根本无法阻止他手下那些饥饿的、打着赤膊的士兵发起攻击。在进攻之前，波旁公爵发表了讲话。"他都还没讲完，"帝国军队中的一名军官记载道，"军营里就出现了各种兴奋和欢乐的窃窃私语，你可以看出来这一大帮人发起进攻之前忍受的每一个小时都像一个世纪。"

1527 年 5 月 6 日凌晨 4 点，帝国军队终于发起了攻击。双方都用火绳枪交火，一时枪声大作。帝国军队对主塔门和圣灵门之间的城墙发动袭击，同时对观景庭院和佩尔图萨门发动佯攻来转移守军注意力。第一轮进攻被击退后，帝国军队伤亡惨重。但是后来台伯河上起了大雾，罗马守军的弓箭这时已经起不到作用了，于是守城士兵们换用石头来砸，他们冲看不见的敌人吼道："犹太人、异教徒、混血儿、路德会的"，还不时地用火绳枪来射击。

一枚流弹击中了波旁公爵，效力于查理五世的冒险者奥朗日亲王赶紧把他送到了附近的一所教堂，但一切都没能挽救他的性命。波旁公爵的死讯在罗马守军中引发了欢呼。他们甚至离开岗位，冲上博尔戈区的街头，高呼着"胜利！胜利！"。帝国军队中也因此消沉了片刻。但很快德意志人和西班牙人就重整旗鼓，他们借着大雾的掩护，爬上了由葡萄藤做成的云梯。不一会儿，他们就爬过了城墙的缺口。由于寡不敌众，守军被迫撤离，守军中的瑞士禁卫军和罗马的民兵、乔瓦尼的"黑带军"都作战英勇，同样勇猛无畏的还有卡普拉尼卡学院[7]的学生，他们赶来利奥城墙增援守军，但全部壮烈牺牲。教皇的其他部队要么投敌，要么跟着老百姓拼命逃往台伯河对岸。由于挤上桥的人太多，几十个人被踩死了。同样，船上也因为人数过多而导致翻船，有时候为了避免翻船，很多人都被扔进了河里。

克雷芒七世沿着梵蒂冈的通道逃往圣天使堡，在逃离过程中他还不忘透过石缝看一眼外面混乱的场景。切诺拉主教拽着他的衣服，让他跑得快一点。"我用自己的紫色外套套住他的头和肩膀，"切诺拉主教说，"就怕外面的野蛮人看到教皇的白色法衣就认出他来，在他跑过窗户的时候给他一枪。"同样逃到圣天使堡的还有十三名红衣主教和三千个难民。但其他想进圣天使堡避难的人就没那么走运了，吊桥被升起的时候，他们还在桥上，很多人掉进了护城河里。

罗马已经成了帝国军队的盘中肉。帝国军队中的西班牙步兵首领是吉安·德·乌尔维纳，此人心狠手辣、狂妄自大。他在交战中被一名瑞士禁卫军用长矛刺伤了脸，因此恼羞成怒，率部冲进了博尔戈区，见人就杀。"所有人都被大卸八块，哪怕是手无寸铁的人。"一个目击者描述道，"当年即使是阿提拉、盖萨里克这样的残暴之人，心中对罗马都存有一丝敬畏，不会胡来。"这伙人袭击了圣灵医院，几乎杀光了医院里的病人，还把一些人活生生地扔进了台伯河里。他们屠杀了哀痛圣母医院里的孤儿，还把监狱里的犯人都放了出来，这些犯人继而加入了这场烧杀抢掠。

帝国军队冲上了西斯托桥，在城市腹地继续施暴。他们冲击了教堂、修道院、宫殿、工场，把里面值钱的东西都拖到了大街上。他们挖了坟墓，包括尤利乌斯二世的坟墓，把遗体上的珠宝和礼服全给扒走。他们洗劫了至圣堂，践踏了圣餐，还在圣餐上吐口水。他们嘲笑各种圣物和耶稣受难像，火绳枪枪手甚至拿这些圣物当靶子射击。他们轻蔑地将圣安得烈教堂的负责人撂倒在地，还把圣约翰教堂的负责人当球一样在街上踢来踢去。刺穿耶稣身体的圣矛曾是呈献给英诺森三世的礼物，而这支圣矛则被德意志士兵扛着招摇过市；圣维罗妮卡的手帕在客栈里被人明码标价；君士坦丁皇帝的金十字架失窃，再也没有被找回来；同样被人偷走的还有教皇尼古拉一世的三重冠和教皇马丁五世的金玫瑰。帝国军队的士兵在屠杀藏身于教堂里的罗马人时毫不犹豫，"哪怕是在圣彼得大教堂的主祭坛（他们也会下手)"，据当时的史料记载，"五百人被屠戮，圣物和圣地尽皆被焚烧、破坏"。

帝国军队的士兵绑架了很多罗马人，对他们严刑拷打，逼他们说出他们把钱藏哪儿了，或是逼他们交赎金保命。一名商人由于付不起他们索要的赎金，被绑在了树上，手指甲每天被拔掉一个。弗朗切斯科·圭恰迪尼的哥哥路易吉描述道：

> 许多人双手被绑着，一绑就是好几个小时；许多人被残忍地绑住了生殖器；还有许多人被高高倒吊在路上或者河上，折磨他们的人威胁说要割掉绳索。有些人被埋在地窖里，只露出个脑

袋；有些人被牢牢钉死在桶里或者被暴打得遍体鳞伤。相当多的人浑身都被滚烫的烙铁给打上了烙印。还有些人被故意渴坏，有些人被噪声吵得崩溃，很多人的牙齿都被残忍地拔掉。一些人被逼着吃自己的耳朵、鼻子或被烤过的睾丸，更多的人所承受的奇刑是闻所未闻的，光是想想这些刑罚我都很惊恐，不要说去描述它了。

帝国军队中的西班牙人是被公认为最残暴的。"在他们蹂躏罗马的时候，德意志人就已经表现得够坏了，结果意大利人更坏，但最坏的还是要属西班牙人。""为了逼人说出藏钱的地方"，西班牙人用上的手段"极为罕见"。但是他们的手段也不见得总是奏效的。若干年后，很多埋藏在地下装满钱币的桶桶罐罐被人发现，也就是说当年这些财物的主人至死也没有透露消息。

即便有些罗马人声称自己是神圣罗马帝国的支持者，他们也和其他人一样沦为这场劫难的受害者。没有人可以逃脱被俘虏和被索要赎金的厄运，不管他们躲在了哪里。纳沃纳广场上西班牙人建的圣心圣母教堂[8]也好，德意志人建的灵魂圣母教堂[9]也好，无一能够幸免。同样，收留了两百个难民的帝国外交大使的府邸也不是安全之地。十二门徒宫[10]的主人是帝国军队中的一名指挥官费兰特·贡扎戈的母亲，但这座宫殿也被袭击了，而藏于宫中的两千个难民都被强迫支付赎金，他们中的大部分是妇女。帝国军队中的大部分军官都管不住自己的士兵，他们虽然有时无法容忍士兵的暴行，却也束手无策。还有的时候，军官则纵容手下或者干脆和士兵们一起施暴。一个德意志指挥官吹嘘一旦让他碰上教皇，他会将教皇开肠剖肚。

一些教士的确被士兵开肠剖肚了。有些教士被扒光了衣服，面对死亡威胁不得已说了一些亵渎神明的话，有的人被迫顶着大不敬的罪名模拟了一场弥撒。一名教士因拒绝把圣餐喂给驴吃而被军队中的路德会教徒杀害。红衣主教卡耶坦被人铐着拽到了大街上，受到了凌辱和虐待；年过八十的红衣主教蓬泽蒂也未能幸免于难，他支付了两万杜卡特金币赎回自由，却因被折磨时受的伤过重而死。和其他女性一样，修女也惨遭侮辱，还被拉到街上拍卖，或是被当作赌博的筹码。帝国军队的士兵在轮奸妇女的时候还会强迫这些女人的父母在一旁看着或者搭个手。士兵们把修道院改成了妓院，把上流社会的女性拖进妓院，脱光了她们的衣服。"侯爵夫人、伯爵夫人、男爵夫人，"法国历史学家德·布朗托姆写道，"伺候着这些为所欲为的士兵，此后很久，罗马的贵族妇女被人称作'罗马之劫的遗留'。"

帝国军队在罗马胡作非为，到后来已经折腾累了。5月7日，红衣主教蓬佩奥·科隆纳趁机带着两千人进入罗马。眼前的惨状让科隆纳痛苦得流下了泪水，他把自己的府邸开放，收留难民，并努力约束手下人的行为，然而这群人也不受控制了。他们搜遍了全城，疯狂地抢夺帝国军队看不上的东西，"甚至连别人家里的铁制品都拿走了"。并且，正如乌尔比诺公爵夫人所闻，"穷人家里能搬得动的东西都被他们一扫而空"。"这群人是些贫农，都快要饿死了，"科莫的红衣主教说道，"其他士兵不屑下手的所有物品都被他们抢走了。"

罗马之劫中的遇难人数从来没有一个确切的数字。"我们突袭了罗马，"一个德意志士兵简短地记录道，"杀了六千多人，抢了教堂和别的地方的所有宝物，烧了大半个城市，撕毁了所有书信、记录和国家档案。"一个西班牙士兵声称他帮忙在台伯河北岸埋了差不多一万具尸体，还帮忙把另外两千具尸体扔进了台伯河里。一个方济各会的教士证实说，罗马之劫的死难者人数有一万两千人，他还补充说，很多人根本没被下葬。有些地方尸体堆得太高，把街道都给阻塞了。

到了 6 月初，圣彼得大教堂已经成了马厩，佛罗伦萨人的教堂变成了军营，圣科斯马与圣达米安女子修道院的祷告堂[11]成了屠宰场，宫殿里的东西被抢了个精光，夫人别墅几乎被彻底破坏，许多其他建筑被烧成了平地，罗马大学受损严重，一些珍贵的藏书和绘画作品遗失，再也没能找回来，这个时候的罗马变成了一座"绝望之城"。一场瘟疫在城中蔓延，更为糟糕的是，在初夏的微风中飘荡的是粪便和尸体腐烂的恶臭，还有下水道的难闻气味。一个西班牙人描写道：

> 在罗马这座基督教世界的主要城市，人们再也听不到教堂的钟声，没有任何一座教堂是开放的，安息日和节日都被取消。很多房屋被焚毁，有些房屋连门窗都被破坏、被卸走。街道成了粪堆。尸体散发出的气味非常可怕；人和畜生共用一个坟墓，在教堂里我还看到过被狗啃食过的尸体。在公共场合，人们把桌子拼在一起，桌上堆满金币，然后开始赌博。空气中夹杂着各种污言秽语，这些亵渎神明的话足以让好人——如果还有好人存在的话——宁愿自己什么都听不见。除了耶路撒冷的毁灭，我想不出什么能和现在的罗马相比。我觉得即使我活两百年，我也看不到如此糟糕的场景了。

根据本韦努托·切利尼的生动记述，他本人凭借"难以想象的精力和热忱"以一己之力拯救了圣天使堡。站在圣天使堡的窗前，教皇克雷芒七世不时地望向远方，寻觅着援军的迹象。他多么希望反帝国联盟的军队可以穿过坎帕尼亚前来救驾。然而，每一天他都很失望，身为反帝国联盟军司令的乌尔比诺公爵是个极为谨慎的人，他在距罗马以北十六公里外的法尔内塞岛始终按兵不动。到了 6 月 7 日，克雷芒七世最终还是放弃了抵抗。他被要求割让大片教会领土，在支付一笔巨额赔款之前，他不得离开圣天使堡一步。随后双方经历了焦灼的谈判，一下子过去了几个月。到了 12 月，帝国军队不堪瘟疫和饥荒之扰，暂时撤退，但是他们在劫掠了坎帕尼亚之后，又杀了个回马枪。帝国军队放话说如果他们拿不到欠款，他们就把教皇军队的首领吊死，还要让教皇也粉身碎骨。听了这话，克雷芒七世觉得他必须立刻逃亡。于是，12 月 7 日，在一个帝国军队指挥官的默许之下，克雷芒七世成功脱身。那日，他乔装成一个仆人，穿了件带帽子的外套，手里拎了个篮子，肩上还背了个空麻袋。就这样，他来到了奥尔维耶托的主教府邸。在主教府上，一名英格兰国王亨利八世的使节见到了克雷芒七世，他是奉亨利八世之命来请求教皇批准亨利八世与阿拉贡的凯瑟琳离婚的。根据他的表述，克雷芒七世"住在奥尔维耶托陈旧的主教府邸中，这座府邸荒凉凋敝……房间都空空荡荡，毫无陈设，屋顶也掉了下来"。

　　焦虑过度的克雷芒七世这会儿瘦小得可怜，他的一只眼睛几乎失明，还患上了肝病。他脸上胡子拉碴，面色苍白而又泛蜡黄色。他留在了奥尔维耶托，而帝国军队仍然占据着罗马。直到 1528 年 2 月 11 日，教廷终于付清了赔款，帝国军队这才扬长而去。而直到这一年的 10 月，克雷芒七世才回到了梵蒂冈。

　　克雷芒七世所见到的是一座被毁灭的城市。"罗马完了。"费兰特·贡扎戈在克雷芒七世回来的第二天下了这样的结论，"这座城市五分之四的地域都无法再住人了。"据统计，超过三万间房屋被毁，留下来的房屋也差不多只有三万间，这些房屋面临的街道上全是瓦砾，现在街上都还能闻到腐烂的味道。罗马的人口减少了一半，继续生活在罗马的人中大部分都得靠救济金过活。没人再做买卖了，商铺也都无人料理了。罗马的一百多个药剂师和医生中只有三个人还在行医。这场劫难让罗马损失了一千两百万杜卡特金币。当然，有些城市财富还是被保存了下来。德意志雇佣步兵起先击退了负责管辖梵蒂冈地区的奥朗日的腓力，但腓力后来又从德意志人手中夺回阵地，并加派精兵强将，成功地保护了梵蒂冈图书馆和拉斐尔画室。因为波旁公爵的遗体被安置在西斯廷教堂，教堂里的壁画也得以完好无损。还有很多圣物被埋在了秘密的地方。但统计损失的清单读来还是叫人惋惜，这其中包括梵蒂冈宫的拉斐尔挂毯和圣彼得大教堂里由纪尧姆·德·马尔西亚设计的彩色玻璃窗。而那份统计离开罗马后去了其他城市的学者和艺术家的名单也一样让人遗憾。

帕尔米贾尼诺去了博洛尼亚，后来哲学家卢多维科·博卡迪费罗和雕刻家马尔坎托尼奥·雷蒙迪在博洛尼亚和他会合。曾帮助拉斐尔参与设计梵蒂冈宫的凉廊和夫人别墅的"乌迪内的乔瓦尼"回到了乌迪内。维琴齐奥·达·圣吉米尼亚诺回到了佛罗伦萨；乔瓦尼·巴蒂斯塔·罗萨·菲奥伦蒂诺去了佩鲁贾，随后又去了法国。波利多罗·达·卡拉瓦乔逃离罗马后，在墨西拿被人杀害。雅各布·圣索维诺去了威尼斯，后来被任命为城市设计师。翻译了维特鲁威论著的法维奥·卡尔沃、希腊学者保罗·邦巴塞、诗人保罗·邦巴西以及作家马里亚诺·卡斯泰拉尼在罗马之劫中悉数被害。语言学家尤利亚努斯·卡梅尔斯死于自杀。诗人马尔坎托尼奥·卡萨诺瓦被人看见在街头乞食，后来死于瘟疫。佩鲁奇被帝国军队的士兵拷打，后来被逼着给死去的波旁公爵画像。他被释放后又被抓了起来，再次受到拷打，还被抢劫。后来，他逃到了锡耶纳，在那里他成了锡耶纳共和国的设计师。

克雷芒七世因为这场灾难性的人才流失而饱受诟病，他仍住在梵蒂冈，但是一直生病，眼睛也几乎看不见东西，1534 年夏末，他发了一场高烧，随后不治而亡。几乎没有人哀悼他。正如弗朗切斯科·韦托里所说，"他费尽心血从一个伟大的、受人尊敬的红衣主教变成了一个渺小的、被人奚落的教皇"。实际上，他的死讯，如一个罗马的通信者向诺福克公爵通报的那样，成了罗马的"喜事"。他的遗体被存放在圣彼得大教堂，结果有人闯入教堂用剑刺穿了他的遗体，还在他的临时墓碑上撒满了污泥。墓碑上的铭文本来刻的是"最伟大的教皇克雷芒"，结果有人把它抹去，改成了"最渺小的教皇粗暴者"。要不是后来克雷芒七世的侄子，红衣主教伊波利托·德·美第奇进行了干预，他的尸体还会被挂在肉钩上拖出去游街。罗马似乎再次回到了黑暗时代野蛮而凄凉的状态。

II

第二部分

11

恢复与改革

距离罗马之劫还不到十年，罗马人已经准备好了欢迎当初那些掠夺者背后的神圣罗马皇帝——查理五世。查理五世被加冕为神圣罗马皇帝是在 1520 年，由于他后来发起了十字军东征打击了奥斯曼的海军将领巴巴罗萨，他在罗马的威望与日俱增。查理五世由圣塞巴斯蒂安门进入罗马，为了迎接他的到来，这个城门被灰泥涂料和壁画点缀得美轮美奂。在重兵护送下，这一路上，查理五世经过了卡拉卡拉浴场、七行星神神庙、提图斯凯旋门，又由一条被专门建起来的路穿过了城市广场，到达塞普蒂米乌斯·塞维鲁凯旋门。接着他又向南经过了马尔福里奥大道，到了圣马可广场，然后又过河来到了圣彼得广场。查理五世下令把这一路上所有对行进队伍构成障碍的建筑物全部拆除了。他的队伍中包括五百名骑手、四千名步兵，这些步兵呈七排齐头并进；还有来自罗马主要豪门的五十个年轻人，他们都身着紫罗兰色的丝绸。此外，还有红衣主教、教廷中的要员以及着装绚丽夺目的卫兵。弗朗索瓦·拉伯雷当时在罗马是红衣主教让·迪贝莱的医生，据他计算，有超过两百间房屋以及三四座教堂被拆除了。在巴蒂斯塔·佛朗哥、拉法埃洛·达·蒙泰卢波和梅尔滕·范·海姆斯凯克的帮助下，小安东尼奥·达·圣加洛负责监督了这一路的布置和装修工作。

　　一手打造这盛大欢迎场面的教皇是亚历山大·法尔内塞，他于1534年被加冕为教皇，即保罗三世。为了庆祝他的就任，罗马城里举行了比武大会和盛装游行，仿佛在向罗马人民宣示罗马之劫后的苦难终于到头了。不久之后，保罗三世恢复了罗马的狂欢节，他后来还亲自参加了其中的一项活动，在这个活动中，成群的猪和牛从泰斯塔乔山顶往山下跑，而它们在奔跑过程中会被骑手用矛刺死。

　　保罗三世精明狡猾，同时也温和谦恭。他声音很轻，讲话很慢，但是很能说。他的小眼睛目光犀利，眼神中还透出一股随时战斗的劲儿，让人在他面前不得不有所戒备，总之，他让人又怕又爱。他的祖父是一个战功卓著的雇佣兵队长，本来家族领地就已经很多了，他的祖父又在博尔塞纳湖附近扩建了领地。他的父亲娶了罗马豪门卡埃塔尼家族的女继承人；他的漂亮妹妹朱莉娅嫁给了奥尔西尼家族的人，后来又成了博吉亚家族出身的教皇亚历山大六世的情人。有了这层关系的帮助，保罗三世在教会中如鱼得水。当他还是红衣主教的时候，他同时也被任命为教廷司库，他通过花钱买到多个圣职，并借此进一步扩大自己的财富。他变得相当富有，有足够的资金开始建造法尔内塞宫[1]。作为文艺复兴鼎盛时期最富丽堂皇的建筑之一，法尔内塞宫耗资巨大，曾有一段时间造成保罗三世资金周转困难，宫殿建造工程也因此一度停工。在朱莉娅大道，有一个标语牌向路人宣告了法尔内塞宫工程的厄运，标语牌上写着："给法尔内塞宫捐点钱吧。"

　　那个时候的保罗三世以追名逐利著称。他有四个私生子，而且跟他的那些前任教皇一样，他在为他的私生子牟取利益时可谓不择手

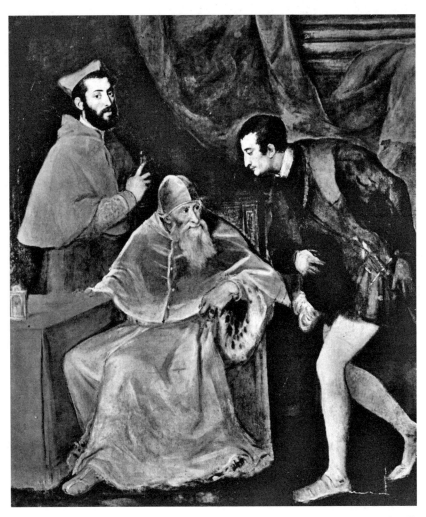

提香为亚历山大·法尔内塞（1468—1549）即教皇保罗三世创作的肖像，画中还有他的孙子亚历山德罗和奥克塔维亚诺。在罗马1527年的劫难后，保罗三世致力于罗马的恢复和重建

段。他的两个孙子在十几岁时就被擢升为红衣主教。他很迷信占星术，在与别人达成交易或出远门之前，总是向占星师求教，如果预言被应验了，他会重赏占星师。虽然保罗三世始终相信占星这回事，咨询占星师也成了他最受质疑的爱好之一，但在成为教皇后，他放弃了这个习惯。在担任教皇期间，他热心于教会内部改革事宜，对一些新的教派给予了支持。他确认了耶稣会的合法地位，这是由伊纳爵·罗耀拉创建的激进教派。他还召开了特伦特会议，在会上通过了"反宗教改革"的决议。罗马之劫后，反对马丁·路德倡导的宗教改革变得势在必行。

保罗三世开始了一系列重建罗马的工程，在街上经常能看到他来视察某个项目的进展情况。当遇到资金吃紧的情况时，保罗三世就会发售一轮赎罪券，甚至挪用西班牙贡献的用于对土耳其人发动十字军东征的资金。他起用了安东尼奥·达·圣加洛以及很多别的设计师和艺术家，这些人整日忙着改造观景庭院和卡比托利欧山上的府邸，重建罗马的防御工事，设计梵蒂冈宫中的皇家大厅[2]和保罗小教堂[3]，以及继续圣彼得大教堂的重建工程。他还修复了罗马大学，提供更多补助来扶持梵蒂冈图书馆。他让提香给自己画过三次肖像，为了请米开朗琪罗出山，他亲自带着十个红衣主教来到米开朗琪罗位于乌鸦屠宰场的住处拜访这位伟大的艺术家。

教皇克雷芒七世曾经请米开朗琪罗为西斯廷教堂祭坛后面的墙壁作画，当时在克雷芒七世的要求下，米开朗琪罗在他五十九岁的时候回过罗马一次。米开朗琪罗心里最惦记的其实是尤利乌斯二世的坟墓工程，他本不愿接受西斯廷教堂的差事，所以在克雷芒七世患病期间，他就一边慢悠悠地在教堂祭坛墙壁上作画，一边偷偷地给坟墓赶

西斯廷教堂的壁画
《最后的审判》局部，
拿着钥匙的圣彼得。
该作品由米开朗琪罗
于 1541 年创作完成

工。但是面对强势的保罗三世，米开朗琪罗就不能敷衍了事了。保罗
三世一心想让米开朗琪罗只为自己做事。相传他曾对米开朗琪罗说：
"我盼着你为我做事已经盼了三十年了。如今我既然已是教皇，我就
要实现这个愿望。坟墓那边的事你不用再跟进了。无论如何，你都要
为我效力。"随保罗三世一同拜访米开朗琪罗的一名红衣主教在参观
了米开朗琪罗的工作室之后说，坟墓只要有摩西的雕像就足以表达对
尤利乌斯二世的敬意和怀念了。另一个红衣主教说，坟墓上剩下的雕
像可以让米开朗琪罗的助手按照米开朗琪罗创作的模板来做。而在视
察了西斯廷教堂祭坛墙壁上的画之后，保罗三世更加坚信要让米开朗
琪罗心无旁骛地为自己做事。于是，米开朗琪罗服从了教皇。他被任
命为梵蒂冈首席设计师、雕塑师和画师，并于 1535 年开始创作《最
后的审判》。

1541 年的万圣节,《最后的审判》亮相于世。正如瓦萨里所言:"米开朗琪罗看起来不仅超越了所有曾在西斯廷教堂进行过创作的大师,还力求超越自己,要知道,他创作的那幅天花板壁画已经让他名扬天下了。米开朗琪罗充分想象了人类面临最后审判时的恐惧,《最后的审判》是他迄今以来最好的作品。"[4]

保罗三世在看到壁画后无法抑制自己的激动情绪,他跪在地上,祈祷道:"主啊,在审判日的时候请你不要指控我有罪。"他对米开朗琪罗的才华非常满意,于是又让他马不停蹄地继续开始为保罗小教堂创作壁画。其实,在米开朗琪罗创作《最后的审判》期间,保罗三世就曾让他考虑在罗马建一个大型的中央广场,因为罗马需要一个宏大的广场用于接待像查理五世这样尊贵的国宾。鉴于卡比托利欧山是建造这样一个广场的理想场所,米开朗琪罗被要求把广场建在卡比托利欧山的山顶,同时设计一条通往广场的宏大通道,即科多纳塔阶梯。

这座新的广场就是卡比托利欧广场,保罗三世认为马可·奥勒留的雕像应该是新广场的中心。于是,米开朗琪罗的第一步便是为奥勒留的雕像设计一个底座,他提出底座应该是椭圆形的,底座周围还要有一些复杂的几何图案。正对着科多纳塔阶梯,在奥勒留雕像远处的是经过修复的元老宫,而在元老宫两侧,彼此形成了一个小小的倾斜角的是被重建的保护者宫和一座新的宫殿——新宫,也就是今天的卡比托利欧博物馆。整个卡比托利欧广场直到 17 世纪中叶才得以建成,后来的设计者们都很认真地按照米开朗琪罗的方案来执行。[5]

和卡比托利欧广场的情况类似,法尔内塞宫在安东尼奥·达·圣加洛去世时仍然没有建好,后来贾科莫·德拉·波尔塔在法尔内塞宫的檐口和庭院的高层融入了米开朗琪罗的设计风格,并最终建成了这座宫殿。此外，米开朗琪罗在 1561 年设计了庇亚门，但庇亚门直到 1565 年才建成，那会儿距离米开朗琪罗去世已有一年之多。圣彼得大教堂的情况也是一样，米开朗琪罗不太情愿地接替了安东尼奥·达·圣加洛担任了圣彼得大教堂重建工程的总工程师，他的苦闷余生都投入在了教堂的重建工作上。

　　虽然年纪大了，但米开朗琪罗还是保持了干劲。在创作圣彼得大教堂最宝贵的艺术品圣母怜子像[6]时，他的专注程度丝毫不比从前差。他依然会工作到深夜，还做了一个纸盖当烛台用。"他在十五分钟内从非常坚硬的大理石上凿出的口子比三个年轻雕工在三四个钟头里凿的口子还多。"一个去罗马的法国游客记录道，"如果不是亲眼所

米开朗琪罗设计的科多纳塔阶梯，可以通往他在卡比托利欧山上建造的卡比托利欧广场。台阶左侧是天堂祭坛圣母教堂更为陡峭的斜坡，共有一百二十二级台阶

见，我根本不会相信。他凿得很用力，看起来好像很愤怒的样子，我一度以为他会把整块大理石敲得粉碎。他每凿一下，就留下一道七到十厘米深的口子，力道精准到哪怕稍有偏差，就会破坏整件作品。"

但米开朗琪罗疯狂的创作状态没持续多久，他就病倒了，人开始变得抑郁、暴躁，心情变得苦闷。他甚至觉得把重建圣彼得大教堂的差事硬丢给他是上帝对他的惩罚。保罗三世器重米开朗琪罗，让他领衔教堂建造管理委员会，但他与委员会的很多成员之间对教堂重建工程的规划存在着分歧。他还同圣加洛的助手及其支持者们发生了争吵，因为那些人希望能按照圣加洛的方案进行设计，但被他否决了。他从来都没喜欢过布拉曼特，却在一封写给教堂建造管理委员会成员的信中承认说布拉曼特"在设计方面的造诣同古往今来的贤才一样精湛"。他还批评了圣加洛的方案，认为这个方案会让此前布拉曼特的设计"光彩全无"。"这还不算完。"他还在信中加了一段，描述了16世纪罗马城市中的危险，"圣彼得大教堂本身就没有什么光照，里面上上下下到处是可以藏身的地方，全部阴森森的，这使它成了很多犯罪行为发生的场所。在这里，经常会有窝藏强盗、伪造钱币、强暴修女和其他一些流氓行径。夜幕降临的时候，教堂都关闭了，这个时候要想找出有谁躲在教堂里，得需要二十五人，而由于教堂的独特构造，藏在里面的人很难被发现。"

米开朗琪罗提出了一个新的设计方案，这个方案的理念和布拉曼特的想法很接近，但它改变了穹顶的形状并放弃了建造角楼的计划。1547年，保罗三世在看到教堂设计方案的木制模型后欣然通过了这个方案。于是，工程在米开朗琪罗的指挥下开始了，但进展很缓慢。工程资金短缺，教堂建造管理委员会的成员还总是吹毛求疵。1549年，保罗三世去世，继位的教皇尤利乌斯三世虽然同情米开朗琪罗，但不大愿意全力支持他。米开朗琪罗年事已高，还经常生病。他得了严重的结石，导致他泌尿困难，腰酸背痛，无法再经常去圣彼得大教堂，但教堂的重建工程需要他时刻在场。对米开朗琪罗越来越不满意的教堂建造管理委员会任命了一个米开朗琪罗的主要批评者南尼·迪·巴乔·比焦来负责教堂的重建。但尤利乌斯三世解雇了他，又任命了另一个米开朗琪罗的对手皮罗·利戈里奥为宫殿设计师，在这个职位上，利戈里奥在梵蒂冈花园建造了惹人喜爱的庇护四世别墅。[7]此时，年近九十的米开朗琪罗生活已无法自理。有传言说他年老糊涂，后来他自己证实了这个传言。"我的脑子转不动了，什么也记不住了。"他

从帕拉蒂尼山上俯瞰城市广场。根据李维，罗穆路斯正是在帕拉蒂尼山上建立了第一个罗马聚落

对瓦萨里说。在给他侄子利奥纳尔多的信中，他写道："我总是患病，连楼梯都爬不了，最糟糕的是，我还全身疼痛……你送来的白葡萄酒我心领了……写字对我这么大岁数的人来说真是要命……不过还是谢谢你……这是你送给我的最好的礼物……但我很抱歉让你如此破费，尤其是这酒我现在无人可送，因为我的朋友们全不在人世了。"

米开朗琪罗于 1564 年 2 月 18 日去世。据瓦萨里说，有一大群艺术家来为米开朗琪罗送葬，"在全罗马人的面前，他被安葬于十二门徒教堂"。[8] 佛罗伦萨索要了米开朗琪罗的遗体，但是，他的遗体"被几个商人偷偷运出了罗马，为避免引起骚乱，那些人把遗体藏在了一个大包里"。

米开朗琪罗漫长人生中的最后岁月是惨淡的，因为他所效力的最后一任教皇保罗四世从来没有真正支持过文艺复兴时期的艺术，保罗四世还对米开朗琪罗的《最后的审判》中的裸体画像非常反感，要不是有人苦苦相劝，他差点就把这幅壁画给毁了。保罗四世的上一任教皇尤利乌斯三世是一个坚定的改革者，他再次召开了特伦特会议，并支持了耶稣会。他比保罗四世更为开明，并且更懂得欣赏美。他建造了一座美丽的朱莉娅别墅[9]，别墅里的花园种了近四千棵树——柏树、石榴树、桃金娘、月桂树应有尽有。此外，别墅里还有一处由巴尔托洛梅奥·阿玛纳蒂设计的漂亮喷泉。尤利乌斯三世还买下了所谓的"庞培雕像"[10]，相传恺撒就是在这尊雕像前被杀害的。该雕像于 16 世纪 50 年代在洛塔里大道被人发现，尤利乌斯三世一开始把它放在了斯帕达宫[11]，后来又把它放在了红衣主教卡波迪费罗的家中。他还任命了意大利文艺复兴时期最伟大的作曲家乔瓦尼·皮耶路易吉·达·帕莱斯特里纳担任圣彼得大教堂朱莉娅小教堂唱诗班的指挥。

与之形成鲜明对比的是，保罗四世从来不关心这些事情。作为那不勒斯豪门卡拉法家族的一员，他严厉、固执、非常正统，是宗教裁判所的坚定拥护者。他在位期间热衷于维护教会纪律和处理国际事务，忙着对付让他头疼的西班牙王朝，将英格兰的伊丽莎白逐出了教会。他还要应对来自穆斯林的威胁，以及镇压荷兰的异教徒。他坚称教皇关心的应该是德行，而不是美。他将朱莉娅别墅中的雕塑统统撤走，也差点拆除了观景庭院里的雕塑，多亏旁人劝说，他才只是拆了观景庭院墙壁上的浮雕，并下令此处不再对公众开放。

保罗四世认为罗马的古迹都是异教徒的作品，曾一度想把所有的古迹都毁掉。在他治下，不正当的性行为被施以最残酷的暴刑，鸡奸者被活活烧死。他把犹太人都赶到了贫民窟，强迫他们戴上特殊的标记。他还禁止犹太人从事多种职业，所有重要岗位上都不能出现犹太人的身影。罗马人对保罗四世深恶痛绝，在保罗四世死后，他们把卡比托利欧山上保罗四世雕像的头部给砍了下来，一路拖到大街上，然后把它扔进了台伯河里。而多明我会修道院，则因为多明我会教士在宗教裁判所时残酷镇压异教徒，而遭到愤怒民众的围攻。

1566 年成为教皇的庇护五世曾是一名多明我会的教士。他和保罗四世一样严厉并且奉行苦行，也一样是个坚定的改革派。他家境贫寒，十四岁时还是个牧羊人。他获得的第一份圣职是在科莫，当时他因在追捕和惩罚异端分子时行为过激而被解职，但他后来还是在宗教裁判所里谋得要职。他先是被提拔为宗教裁判所的代理教长，后来又升任大审判官。在他当选教皇后，教廷、教会和罗马城都对他制定的纪律表示接受，只有"反宗教改革"派的狂热拥护者对此不满。这个时期，各个教派的成员必须遵守更为严格的纪律，主教在各自教区的任期延长，任人唯亲的现象得到了改善，赎罪券被废止售卖。宗教裁判所被赋予了更大的权力，成为一个几乎可以影响到任何人的机构。禁书审定院起草了一份禁书书单，迫使一些印刷商逃离了罗马。妓女们有的被赶出城，有的则被强制在限定区域生活。被教皇国驱逐的犹太人可以留在罗马，前提是他们能忍受比保罗四世时期犹太人所遭受的侮辱性待遇更恶劣的境况。罗马狂欢节期间举行的传统赛跑往年都是在圣露西娅教堂[12]和圣彼得大教堂之间的赛道上举行，但庇护五世"出于对耶稣门徒的敬意"将赛道挪到了科尔索大道。

庇护五世后来的两任教皇，格列高利十三世和西克斯图斯五世都继续推行着教会的内部改革，有时候两个人也都会狂热得有点过头。格列高利十三世在 1582 年颁布了格列高利历法，在全世界范围内开展布道活动。但是当圣巴托罗缪日那天法国发生针对胡格诺派的大屠杀之后，格列高利十三世竟然唱赞美诗来庆祝这场屠杀。西克斯图斯五世改革了教廷，将红衣主教团的人数缩减到七十人，但他在威尼斯宗教裁判所担任大审判官时因过于严厉，也曾遭到解职。不过，这两位教皇也都大兴土木，丰富了罗马的城市景观。格列高利十三世创办了罗马学院[13]，投入了大量资金用于建设耶稣会的主教堂耶稣教堂[14]以及小山谷圣母教堂[15]。小山谷圣母教堂是祷告堂会的主教堂，这一教派由圣腓力·内里所创建，内里崇尚美和动听的音乐，宣称视觉意象对宗教信仰有辅助作用，这些观念不仅使祷告堂会成为"反宗教改革"教派中最伟大的一支教会，也极大地影响了罗马的艺术氛围。格列高利十三世建了一条水渠，孔多蒂大道即因此水渠而得名。

他还在城中各地建了喷泉，比如尼科西亚广场和科隆纳广场上的喷泉。[16]他创办了圣路加学院；[17]1574年，他开始修建奎里纳莱宫，那里将作为教皇的避暑山庄。[18]

在"反宗教改革"的几任教皇中给罗马城市建设留下了最为浓墨重彩的一笔的，是意志坚强的西克斯图斯五世。即便不说他在城市规划方面是个冷酷人物，他也是个充满雄心壮志的家伙。从1585年到1590年他在任的这短短几年内，他取得了惊人的成就，以至于有人认为他在当选教皇很早之前就已经构思了城市的改造。西克斯图斯五世家境贫寒，早年曾在马尔凯区荒凉的大山中放猪，但他始终认为，他费利切·佩雷蒂总有一天会在教会出人头地。当他在六十四岁那年当选教皇的时候，他的身体状况已经很差了，还长期失眠。他以雷厉风行之势重建罗马，仿佛感到自己的时日已经不多了。他首先修复了罗马的供水系统，修好了亚历山大·塞维鲁的高架渠，并将它以自己的名字重新命名为费利切高架渠。他还修复了从帕莱斯特里纳延伸出来的地下管道，如此一来，他就为罗马的房屋、花园以及二十七个喷泉提供了充足的水源。接下来他将注意力转移到了台伯河上的桥梁和城市建设。在拓宽并重新规划街道的同时，他决定将已经拥堵不堪的老城区加以扩张，向北、向东分别延伸到圣母大殿和山上圣三一教堂以外，这两座教堂也被一条新的街道西斯蒂纳大道连接。以圣母大殿为核心，其他的街道向周边辐射，连通罗马主要的教堂。他在重要的十字路口立起了方尖碑，比如奥古斯都皇帝从赫利奥波利斯带回来的那块方尖碑，曾矗立在马克西穆斯竞技场，但在1589年被迁移到了人民广场中央。[19]"三年之内，"威尼斯大使曾充满敬意地写道，"所有的地方就都可以住人了。"

Sixte V. elu Pape
le 24 avril 1585. né de pauvres parens au
village de la Marche d'Ancone, mourut a Rome
le 27 Aoust 1590 agé de 69 ans

西克斯图斯五世于 1585 年至 1590 年间担任教皇，他严厉地推行了教会内部改革

尽管西克斯图斯五世的城市规划值得称赞，但是他处理古罗马建筑的方式却吓坏了很多罗马人。他把圣彼得大教堂和圣保罗大教堂里的雕像放置于图拉真石柱和马可·奥勒留石柱周围，这是可以让人接受的。但他拆除了七行星神神庙里的遗迹，还想把大角斗场改造为一个羊毛加工厂（该想法没有实现），这使他招来了很多非议。同样使他备受指责的是他对拉特朗宫的大面积破坏。他下手时毫不留情，还声称他早晚会以同样的方式解决其他"丑陋的古迹"。他是认真的，可惜他并没能活得那么久来兑现他的狠话。不过，在他去世之前，拉特朗宫、梵蒂冈宫和奎里纳莱宫的扩建工程都已开始或已经完成。在梵蒂冈宫的松果庭院[20]对面，庇护五世的图书馆被加以扩建；而在新建了几座教皇寓所之后，圣达马稣庭院[21]也得以形成。此外，拉特朗圣约翰大教堂里建起了一个西斯廷凉廊[22]，圣母大殿里建了一个西斯蒂纳小教堂[23]。最令人欣慰的是，圣彼得大教堂的穹顶终于要完工了。

在米开朗琪罗去世后的若干年里，圣彼得大教堂的重建工程进展缓慢。接替米开朗琪罗担任首席设计师的皮罗·利戈里奥被辞退，换上了维尼奥拉，他在 1573 年又被贾科莫·德拉·波尔塔接替。德拉·波尔塔为他的恩主格列高利十三世在教堂里建了一间格列高利小教堂[24]。西克斯图斯五世上任的时候，给了德拉·波尔塔很大的鼓励，最重要的是为他提供了资金，使他能尽快推进教堂穹顶的建设。参与穹顶建造的工人有八百多人，他们夜以继日地赶工，以便教皇能在有生之年亲眼看到穹顶的样子，而用于支付这些工人薪水的资金来源于经济改革措施和营私舞弊的惯用伎俩。穹顶是由米开朗琪罗设计的，后来并没有呈原方案中的半球状，而是被德拉·波尔塔调整为了卵形。

与此同时，西克斯图斯五世决定实现一个其他人根本不敢碰的大胆工程——把伟大的埃及方尖碑[25]迁移到一个更为庄严的场地。几个世纪以来，这块方尖碑都是罗马的标志，它曾位于尼禄时代的一个广场上，据说基督教的殉道者正是在这个广场上被尼禄屠杀的。如今，它被迁到了圣彼得大教堂的南端，毗邻圣安得烈小教堂。[26]西克斯图斯五世当时的想法是把方尖碑移到圣彼得广场的中央，面对着圣彼得大教堂。他甚至用木头仿造了一个方尖碑置于广场中央，想看看效果。感到满意后，他开始物色一个列奥纳多·达·芬奇这样的奇才来承担这项米开朗琪罗口中"不可能完成的任务"。一时间，数以百计的移动方尖碑的方案从欧洲各地被递交至罗马，有的方案来自数学家和工程师，有的来自科学家和大师级的石匠，有的来自哲学家和巫师，据说还有五百多名设计师也递交了方案。这些方案有的很荒唐，有的很精妙，但是看起来都不切实际，毕竟需要移动的方尖碑高达二十四米，重达五百吨，届时方尖碑还需要穿过一个建筑密集的区域。巴尔托洛梅奥·阿玛纳蒂对西克斯图斯五世说他现在暂时还想不出解决方案，但是如果教皇可以等上一年，到那个时候他一定已经有主意了。其实阿玛纳蒂这么说是想试探教皇的最大忍耐限度。后来，圣彼得大教堂的助理设计师多梅尼科·丰塔纳不知从哪冒出来的自信，主动请缨。丰塔纳做了一个小的木头模型，用它轻而易举地撑起了一个沉重的方尖碑。西克斯图斯五世看了他的操作之后表示认可，让他立刻开始迁移方尖碑。

日子一天天过去，丰塔纳也越来越焦虑。丰塔纳个头不高，是个自我感觉良好的人。他是个话痨，固执己见，爱指手画脚，也爱

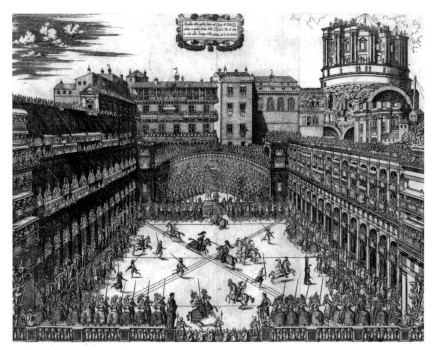

1565 年在美景庭院举行的一次比武大会

卖弄学问。几个与他共事的人都觉得他很烦，无一不希望他把事情给搞砸。经过几个世纪，沉重的方尖碑已经深深地陷到地表之下，丰塔纳看着围绕方尖碑底座而挖出来的巨洞，突然有种不祥的预感。他甚至订了几匹快马，一旦方案失败，教皇怪罪下来他就可以立马开溜。尽管丰塔纳是个缺乏想象力的设计师，但他却是个极其谨慎细致、做事井井有条的工程师，他的每一步想法都经过了最为周密的考虑。

1586 年 4 月 30 日两点，方尖碑的迁移行动开始了。每一个窗户和屋顶上都挤满了充满期待的面庞。圣彼得大教堂的那八百多名劳力黎明时分刚参加完弥撒，就来到了尼禄广场上，他们此时站在绳索和绞盘的旁边，等候站在演讲台上的丰塔纳给他们一个把方尖碑从洞里抬起来的信号。方尖碑岿然不动，它的周围盖着草席和套铁箍的布板，围观的人群中开始有人议论说用来搭脚手架的硬石柱和横梁不可能挪得动方尖碑。这时，丰塔纳举起了手，在号角响起的一刹那，所有劳力和一百四十匹马用尽全力拉动绳索，只听绞盘发出咯吱的声音，巨大的方尖碑被缓缓地抬离地面，围观的群众爆发出了欢呼，圣天使堡传来了致意的枪声，教堂的钟声也隆隆作响。方尖碑被抬出来后，水平地放在了滚筒上。

1567年在圣彼得广场举行的教皇祈福仪式，在广场上可以看到圣彼得大教堂穹顶的鼓座已经建好

在圣十字架荣归节 * 那天，圣彼得广场聚集的人比围观方尖碑被抬起的人还多，人们都想看到方尖碑被再次立在广场上。然而，所有在场的人都屏住了呼吸，保持了安静，因为西克斯图斯五世下令任何人哪怕发出一点儿影响到方尖碑被立起来的声音，都会被立即处死；广场上还布置了一个绞刑架，它起到了震慑作用。方尖碑再次被抬起后，有那么一刻它像是要重重地掉落在地，这时，一个操着热那亚方言的人大声地喊道："用水把绳子弄湿！"喊话的人是一个来自博尔迪盖雷的水手，当时他发现工人们由于摩擦生热的缘故手上会被灼伤、出现裂口。他的勇敢"抗命"发声避免了立起方尖碑时发生失误，后来，西克斯图斯五世嘉奖了这个水手，允许他提一个条件让教皇来满足他。据说他提出的是要在今后每年的棕枝主日（复活节前的星期日）允许他的家乡为圣彼得大教堂提供棕榈树。西克斯图斯五世很乐意地批准了他的要求，此后数百年都以这样的方式来庆祝棕枝主日。

方尖碑牢固地矗立着，它的底座上是四只看起来很快乐的铜狮，至今仍可以看到这四只铜狮俯在碑座上。方尖碑重新立起来的那天晚上，罗马城里举行了各种欢快的庆祝活动：晚宴、烟火、舞蹈。在方尖碑的顶部有一个金球，一直以来人们以为这个金球里装了尤利乌斯·恺撒的骨灰，不过后来金球被取了下来，人们发现它是实心的。取代金球被放在方尖碑顶部的是一个铜十字架，后来耶稣受难的圣十字架的一个部件也被放在了铜十字架上。在方尖碑的底座

刻着这样一行字："反宗教改革的挑战"。

圣十字架的其他部件被装在了一个铅盒里。1590 年 5 月 21 日，圣彼得大教堂的穹顶建成，这个铅盒被放在了穹顶上方的十字架里。除了圣十字架的部件，圣彼得大教堂还藏有圣安得烈、圣雅各、教皇克雷芒一世、加里斯都一世、西克斯图斯三世等人的遗骨和七个神之羔羊勋章。这些勋章由复活节蜡烛的蜡和殉道者的骨灰制成，教皇在上任第一年要给这些勋章祈福，此后每隔六年就要为这些勋章祈福一次。

教皇西克斯图斯五世在有生之年的确看到了穹顶的建成。但给穹顶外围支起一层铅，又看到十字架被装在天窗上方的，是更为虔诚的来自佛罗伦萨的教皇克雷芒八世。1594 年，克雷芒八世在圣彼得大教堂的主祭坛上主持了他个人的第一个弥撒。德拉·波尔塔为克雷芒八世建了个克雷芒小教堂[27]，它正对着格列高利小教堂，两个小教堂都在教堂地下室的入口处。不久之后，德拉·波尔塔去世，丰塔纳的侄子卡洛·马代尔诺接替德拉·波尔塔成为圣彼得大教堂的首席设计师。一个巴洛克的时代就此展开。

12

贝尼尼与巴洛克

"在我去罗马之前的那么几天，"英国日记作家约翰·伊夫林在
1644 年造访罗马期间写道，"身为雕刻家、设计师、画家兼诗人的贝
尼尼骑士……举办了一场公共剧（这是他们对那一类演出的统一称
谓），他画了场景、做了雕像、设计了道具、创作了音乐、写了剧本，
连剧院也是他一手搭建的。"

吉安·洛伦佐·贝尼尼当时已经如日中天。他小的时候，他的
父亲从那不勒斯来到罗马建造圣母大殿的保罗小教堂[1]，也把他带
了过来。贝尼尼自幼就显现出了过人的天赋和勤奋，他会花大量时
间在梵蒂冈学习，临摹绘画，他的儿子后来证实贝尼尼"画的素描
之多让人无法想象"。在他八岁的时候，他已经能娴熟地用大理石刻
出一个头像。被召至罗马并在法尔内塞宫创作的画家安尼巴莱·卡
拉奇称贝尼尼小时候就已经取得了别人成年时才能取得的成就。在
他创作雕塑作品《圣洛伦佐的殉道》时，为了了解火刑对人体的创
伤，他把自己的腿放在火里烤，然后戴上眼镜研究伤口特征，而他
完成这件作品时可能才只有十五岁。他在一年之内就完成了雕塑作
品《圣塞巴斯蒂安的殉道》，当时的教皇从此对他钦佩不已，教皇授

吉安·洛伦佐·贝尼尼的自画像。贝尼尼自幼就在罗马创作，一直坚持创作到他离世之前。他于 1680 年去世，享年八十一岁

权他为自己创作一件半身雕像，并希望年轻的他能够"成为17世纪的米开朗琪罗"。

对贝尼尼青睐有加的教皇便是1605年荣登大位的卡米洛·博尔盖塞，即保罗五世。他身材高大、健壮、活力充沛。他留着一撇精致的小胡子，下巴上还留着三角形的胡须。他的眼睛近视，这也就解释了他为什么总要尴尬地盯着别人看。从他的长相来看，他很像是个精明、成功的商人。他对家族甘于奉献，也的确让他的家族享受到了财富可以带来的所有好处。同时，他也是个虔诚的基督徒，做祷告最为卖力而且仔细：他每天都要忏悔、做弥撒，而在做弥撒时，是"最理想的教士"。人们觉得自打他受洗之后，他就始终保持了纯洁的人性。他对待贫苦人民仁慈宽厚，而且知书达理，勤奋得仿佛不知疲倦。他在建筑和艺术品上挥金如土，对自己的侄儿们极为宠溺，他封马尔坎托尼奥·博尔盖塞为维瓦罗亲王，还给希皮奥内·博尔盖塞安排了很多圣职，让他捞了很多钱。但人们普遍认为这些对保罗五世而言瑕不掩瑜，毕竟他是个勤勉、虔诚、纯真的人。

保罗五世对艺术领域的扶持也有一层政治动机。经历了"反宗教改革"的罗马教廷还谈不上得意：它不断受到敌人的非难，很容易遭到武力袭击，而且还麻烦重重。保罗五世和威尼斯共和国在教皇的管辖权与教士豁免权上产生了矛盾；而英格兰的新教徒国王詹姆斯一世又要求天主教徒对其效忠，这一要求被保罗五世断然拒绝；此外，德意志天主教和新教之间的矛盾不久便引发了"三十年战争"。虽然还没到罗马教廷自满的时候，但教廷的领导者们却相信教会是时候向世人表现出柔和的一面了。他们觉得教会应该给人带来快乐，而不是压抑；应该去包容，而不是排斥；应该以一种更为绚丽的艺术形式来为宗教服务，也就是用后来被称为巴洛克风格的艺术形式代替拘谨的艺术风格。在文艺复兴的鼎盛时期，巴洛克风格受到了评论界的热捧。

保罗五世在罗马建了多座喷泉，这些喷泉日后全都成了奇观。在图拉真的年代，正如图拉真皇帝经常对到访罗马的客人宣传的那样，罗马城里已经有了一千三百座喷泉，有十一条高架渠为这些喷泉供水。当时的罗马人虽然没指望城里有那么多喷泉，但是罗马城应有更多喷泉才能配得上它的格调。为了给他的新喷泉提供充足的水源，保罗五世修复了图拉真高架渠，将其重新命名为保罗高架渠，这条高架渠自布拉恰诺湖引水，一直输水至特拉斯泰韦雷。为了庆祝这条高架渠在 1612 年被修复完毕，他又在雅尼库鲁姆山上建造了巨大的保罗高架渠喷泉 [2]。此外，为"解广大国民和尘土满面的搬运工之渴"，他还在观景庭院、甩马广场、卡斯泰洛广场（1849 年革命中被毁）、圣母大殿广场、拉特朗广场、切尔纳亚大道建造了喷泉。在犹太人集会的广场上，他也为犹太人建了一处喷泉。在梵蒂冈宫的花园里，他造了三处壮观的喷泉：斯佩基喷泉、塔楼喷泉以及斯科利奥喷泉，这三处喷泉的设计者都是卡洛·马代尔诺，马代尔诺还在圣彼得广场的北侧建造了一处漂亮的喷泉，后来贝尼尼在广场南侧建了个喷泉与之交相辉映。[3]

当这些喷泉在罗马各地涌现的时候，保罗五世正忙于很多其他的工程。他指挥建造了圣母大殿里的博尔盖塞小教堂，将古罗马的巨型松果雕像搬移到梵蒂冈的松果庭院，修复并装饰了几所教堂，还新建了胜利圣母教堂。[4] 他积极关注奎里纳莱宫的扩建工程和梵蒂冈宫的美化工程。他修整了街道，还特别关心他家族三座府邸的装饰工程。

卡米洛·博尔盖塞，即教皇保罗五世（1552—1621）表示，希望年轻的贝尼尼"可以成为 17 世纪的米开朗琪罗"

这三座府邸分别是：为红衣主教阿德里亚诺·卡斯泰莱西·达·科尔内托在博尔戈区建的府邸，它后来被称为吉罗-托洛尼亚宫；由大马蒂诺·隆吉为西班牙红衣主教德萨所建的府邸，这座府邸被保罗五世在 1605 年买下，成了博尔盖塞宫，后来，保罗五世把它赠予他的侄子马尔坎托尼奥；[5] 由乔瓦尼·瓦萨齐奥和卡洛·马代尔诺为保罗五世的侄子希皮奥内·博尔盖塞设计的府邸，后来被称为帕拉维奇尼-罗斯皮廖西宫。[6]

红衣主教希皮奥内是个铺张浪费、贪图享乐却又和蔼可亲的人，贝尼尼曾创作了一尊希皮奥内的半身雕像[7]，这座雕像极为逼真，捕捉到了希皮奥内丰富的表情特征。和他的叔叔保罗五世一样，他也是个慷慨大方的恩主。他曾斥资修复圣塞巴斯蒂安大教堂，并投资建造了至圣格列高利教堂[8]和胜利圣母教堂的宏伟外观，这两个教堂外观都是由焦万·巴蒂斯塔·索里亚设计的。同时，他还收藏了很多举世闻名的艺术品和古董，其私人藏品格调之高一时无两。他的藏品中包括一些贝尼尼早期最为经典的雕塑作品，比如《阿波罗与达佛涅》和《大卫》，这两件雕像都陈列于他的别墅。这座别墅是他为了让自己高兴，也为了用于款待朋友而建，地址位于山上圣三一教堂远处的一个他所建的大型庄园里。至今，人们还可以在别墅中看到这两件雕塑。[9]

约翰·伊夫林在 11 月的一天里来到了这个大型庄园，他觉得从远处看，庄园里处处是小塔楼和宴会楼，感觉就像个"小镇"。

这里就是极乐之境……花园里充满了美味的水果和具有异域情调的纯朴景象：各式各样的喷泉、果林和小溪。花园旁边有一个动物园，里面有猫头鹰、孔雀、天鹅、鹤，还有各种珍奇野兽、鹿和野兔。在一个奇异的洞穴里，你可以看到用来造人工雨的设备和形状各异的雕像，这些雕像雕刻的是船和花朵，一改变喷泉的水头，雕像的效果就会很明显。果园里有柏树、月桂、松树、桃金娘和橄榄。公园里有四尊古老的狮身人面像，值得好好观赏一番。这里还会经常飞来一群好奇的鸟儿……从庄园向罗马城及周围的群山远眺，那景色简直美不胜收。大雪之后的罗马和群山银装素裹（通常雪景还会持续大半个夏天），让人精神焕发。别墅外围有一道气派的白色大理石栏杆，栏杆上经常有水雾，它的周围还有许多雕像，营造了一种典雅高贵的感觉。别墅的墙壁上镶嵌的图案展现了不同的历史和传说，比如宙斯掠走欧罗巴的故事和勒达与天鹅的神话。别墅的檐口由花冠装饰着，涵盖了别墅的外观，一层层壁龛中摆放了雕像，摆得一直够到了屋顶。入口处的屋子里有刻画着不同执政官的精美雕塑，一辆马车上还架着两门野战炮（在意大利很多豪门望族的家门前都会有这样的摆设），这两门大炮并不是用来防御的，而是象征着威严。

在别墅里，伊夫林看到了希皮奥内了不起的收藏：艺术品、古玩、古代雕塑、东方的容器、"带有佛罗伦萨镶嵌工艺的桌子"、斑岩花瓶、镜子、钟、乐器以及贝尼尼的雕塑作品。伊夫林认为这幢别墅里的"雕塑极为逼真，令人叹为观止"，"其中的绘画都是出自大师手笔，属于无价之宝"。"总之，在这个天堂里你看到的就只有瑰丽。"别墅里的奇珍异宝中有一件半兽人玩具，"它的眼睛和头能动，还能发出像人说话的声音，如果你没有心理准备，很容易会被它吓一大跳";还有一把椅子,"表面上很寻常,但它的扶手和靠背里暗藏着弹簧,谁坐下去都会被锁住四肢,动弹不得"。

别墅墙外远处有众多花园,罗马如今是个园艺中心,而这些花园则堪称罗马作为园艺中心的最好示例。在那儿,有几处花园被称为"秘密花园",其间橘花的香气和一些稀有药草的气味混杂一体;有一处地势低洼的花园,里面种了银莲花、风信子、水仙、绿草带、康乃馨和晚香玉;一间郁金香园的周围满满地点缀了玫瑰;成排的草莓和茉莉一起用篱笆围了起来。每每一到这些赏心悦目的地方,游客就会看到一块大理石板,上面写着:"无论你是谁,只要你是自由的人,在这里就不要怕法律的约束!想去哪就去哪,想问什么就问什么,想离开就离开……快乐就是宾客的唯一法则……"

起初,不论是罗马人还是外国人,所有人都可以自由出入庄园,但后来有一个保守的游客被凉亭里的一些画给吓到了,保罗五世对这种厌恶情绪表示理解,他以这事为契机,下令庄园不再对外开放。如此一来,他自己就可以在别墅里悠闲自在地欣赏庄园和坎帕尼亚的风景,而爱交际的希皮奥内也可以在款待宾客时不被搅扰。

保罗五世及其家族是贝尼尼的主要恩主,对贝尼尼慷慨大方。在保罗五世的一生中,贝尼尼始终与他维持了良好的关系。当红衣主教马费奥·巴尔贝里尼于 1623 年成为教皇乌尔班八世后,他要求贝尼尼只对他一个人服务,不准为其他恩主的事浪费时间,不过他只让贝尼尼对希皮奥内·博尔盖塞例外了一次,因为希皮奥内在教皇选举时帮了他的忙。可以说贝尼尼已经是乌尔班八世的人了,有一次,红衣主教马萨林试图劝说贝尼尼去法国创作,乌尔班八世对此断然拒绝。

"贝尼尼就是为罗马存在的，"乌尔班八世说，"罗马也是为贝尼尼存在的。"

马费奥·巴尔贝里尼当选为教皇时已经五十五岁了。身为学者兼诗人的他仪表堂堂、温文尔雅、善于控制局势且富有智慧。他出身于佛罗伦萨的一个富贵之家，其个人能力和品位都足以保证贝尼尼在罗马可以人尽其才。他很早就认识了贝尼尼，据说早在贝尼尼创作《大卫》时，他就曾手捧着一面镜子方便贝尼尼看镜中的自己，以自己为模板创作大卫紧张和专注的表情。在他成为教皇后，他立马派人去请时年二十三岁的贝尼尼，他对贝尼尼说："你很幸运，骑士，看到马费奥·巴尔贝里尼当了教皇；而我更幸运，在我当教皇的任内有你贝尼尼。"

乌尔班八世和贝尼尼的友谊变得更为深厚。乌尔班八世对年轻的贝尼尼关怀备至，待他有如对待爱子。"他是旷世之才，"乌尔班八世说，"是无与伦比的艺术家，他是上天派来荣耀罗马、照亮这个世纪的。"乌尔班八世授意贝尼尼在任何时候都可以进入他的房间，他请求贝尼尼在他面前不要拘泥，晚饭的时候还让贝尼尼坐下陪他聊天，一直待到他就寝才让贝尼尼离开。贝尼尼身材瘦小，除了水果很少吃别的东西，他对乌尔班八世很顺从。尽管在别人面前，贝尼尼以独立和脾气暴躁著称，可在教皇面前，却始终保持温和、有耐心、有礼貌。

在乌尔班八世治下，贝尼尼的早期作品都算不上什么大作，比如，圣毕比亚那教堂的新外观，以及教堂里新的圣毕比亚那雕像。[10]不过，乌尔班八世心里已经为贝尼尼准备好了一个大计划。1626 年夏，贝尼尼领到了他创作生涯以来最重要的一项任务，这是一项与圣

在马费奥·巴尔贝里尼，即乌尔班八世（1568—1644）任教皇时期，贝尼尼完成了他艺术生涯中大量较为精美的作品。图为贝尼尼所绘的乌尔班八世像

彼得大教堂有关的大工程，为完成这项工程，贝尼尼与包括他父亲在内的许多助手花了将近十年的时间。

自从米开朗琪罗去世后，圣彼得大教堂发生了很大变化。1590年，当大教堂的穹顶完工之时，教堂里仍有很多杂乱无章的建筑，这些建筑建于不同时期，属于不同风格，大部分都已残破，有一些还是危楼。而如今这些混乱的建筑都被清理了。原来，1605年的某一天暴风雨大作，教堂里正在举行弥撒，一块大理石板掉到了地面上，险些砸到站在科隆纳圣母祭坛旁边的教众，吓得他们尖叫连连。这起事件促使教堂建造管理委员会得出圣彼得大教堂里的所有老旧部分必须清除的结论，一些红衣主教和保守的罗马人对此论断提出异议，一百年前尤利乌斯二世和布拉曼特就曾遇到过这样的异议，但保罗五世还是勉强采纳了委员会的意见。不过比起尤利乌斯二世和布拉曼特处理圣彼得大教堂里遗体和遗迹的方式方法，保罗五世的手段显出他对遗体和遗迹要更为尊重。根据记载，人们虔敬地挖出遗体，又恭敬地将这些遗体重新安葬于别的地方；教堂里的资产和圣物经仔细整理后被转移，很多圣物被永久保存在了其他教堂里。

卡洛·马代尔诺是继德拉·波尔塔之后圣彼得大教堂的首席设计师，其建筑作品深得保罗五世赏识，正是他接过了建造教堂新正厅的任务。马代尔诺那会儿五十一岁，他善良、顺从。他曾协助他的舅舅多梅尼科·丰塔纳为西克斯图斯五世立起了方尖碑；后来他又为他另一个擅长设计喷泉的舅舅工作。除了圣彼得广场上的喷泉之外，他自己还设计了几处喷泉，还为圣苏珊娜教堂设计了新的外观。[11] 1607年3月8日，在他的监督下，工人们开始为教堂新的正厅挖地基。在这

乔瓦尼·巴蒂斯塔·皮拉内西创作于1748年的圣彼得大教堂及教堂前广场，广场两侧即为贝尼尼设计的柱廊

之后的二十年里，直到他去世前，马代尔诺一直担任了圣彼得大教堂的首席设计师。他为教堂设计的新正厅挡住了从圣彼得广场看教堂穹顶的视线，这使他备受批评。他为教堂设计的外观也因为太宽，和自身高度不成比例而遭到了强烈指责。[12]

接替马代尔诺成为教堂首席设计师的贝尼尼提议在教堂外观的两侧搭建塔楼，这也是马代尔诺最初的设想。乌尔班八世同意了这个计划，工程很快就被实施。不久，南塔工程的前两个阶段都已完成，第三阶段中的木制彩绘帆布模型也已经就位。除了贝尼尼的竞争对手对他心怀嫉妒外，其他人都对塔楼表示赞叹。然而，令贝尼尼感到受伤的是，塔楼及教堂外观连接塔楼的部分都出现了裂缝。塔楼工程的进度是很快的，教堂建造管理委员会里有些不可靠的委员还在为这个工程交口称赞，但很明显，马代尔诺建的地基是承受不了塔楼的重量的。很快，为避免造成更大的破坏，塔楼被勒令拆除。教堂建造管理委员会，甚至连乌尔班八世都因此事而斥责了贝尼尼。受辱的贝尼尼就此闭门不出，据说整日卧病在床。其他设计师开始提出取代贝尼尼塔楼工程的新设计方案。

对贝尼尼而言幸运的是，他的名誉并未受损。当时他已经开始设计圣彼得大教堂穹顶下的华盖，华盖下方是圣彼得的坟墓[13]，之后在圣彼得坟墓附近又放置了朗基努斯的雕像[14]，乌尔班八世的坟墓后来也安置于华盖之下[15]。这项工程最终让人们忽略了他在塔楼工程上的失误。其实华盖工程也差点以失败告终。这个巨大的青铜华盖足有法尔内塞宫那么高，这就要求它有足够大的地基来支撑，但在教堂里挖这么大的地基势必会破坏许多神圣的坟墓和遗体。当时反对这种渎神行为的呼声很高，而当一些参与工程的工人莫名其妙地死亡之后，其他工人害怕整个工程被诅咒了，拒绝再继续干下去。在圣彼得广场和整个博尔戈区，示威游行反对华盖工程的活动此起彼伏。乌尔班八世当时病得很厉害，这也被视为上帝对华盖不满的一个征兆，但他还是坚持要完成华盖的建造。他批准为参与建造华盖的工人支付额外薪水，他甚至下令剥去万神殿门廊上的青铜饰面，这一故意破坏行为也催生了一首著名的讽刺诗，这首诗出自乌尔班八世的医生之手：

野蛮人都没做的事，
巴尔贝里尼却敢于放肆。

在圣彼得大教堂穹顶下由贝尼尼设计的华盖（1624—1633）

　　只要乌尔班八世活着，贝尼尼这罗马艺术界头把交椅的地位就无可撼动。当贝尼尼完成圣彼得大教堂华盖工程的时候，也才三十四岁。贝尼尼受到乌尔班八世的特别尊重，这招来了很多比他年长的艺术家的嫉恨，而他自己的行为方式也并没有缓和对手们的这种嫉恨情绪。他变得越发喜怒无常、难于揣摩，一会儿友好、顺从，一会儿又狂妄、傲慢。他的冷嘲热讽常常让人感到不安，很难搞清楚他是不是在说笑。比如，他曾一本正经地说残破的古希腊雕像马斯特罗·帕斯奎诺是最好的古代雕像。他虽然不说任何对手的

坏话，但他明显认为对手们的作品不如自己的作品，经常给自己的作品标以高价，并且他很贪财，也因此变得极为富有。他是个很虔诚的基督徒，每天都要去耶稣教堂做晚祷，在忏悔的时候尤其一丝不苟。他的对手们总说他有太多需要忏悔的事情。据说他后来染上了梅毒，这也可能就是为什么乌尔班八世在他生病的时候去慰问他，建议他安定下来，等病好了就娶妻生子，而他则回答说他的雕塑就是他的孩子。不过后来他确实还是娶妻生子了，并且生了十一个子女，他的婚姻看起来也很幸福。

1644 年，乌尔班八世逝世，继任者为红衣主教詹巴蒂斯塔·潘菲利，其称号为英诺森十世。这个新教皇的上台使贝尼尼的职业生涯遭遇重挫。英诺森十世阴郁、沉默寡言、多疑，他没什么至交好友，受到他嫂子唐娜·奥林匹娅·迈伊达尔齐尼的影响很大，而迈伊达尔齐尼是个精明、贪婪、爱指手画脚的人。英诺森十世高大、瘦弱，看上去很不起眼。他眉头常常皱着，下巴很丑，长了个蒜头鼻子，面色发青。委拉斯开兹后来为他画了一幅绝妙的肖像，而当他看到这幅肖像时，略带悲哀和无奈地说："太像了，太像了！"这幅肖像被挂在了多里亚宫的画廊里。[16]

英诺森十世自认他本人身上毫无美感，对艺术品中的裸体产生了一种恐惧感。罗马城里有无数裸露的雕像，而尽管他很吝啬，但他还是花钱让人用叶状物和金属外套把这些雕像的生殖器和胸部都遮掩起来。据说，他甚至要求彼得罗·达·科尔托纳给圭尔奇诺画中裸体的幼年耶稣穿上衣服。他几乎没有任何事情交给贝尼尼和罗马最出色的画家之一普桑去做。"在现在这个教皇的治理下，罗马的情况发生了很大变化。"普桑在给巴黎的一个朋友的信中写道，"我们在教廷里再也享受不到任何特殊照顾了。"英诺森十世的前任教皇乌尔班八世铺张浪费,对其家人的赏赐极为奢侈,这种作风让教会处在破产的边缘。英诺森十世因此非常痛恨乌尔班八世,而贝尼尼和普桑让他联想起乌尔班八世及其家族,于是他便故意冷落二人,转而资助别的艺术家,比如雕塑家亚历山德罗·阿尔加迪,此人的早期任务是创作小山谷圣母教堂的圣腓力·内里的巨型雕像;吉罗拉莫和卡洛·拉伊纳尔迪;还有一个比贝尼尼的岁数小几个月的建筑师,弗朗切斯科·博罗米尼。

博罗米尼性格忧郁、喜欢独处。他经常情绪低落,脾气暴躁,很难相处。他对自己卑微的出身一直耿耿于怀,年轻的时候他曾在亲戚卡洛·马代尔诺的工作室里做一名石匠,对贝尼尼的少年得志和自信极为嫉妒。有买卖上门时,他总与顾客发生争吵,经常弄得不欢而散。在他助手们的眼里,他是个要求很多、很难满足,有时候还非常暴力的人。有一次他手下的工人做错了事,被他毒打一顿后伤重而死。他看不起贝尼尼穿得那么漂亮,自己穿得就像个普通工人。他经常讽刺贝尼尼对金钱和时尚生活的追捧,但有一点让他永远无法释怀的是,这个穿戴漂亮的贝尼尼竟然那么早就被奉为天才,而相比之下他自己的才华很迟之后才得到认可。英诺森十世上位之后,他扳倒贝尼尼的机会终于来了。他开始抹黑贝尼尼的名声,重提贝尼尼的塔楼之过。

英诺森十世是个极具品位和洞察力的人。他很欣赏博罗米尼的过人才华,他本人虽然有点讨厌贝尼尼,但也同样无法忽略贝尼尼的天才。当乌尔班八世的坟墓于 1647 年亮相时,据说英诺森十世点评道:"他们说了很多贝尼尼的坏话,但是他是个伟大的、不可多得的人才。"不久之后，英诺森十世便被人劝说将贝尼尼纳为己用。

英诺森十世的潘菲利家族起先生活在翁布里亚，这一家族在16世纪的时候定居罗马，并在纳沃纳广场拥有一座看上去很低调的府邸。英诺森十世决定将这座府邸重建，不仅要把它变得宏伟壮观，还要把府邸周围的建筑设施也造得气势不凡，以体现潘菲利家族之荣耀，就好像巴尔贝里尼宫[17]彰显了乌尔班八世的身份地位那样。英诺森十世指派吉罗拉莫·拉伊纳尔迪着手新府邸[18]的建造工程，在这个过程中，吉罗拉莫得到了卡洛·拉伊纳尔迪的协助。这两位还合作在新府邸旁建了一座新的教堂，即纳沃纳广场的圣阿格尼丝教堂[19]。博罗米尼后来被指派参与协助了新府邸和新教堂的建设，在此之前，他对一处喷泉的设计提出了自己的意见，这座喷泉后来落址于一个广场上，英诺森十世曾留意到这个广场附近的一座方尖碑倒在了阿庇乌斯大道旁，满地都是碎片。

除了博罗米尼之外，其他一些艺术家也被要求交出这座喷泉的设计方案，但贝尼尼没有被问到。贝尼尼设计的位于巴尔贝里尼广场的特里同喷泉[20]已经是公认的杰作，他在设计位于西班牙广场[21]的破船喷泉[22]时还完美地解决了水压不足可能造成的各种问题。据说，娶了英诺森十世侄女为妻的尼科洛·卢多维西亲王是贝尼尼的朋友，这个人说服贝尼尼设计了一个喷泉模型，然后又把这个模型放进了英诺森十世一定会经过的房间里。不过，摩德纳驻罗马大使提供了另一个版本，他说贝尼尼设计的银质喷泉模型被呈给了英诺森十世那个专横而有权势的嫂子，她看了之后又叫英诺森十世过来看一下。英诺森十世在任何情况下都会为贝尼尼设计的模型倾倒。"我们确实要任用贝尼尼。"他说，"拒绝让贝尼尼来操作的唯一方法就是根本不看这些模型。"于是，华丽的四河喷泉在贝尼尼的设计下完成了，而贝尼尼也再次得到了教皇的恩宠。[23]

在英诺森十世在位的后来日子里，贝尼尼都受到了重用。他为英诺森十世雕刻了两尊精美的半身塑像，并为英诺森十世的医生加布里埃莱·丰塞卡在卢奇娜圣洛伦佐教堂[24]里设计了丰塞卡小教堂。受红衣主教卡米洛·潘菲利的资助，他还为生活在奎里纳莱山上的耶稣会新信徒修建了圣安得烈教堂[25]。他与后来的教皇亚历山大七世维持了良好的关系。亚历山大七世出身基吉家族，他虔诚、富有智慧。在 1655 年被选为教皇的当天，亚历山大七世便派人请来了贝尼尼为自己效力。在亚历山大七世任教皇期间，贝尼尼完成了多项杰作：他设计了将圣彼得广场围住的柱廊，使圣彼得广场堪称欧洲最具戏剧性变化的公共空间；[26]建成了连通梵蒂冈宫和圣彼得大教堂的美丽的皇家楼梯；[27]还在圣彼得大教堂的后殿设计了恢宏的圣彼得宝座。[28]

同样是在亚历山大七世治下，罗马迎来了一位最与众不同的流亡者——瑞典的前女王。克里斯蒂娜女王活泼、机智、不拘俗礼，一年半以前，当时二十七岁的她放弃了王位，并皈依罗马天主教。她丝毫不介意别人对她的看法，如果吓到别人她仿佛还乐在其中。有一次，在把她的亲密女友埃巴·斯帕雷介绍给古板的英格兰大使时，她称斯帕雷是自己的"床伴"，还向英格兰大使保证斯帕雷的思想和她的身体一样可爱。她经常穿男人的衣服，尽管她个子不高，她也从不穿颇受女人青睐的高跟鞋，而是穿男式平底鞋。曾在克里斯蒂娜女王到访法国期间与其多次见面的吉斯公爵写道：

她的嗓音和她的几乎所有动作都很男性化。她的身材很丰满，臀部很大，手臂很美，手很白，但看上去更像是一双男人的手；她的一边肩膀比另一边要高［因为在她还是婴儿的时候被摔过］，但是她穿着夸张，走路姿势和其他动作都很奇怪，很好地掩饰了这个缺陷……她的脸很大，但是很精致，她的容貌特征很明显：鼻子是鹰钩鼻；嘴巴很大但比较耐看；牙齿也还过得去；眼睛非常美，眼中充满了激情；尽管有一些水痘的疤痕，她的皮肤总体还是很洁净……她的脸型很好，可惜被她的惊人头饰给框住了。这个惊人的头饰就是男式假发，非常沉，假发前部非常高……她的裙子总是系不好，穿得很不清爽。她常常抹厚厚的一层面霜在脸上……她喜欢炫耀自己的骑马技术……她会说八种语言，但最常用的是法语，好像她是在巴黎出生的。把我们所有的大学和索邦学院里的知识加起来都没有她懂得多，她了解绘画，更比我熟谙宫中权术。她绝对是个了不起的人物。

克里斯蒂娜女王后来在罗马也受到了人们的评头论足。但是一开始的时候她表现得极为矜持，很开心自己能够受到礼遇和尊敬。亚历山大七世单独接见了克里斯蒂娜女王，还安排她坐在自己的身边。由于按惯例在教皇面前只有在位的君主才可以坐在有扶手的椅子上，因此克里斯蒂娜得坐在一把没有扶手的椅子上。但是没扶手的座椅又都不够气派，于是亚历山大就让贝尼尼给她特制了一把座椅。观景庭院上的风之塔楼里的寓所被赠予她，里面的房间都被精心装饰，配备有炉火和银质的暖床器。她还被赠予了一辆豪华马车、六匹马、一副担架、两头骡子、一匹身着精美马衣的小马，还有一

瑞典女王克里斯蒂娜自 1655 年起在罗马生活，1689 年逝世于里亚里奥宫

顶轿子。这顶轿子是贝尼尼为她设计的，配有蓝色天鹅绒椅套和银质配件。贝尼尼还为她设计了寓所里的床。尽管按例教皇不能在女人面前用餐，但亚历山大七世还是邀请克里斯蒂娜女王参加了晚宴。餐桌上摆放着由贝尼尼的助手们调制的各种调味品，所有的调味品上都抹了一层糖，暗示了对女王个性和成就的恭维。席间还穿插了各种节目：交响乐演奏、圣彼得大教堂唱诗班的演唱、耶稣会教士的布道。用餐结束后，在一群显贵人士的陪同下，克里斯蒂娜女王来到了法尔内塞宫，这里此前住了另一位皈依罗马天主教的人：黑森-达姆施塔特的弗里德里希，但是为了照顾克里斯蒂娜女王，弗里德里希不得不搬了出去。

为了迎接女王的驾临，法尔内塞宫被重新装饰了一番。在风趣迷人的红衣主教阿佐利诺的带领下，克里斯蒂娜走出法尔内塞宫，开始欣赏罗马的风光。她被陪着走遍了罗马各地。她去了拉特朗圣约翰大教堂和圣彼得大教堂；在罗马大学，她被赠予了一百多本书籍；在传信部[29]，人们使用超过二十种语言来欢迎她；在罗马学院，她看到了一台用于配制解毒药的仪器；在圣天使堡，她被以上好的葡萄酒和成堆的蜜饯、牛轧糖和糖衣杏仁款待，可惜她平时就没什么胃口，也不爱喝酒。那一年的狂欢节也被称为"女王的狂欢节"，在2月末，还专门为克里斯蒂娜举办了一场华丽的表演。当时，克里斯蒂娜坐在她的包厢里，旁边有人演奏小夜曲，而场下的舞台上骑士和亚马孙人打作一团，还有一条鼻子喷火、嘴里冒烟的恶龙后来被勇士屠戮，以此向克里斯蒂娜表达敬意。

不过，克里斯蒂娜的古怪行径现在已经被人广泛议论，她的那些没有薪水的仆人们也因为破坏行为让罗马人大为光火。有一次，

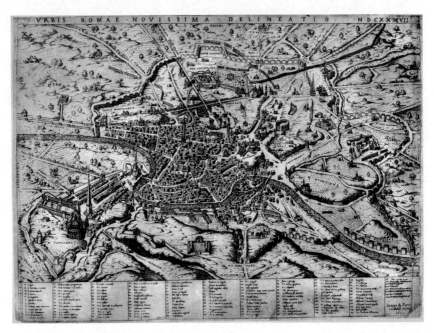

1637 年的一幅罗马地图

这些仆人们甚至过分到砍了法尔内塞宫的门来当柴火用。克里斯蒂娜暂时放弃了男式服装，穿起了非常挑逗的衣服，就连见红衣主教时也是如此。她在法尔内塞宫里的墙上挂了几幅非常色情的图画，还把用于遮蔽雕像生殖器的叶状物都摘除了。这些事迹，加上她不愿在公众面前进行皈依仪式，使得亚历山大七世对她提出抗议，而她却轻描淡写地回答说她对"只有教士才关心的事情"没有一点儿兴趣。有传言说她迷上了她在坎波马尔齐奥的修道院遇见的一个修女，也有言之凿凿的传闻说她爱上了红衣主教阿佐利诺。克里斯蒂娜这般我行我素，也就不难理解后来她要离开罗马一段时间的消息让教廷松了一口气了。

由于怀念权力带给她的乐趣，以及希望解决她的经济问题，克里斯蒂娜决定成为那不勒斯的女王。但是她的计划失败了，她以叛徒的罪名处死了她的侍从马尔凯塞·吉安·里纳尔多·莫纳尔代斯基，之后回到了罗马。然而，她的回归让亚历山大七世十分苦恼，亚历山大表示她"生来就是个野蛮人，被野蛮的方式带大，满脑子野蛮的思想"。不过后来红衣主教阿佐利诺让克里斯蒂娜以低廉租金住进了里亚里奥宫，这么一来她不住在法尔内塞宫，就距离亚历山大七世比较远了，亚历山大也因此感到一丝宽慰。

尽管克里斯蒂娜没有固定的补贴，她的新府邸里还是很快堆满了宝贝。来自斯德哥尔摩的绘画和家具，来自布拉格的书籍和更多的画，波斯地毯、乐器、大理石、雕塑以及其他琳琅满目的艺术品，包括一批威尼斯画派的经典收藏品都被满满当当地放进了各个房间。府上的花园一年四季都有灌木和奇美的花朵；单单是 1663 年的春季，就有二百七十五株橘树和柠檬树以及二百株茉莉从罗马之外运到了她的府上。她还是一如既往地不可捉摸，有一次一位贵客到访时一直在抱怨自己的隐居生活，结果她对这位客人说："跟你一起待上半小时还不如自己独处三天。"

亚历山大七世于 1667 年逝世。此后，克里斯蒂娜的生活趋于平静，不再那么惹人争议。新任教皇克雷芒九世在教皇选举中得到了克里斯蒂娜的好友，红衣主教阿佐利诺的鼎力支持。克雷芒九世宅心仁厚、谦逊有礼，他很欣赏克里斯蒂娜这样充满智慧的女性，两个人对于绘画、音乐和戏剧都很有共同语言。为了让克里斯蒂娜在罗马可以有宾至如归的感觉，克雷芒九世到里亚里奥宫拜访了她，并为她举办了一场公共宴会。宴会上，克雷芒九世在自己那桌给克里斯蒂娜加了一个座位，此前从来没有哪个教皇给过一个女人这样的待遇；在圣诞节后，克雷芒九世又给她提供了一笔丰厚的津贴。

克里斯蒂娜女王的经济状况越来越宽裕，她给里亚里奥宫和自己租的另一处府邸托洛尼亚宫都添置了很多艺术品。她开始资助考古活动，在征得克雷芒九世的批准后，她派人在罗马皇帝德西乌斯的宫殿遗址下进行挖掘工作，这所宫殿位于帕尼斯佩尔纳的圣洛伦佐修道院附近。她还醉心于炼金术和天文学，在里亚里奥宫为乔瓦尼·朱斯蒂诺·坎皮亚尼创办的经验学院开了一间会议室；她资助了海洋学家马尔西利和科学家博雷利。她还开始了写作，编了几本箴言集，在自传里写了几篇散文。她创办了皇家学院，这个学院就是著名的阿卡狄亚学院的前身，很多知名学者都会来这里做讲座、交流论文、举办研讨会。在她的大力支持下，原先的托尔迪诺纳监狱[30]所在地建起了一个剧场，剧场里经常会有她手下歌手的精彩演出，这其中就有歌手安东尼奥·里瓦尼，他又被称为奇乔利诺。奇乔利诺后来离开罗马转而去

纳沃纳广场所在的地方，原先是图密善皇帝建的运动场。广场中央是贝尼尼设计的四河喷泉，它的远处是同样由贝尼尼设计的摩尔人喷泉

为萨伏伊公爵效力，这让克里斯蒂娜气急败坏地给她在法国的代理人去了一封信：

> 我要让别人知道奇乔利诺在这世上只为我效力，如果他不为我歌唱的话，他给别人也唱不久，不管那些人是谁……不惜一切代价把他给我弄回来。有人想让我相信他的嗓子坏了。无所谓。不管他发生了什么，从他活着到他死去他都应该听候我的吩咐，否则他没什么好下场！

奇乔利诺最终还是乖乖地回了罗马，为克里斯蒂娜效力，直至他于1686年去世，而他去世的前几年，亚历山德罗·斯卡拉蒂担任了克里斯蒂娜私人管弦乐队的指挥，克里斯蒂娜是最早发现斯卡拉蒂过人才华的人之一。她的管弦乐队的总监是阿尔坎杰洛·科雷利。贝尼尼也一直在为克里斯蒂娜效力，他为她打造了一面可爱的镜子，这面镜子陈列在一尊大约公元前300年的古希腊运动员的青铜头像旁，这尊头像是克里斯蒂娜珍藏的最宝贵的艺术品之一。

贝尼尼仍然在勤奋地创作。在克雷芒九世治下，他监督指导了圣天使桥上天使雕像的设计和排位，并亲自雕刻了两尊和成品一模一样大的天使模型。[31]当罗马人埃米利奥·阿尔铁里于1670年当选为教皇克雷芒十世后，贝尼尼继续着他的艺术创作，他为与克雷芒十世有姻亲关系的红衣主教帕卢奇·德利·阿尔韦托尼在河畔圣方济各教堂里装饰了阿尔铁里小教堂。[32]

在这座小教堂里，贝尼尼完成了一尊非常感人的雕像作品：《神圣的卢多维卡·阿尔韦托尼之死》。而当他着手创作这尊雕像时，他已经七十几岁了，不过他的身体基本还很硬朗。几年前在贝尼尼到法国的时候，保罗·弗雷亚尔·德·尚特卢曾经这样描述过他：

> 他个头一般，身材整体很匀称……有着火热的激情。他的眉毛很长，前额很大，稍稍有点凸起。他头上光秃秃的，仅有的几撮卷发已经花白……对于他这个年纪的人来说，他精力是相当充沛的，到哪都喜欢步行，好像他还是三四十岁的人似的。你可以说老天给了他一个完美的大脑，都不用怎么学，他就可以自如地运用知识。他的记忆力也很惊人，才思敏捷、想象力丰富、判断力精准。他是个敏锐的健谈者，非常善于用语言、表情和肢体动作来表达，并且能很容易让你明白他想要说什么，其轻易程度就像那些最伟大的画家在用他们的画笔。这也就难怪为什么他上演一出自己的戏剧也可以大获成功了……

意识到自己已时日不多的贝尼尼变得比从前更为虔诚。他对自己的很多作品都不是很看重，比如一些与宗教无关的艺术品，比如在罗马设计的蒙提特利欧宫[33]和基吉-奥代斯卡尔基宫[34]，还有他的一些神来之笔，比如在密涅瓦神庙遗迹圣母教堂广场驮着方尖碑的那只可爱的小象。[35] 有一次，当他坐着马车经过极具戏剧感的四河喷泉时，他拉下百叶窗，反感地喊道："这喷泉被我设计得如此糟糕，真是可耻啊。"不过，至少他最具代表性的宗教雕像，胜利圣母教堂中的《圣特雷莎的沉迷》，是让他感到满意的，他认为这个雕像是他最好的作品。他对奎里纳莱山上的圣安得烈教堂也颇为满意。在他晚年的时候，有一次他的儿子多梅尼科去圣安得烈教堂做祷告，当多梅尼科像个游客在教堂里转悠的时候，他发现了父亲贝尼尼也在。多梅尼科走近贝尼尼问他在教堂里做什么，为什么"一个人那么安静"。贝尼尼则回答说："孩子，这座教堂让我从心底里有了一种特殊的满足感。我经常在没事的时候来这儿放松，或者来缓解我的工作压力。"

贝尼尼的创作持续了一生。在他生命的最后几个月里，他仍一如既往地忙碌。他在忙着修复文书院宫，他的医生说正是由于他扑在这个工程上过于辛苦，才导致他右臂瘫痪。在劳心劳力之后，他终于承认说：是该歇一歇了。他逝世于 1680 年 11 月 28 日，而再过九天其实就到他的八十二岁生日了。他最后完成的一件作品是为克里斯蒂娜女王雕刻的比真人还大一点的耶稣半身像。

贝尼尼在建筑领域的杰作圣彼得广场，是在基吉家族出身的教皇亚历山大七世在位时期（1655—1667）建成的

1676 年当选为教皇的英诺森十一世让克里斯蒂娜女王非常失望。英诺森十一世是个极其节俭的改革者，他严厉并且奉行苦行。他严格限制了狂欢节庆祝活动的规格，经常拒绝别人的请求，因此罗马人民称他为"不可以教皇"。有些雕像的私处在英诺森十世时期还没被遮起来，于是他便下令把这些雕像的敏感部位给挡得严严实实。他关闭了公共剧院，把所有舞台上的女人都赶了下去。克里斯蒂娜女王的托尔迪诺纳剧场变成了一个谷仓。尽管克里斯蒂娜很遗憾失去了从前的一些乐趣，但她本人还是一个有趣的人。她对那些能逗乐她的人都会表示感谢，她乐意邀请游客来参观她的私人收藏，让人觉得这些藏品像是陈列在一个公共博物馆里。有时，她也会请游客来看她本人。就像她自己常说的，她现在俨然就是罗马的古迹，是罗马的景点之一。一名法国游客在 1688 年写道：

> 她胖过了头。她的皮肤、嗓音和脸庞都像个男人……她的双下巴上长了几撮胡须……她总是微笑示人，态度和蔼。想象一下她的着装吧：穿的是男式黑缎齐膝裙式外套，纽扣从上扣到下……穿男人的鞋子。打着一大块缎带蝴蝶结，而没有戴男式围巾。外套上紧紧地系着腰带，可以明显地看出小腹隆起。

克里斯蒂娜女王于 1689 年逝世。她曾表示希望自己被安葬于万神殿，那里还埋着拉斐尔的遗骨。但万神殿被认为是个不太合适的下葬地点，为了满足她不要"高调浮夸"的要求，她的遗体最终被送到了圣彼得大教堂，并被安置在一个地窖里，此前这个地窖里只安置过四名女性的遗体。多年以后，当 17 世纪步入尾声之际，卡洛·丰塔纳奉命为她设计了一座墓碑。

克里斯蒂娜女王生活过的罗马和米开朗琪罗被召回的那个罗马已经截然不同了。圣彼得大教堂巨型穹顶之下的线条温和的小穹顶已经代替了中世纪贵族高耸的塔楼。剑客在街头厮杀的那个年代，常能看到令人生畏的堡垒，而那些堡垒也已经被精美的宫殿和大型花园里的豪华别墅所取代。被巴洛克风格的设计师大量使用的石灰华，也完全压倒了文艺复兴时期受建筑师偏爱的大理石。以上正是 18 世纪的游客来罗马会欣赏到的景象。

13

18 世纪

"让我把罗马描述一遍，我倒宁愿把意大利其他城市给说上四遍。"18 世纪初，法国政治家夏尔·德·布罗斯在写给家乡朋友的一封信里这般提到，"罗马太美了，在我看来，意大利的其他城市都无法与之相比。"

旅途伊始，德·布罗斯就已经对罗马充满了好感。他觉得没有哪座城市是像罗马这样的目的地，"连抵达罗马之前路上的风光都那么迷人"。他由米尔维奥桥跨过台伯河，接着经过了人民大门：

> 通过此门，你便来到了一个四边形的广场，广场中央矗立着一座花岗岩方尖碑，方尖碑的底部有一处喷泉。人民大门对面的区域穿插了三条狭长的街道，看起来就像乌鸦的脚。三条街道的尽头被两座带有穹顶的美丽教堂［圣山圣母教堂和奇迹圣母教堂］的门廊和柱廊隔开了。在这三条街道中，左边的［狒狒大道］通往西班牙广场；右边的［小岸街］通往台伯河的小岸港口；中间的，也是罗马目前最长的［科尔索］大道笔直得呈一个"I"字形，可以通往圣马可宫［威尼斯宫］，几乎已经到了罗马的城市中

心……这是初见罗马的景象，已经完美地体现了罗马的宏伟壮观。

后来的游客都认同了德·布罗斯的观点，甚至连脾气暴躁、喜欢吹毛求疵的苏格兰作家托拜厄斯·斯摩莱特也感同身受。1765 年斯摩莱特来到罗马，他在过境时就被海关人员的要求给惹恼了。在前身为安东尼·庇护大厅的海关大楼里，斯摩莱特的行李箱被打开，里面的物品散落一地，海关人员查了半天违禁物品，直到收了贿赂才放行。斯摩莱特的马车被"广场上的服务人士"团团围住，这些人硬要让斯摩莱特接受他们的服务。尽管斯摩莱特跟他们说他"根本不需要帮忙，但三个人还是跳上了他的马车，一个在前面，两个在后面"。后来，在他平息了心中的怒气之后，他对德·布罗斯的看法表示赞同，认为"崇高的"人民广场作为罗马城的入口如此威严，必将给所有外来游客留下深刻的印象，让他们体会到罗马的庄严雄伟。而人民广场仅仅是个开始，罗马的更多乐趣还在后头。

德·布罗斯认为相对于科尔索大道的长度而言，它太窄了，而街道上的人行道的使用则让它显得更窄。他承认他无法忍受街上的车水马龙，觉得"城里那么闷热，又有烟尘"，"意大利人还坐在马车里闲逛"实在是太无聊了。路边的建筑倒很漂亮，而当你接近罗马的中心地带，然后再越过台伯河往圣彼得大教堂方向行进时，就能看到更多漂亮的建筑物。

圣彼得大教堂是"世上最美的事物……一切都是那么简朴、自然、庄严、高贵……即使你每天去圣彼得大教堂，你也不会感到乏味。在这座教堂里你总能发现新奇的事物，只有当你去过很多次，你才算得上对这座教堂有一点了解……你去的次数越多，你越会觉得它

台伯河的小岸港当年所在的地方，也就是今天横跨台伯河的加富尔桥的所在地

很了不起"。在谈到圣彼得广场上的两座喷泉时，德·布罗斯说没有什么事物能像这些喷泉一样给他带来如此的快乐，它们是"喷水的烟火表演，从早放到晚，精彩不停歇"。同斯摩莱特一样，他更痴迷于罗马的喷泉，喜爱"这源源不断的、喷涌的水流"胜过罗马城里的其他奇观。饱览罗马美景的最佳方法之一是在日落时分从雅尼库鲁姆山上远眺，此时一个人可以看到"罗马的壮丽全景：穹顶、塔楼、金色的小穹顶、教堂、宫殿、成荫绿树和晶莹流水"，然而就连这样的景观，德·布罗斯也认为不及罗马的喷泉。

罗马的人民也很文明可爱，"这里的人都很有教养，比意大利其他地方的人更乐于助人"。"简而言之，如果让我用一句话来告诉你我对罗马的印象，"德·布罗斯总结道，"那就是——罗马是世界上最美丽的城市……是欧洲最宜人最舒适的地方。即使我住在巴黎，我还是更愿意马上搬来罗马住。"

当然，罗马也存在着一些不足，其中最主要的一个缺点就是罗马人普遍很懒，大部分人都不干活，终日"无所事事"，他们靠着救济和欧洲各地基督徒在罗马的消费度日。"罗马没有农业，没有商业，也没有手工制造业"；在一家商店里，店主常常会平静地告诉顾客，他要的东西有，但是还不方便送到，所以还是改天再来吧。

罗马在1563年的人口数是八万，在1621年的人口数是十一万八千三百五十六，而现在的人口数已上升到将近十五万。根据1709年的一次人口普查，罗马的人口数在18世纪结束之前将涨到十六万七千。前来罗马的游客和朝圣者人数几乎超过了罗马的居民数。一份以烤箱里烘焙额外的面包数量为基准的估算表明，在1700年罗马的游客数量约为十万。朝圣者圣三一教堂[1]大型招待所的一份统计则显示，在1750年的圣年，不少于十三万四千六百零三个朝圣者曾在这家招待所里住过。罗马居民中有很多官员，更多的人是教士：1709年的那次人口普查统计了有二千六百四十六个教士，其他的修道士、修女、教徒人数达五千三百七十。教士人数似乎还不止那么多，那会儿的时尚是穿得像个神职人员，哪怕你并不信教。"罗马的每个人要么就是个教士，要么就拼命把自己打扮得像个教士。"意大利冒险家卡萨诺瓦如是说，连卡萨诺瓦自己也随大流穿起了教士的行头。尽管教士人数众多，但对于罗马数量更为庞大的宗教机构而言似乎还远远不够。罗马有两百四十所修道院、七十三所女子修道院、二十三所神学院和将近四百座教堂，这其中包括了外国人的教堂，比如德意志人的灵魂圣母教堂、波兰人的圣斯塔尼斯劳教堂[2]、西班牙人的锯齿山圣母教堂[3]、葡萄牙人的圣安东尼奥教堂[4]，以及法国人的法兰西圣路易教堂[5]。

圣母大殿的门廊是在 16 世纪由老马蒂诺·隆吉建造的。1741 年富加为教皇克雷芒十二世修建了圣母大殿的外观，在施工过程中，门廊遭到了破坏。当时为建门廊，教皇保罗五世从马克森提乌斯教堂调来了石柱

令大部分游客感到不可思议的是，很多明显不是教士的罗马人很满意自己懒惰空虚的活法，反正慈善委员会会照应他们，一些宗教机构和有钱人家还会给他们提供食物。如果这些人无家可归，他们就会去教会的工场，在那儿吃了上顿等下顿的时候，就"叉着双手干坐着"。或者他们会找一家庇护所歇着，如果住一个晚上就走的话，他们的衣服和鞋都会被修补好。如果他们生病了，会有人来看望和照顾他们，圣约翰医院的行善兄弟会[6]还会给他们提供食物。或者他们可以挑一家医院，罗马有很多医院都可以给他们提供床位，比如他们可以待在圣灵医院，这家大医院的墙上挂着画，在那儿他们还有音乐会看。如果他们得了麻风病，他们可以在特拉斯泰韦雷的圣加利卡诺医院[7]得到救治；精神疯癫者可以在哀痛圣母医院[8]休养。年老及年幼者可以在圣米迦勒疗养院得到照应，那些女孤儿离开这里的时候还会得到一份嫁妆。[9]受伤的孩子可以在抚慰圣母医院[10]接受治疗；孕妇可以在圣罗科医院得到看护，如果她们不希望自己的信息被泄露，医院还会为她们保密。[11]

这些无业游民靠乞讨就可以赚到足够的零用钱，他们尤其喜欢在西班牙广场周围的街道出没，因为那里很容易拦到外国人。在每个广场都能见到一些坐在伞下的代笔人，这些代笔人为乞丐写好乞讨书，而乞丐就拿着乞讨书不时地徘徊在各个府邸的门前。乞丐们还会坐在教堂的台阶上，随时准备充当导游，即使他们是不称职的导游，游客也不愿意被他们带。傍晚时分，他们还会打着灯笼守在街上，准备拦那些犹疑的路人。他们的一些微不足道的服务，比如开个门、帮别人擦擦外套（尽管没必要）、主动告诉别人一些消息等等，被认为是值得打赏的。一个人凭借纠缠游客弄到的小费，以及靠当拉生意的人、皮条客、掮客赚取的佣金就可以在罗马生活得很滋润。

私人府上的仆人经常会向客人索取小费，他们也会向街上的陌生人要小费。"你去见个人，"孟德斯鸠抱怨说，"这个人的仆人马上就会问你要钱，而且常常是在你还没见到这个人的情况下。"德·布罗斯认为在某种程度上，这种行为是可以理解的，毕竟很多府邸并不像家，更像个旅店或者画廊。德·布罗斯如此描述博尔盖塞宫：

> 所有的房间都很大很美，它们是专门给外国人参观用的。宫殿的主人是不会住在这些房间里的，因为这些房间既没有卫生间，也没有足够的家具；其实几乎谈不上有什么家具，就连楼上的房间也住不了人……这些房间里面唯一的装饰就是贴满了四面墙壁的画，然而画与画之间挨得过近，说实在的，这些画并不吸引人，反倒挺索然无趣。

有工作的罗马人也从来不会干得很辛苦。他们的午休时间很长，在这段时间里，正如法国教士让·巴蒂斯特·拉巴所说，你在大街上能看到的生物就只有狗、疯子和法国人了。即使是午休时间之前和午休结束之后，石匠、铁匠、画家、雕刻师、木雕工人和制陶工人的店面也经常会处于关门的状态。罗马的节庆活动很多，几乎每隔一天就是一个节日。在 18 世纪初，罗马的宗教节日有一百五十个，而到了 1770 年，宗教节日的数量只减少了三十个。除了这些宗教节日以外，罗马还会举办一些庆典，比如正式进入梵蒂冈的仪式，在 1769 年的仪式上，教皇克雷芒十四世从马上摔了下来，后来坐进了马车里。有一些每年都会举办的活动，比如 12 月份的时候，从阿布鲁齐赶来的农民会身穿羊皮外套，戴着像土匪一样的帽子，在罗马的街头游行，在圣地前吹奏风笛。有一些在夏季每周进行的活动，比如海战演习——在人山人海的纳沃纳广场上进行的水上格斗和模拟海战。罗马各行政区域也会举行游行、盛宴、展会等活动，各区在活动的装饰豪华程度、乐队、花车和华服的创意性，以及烟火表演的精彩程度上都会一较高低。圣彼得日的高潮活动是举世闻名的圣彼得大教堂点亮仪式。来自教堂建造管理委员会的三百六十五名身手矫健的顶尖技工会抓着绳索，在不同的线绳间跳来跳去，在这个过程中你始终看不到他们，而他们最终会用六千盏纸灯和明亮的油灯神奇地照亮大教堂的轮廓。

　　每年的大斋节之前，罗马都会举行为期八天的狂欢节，节日的

圆形圣母广场的背景处是万神殿。尽管万神殿门廊横梁上的铭文写的是"卢基乌斯的儿子，第三次担任执政官的马尔库斯·阿格里帕修建了此殿"，但如今的万神殿其实是在哈德良皇帝在位时期（117—138）建成的

庆祝活动热闹非凡，一直会持续到圣灰星期三 *。狂欢节的庆祝活动是以卡比托利欧山上的钟声为号拉开序幕的。其他时候，只有当教皇逝世时，人们才会听到从卡比托利欧山上传来钟声。犹太人此前在狂欢节期间都有一场赛跑活动，后来活动被克雷芒九世取消了。在狂欢节的开幕式上，犹太人会献上一笔钱，用于支付发给赛马冠军的奖金，而他们的首席拉比会被轻拍腰背以示对犹太人的感谢。接下来，在身着黑色和紫色制服的戟兵的护送下，罗马非宗教人士中有头有脸的人物和宗教界权威人士会来到科尔索大道，与戴着面具和穿着各种奇装异服的人群会合。科尔索大道上彩旗飘扬，布满了鲜花和植被。人群里的装扮可谓五花八门：哥萨克人、英格兰水手、中国官员、巴巴利海盗、苏格兰高地的人、踩着高跷的巨人以及意大利即兴喜剧中的人物。有的男人乔装成了女人，有的女人扮成小伙子或军官。实际上，你在活动的人群里可以看到所有你能想象到的服装。五彩缤纷的纸屑和纸带漫天飞舞，飞镖、由火山灰和石膏制成的小球被掷来掷去，面粉和水也被泼了个痛快。人们唱着、跳着，彼此呼喊、拥抱，有的人跳开给马车让道，还有的人踩着踏板隔着窗户和街上的人打招呼。

狂欢节期间的花车游行排场很大。拉花车的马儿穿着华丽的马衣，马衣上饰有银铃、鲜花和鲜艳的羽毛，最令人赞叹的马衣往往是出自法兰西学院里富有创造力的学生之手。[12] 很多宫殿的庭院里在狂欢节期间都会举办比武大会；每天下午，在人民广场，还会举行人们期盼已久的赛马，参赛马匹都是巴巴利马，这些马被燕麦喂得饱饱

---

* 大斋节的首日。——译注

罗马狂欢节期间举行的赛马比赛，马的品种为阿拉伯巴巴利马，该比赛无骑手。图为赛马比赛结束时的场面

的，还常常会吃一些兴奋剂。马背上系着细绳，绳下有当马刺来用的锋利的钉子或齿轮。主人经常要防止这些亢奋的赛马跳出栅栏，而要成功地阻止它们跳出来还真是一件挺不容易的事情。当赛马准备好之后，一队骑兵会在铺满沙子的科尔索大道上清路，确保所有马车都撤到相邻的街道上。接着，又有一些骑兵飞速奔过大道，大道两旁的墙外则挤满了围观的人群。赛马以闪电般的速度向威尼斯广场冲刺，赛道上扬起的沙尘溅在了马蹄上，马背还流着血，这时赛道周围燃放起了烟火，人们加油助威的声音简直震天响。冠军马的主人可以赢得一笔奖金和一面金色的锦旗，这面锦旗挂在锃亮的旗杆上，锦旗上绣的图案是一匹奔腾的马。

由意大利艺术家朱塞佩·瓦西创作的版画，展现了 1765 年的罗马全景

在狂欢节的最后一天晚上，参与狂欢的人纷纷拥上街头。他们手里拿着蜡烛，互相推推搡搡，试图把对方手中的烛火吹灭，同时保护自己手里的蜡烛不被吹灭。有的人爬到马车顶部让别人够不着他们的蜡烛，也有人用很长的棍子举着蜡烛，嘴里喊的狠话也都是传统："谁手里没蜡烛，谁就会被揍晕！"这个夜晚，和狂欢节的其他夜晚一样，在府邸、剧院、会场里都上演着舞蹈，而大街上不仅有舞蹈，还有音乐和欢声笑语，直到次日太阳升起，街上才恢复了平静。

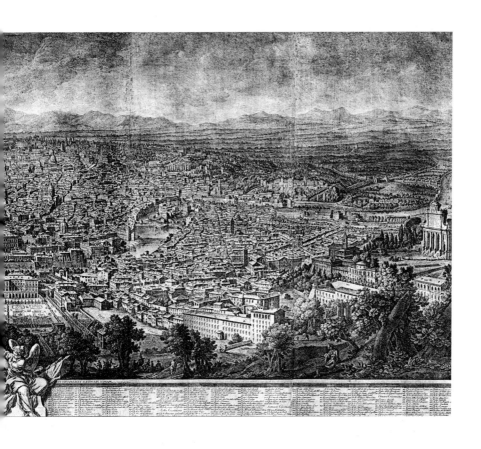

　　在狂欢节期间的星期天，烛火通明的教堂里放满了鲜花，还挂起了天鹅绒的帘子。教堂里陈列着很多雕像，而被精心装饰过的圣母雕像可谓随处可见。教堂的正厅和过道回荡着管弦乐声和教徒们嘈杂的交谈声，这使教堂看上去更像个剧场而不是进行祈祷和崇拜的地方，从某种意义上说，这些教堂就是个剧场。

　　大斋节期间，教堂里的氛围比较忧郁，女人们身着黑衣在告解室外排着长队。但当复活节来临的时候，一切就又变得欢快起来。天空中闪现灿烂的烟花，街上的人们跳起了舞。其实，比起圣司提反殉道纪念日上在圣司提反圆形教堂重现圣司提反受难的宗教仪式，在圣约翰日的午夜，拉特朗广场的斑岩方尖碑周围的狂欢更能真正体现罗马的宗教气息。这些宗教节日中的很多都起源于异教，比如万圣节的"死者重现"，在这个仪式里，死人的蜡像模型被靠在从医院运出来的尸体上；再比如在"火腿圣母节"那天，食品店的窗前堆满了熟肉、馅饼、香肠条，那画面常常有点吓人。不过，不管是源自异教还是源自基督教，大部分节日的气氛都是兴高采烈的，而不是忏悔性质的，所有的节日也都既能让人大饱眼福，又能让人触动心灵。如果一个罗马教士的布道内容是关于斋戒的美德，那么他以一个烤鳕鱼的食谱来

皮拉内西创作的版画描绘了奶牛牧场的景象，在画面左前方可以看到塞普蒂米乌斯·塞维鲁凯旋门淹在了水中

结束他的布道是完全符合罗马的宗教传统的。

　　和圣徒有关的日子在罗马的日历中都有特殊标记，而古代罗马诸神被赋予的神力也被分别赋予在圣徒们的身上。比如在古老的共和国时代，路米纳被看作农场的保护神，马图塔可以保护分娩中的孕妇。而现在，头疼的人会向圣毕比亚那祈求帮助，喉咙疼的人会去拜圣比亚焦。在奥古斯都的年代，罗马人视怪事为不祥之兆，而如今的人们也一样，只不过当年的怪事是指诸如神庙里的雕像发生流泪或者流血这样的情况，而现在的怪事指的是流泪或流血的圣母像和耶稣受难像。

　　尽管罗马人很迷信，他们惧怕别人诅咒的眼神，把类似在台伯河里捕到一只两头鲟这样的怪事看作灾难的由头，但他们骨子里是乐

在皮拉内西另一幅描绘奶牛牧场景象的版画中，向提图斯凯旋门望去，可以看到法尔内塞花园在背景处

观、随和的，喜欢按照他们的谚语"知足常乐"来处事。他们一点儿也不仇富，反而和富人处得很熟。在红衣主教和其他贵族的府上，常常看到来访者络绎不绝，他们的出入毫无限制。鱼贩和卖水果的小贩直接在红衣主教或贵族府邸的前门旁边摆摊，他们从来都没问过他们可不可以这么做，而进了府里之后，当仆人在和主人说话的时候，他们就像主人最亲密的朋友一样自己招呼自己，一点儿也不拘束。在府邸里，你还可以看见一个修士感激地从红衣主教的烟盒里接过一撮烟叶。在梵蒂冈宫，洗过的衣物就直接挂在窗外晾干；在奎里纳莱宫，教皇手下众多侍从的亲戚都会过来吃饭，有时候甚至会住在宫里。小贩会在宫中的过道上叫卖他们的商品，还会走进拥挤的大厅。但是，这种不拘礼节的随意性并不妨碍红衣主教们在一些场合按极为复杂的礼仪行事。教廷的礼仪规章十分严格，几乎所有红衣主教，不管其人有多么谦逊，出门时都会坐在一辆黑色镀金马车里，拉车的几匹马的鬃毛上都系着红丝带。不仅如此，还会有一车队穿着制服的随从人员跟着红衣主教。万一红衣主教在坐马车途中撞见了一个步行的红衣主教，这时他应该下车，并按照相应的礼仪向对方致意。一个来罗马的游客曾观察过这种礼仪，据他描述："在一番鞠躬、亲切微笑和亲密寒暄之后，两位红衣主教终于互相告别。但是坐马车的红衣主教没有直接回到车上，而是又走了一段路。他不断地转身向步行的那位鞠躬。同样，那位步行的也不断回头并和对方鞠躬。两人就这么走着鞠着，直到互相看不见对方才作罢。"

说起随从人员的车队，红衣主教德·贝尼斯的尤其壮观，他是法国驻罗马大使，抛头露面时向来都有大批随员跟着，其随从队伍包括了三十八个男仆、八个侍臣、八个贴身男仆和两个教士。为纪念法兰西国王亨利四世皈依罗马天主教，每年的 12 月 13 日，他都会在府上举办一场盛宴。有一年夏尔·德·布罗斯应邀出席了宴会，他发现这场盛宴"对于宾客和他们的仆人而言就像一场竞赛，而竞赛方式胆大至极、令人震惊"。

食物刚被摆在我们面前，一群陌生的男仆就拿着空盘子跑了过来，为他们的主人要这要那。其中有一个仆人一直盯着我要，我看他是这些人里最有前途的。我给了他火鸡肉，又给了他鸡肉、一片鲟、山鹑肉、一点鹿肉、一些牛舌和一些火腿，结果他每次还是跑过来问我要吃的。"我的朋友，"我对他说，"上给我们的菜都是一样的。为什么你的主人不吃他面前的东西呢？"这时，坐在我附近的德特鲁瓦插话道："别傻了。他给他主人拿的其实都是留给自己吃的。"我后来发现的确如此……男仆们都在比着谁往自己口袋里塞的吃的多，他们甚至把拌了松露的家禽肉包在餐巾里带走……在他们眼里做餐巾的布料也是宝贝。最聪明的仆人连餐具也快速带走了。你可以看见这些仆人进出餐厅，把餐具藏在自己的大衣下带回家。

有些男仆的妻子和孩子就在楼梯口等着，准备把这些"战利品"带回各自的"破地儿"。夏尔·德·布罗斯听说就连这些仆人的主人也会有偷窃行为。如果有位意大利绅士看中了一件餐具，他就让他的仆人把它带回家，顺带连盘里吃的一块儿偷走。德·贝尼斯跟德·布罗斯透露，每年他都至少会丢二十五到三十件昂贵的餐具，"更烦心的是"，有些餐具还是他借来的。

罗马的其他富人没有类似的烦恼，因为他们根本就不会办什么宴会。他们也就喜欢请客人来府上座谈，顶多就是让客人们能海阔天空地聊个痛快，让他们听听交响乐队的演奏和歌手的演唱，要么就是打打牌。这些场合只提供一些零食，而最常被提供的零食就是冰淇淋了。在罗马，一天之中卖出去的冰淇淋数量是惊人的，罗马人每时每刻都在吃冰淇淋，不管富人还是穷人都爱吃，哪怕在教堂里也在吃。

除了喜好冰淇淋以外，罗马人算不上贪吃，尽管食品都很便宜。有钱人家吃饭，餐桌上如果有意大利面、沙拉、水煮鱼、奶酪和水果的话就足够了，在贫民眼里，这些菜就是一顿完美的大餐。贫民很少在家做饭，都是在厨房或者面包房里拿点他们想吃的，然后跑到罗马城里或者周边可以露天做饭的地方。他们会去科隆纳广场烧卷心菜，会在圣马尔切洛教堂的台阶上用大锅炖牛肚；会去纳沃纳广场的大集市，然后哄在那儿卖菜的乡下农民帮忙做个菜；还会跑到科隆纳广场上的马可·奥勒留石柱前，卖咖啡的小贩会在那里烘焙咖啡豆，由于烘焙的味道太刺鼻，除了在这个石柱下，这些小贩不能在任何地方烘焙咖啡豆。

罗马的贫民很少在家待着，除非是在特别寒冷的天气。而由于家中没有火炉，甚至连个炭炉都没有，他们只能相互依偎在一起，脚揣在皮手筒里取暖。家中的盆里装着快烧完的木头，每个人就轮流拿着盆来暖手。他们喜欢在街上八卦、赌博、跳舞，还爱在街头观看他们所谓的足球比赛。这种球赛身体对抗激烈，每队队员多达三十人，观看过程中常伴随着助威声和咒骂声，比赛也往往以打架收尾。他们会闲逛到泰斯塔乔山，去品尝被冷藏在山上地窖里的卡斯泰利白葡萄酒。到了晚上，如果他们手头钱够的话，他们还会去剧场看戏，比如去西班牙广场附近的达梅剧场[13]，或是阿根廷剧场[14]；去卡普拉尼卡剧场看歌剧[15]，去托尔迪诺纳剧场看喜剧，或者去纳沃纳广场看木偶戏。但剧场里的表演并不是最吸引人的，或许在剧场看戏对他们而言根本不重要：他们还可以在这里见朋友，吃冰淇淋，野餐，或者赌博。"在罗马，朋友之间约在剧场见面是一种时尚，剧场就是社交的地方。"一位英格兰游客写道，"他们根本没在听音乐，一直在说说笑笑，就跟在家里似的。"这样的话观众和演员之间的关系就不怎么融洽了。观众经常带着烂水果进场，随时准备砸台上的演员。而演员也随时会反击，有一次，卡普拉尼卡剧场的演员就用碎瓦片和石块把挑事的观众砸了。剧场包厢里的椅子是围着赌桌摆的，服务生不时地进出包厢，送上酒水和点心。包厢下面都是坐板凳的观众，他们总是在吵吵嚷嚷，有吃有喝。有的人为了看清舞台、跟上剧情节奏还点了蜡烛，但其他人会把他们的蜡烛打翻。而当台上的演员唱起咏叹调的时候，整个剧场除了主要演员的歌声之外，再也没有其他动静了。舞台上唱女声的其实是阉伶歌手，尽管 16 世纪中叶，罗马的舞台上曾出现过一阵子女演员，而后来有一阵女演员也得到了克里斯蒂娜女王的保护，但她们最终还是被教皇英诺森十一世禁止登台演出。最受欢迎的阉伶歌手几乎与女人无异。"这些阉伶歌手要臀有臀、要胸有胸，脖子浑圆丰满，"一个法国游客写道，"你会错把他们当成真的姑娘。"据孟德斯鸠说，有一个英国人确实把卡普拉尼卡剧场的一个穿着异装的阉伶歌手当成了女人，并"疯狂地"爱上了他。阉伶歌手小的时候会做阉割手术，在梵蒂冈附近一家可以做这种手术的地方，还挂了张广告牌，上面写着："教皇的教堂歌手阉割于此。"阉伶歌手常出没于很多时尚的咖啡馆里，一个英国游客甚至觉得，"他们看起来很漂亮，也很勾人"。

对于那些没钱去剧场享受的人而言，街上的花样和乐趣也足够多了。在纳沃纳广场，有表演翻跟头的江湖医生和杂耍艺人，有算命的占星家，有现场服务的理发师和拔牙师；在科尔索大道，富人们坐在马车里招摇过市；在奎里纳莱山，富人们则在自家的花园里散步；在坎波马尔齐奥广场的喧嚣街道，空地上密密麻麻的小房子后赫然耸现着很多大型宫殿；而在特拉斯泰韦雷那黑暗、狭窄、飘着大蒜味儿的巷子里，你可以看到罗马的社会百态。在 1744 年以前，罗马的很多街道还没有标街名，房子上也没有门牌号。而在 1803 年以前，罗马的各城区之间还没有大理石界标划分界限。但是这都没太大关系，因为那个时候罗马的生活还是很方便的。商铺门两边都挂了店标，比如裁缝店的标志就是剪刀或者红衣主教的红帽子，理发店的标志是刮胡刀片，外科诊所的标志是流血的手或脚，烟草店的标志是个抽着烟斗的男人（通常是个土耳其人）。另外，很多行业都集中在某个地区，比如钟表店都在卡普拉尼卡广场及其周边，橱柜店都在细沙大道和坎皮泰利广场之间，书店在新教堂周边，帽子店都在卡佩拉里大道，卖念珠的店都在念珠商街，马车修理店都在马车大道，锁店都在基亚瓦里大道。

在罗马，不光做饭做菜是在露天进行，各种门店的店主、工匠和工人也都是在户外作业。垃圾都被堆在墙角，但清洁工偶尔才来清理一次。不论是哪个阶层的人，他们想方便的时候随时都会在墙边解决，有时候他们也会悄悄地在红衣主教家的楼梯上尿一发。夏天的时候，街上尘土弥漫，冬天的时候，街上烂泥淤积。可以想象罗马的街道是多么肮脏和嘈杂。街道"既坑坑洼洼又脏乱不堪",拉巴教士在1715 年写道。傍晚的时候,会出现几辆运垃圾的马车,后面还跟着个人,手里拿着和水桶连接的皮管,四处洒水。罗马人还"不太明白'大扫除'是什么意思,他们把清洁罗马的工作交给了老天。一场大雨就好像是刷洗罗马城的刷子"。这种态度持续了很多年,引起了广泛的、针对罗马的尖刻批评。比如英国作家黑兹利特就曾在他的《法兰西和意大利游记》中写过这么一段话:

> 我抱怨的不是猪圈和官殿形成的对比,不是新旧之间的差异;让我反感的是根本就没有这种鲜明的对比,有的只是几乎串联不断的、狭窄而又俗气的街道,街上的蒜味儿竟盖过了古迹的味道。粪堆、厕所和长在帝国的凯旋门下面的杂草并没有让我恶心。但是菜贩子的小摊、看上去很愚蠢的英国瓷器店、散发着恶臭的饮食店、理发店的标志、卖旧衣服或者卖老画的店、哥特式的府邸,府邸门前还有两三个穿着现代制服的侍从在懒散地晃悠,这些和古罗马有什么关系?

然而 18 世纪到访罗马的外国游客在写给家人的信中并没有过多抱怨罗马城市的污秽,反而称赞了它宜人的风景。比如四泉广场和庇亚门的景色、奎里纳莱山上的方尖碑、平乔山和埃斯奎利诺山上的风景,以及罗马浪漫的田园风光:牲畜在长满苔藓的废墟间悠闲地吃草,牛儿拉着满载干草的马车穿过广场,牧羊人在废墟的阴凉处休息……皮拉内西的很多给人带来安静、怀旧之感的版画里都描绘了类似的景象。

卡斯帕·范维特尔所绘的台伯河全景与断桥

有时候，一些暴力事件会打破罗马的和平安定。罗马人还是那么爱与人争论，动不动就发脾气，想消气还很不容易。谋杀案件层出不穷，有些属于激情犯罪，有些则是蓄意谋杀，杀人凶手要么是出于报复，要么就是在盛怒之下对走旧法制烦琐的程序失去了耐心。"令所有外国人吃惊的是，"歌德在1786年9月24日写道，"今天罗马城里又在传着杀人的事情。我们这个地区三周之内有四个人死于谋杀。"

很多犯人都逃过了制裁，他们在富有同情心的友人或局外人的帮助下躲进了罗马的某个避难所。而当犯人被判刑时，围观者们没有表现出厌恶，反而表现出了怜悯。在罗马的一些监狱里，有一些耶稣受难像是手工操作的，在犯人受刑之前，耶稣像会张开双臂给犯人一个安慰的拥抱。在断头台上，斩首的仪式很戏剧化，而犯人在被处决前要表现出无畏和坚忍。这真是好一出戏。拜伦曾经描写过罗马的这种行刑场面："行刑仪式上，教士戴着面具，刽子手半裸着身子，犯人

英国画家纳撒尼尔·丹斯画中的人物，这几个人都曾"壮游"至罗马。画中坐着的那位是托马斯·鲁滨逊，也就是后来的第二代格兰瑟姆男爵，他的手中拿着一张"支持者朱庇特"神庙的立面图

被绷带绑着。有一个黑人扮成基督，手里还举着旗子。断头台的周围有很多士兵。斩首之前的过程很慢，但刽子手用斧子砍下去的那一下十分迅猛，当时血溅断头台、人头在众人眼前落地的场面非常恐怖。英国的死刑会把人折磨得像狗一样，与之相比，罗马处决犯人的场面更让人印象深刻。"

在狂欢节期间，处决犯人的过程会变成一场荒诞喜剧。刽子手打扮成矮胖的丑角，给观众们一种在看一出哑剧的感觉。狂欢节期间，行刑的地点通常在人民广场，犯人会被押在一个支架上，头朝下，然后被人用牛鞭抽打。犯人有时候也会被强迫游街示众，他们的罪名和相应的惩罚会贴在他们的背上。如果一个人犯的是滔天大罪，那么他将被施以锤刑，就是"让他跪着，然后用锤子砸他的太阳穴，几乎在砸的同时割他的喉并开膛破肚。罪行相对较轻的人被罚在帆船上划桨（但罗马执政者没有帆船，所以这个惩罚就是用铁链子锁住他们，让他们干一些不算太重的苦力活），或者被施以吊刑：犯人的双手被反绑并被高高吊起，然后突然被放下，如果冲力够猛的话，犯人的腰关节会错位，手臂会脱臼"。

对犯人的惩罚有时候十分严厉，但是谋杀案件依然很常见，至今在特拉斯泰韦雷的圣母教堂和其他一些教堂里还陈列着凶器，印证了当年的谋杀案之频繁。不过，对于那会儿去罗马的外国游客而言，基本上是安全的。即使在深夜，他们也很少会被抢劫。与其说这种安全是得益于那些拿着长长的、带钩的棍子在街头巡逻的警卫，不如说那些外国人，尤其是英国人自己没什么戒心，想从他们身上拿钱有很多简单的法子，根本不需要冒犯罪的风险。夏尔·德·布罗斯写道：

> 大批英国人来到了罗马，在外国游客中属他们花钱最多。罗马人喜欢他们，因为他们出手大方，不过内心深处他们更喜欢德意志人，意大利普遍都是这种情况。我觉得大家都很讨厌我们法国人，因为我们有个愚蠢的习惯，就是对自己的行为方式自视过高，这让别的国家的人很不愉快。而且，如果一件事没有按照法国的风格来进行的话，我们就很爱对这件事挑刺。
>
> 英国人在罗马花了很多钱，按照他们的风俗，这趟旅行的目的是自我教育，但是他们似乎并没能从中得到很多收获。有一

些聪明的英国人的确从罗马之旅中受益了，但他们只是个案。大多数英国人到了罗马就打桌球，或者参加其他娱乐活动来打发时光，他们的马车就停在西班牙广场上，一整天都在等他们出发。有一些英国人离开罗马的时候，除了自己的英国同胞，他们在罗马什么都没看到，甚至不知道大角斗场在哪里。

那个时候的罗马确实有很多英国游客，这些英国人都在进行着他们的"壮游"，罗马人将他们称为"花钱随意的顾客"。这些人对罗马的艺术和建筑其实没什么兴趣，就比如有个跟坎特伯雷大主教约翰·穆尔相识的年轻人觉得一天花两到三个小时"在他觉得没什么乐趣，也没什么用的事情上"实在是太多了。六周之后，这个英国年轻人的旅伴去过的地方，他都还没去过。但是他不愿意承认，于是"就包了辆马车和四匹马，一大早整装出发，快速地浏览了教堂、宫殿、别墅和遗址。他花了两天时间就把我们在漫长的六周里参观的地方都给逛过了。后来，在看了他列的每天完成的事项单之后，我发现我们也没占什么便宜，我们看过的每个景点他都看过了，就连一尊残缺不全的雕像他也没落下"。

跟这个英国年轻人一样没耐心的游客是极其富有的巴尔的摩勋爵，他是"马里兰和弗吉尼亚的领主，一年收入达三万英镑"。他周游时带着一个医生、两个黑人太监和八个女性。有一次，一个官员让他指出哪个女人是他的太太，他回答说，作为英国人，他不会讨论他要跟哪个女人睡的话题：他会用拳头解决问题。在罗马的时候，他的导游写道，他"十分钟就逛完了博尔盖塞别墅……除了圣彼得大教堂和观景殿的阿波罗雕像，没什么可以让他满意的……他觉得他智力超群……世上的一切他都看不上眼"。

在这个时期，另一名年轻的游客却显得颇为认真刻苦。他就是詹姆斯·博斯韦尔。他于 1765 年 3 月来到罗马，在他的苏格兰同胞科林·莫里森（一个避难的詹姆斯党*成员）的带领下，他立即"对罗马古迹、绘画、建筑和其他保存完好的艺术品展开了研究"。他参观了城市广场，一想到这个广场上发生的那些伟大的场景，他"便产生了一种敬畏和惘怅的感觉"，他"看到这里已成废墟，有些破屋子，里面住着木匠和其他工匠，这些破屋子所在的地方，曾有一个演讲台，而正是在这个演讲台上，西塞罗大展雄辩之才"。离开广场后，他去了大角斗场。令他震惊的是，这里满地粪便，还被租出去当了牲口棚用。但是即便如此，"大角斗场还是大得惊人，其建筑也很华丽精致，你很难说'大'和'美'哪一点更令人钦佩"。他爬上了帕拉蒂尼山，看见山上的柏树，觉得它们似乎都在为沦为废墟的古代皇宫哀思。他在山上看到一座很像西塞罗的雕像，之后就开始和莫里森讲起了拉丁语，在此后的旅途中，他一直都在用拉丁语和莫里森交流。第二天，他爬上了卡比托利欧山，在现代的元老宫的屋顶，莫里森给他指出了建在七座山丘上的古代罗马，并简明扼要地介绍了罗马的发展历程。他还参观了马梅尔定监狱的圣彼得囚徒教堂和监狱遗址，切身感受了史学家撒路斯提乌斯"笔下的这座著名监狱的恐怖场景"。他去了戴克里先浴场，研究了战神广场的古迹；他怀着崇敬之心欣赏了圣母大殿里的东方大理石石柱；他参观了观景庭院、博尔盖塞宫和梵蒂冈图书馆；他看到米开朗琪罗创作的摩西雕像时，觉得摩西的胡

---

* 指英国光荣革命后支持詹姆斯二世及其后人夺回王位的政治团体成员。——译注

子太长了，而且摩西头上的那对犄角有点荒唐，让摩西看起来像个半兽人，但尽管如此，他还是不禁赞叹这尊雕像实在是"太棒了"；而对于拉奥孔雕像，他的评价是"无比伟大"。他"看到了一个陌生人坐在阳光下为一群和他一样衣衫褴褛的人朗读塔索的诗"，这一幕给他留下了很深的印象。另一幕令他难忘的是一队罗马姑娘，"她们从一个公共基金会那里得到了嫁妆，有些人要嫁人，有些人则要当修女。她们的队伍分成了不同的小组，走在最后一组的是戴着花冠的修女。这些姑娘里漂亮的没几个，几个最好看的都是修女"。

在天使报喜日*，博斯韦尔在密涅瓦神庙遗迹圣母教堂看见教皇克雷芒十三世"正坐在一把华丽的椅子上，椅子上饰有圣灵图案"。当克雷芒十三世被人抬着经过教堂时，所有的教徒都跪在他的面前，而克雷芒十三世则一一为他们祈福。后来他坐在了一个类似王座的位子上，每个人都过来亲吻他的鞋子。在濯足星期四**，博斯韦尔在圣彼得大教堂参加了著名的濯足礼。参加濯足礼的人一开始需要在西斯廷教堂做弥撒，之后列队去保罗小教堂，在那里，克雷芒十三世会带来圣餐；接着，克雷芒十三世在圣彼得大教堂的凉廊进行祈福仪式。然后，他为十二名不同国籍的教士履行濯足礼。博斯韦尔觉得，教皇在进行濯足礼的时候显得非常"高贵优雅"，后来在招呼教士们用餐时，他显得"大气而又谦和"，看上去像个"快乐的地主"，请大家品尝葡萄酒时，"他始终微笑着"。

在博斯韦尔观光、学习的过程中，他情不自禁地"满足了一下肉

---

* 即 3 月 25 日，是庆祝天使加百列告知圣母马利亚她将受孕并生下耶稣的节日。——译注

** 即复活节前的星期四，该节日纪念的是耶稣及其门徒的最后的晚餐。——译注

体之欢"。他曾对让·雅克·卢梭坦言："一天夜里，我像一头狂妄的狮子一样出门潇洒去了。我还带了一个年轻的法国画家和一个年轻的学者，他们也一样张扬、敏捷、风流，他们就是我这头狮子身边的豺了。我记得贺拉斯和其他多情的罗马诗人都有过纵情声色的行为，罗马的红衣主教维卡都批准妓女执业了，在这样的城市里，放纵一下自我又何妨呢。"

博斯韦尔在一个"迷人的少女"——一个修女的姐姐——身上花了差不多七先令，与她"享尽欢愉"之后，他决定每天换一个姑娘。他也的确做到了。他特别喜欢光顾一家小妓院，他很爱那儿的姑娘。这家妓院的老板是三个姓卡泽诺夫的姐妹。他还点了一些少妇，在其中一个被他称为"怪物"的少妇身上花了五先令，和这个少妇在一起时，他变得"相当粗野"。后来，卢梭警告他小心染上性病，他才有所收敛。

卡比托利欧广场，朱塞佩·瓦西的版画

很多游客都觉得罗马的女性不仅乐于助人，而且非常迷人。比如歌德就迷上了一家客栈老板的女儿，这个女人用洒出来的酒在桌面上写下她的名字，把她的名字和歌德的名字交织在一起，还写下了晚上他们可以约会的时间。这些罗马姑娘是出了名的貌美：好皮肤、乌黑亮丽的秀发、晶莹纯澈的眼眸以及健康洁白的牙齿，据说她们的好牙齿得益于喝的水很纯净。罗马女人还以热情奔放的眼神著称。法国作家让·巴蒂斯特·迪帕蒂认为，要想让这些罗马女人"把她们的目光从你身上移开"是不可能的。另一个法国游客奥古斯特·弗雷德里克·路易·维耶斯·德·马尔蒙在自己的回忆录中写道："罗马女人的自由令人难以置信，她们的丈夫根本不管她们，还会和自己老婆的情人谈笑风生，一点儿也不觉得尴尬。我曾听到M.法尔科尼耶以一种不可思议的口吻谈论他的妻子……不过站在我一个年轻的外国男士的角度来看，我还是乐见其成的。"实际上，罗马女人的丈夫们通常会吩咐她们不要公然滥交，也不要在情夫面前败坏自己的名声。

除了嫖妓、旅游、记录每天的行为让自己更享受做过的事情之外，博斯韦尔在罗马的大部分时间都和其他苏格兰人、英国人在一起，后来在罗马他几乎到处都能碰见苏格兰人或者英国人。他曾与芒斯图尔特勋爵相谈甚欢，芒斯图尔特勋爵是英国国王乔治三世的朋友比特伯爵的儿子和继承人。他也曾同约翰·威尔克斯聊得很投机，威尔克斯是个煽动民心的政客，由于中伤了乔治三世而流亡罗马。他感觉自己"深深爱上"了"谦和温柔"的瑞士女画家安杰莉卡·考夫曼，他还常常去见当时生活在罗马的其他三位画家：纳撒尼尔·丹斯、乔治·威利森和加文·汉密尔顿。在去圣彼得大教堂参观时，他

叫来了苏格兰学院 [16] 的成员彼得·格兰特给他当导游。尽管他担心被人怀疑与叛国者谈论政治，他还是拜访了穆蒂-帕帕祖里宫 [17]，也就是名义上的国王，"老王位索取者"詹姆斯三世的府邸，他还见到了詹姆斯三世手下的大臣安德鲁·鲁米斯顿，并与其成了很好的朋友。

博斯韦尔没有提到历史学家爱德华·吉本。吉本当时也在罗马，他"永远无法忘记，也表达不出在快抵达乃至进入罗马这座永恒之城时的心潮有多么澎湃，这种强烈的情感［让他］高度兴奋"。在一夜无眠之后，吉本漫步于城市广场的废墟中，"每一个难忘的地点，比如罗慕路斯站过的地方、西塞罗演讲过的地方以及恺撒摔倒的地方，此刻都浮现在［他的］眼前；在罗马陶醉了七天之后，［他才］冷静下来开始细致的调研"。后来，在 10 月的一个漆黑夜晚，天堂祭坛圣母教堂里的赤脚教士在吟诵着祷文，而吉本正在卡比托利欧山上坐着

"在 10 月的一个漆黑夜晚"，爱德华·吉本（1737—1794）"在卡比托利欧山上冥想时，第一次产生了编写《罗马帝国衰亡史》的想法"

冥想，这个时候他第一次产生了编写《罗马帝国衰亡史》的想法。

夏尔·德·布罗斯声称没有几个英国人能像吉本那样对罗马如此热情，而一些英国人却反驳说德·布罗斯自己才对他们来罗马想要观摩的地方毫无兴趣。不过，无论是法国人还是英国人，他们都会在罗马收集几件古董带回家里，有的是在遗址捡的，有的是在店里买的。罗马的街上到处都有古董行家在兜售手里的大理石碎片和其他现代的"艺术杰作"，这些英国人和法国人有时候也会从行家们的手里淘一些物件。他们中的大多数人都已经对罗马的古迹感到厌倦了。那些带着地图、指南、放大镜、画板、航海罗盘和象限仪来罗马的人经常会感到失望：马切罗剧场的凯旋门下已经住满了贫民；帕拉蒂尼山上长满了野草；塞普蒂米乌斯·塞维鲁凯旋门有一半都埋在了地下，剩下的部分现在开了个理发店；人们几乎只能从三个石柱的顶部看出档案馆的踪迹；卡拉卡拉浴场已林荫密布；在荒凉的帕拉蒂尼山上，游客能看到的唯一活物就是"几个衣衫褴褛的制绳工人，他们在半米来高的古城墙的阴凉下干活"；西里欧山现在看上去就像个被废弃的采石场；城市广场上两周才会有一次集市；博斯韦尔发现牲畜们都在大角斗场安了家，游客们必须经过一个隐居者们隐修的地方，才能看到大角斗场的座椅，那些座位都已经摇摇晃晃、长满了青藤。

即便如此，对于那些一丝不苟的旅行者们来说，罗马还是有很多值得探寻和研究的地方。英国军官约翰·诺索尔在他的《意大利游记》一书中曾提醒游客要小心冒充内行的人和自诩为"古文物研究者"的人，那些态度认真的游客是不会搭理这两种人的，哪怕费点周折，他们也会找个合格的导游，而最受欢迎的导游当属约翰·温克尔曼。

约翰·温克尔曼（1717—1768）是一个普鲁士修鞋匠的儿子，他在 1763 年被任命为罗马古迹的总管

约翰·温克尔曼是一个普鲁士修鞋匠的儿子，他后来成为欧洲最具权威的古典艺术鉴赏家。他于 1755 年来到罗马，不久便被任命为教皇秘书的图书管理员，还被安排住进了文书院宫。后来，他又成了红衣主教阿尔瓦尼的图书管理员，搬进了阿尔瓦尼宫，也就是今天的德拉戈宫；[18] 他帮助阿尔瓦尼整理了他收藏于阿尔瓦尼别墅的艺术珍品，阿尔瓦尼别墅也就是今天的托洛尼亚别墅。[19]1763 年，他被任命为罗马所有文物古迹的总管。温克尔曼是个公开的同性恋，他对于古物的迷恋是很有感染力的。在约翰·威尔克斯看来，他是个"有着超凡品位和良好学识的绅士"。他还是一个处事非常老练、周到的人。有一次，当他带着威尔克斯及其美艳的情妇格特鲁德·科拉迪尼参观罗马的时候，威尔克斯和"生性风流"的科拉迪尼一时欲火难抑，就近溜到一处废墟中云雨，而他就假装没有发现这两人消失了片刻。"这太够意思了，"威尔克斯评价他说，"因为在我们偷欢的那一会儿他得陪着科拉迪尼那个话少人又丑的母亲。"

不过即便有温克尔曼作导游，很多年轻游客还是对罗马的古迹失去了兴趣，他们更喜欢去嘉布遣会的修道院。在这座修道院里，游客们可以看到魔鬼做的十字架、圣路加画的画，还有一些令人毛骨悚然的洞穴，洞穴里全是指关节、膝盖骨、肋骨、露齿而笑的头盖骨以及交叉摆放的尸骨。[20] 在教堂的每一个隔间里都能看到靠在墙上的骷髅，这些骷髅倒是都能体现嘉布遣会教士的风格：干瘪的皮紧紧贴着骨头，胡子长到了腰带处，细长的手指间紧紧攥着念珠。带着游客参观这些恐怖洞穴的修道士会兴致勃勃地为游客指出哪具骷髅生前是他们的朋友，他们自己的尸骨会在哪个壁龛里暂时存放。

探访嘉布遣的地下墓穴也是一场惊悚又快乐的体验。约翰·伊夫林曾从一片玉米地里匍匐钻入过这个地下墓穴，在他去过之后直到现在，墓穴都没什么变化。当时伊夫林"用两个火把来照明方向"，下到了"很深的地方，仿佛到了大地最深的内部，那儿有个好几公里的通道，感觉有点奇怪、吓人"。伊夫林记载道：

> 营造了这个通道的恐怖气氛的是通道两边的骷髅和尸体，它们一层叠着一层，叠得有架子那么高。有些尸体被又平又糙的石头给围上了，石头上还刻有耶稣信徒的标记和棕榈树的图案，据说这些遗体都是殉道者的……当我在墓穴里四处探索的时候，我发现了一个似乎盛着干血的玻璃瓶，还有两个用来收集眼泪的泪瓶。很多遗体，或者很确切地说，遗骨（这里也没有别的东西了）都被完好地摆放着，它们好像都经过了药剂师的加工才得以如此完整，你只要一碰，它们便散成了骨灰。在这个曲折的地下墓穴走了三四公里之后，我们回到了马车上。当我们爬回地面再次接触到日光的那一刻，我们几乎都失明了，甚至还被烟尘呛着。一个法国的红衣主教和他的一批随员探洞时走得太远，他们的火把都熄灭了，后来再也没有听见他们的动静。

和鲁本斯以及很多在他前后到访罗马的外国游客一样，伊夫林被人推荐在西班牙广场附近找个地方落脚。西班牙广场的得名是由于在 17 世纪初，西班牙使馆被建在这个广场上。伊夫林最终住进了广场附近的一套公寓里，和他合租这套公寓的还有个法国人，这个法国人在一番讨价还价后，把月租金砍到了二十克朗（也就是二十五便士多一点）。同样是在这片区域，当温克尔曼初到罗马时，他住进了位于祖卡里宫²¹的一间公寓。萨尔瓦托·罗萨就住在附近的格列高利大道；皮拉内西住在西斯蒂纳大道；新古典主义早期的画家安东·拉斐尔·门斯也住在附近；还有卡洛·哥尔多尼，他住在孔多蒂大道。在孔多蒂大道上曾有一家希腊咖啡馆²²，至今仍在营业。在当时以及后来的岁月里，希腊咖啡馆可谓群贤荟萃。卡萨诺瓦、歌德、莱奥帕尔迪、叔本华、比才、柏辽兹、果戈理和济慈（他在西班牙台阶底下的房间还被保留着）²³、瓦格纳、李斯特、门德尔松、罗西尼、司汤达、巴尔扎克、拜伦、萨克雷、丁尼生、安徒生等不计其数的艺术家和作家都曾是这家咖啡馆的座上宾。这些艺术家来到罗马，有的是为了学习，比如苏格兰设计师罗伯特·亚当和罗伯特·米尔恩；也有的是来工作，比如法国画家弗拉戈纳尔、韦尔内、克洛德·洛兰，意大利雕刻家卡诺瓦，法国雕刻家乌东和英国设计师威廉·肯特。威廉·肯特为罗马的佛兰德圣朱利安教堂（也是比利时的国家教堂）²⁴的天花板设计了风格独特的壁画，这幅壁画让人想象不到它竟出自一位英国设计师之手。除了阿尔贝戈隆德拉酒店和蒙特多拉酒店之外，罗马没几家好的酒店。蒙特多拉酒店里的布丁实在是太好吃了，以至于夏尔·德·布罗斯都不介意那儿的高价是在宰客。不过，罗马还是有一些舒适的小旅馆的，比如老鹰旅馆、猎鹰旅馆、金狮旅馆和五月旅馆。大多数游客只要觉得房间的装潢和布置令人满意就会入住，如果可能的话，他们还会住进漂亮的卡萨·瓜尔内里酒店。"这些公寓通常宽敞舒适且装潢考究。"托拜厄斯·斯摩莱特写道。斯摩莱特刚到罗马就被人带到了"空旷、通风、地段很好的"西班牙广场，在他那个时期，西班牙广场被称为"英国人聚集区"。"对于房客而言，日常生活所需用品应有尽有……蒙加纳小牛肉是我吃过最美味的小牛

西班牙广场上的破船喷泉、阶梯与山上圣三一教堂

肉……这里还有各种美酒：蒙特普齐亚诺酒、蒙泰菲亚斯科内酒和蒙特迪德拉贡内酒；但是我们吃饭时通常喝的是奥尔维耶托酒，它是一种味道醇美的白葡萄酒。"

去了欧洲别的国家之后，斯摩莱特开始抱怨起罗马的生活。但他仍然承认罗马的物价是非常合理的。斯摩莱特在罗马住的公寓"一楼布置得很好，二楼有两间卧室"，住这样的地方他"每天花的钱还不到二十五便士"，他的房东给他提供了丰富的饭菜，价格也相当合理。一整套房子全部租下来一个月的租金不超过六畿尼；罗伯特·亚当住的公寓很舒服，还有厨师、贴身侍从、车夫、男仆为他服务，他每周只需花四英镑多一点儿就可以享受这一切。

因为住宿便宜，食物可口，外国游客在罗马一般会比较愉快，但也有少数人没那么开心。早期的新教教徒一般都要经过乔装才敢进入罗马，他们在复活节前就会离开，因为复活节期间宗教裁判所会派人挨家挨户搜查新教教徒。英国作家亨利·沃顿爵士曾在1587年动身去罗马旅行，他把自己伪装成一个德意志的天主教徒，还在他的黑帽子上插了根"很拉风的蓝羽毛"，他对为什么插上这根羽毛是这么解释的："首先，我这么打扮没人会以为我是英国人。其次，我是个快乐、随性的人，这一点也体现在我的穿着上（危险分子是不会像我这么穿的）。最后，一定不会有人认为我想隐瞒身份，如果一个人戴了这么根羽毛在头上，不出几天，他在罗马就会出名的。"

尽管爱尔兰游记作家托马斯·纽金特爵士曾在他的《壮游》一书中提醒他的读者到罗马旅游时在服务生面前讲话要留神，但到了18世纪，宗教裁判所对外国游客已经不再是个威胁了，除非这个人在罗马施展了黑魔法。事实上，罗马的宗教裁判所在它对异端分子制裁最为严厉的时期，也比不上西班牙和朗格多克的宗教裁判所审判之严厉。哲学家、天文学家、数学家焦尔达诺·布鲁诺被关押了七年，他始终拒绝放弃他被指控为异端的学说。1600年2月，在鲜花广场上，舌头被夹住而说不了话的布鲁诺被活活烧死在刑柱上。[25] 被罗马宗教裁判所审判的还有伽利略，他写了些有关宇宙定律的文章，这些文章被耶稣会认为对教会构成了很大威胁，其危险性等同于"把路德和加尔文放在了一块儿"，于是他受到了审判，但后来他被允许住进了舒适的公寓。尽管宗教裁判所的代理教长对伽利略表现出了同情，聚集在宗教法庭的教众却坚持要将他判刑。教皇乌尔班八世下令对伽利略减刑，他被允许回到了他位于佛罗伦萨附近的阿尔切特里的住处。在

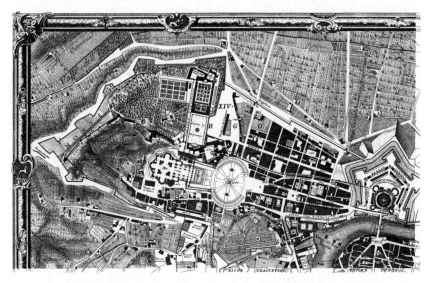

意大利设计师詹巴蒂斯塔·诺利绘制的 1748 年罗马城市平面图局部

伽利略逝世大约一百年后，位于圣天使堡的宗教裁判所的监狱内只关押着四个人，而把一个外国游客拖进来给这四个人当伴儿几乎是不可能的事情。信奉异端的游客只要不乱发表观点，就用不着怕宗教裁判所。在一些宗教仪式上，姑娘在修道院里必须戴着面纱，还会被剪掉她们的裙子、饰物和头发，有些游客会忍不住大声规劝这种行为，但即使他们这样发声了，也不用担心被抓。爱尔兰女作家玛格丽特·金的旅伴凯瑟琳·威尔莫特写道，在类似的一个仪式上，"不光是女人，连很多在场的英国绅士都流下了愤慨的泪水"。

一个英国人本能地把手放在了他的剑上，恨恨地说这种令人揪心的、迷信的暴行应该从地球上消失。突然有那么片刻，现场死一般寂静，然后每个人不得不眼睁睁看着，不得不听着剪刀的咔嚓声，［姑娘］头上闪亮的辫子和卷发就这么被剪掉了，身上的玫瑰腰带也被剪掉了，就掉在女修道院长的脚下。虔诚的女修道院长还在不依不饶地剪去姑娘身上所有的饰物，然后用麻袋布缠着她的太阳穴，又给她穿上了朴素的黑色教服。她的头上戴了一顶荆棘之冠，手里塞了白百合的枝干，身旁放了一个巨大的耶稣受难像以及所有与天堂有关的象征物。

但是，根据另一位信奉新教的游客的观察，他们没必要去目睹这

1787 年，歌德在意大利旅行。当他走进罗马的时候，他喊道："现在我才总算开始了生活！"他坦言在离开罗马之后，没有哪一天是十分快乐的

些令人心碎的场景。罗马的天主教制度看上去是令人振奋的，而不是压迫的。18 世纪 70 年代，一个苏格兰长老会成员来到罗马，想要说服教皇克雷芒十四世皈依新教。他在圣彼得大教堂辱骂克雷芒十四世是长着七个脑袋的野兽，是娼妓之母，结果被瑞士禁卫军抓了起来。但克雷芒十四世为这个人说了情，声称他这么做是出于好意，不仅付给他一笔钱作为回苏格兰的路费，还感谢他千里迢迢赶来只为做一件好事。

大斋节期间，要想获得一个吃肉的许可证是件很容易的事。而且不管怎样，都有很多酒馆和肉铺不在乎什么吃肉许可证，随时愿意卖肉给顾客。事实上，罗马是个安逸、友好的城市，它让外国游客很快就有了宾至如归的感觉，有些外国人觉得罗马更像是自己的家，因而有点乐不思蜀。产生这种感觉的其中一人就是歌德，在他进入罗马城的时候，他喊道："现在我才总算开始了生活！"在他离开罗马后，他悲伤地说："自从我经过米尔维奥桥回了家以后，我没有哪一天是十分快乐的。"

14

拿破仑的插曲

当教皇克雷芒十二世于 1740 年逝世的时候，夏尔·德·布罗斯来到了教皇宫，呈现在他眼前的"是一片雄伟而悲凉的景象。所有的房间都被废弃了，里面空空荡荡"。他经过这些房间的时候"连只猫都没看见"，直到他走进教皇的卧室，才看见教皇的"遗体被置于床上，守护着教皇遗体的是四名耶稣会教士，他们在吟诵，或者说假装在吟诵着祷告文"。从教皇去世后至新教皇被选出之前的这段时间里，在罗马掌握大权的人是红衣主教卡梅伦戈，他

在九点的时候来到教皇宫履行他的职责，他所需要做的事情包括：用一柄小锤子轻敲几下已故教皇的额头，呼唤教皇的名字——洛伦佐·科尔西尼。在得不到回应后，他说："这就是你为什么哑口无言了。"然后他摘下了教皇的戒指，按照惯例把戒指弄断……由于教皇的遗体还要搁置很长一段时间才能入殓，教皇的脸被刮得干干净净，其面颊也被抹了脂粉来掩饰尸体的苍白。此时的克雷芒十二世看起来显然要比他生前精神得多。

克雷芒十二世出身于佛罗伦萨的一个贵族之家，他晚年的时候双目失明。1648 年，《威斯特伐利亚合约》的签署宣告了"三十年战争"的结束，从那以后，罗马教廷的政治影响力便大不如前。尽管克雷芒十二世努力维护教廷的权威，但是收效甚微。克雷芒十二世以及和他出身于同一家族的前辈教皇克雷芒十一世都算不上是合格的教皇，两人执政期间都魄力不足，不够坚定。克雷芒十一世在位初期曾处理了一桩丑闻。1703 年，在一场地震之后又爆发了洪灾，台伯河的河水都流进了罗马街头，接着，一场疾病又在城市蔓延，让老百姓的境遇雪上加霜。罗马教廷的一些高级官员开放了自家的府邸，为无家可归的少女和寡妇提供栖身之所。但是有传言说，那些流离失所的女人们在教廷高官的府上可不仅仅是避难那么简单。于是，克雷芒十一世下令所有女人都必须搬到别的地方去住，由教会拨款予以安置。善良、慈悲的克雷芒十一世后来又遭遇了一系列麻烦和困境，据说他后来常常难过得以泪洗面。

在 1724 年至 1730 年间担任教皇的本笃十三世同样也未能担起重新树立教廷权威的大任。他是个非常朴素的多明我会成员，在任期间他把很多事务都交给贪婪的红衣主教尼科洛·科夏处理。科夏则利用这个机会大肆扩张自己的权力。在本笃十三世及其继任者克雷芒十二世纷纷去世后，人们开始寄希望于本笃十四世，盼着他能巩固教廷的领导地位。本笃十四世是个聪明、机敏、善于交际的人，他以自我约束力良好和处事风度翩翩而著称。出现这么一个人物对罗马来说是幸运的，他是一个有能力的管理者、富有同情心的教皇和慷慨大方的恩主。在他上任之初，教会的财政已出现赤字，但经过他的管理，财政实现了收支平衡；他经常出门访问教区民众，有的时候还是匿名乔装，戴着假发和三脚帽走访街区；他给圣彼得大教堂捐了绘画，给圣母大殿捐了镶嵌画，给梵蒂冈图书馆捐了手稿。在他的任内，罗马历史上第一次出现了标有街道名称的指示牌。罗马人有足够的理由对这位教皇感恩戴德，而教会的敌人也乐得有如此宽容放任的教皇在位。本笃十四世在面对启蒙运动思想家们提出的理论观点时，根本无力辩驳。克雷芒十三世和克雷芒十四世也无法保护耶稣会教士不被扬森派教徒和罗马天主教的势力攻击。1769 年，克雷芒十三世猝死，据说他是服毒而亡的。此前，他目睹了法国对耶稣会教士的驱逐，并被欧洲多国要求彻底消灭耶稣会。他的继任者克雷芒十四世不得不同意各个国家的要求，不情愿地签署了一份打击耶稣会的谕令，但这份谕令并没能改善教廷和欧洲各国之间的关系。克雷芒十四世后来一病不起，在签署谕令的第二年，他痛苦地离开了人世。教廷的烂摊子留给了詹南杰洛·布拉斯基，他于 1775 年当选教皇，即庇护六世。他在位时，教廷的势力和影响力已经荡然无存，即将到来的法国大革命，也给他造成很大的麻烦。

从外表来看，庇护六世似乎是个理想的教皇人选。他身材高大健壮，而且非常帅气。他举止高贵，仪表威严，口才一流。尽管他的头发已经白了，他的皮肤看着还很年轻，一双黑色的眼睛很有神，让他看上去比实际年龄要小许多。一个与他同时代的人称他"看上去是个天生的领导者"。罗伊斯的海因里希亲王则写道："在我认识的统治者中，庇护六世的举止是最高贵的。他的风度让人印象深刻，举手投足间都散发着一种高贵感……这种风度征服了所有人。"

庇护六世是马尔坎托尼奥·布拉斯基伯爵八个孩子里年纪最大的一个。他出生在罗马涅，曾受过耶稣会教士的教育。他在费拉拉大

教皇庇护六世

学读书，一心想从事法律方面的工作。后来他的职业发展得很快。在他三十六岁那年，圣彼得大教堂就向他抛出了橄榄枝，给他提供了一个教士职位，当时他已订婚，所以一开始的时候他拒绝了。不过他的未婚妻后来成了一名修女，同意他当教士，于是他就进了圣彼得大教堂，在那里他一路青云直上，跟他还是个非宗教人士的时候一样受人青睐。他很明白自己的优势，对自己的外表颇为自负。"为了把自己弄得更帅，"路德维希·冯·帕斯托尔写道，"他特别注意打理自己的白头发。更有甚者，他会优雅地提起他的长袍，让别人看到他优美的脚。这反映了他性格中一个严重的瑕疵，他想有个好名声，但是这种性格却弄巧成拙。善于讽刺的罗马人猛烈地抨击了他的这些缺点。"

罗马人还批评庇护六世跟之前的教皇一样滥用权力为家族牟利。

他为他的一个侄儿修建了巨大的布拉斯基宫[1]，这座宫殿至今仍是圣潘塔莱奥广场最显著的建筑，它也是罗马最后一座为教皇家族而建的宫殿。他在位时不仅意图增加家族财富、恢复教廷的名望，还一心改善罗马城市风貌。他授权阿尔瓦尼别墅的设计者卡洛·马尔基翁尼为圣彼得大教堂建一间圣器房。[2]其实亚历山大七世、克雷芒十一世和克雷芒十二世都曾想把这间圣器房建起来，但都未能如愿。1776年9月，庇护六世亲自为圣器房奠基，此后他经常来这里，很多古物也都收藏于此。他给圣彼得大教堂送了一座重达12.7吨的大钟，另外送了两座钟置于教堂前厅的顶楼两侧。他为了装饰教堂的二十五个祭坛，提供了所需的全部镶嵌画，还重新装饰了正厅的天花板，并下令把保罗五世的纹章替换成他的。在修复拉特朗大教堂的天花板时，他也同样留下了自己的纹章。

庇护六世在雅尼库鲁姆山上建了一间孤儿院和多个工场，还为圣萨尔瓦多雷月桂广场的穷苦孩子建了所学校。他扩建了圣灵医院，设计了梵蒂冈宫里的松果花园，扩建了梵蒂冈博物馆并增加了其中的馆藏[3]，装饰了庇护-克雷芒博物馆里的缪斯厅，并在庇护-克雷芒博物馆里建了一座漂亮的楼梯和面具厅。[4]他在山上圣三一教堂[5]附近、意大利众议院广场[6]以及奎里纳莱广场[7]上的驯马师巨型雕像旁立起了方尖碑。[8]他在蓬蒂纳沼泽地启动了一个大型公共建设工程，开垦了六百多公顷的土地，同时还修复、铺整了阿庇乌斯大道。

尽管庇护六世热心公益，做恩主时颇具慧眼，但他实在做不了一个政治家。当法国大革命爆发后，他完全无力应对罗马天主教会遇到的种种难题。当时，法国议会发布了一份名为《神职人员民事宪章》的文件，要求不管是主教还是教士都要经过普选，所有神职人员都不再与罗马天主教会产生任何联系。法国教会呼吁庇护六世批准他们接受该宪章，以避免可能导致的法国教会分裂。但庇护六世非常犹豫，迟迟不做回应。于是，法国议会就要求法国的所有神职人员都宣誓效忠这个宪章。有些教士照做了，而有些教士没有。法国教会也因此分裂为两派：一部分人愿意遵从议会效忠宪章，另一部分人拒不服从。最终，庇护六世对宪章予以谴责，这在巴黎引发了骚乱。当时，巴黎的一些剧院里上演的剧目常常表现宗教裁判所造成的恐慌、修道院里的苦难和伪善，还有罗马天主教会高层的贪婪和放荡。这些剧院和一些政治团体推行了反教权主义运动。人们焚烧了庇护六世的肖像，在教堂门口涂上了革命口号，闯入修道院，袭击了修女，还把一颗人头从罗马教廷大使的马车窗扔进了马车里。当法国国王路易十六也被处死后，庇护六世觉得一切抗议都不起什么作用了。"我预感到了一场可怕的灾难，"他说，"但我没什么可说的。在这样一个动荡时期说太多只会把情况变得更糟。"

罗马人起先认为法国大革命不关他们的事，对这场革命嗤之以鼻。但几个月后，当巴黎的罗马移民被困得无法立刻返乡后，罗马人对那些革命者越来越反感。罗马教廷在法国的财产都被国有化，在法国的领土也被没收，法国对罗马的捐赠越来越少，来罗马的法国游客、朝圣者也寥寥无几，所有这些都让罗马人对法国大革命深恶痛绝。后来，法国国民公会为寻求国际社会对法兰西共和国的承认，派使节出使罗马，愤怒的罗马人攻击了法国使团。

连那些同情法国大革命的人，比如法兰西学院里的雅各宾派学生们，都觉得法国使团确实过于挑衅了。那些使节戴着有蓝白红三色帽徽的帽子招摇过市。他们监督别人把法兰西学院墙上的教皇和红衣主教的肖像统统撤下，换成了拥护法兰西共和国人士的肖像。1793年1月13日下午，在将法国使馆外观上象征着法兰西王室的鸢尾花饰摘除，并换上国民公会的标志后，法国使节们坐着马车来到了科尔索大道，他们还是戴着有三色帽徽的帽子，马车上还插着三色旗。起先，街上的人们对他们只是谩骂，后来暴民们开始用石头砸马车，吓得车夫策马狂奔，先是冲进了科隆纳广场，然后又沿着斯德鲁齐奥罗巷往帕隆巴拉宫方向疾驰，帕隆巴拉宫是法国银行家的府邸。马车冲进了府邸大门，然而，就在大门被关上之前，暴民也追了上来。一名使节侥幸脱身，另一名使节却被人用剃刀在腹部给了致命一击。当这名使节被人拖走时，暴民们仍然没有放过他，他们拿石块对着尸体一通狂砸。大部分暴民还跑去砸了亲法分子家的窗户，包括帕隆巴拉宫的主人，法国银行家托洛尼亚的其他房子的窗户。他们洗劫了帕隆巴拉宫和法国邮局，袭击了法兰西学院，一把火烧了学院的大门。整个晚上，街上都响彻着"教皇万岁！"和"天主教万岁！"的口号声，人们还拦下街上的马车，让坐在马车里的人和他们一块儿喊。"革命的火焰在罗马并没有被点燃，"威尼斯驻罗马大使记录道，"在罗马的每个角落都找不到革命的支持者。"

这场暴乱并没有给罗马教廷造成太大的麻烦。当时的法国国民公会面对内忧外患根本无暇旁顾，只是威胁说他们一定会报仇，并将遇害的法国使节追认为共和国的烈士。1796年，当得到法国督政府几位督政官一致支持的拿破仑·波拿巴被任命为意大利军团的统帅时，督政官们觉得这是个掠夺战利品毫无顾忌的人，他抢来的财富可以充实法国的金库。拿破仑在意大利打了几场漂亮的胜仗，分别击败了撒丁岛国王和奥地利皇帝，之后，督政府授意他把一切有用的、能运回来的东西都从意大利带回法国，他毫不犹豫地照办了，并且在降军身上狠狠敲了一笔。他从教廷手里攻下了费拉拉、博洛尼亚和安科纳港；而当奥地利在意大利北部出现了卷土重来的苗头，搞不清状况的庇护六世也拒绝了督政府的议和条件时，拿破仑接到了向罗马进军的命令。

"我们和各国人民都是朋友，"拿破仑宣称，"尤其和布鲁图斯与西庇阿的后人们是朋友。我们的目的，是重现卡比托利欧山上的光辉，在那儿建起伟人的塑像，把罗马人民从长久的奴役中解放出来。"虽然督政府希望拿破仑将庇护六世废黜，但事实上废黜教皇不是个好主意。因为一旦庇护六世被废，那不勒斯就有可能占领意大利中部，而那不勒斯那个神经质的王后正是法国大革命中被处死的王后玛丽·安托瓦内特的姐姐，如此一来，同罗马相比，那不勒斯将对法国构成更大的威胁。因此，拿破仑决定不动庇护六世，只是强迫教皇接受《托伦蒂诺条约》的条款。"我的意见是，"拿破仑向巴黎汇报说，"罗马一旦失去了博洛尼亚、费拉拉、罗马涅并支付三千万里拉的战争赔款，它也撑不了多久。就让这个老旧的机器自己报废吧。"

事实上，罗马损失的财富远远不止三千万里拉。宫殿、画廊、教堂被洗劫一空，古代雕塑、文艺复兴时期的绘画、挂毯、宝石和金属全部被包装起来装上了马车。拉奥孔雕像、观景殿的阿波罗雕像以及不计其数的艺术杰作和拉斐尔、卡拉瓦乔、贝尼尼的作品堆在了一起。某一日，光是被运走的金砖银条的价值就达到了一千五百万斯库多银币；而在另一天，三百八十六颗钻石、三百三十三颗翡翠、六百九十二颗红宝石、两百零八颗蓝宝石以及无数宝石、珍珠（许多珠宝是从教皇的三重冠上拔下来的）被送到了巴黎。几周之后，四百余卷珍贵的手稿也被运走。一支由五百辆马车组成的车队在重兵押送下载着更多箱战利品沿着弗拉米乌斯大道行进。不一会儿，又有一千六百匹马驮着战利品走向法军总部。

当所有的战利品被运出罗马后，法国政府的代表开始进驻罗马。拿破仑的哥哥约瑟夫成了法国驻罗马大使，享有年薪六万法郎的他带着一大家子人住在科尔西尼广场的官邸里。有些法国军官来罗马度假；法国代理人也在罗马出现，他们在同情法国大革命的意大利北方人的陪同下，来鼓励罗马城里拥护共和政体的团体。1797 年 12 月 27日夜晚，在食品价格飙升后，这些共和派团体联合起来游行示威，抗议教皇的统治。在驱散示威者的过程中，教皇军队射杀了两人；但是在第二天，一伙雅各宾派人士又出现在科尔西尼广场前，他们喊着"共和国万岁！""自由万岁！"的口号。拿破仑接见了这伙人的首领，斥责他不该造成骚乱。拿破仑刚想对聚集在法国使馆府邸外的示威民众发表讲话，突然传来了教皇骑兵卫队的枪声，骑兵卫队还闯入了使馆界地内。受惊的示威者们逃进了使馆的院子里和楼里。拿破仑要求教皇的骑兵离开法国的领地，而当那些骑兵真的撤退时，使馆里的示威者们反倒来劲了，他们冲出去追赶骑兵，不料骑兵又掉转头来向他们开火，几名示威者被打伤。一个名叫迪福的法国年轻将军本是来与大使共进午餐的，混乱发生时，他也拔出剑冲向了教皇的骑兵，结果被一枪打穿了脖子。

迪福之死给了督政府派兵占领罗马的理由。1798 年 2 月 11 日，继拿破仑之后担任意大利军团统帅的贝尔蒂埃元帅，率部挺进圣天使堡。他让军官们住进了罗马的各个宫殿，士兵们则驻扎在修道院。教皇的军队被解除了武装，几名红衣主教被捕，其他红衣主教有的被驱逐，有的被废黜，而庇护六世本人在 2 月 17 日突然被告知他必须在三日之内离开罗马。当时，庇护六世已经八十岁了，身体虚弱而且病得很重。他问传令官是否可以允许他在罗马度过他生命中的最后一点时光，但是传令官，一个瑞士新教教徒，却回答说："人在哪儿都可以死。"

于是，在两名教士和一名医生的陪同下，被法国军官称为"公民教皇"的庇护六世坐进了等候在圣达马稣庭院的马车。圣餐被装在一个小盒子里挂在了庇护六世的脖子上。当庇护六世透过马车的窗户望向夜色中的圣彼得大教堂时，他的双眼满含泪水。一队骑兵护送着庇护六世来到米尔维奥桥，在那里人们跪在雪中在他经过的时候接受他的祝福。五天之后，他来到了锡耶纳，住进了圣奥古斯丁会隐士们的修道院里。后来，他搬进了法国的要塞瓦朗斯堡。1799 年 8 月 29 日黎明，当他躺在瓦朗斯堡里的床上时，耶稣受难像从他的手中滑落，他就此溘然辞世。庇护六世在位时间长达二十四年零六个月零两周，是继在位时间达二十五年的圣彼得之后，任期最长的教皇。

法国得到的消息是：在贝尔蒂埃元帅占领罗马之后，罗马共和国的建立得到了罗马人民的热烈支持。人们在城市广场和卡比托利欧山上的马可·奥勒留雕像旁种上了自由树，还有人戴着有三色帽徽的帽子在树下跳舞。但是，生活在罗马的法国人却没有发现任何类似的欢欣场面。贝尔蒂埃元帅在正式进入罗马城后，就去了卡比托利欧山，山上的自由树已经被拔起来了。贝尔蒂埃元帅做了一番演讲，其中还提到了罗马第一个共和国的英雄人物，但是他声称"听众的反应是极度气馁"，罗马"毫无自由的精神可言"。

当然，罗马还是有些人欢迎这次政权的更迭的，至少看起来他们为了和平和利益是愿意接受新政府的。斯福尔扎、圣克罗切和博尔盖塞家族都在其府上款待了法国人；其他家族的女人则被瞧见和法国军官在花园、马车里出双入对；有些银行家和商人借着和法国军队合作又多赚了几笔；有的红衣主教不再戴红帽子示人，其中一个红衣主教更是把署名直接改成了"公民索马利亚"。

在督政府的三名专员的指导下，罗马共和国新政府出台了一些举措，得到了民众的支持，或者说民众至少认为这些措施是合理的，比如夜间在街道上提供照明设施，在此之前，罗马夜里街上的灯光就只是各个圣母雕像前点的一些小油灯。但是新政府出台的很多其他举措却招致了民众的反感。比如：罗马的街道和城区都被重新命名；采用的共和国历法里取消了星期天，而且十天中只有一个假日。当新政中要求停止流通罗马旧有货币，改用法国大革命时期发行的纸币时，罗马人开始抵制这项政策，这也造成了物价的进一步上涨。与此同时，法国当局为了提高罗马人对共和主义的热情，也采取了一系列的举措：在罗马引入了卡尔马尼奥拉舞，让罗马人在狂欢节的时候放弃自己的传统舞蹈，改跳这种在法国大革命期间流行的舞蹈；坚持将意大利语中的 lei（您）改为 voi（你们），而 voi 一词模仿的是法语中的 vous（你们）；用革命的纪念品来装饰古代雕像；取消宗教节日，改为其他庆祝活动，比如"联盟节"和"共和国永恒节"，在"共和国永恒节"里，狂热的共和主义者打扮成罗马元老的模样来缅怀在早期革命事业中牺牲的烈士。然而，对于这些举措，罗马人也是同样不满而且不屑。

法国人还搞了其他一些让罗马人深恶痛绝的活动。圣天使堡堡顶的天使铜像被涂成了法国大革命的蓝白红三色，头上被戴了一顶自由之帽，整个铜像被改造成了一个"法兰西的自由守护神"，此举引发了罗马社会的强烈抗议。在圣彼得日，罗马共和国的执政者不让人们以传统的标记来装饰圣彼得雕像[9]，这也让罗马人愤愤不平。更让他们痛恨的是罗马共和国政府的掠夺行为：政府强行侵吞了教会资产，然后向能够赎回这些资产的家族勒索钱财，勒索来的这笔钱也并没有用于救济贫民，而是被政府内部人员挥霍，以及用于供应法国驻军的生活物资。

尽管罗马共和国大规模地挪用资产，它还是很快就处在了破产边缘。当罗马的贫民饥肠辘辘时，政府官员、投机商人、他们的太太和拍他们马屁的人倒是在街上炫耀着自己的暴富，把自己打扮得紧跟巴黎的时尚：男人们都留着短而卷的头发，女人们都穿着夸张、暴露的裙子，法国名媛塔利安夫人在弗拉斯卡蒂就穿过这种裙子。起初罗马人的抗议活动并不成气候：看到狗在自由树下撒尿，罗马人也会凑上去撒上一泡；他们还喜欢看驴把自由树给碰倒，直到守卫过来把驴给骑走。1798年2月，特拉斯泰韦雷爆发了骚乱，政府随即派兵镇压，后来在人民广场处死了二十二名暴动的领头者。但此后，各地的游行、暴力和暗杀活动不断发生。

11月末，罗马城内的暴动被一伙不速之客给平息了。拿破仑因有其他作战计划撤走了部分法国军队，那不勒斯国王斐迪南趁机领兵由罗马南边的圣约翰门进入罗马，寡不敌众的法军则从北边的人民大门撤出，只在圣天使堡留了一支部队驻守。当那不勒斯军队驻扎在圣彼得广场时，圣天使堡内的法军频频向那不勒斯军队发射炮弹，不过他们很快就停止了炮击。在接下来的几天里，罗马人经常看到斐迪南国王骑着马在城里四处走动，身边跟着一支制服很绚丽的骑兵卫队。那不勒斯人在罗马没有得意太久，他们后来被罗马北部的法军击败，撤退时他们拖走了无数战利品，只要是方便运送的战利品就一件都不落，当一批战利品被搬运的时候，罗马的仓库里还有更多的货物等着被运走。12月11日，斐迪南国王跟在撤退的部队之后匆匆离去。四天之后，法军重新占领了罗马。

那一年的冬天格外难熬。尽管法国的政府专员贝尔托利奥在罗马独揽大权之后采取了高压政策，但由于粮食严重紧缺、油价一周比一周高，罗马城里还是时有骚乱发生。在人民广场，几乎每天都有罪犯和闹事者被枪决；罗马周围的郊区实际上被土匪帮派控制了，这些匪帮可以自由进出城门而不受责罚。1799年7月，城市广场举行了盛大的仪式庆祝攻占巴士底狱纪念日，罗马共和国的官员承诺美好的时代即将到来。然而，随着温暖季节的来临，罗马的混乱和百姓的痛苦状况仍没有得到好转。9月，罗马的大部分法国驻军都已经撤出了意大利，余下的驻军不得不考虑放弃罗马。在9月的最后一天，驻军指挥官签发了一份宣言，劝诫罗马人要保持安定，之后，法国驻军撤离了罗马。而南部的那不勒斯军队则再一次入主罗马。

和从前一样，那不勒斯人没有在罗马待得太久；拿破仑在马伦戈战役中击败奥地利军队后，他控制了整个意大利的局面，他的部队随时准备返回罗马。然而，这个时候拿破仑面临的对手是格雷戈里奥·巴尔纳巴·基亚拉蒙蒂。1800年3月在威尼斯的一次漫长的教皇选举会议后，基亚拉蒙蒂当选为教皇庇护七世，并于7月进入罗马。

庇护七世是个敏感的人，他有涵养，有学识，爱开些讽刺性的玩笑，但他的玩笑从不恼人。在很多极端保守的红衣主教看来，庇护七世对法国大革命的很多观念都表示认同。当他还是伊莫拉大主教

教皇庇护七世（1742—1823）是拿破仑的对手

时，就自我标榜为"红衣主教公民"，他把教堂里他宝座上的华盖给拆掉了，他的信纸上还写有"自由"和"平等"的标记。熟悉他的人都知道，他虽然想让革命势力和教会之间和平共处，但是一旦他觉得教会受到了威胁，他一定会站在维护教会利益的立场上对抗强权。他经常通过推诿、假装忘记以及忽略的手段来对付那些对教会不利的要求。他通过红衣主教孔萨尔维和拿破仑谈判，达成了《1801年协定》。1804年，他在巴黎圣母院主持了拿破仑称帝的加冕礼。但是当拿破仑试图剥夺罗马教廷的世俗权力，并派米奥利斯将军再次攻占罗马时，他意识到他与拿破仑之间已经没有和解的余地了。

　　法国骑兵在1808年2月2日拂晓经过了人民大门，起初罗马人以为他们是要去那不勒斯。不过当法国军队攻占了圣天使堡，又挨个占领了罗马的城区之后，人们意识到罗马就是他们的目的地。拿破仑

拿破仑的加冕典礼

最钟爱的枕边书籍是普鲁塔克的《希腊罗马名人传》，他梦想建立第二个罗马帝国。为了避免此前法国占领罗马后发生的失误，他要确保由最能干最审慎的官员来管理罗马。

米奥利斯将军是个很有修养的人，他礼貌、温和。他的总部位于多里亚宫，在那里，他经常举办一些高档宴会，以精致菜肴来招待罗马的贵族和高级教士，他在席间还会对这些人说教，让他们明白虽然拿破仑无意质疑教皇的宗教权威，但新格局下的欧洲是不会承认教皇也是世俗世界的君主的。很多贵族默认了这个观点，后来，当余下的教皇军队被解除武装、教会出版社被停业、越来越多的教廷官员受法国控制的时候，他们也没再提出反对。但是教士就没有那么好控制了。当庇护七世不准教士再参加多里亚宫的宴会时，便没有教士再接受米奥利斯的邀请。和庇护七世一样，罗马人总的来说也都对法国人抱着怀疑的态度。法国人在罗马取缔了彩票，这让他们很恼火。由于罗马被外国驻军占领，庇护七世决定在这一年取消一年一度的狂欢节，但法国当局却无视庇护七世的旨令，强行夺取了舞台道具和装饰品，并规定狂欢节的庆祝活动将照常进行。此举更激怒了罗马人，于是，店铺和酒馆都关门歇业，科尔索大道上变得十分萧条、门可罗雀。

当法国人严控罗马时，庇护七世的决心也更为坚定。"庇护七世不是一个你想通过软磨硬泡就能说服的人。"法国驻罗马使馆的代办记述道，"他坚定、固执，一旦他下定决心，你说什么都没法改变他的主意。他不会不让你开口劝说他，但是你讲完之后，他就把头一低，让你默默地离开。"

米奥利斯觉得如果把庇护七世身边的幕僚都撤掉，也许庇护七世就比较容易搞定了。于是，他下令把红衣主教团团长和罗马的代总督都驱逐出城，还派了两名军官去抓捕态度强硬的罗马教廷代理国务卿，红衣主教巴尔托洛梅奥·帕卡。但是帕卡提前得到了消息，就安排好等军官来抓他的时候正好庇护七世也在场。果然，庇护七世愤怒地斥责了前来的军官，帕卡注意到庇护七世气得连头发都竖了起来，他一直以为所谓的"怒发冲冠"是人们想象出来的。庇护七世命令两个军官回去转告米奥利斯：这种过分的行为必须立刻停止，帕卡是受他保护的，如果米奥利斯执意抓他，就必须闯进奎里纳莱宫最里面的房间来找他。说完这话之后，庇护七世便气冲冲地和帕卡离开了。他和帕卡经过了十七道门，每道门都需要钥匙开锁，这才来到了他自己的房间。

拿破仑一直想颁布一项法令来把教皇国吞并入法兰西帝国，让罗马成为"法兰西帝国的一个自由城市"，他觉得现在是时候这么做了。于是，在卡比托利欧山上，一个骑马的传令官宣读了这份法令。接着，在号角的鸣奏声中，圣天使堡顶端的教皇旗被降了下来，转而升起了法国的三色旗。在奎里纳莱宫，庇护七世透过窗帘看着这一幕，他对红衣主教帕卡说："结束了！"接着，他走到桌边，桌上放着一份他很早就想签署的、用来威胁拿破仑的文件：将拿破仑逐出教会的诏书。他做了一番祷告，帕卡也对他说了些鼓励的话，然后，他拿起笔签署了诏书。那天晚些时候，这份诏书和一道教皇要求罗马人反对新政权的谕令被印成很多份贴在了圣彼得大教堂、拉特朗圣约翰大教堂和圣母大殿的墙上。

担任罗马警察局长的是年轻的、刚愎自用的将军拉代。看到教皇的诏书被四处张贴后，他觉得在拿破仑面前表现自己积极果敢的机会到了。他让米奥利斯签署授权令，以批准他拘捕帕卡、绑架庇护七

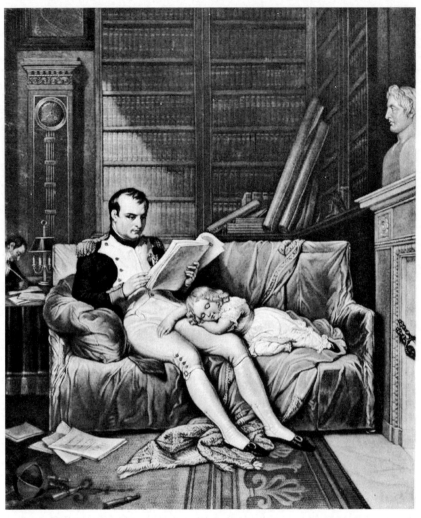

拿破仑和他那被封为"罗马王"的儿子。罗马王生于 1811 年，其母是皇后玛丽·露易丝。滑铁卢战役后，他被封为拿破仑二世。他遗传了母亲的肺病，死时年仅二十一岁

世。米奥利斯只签了一份同意拘捕帕卡的命令，并没有同意对庇护七世动手，因为拿破仑曾指示他除了在奎里纳莱宫布置守卫以外，不得对庇护七世采取任何行动。但即便没有书面批准，拉代还是按自己的计划行事了。7月6日的凌晨，拉代对教皇宫发动了袭击。他的计划是用绳梯翻过教皇宫的宫墙，四十个人从屋顶攻进庇护七世的住处，其他人潜入花园，强突教皇宫后院的窗户。不过，这个计划出现了失误：绳梯断了，拉代的人摔在地上时叫出了声，引来了教皇宫的守卫。顿时，教皇宫里钟声大作，宫里的灯也都亮了起来。但拉代丝毫没有被吓到，他用斧子疯狂地劈砍宫殿正门的门锁，这时候从后院进来的人已经到了正门，他们撤掉门闩从里面打开了门。拉代和他的人随即冲向了楼梯，手里还拿着斧子和门闩。由于庇护七世命令瑞士禁卫军不要抵抗法国人，拉代轻而易举地就解除了瑞士禁卫军的武装。他们一路砸门而入，大约在三点半的时候，他们在正殿撞上了庇护七世。当时庇护七世正坐在两名红衣主教的中间，穿着教士长袍、肩衣，还披了条长长的披巾。拉代是个虔诚的教徒，曾自己创作过歌颂圣母马利亚的曲子。在看到庇护七世后，他突然安静了下来，命令他手下的人退下。"在屋顶和爬楼梯的时候，我都很激动，"拉代后来承认道，"但是当我看到庇护七世的时候，在那一瞬间，我仿佛看见了第一次领取圣餐时的自己。"

"你为何而来？"庇护七世问拉代。

"教皇陛下，我来是以法国政府的名义，向您重申我们的主张：您应该放弃您的世俗权力。"

"不属于我的东西我谈何放弃。世俗权力是属于教会的。"

"那么我就得奉命将您带走了。"

"你奉的命令，孩子，是不会给你带来上天的恩赐的。"

最终，庇护七世不得不服从拉代。他被准许在半小时内整理他所需要带上的东西，于是，他带上了装圣餐的容器、祈祷书和念珠，在身无分文和没带一身换洗衣物的情况下，跟着拉代下了楼，然后上了停在院子里的马车。当他身后的大门锁上时，马车朝着盐门的方向扬长而去。

拿破仑倒台之前，庇护七世始终流亡在外，而在他流亡的这段时间里，法国人对罗马的管理虽然算是有效，但他们在管理时并没有参透罗马人的品性。有不少罗马贵族支持法国人，他们中有几个人是蒙提特利欧宫的常客，在宫中金碧辉煌的会客厅，他们会和风趣而又学识渊博的罗马城市长官图尔农男爵一起用餐。不过，即使是亲法分子也很快就对法国人不再抱有幻想，因为他们的儿子也被拿破仑的军队征召入伍。和其他罗马人的父母一样，这些亲法的家长要求自己的孩子不要去应征，如果被强制入伍，就逃到别的地方去。很多年轻人的确逃了，他们躲到了罗马附近的山野里，加入了那里的匪帮。这么一来，法兰西帝国极力征兵的同时也壮大了罗马周边不法之徒的势力。

罗马城外匪帮的羽翼日益丰满，而罗马城内的贫民人数则不断增加。拿破仑政权解散了很多宗教派别，并扣押了各教派的财产，因此很多修道士和修女被赶出了修道院，他们曾经施舍过乞丐，现在却也被迫成了乞丐中的一员。1810 年，罗马的贫民数为一万两千人，而1812 年，贫民数则达到了三万人。

随着教会的土地被不断征收、罗马的税负被逐渐调整得和法国的税负一样重、越来越多的罗马人被驱逐、他们的财产被广泛侵吞，罗马人对管理罗马的法国政府愈加仇视。1813 年 10 月，拿破仑在莱比锡战役落败，罗马的法国政府也难以支撑局面。随着英国海军的突袭队在沿海地区登陆，罗马城外的匪帮不断滋事，对于无望获得法国进一步援助的政府而言，它的崩盘只是个时间问题。然而，对罗马的法国政府的致命一击，却来得令人始料不及。

若阿尚·缪拉是拿破仑手下最杰出的元帅之一。他从一个小旅馆老板的儿子，成长为一名锐不可当的骑兵将领。他娶了拿破仑最小的妹妹卡洛琳为妻，被封为贝格和克利夫斯大公。1808年，他又被封为那不勒斯国王。缪拉野心极大，又极度爱慕虚荣。他设想着将意大利南部和中部统一为一个王国，由他来掌管。莱比锡战役失败后，他决定和拿破仑决裂，为了达到他的目的，他转而和反法同盟联手。他以保卫意大利、抗击奥地利军队为由调兵北上。罗马城里一时全是他的部队，这些士兵看起来是在调度状态，但是大部分人在罗马驻扎了下来。到了1814年1月底，罗马实际上已经被那不勒斯军队占领。虽然莱比锡战役后拿破仑大势已去，但米奥利斯将军仍然忠于拿破仑，他坚持在圣天使堡顶部继续升着法国的三色旗，圣天使堡也成为整座城市中唯一一处还飘扬着三色旗的地方。三色旗在那儿只飘扬了几周，1814年3月10日，最后一支法国部队伴着阵阵锣鼓声、打着迎风招展的旗子撤出了罗马。法国人统治罗马将近六年，当法军经过罗马民众时，人群一片沉默。

4月，庇护七世重返罗马。罗马的贵族青年拉着他的马车缓缓地走在科尔索大道上，经过一个个凯旋门。他又住进了奎里纳莱宫，法国人之前在宫殿房间里布置了法兰西的家具和装饰物，他们还在墙壁上画了古代的神明和女神。庇护七世令人移走了大部分法式装饰物，换回了之前被搬走的耶稣受难像和宗教雕像，墙上的一些女神的画像他倒没怎么动：他觉得那些穿着薄如轻纱的衣服的女神造型非常适合圣母马利亚。事实上，并非但凡是法国人的那一套他就一定要清理掉。他保留了很多拿破仑政府曾施行的改革政策，还沿用了拿破仑民法典。他给拿破仑的母亲莱蒂齐亚提供了一处住房，红衣主教费施的父亲娶了丧偶的莱蒂齐亚为他的第二个妻子，莱蒂齐亚也就住进了法尔科涅里宫[10]，和费施住在了一起。拿破仑的弟弟吕西安曾被封为卡尼诺亲王，卡尼诺是罗马北边的一座小城，后来，庇护七世让吕西安住进了卡尼诺的一处府邸。在庇护七世的安排下，拿破仑的哥哥约瑟夫·波拿巴，拿破仑的妹妹、曾经的托斯卡纳女大公埃莉萨，以及拿破仑的宪兵队督察罗维戈公爵也都有了安全的落脚地。

人民广场及其上矗立的古埃及方尖碑

当罗维戈公爵在 1833 年去世后，罗马境内已经没什么迹象可以显示法国人曾经统治过这座城市了，人们差不多都已经忘记了法国人的管理。在法国政府统治时期，梵蒂冈图书馆和博物馆都得到了整顿，蓬蒂纳沼泽地的大片区域都实施了排水工程，图拉真广场进行了首次专业性的挖掘工作，罗马的景观设计师瓦拉迪耶还在平乔山上设计了可以远眺人民广场的精致花园。而一些更为宏大的构想，比如建造一个从科隆纳广场延伸至大角斗场的皇宫，却从未能实现。对于外国游客而言，罗马的样子还是跟一百年前夏尔·德·布罗斯所看到的差不多。罗马的人口还是十三万五千；根据司汤达在 1827 年的记录，罗马有人居住的地区分别是南部靠近卡比托利欧山的地区、西部的台伯河岸以及东部靠近平乔山和奎里纳莱山的地区。奥勒良城墙内有三个行政区域，即靠近维米那勒山、埃斯奎利诺山、西里欧山和阿文提诺山的地区，被司汤达形容为"僻静、幽闭"。"这里气候炎热，"他写道，"适合种植葡萄。"他看到一个英国人骑着马穿过大角斗场；尽管他觉得科尔索大道是世界上最美的大道，但是他和几百年前人们的感觉一样：科尔索大道有臭卷心菜的味道。

正如一位英国游客所观察的那样，"从罗马的一头走到另一头，你看不到任何新时代的事物，也看不到任何事物能够提醒你法国人曾统治这里好几年"。大多数被抢走的艺术品都被还了回来；反法同盟当初也没有让教皇国落入背信弃义的缪拉之手，而是把教皇国交还给了庇护七世。用参加维也纳会议的一名外交官的话来说，罗马和欧洲其他城市一样，"如果革命从来没发生过，它也可能还是现在的样子"。当然，过去的日子是回不去了，而未来的罗马又发生了一些新的动乱。

15

意大利统一运动和"罗马问题"

　　"山雨欲来风满楼。"教皇格列高利十六世在 1846 年临终前对一位友人说道,"革命即将爆发。"事实上,自从维也纳会议打压拿破仑,把意大利瓜分为不同的板块,让这些板块重新回到各自以前的领主之手后,爆发革命的可能性变得越来越大。法国外交家塔列朗为了说明法国波旁王朝复辟的优势,提出了"正统主义"原则,这一原则也成了维也纳会议上流行的口号。为了体现意大利境内的"正统主义",波旁王朝再度统治了那不勒斯;萨伏伊王朝收回了皮埃蒙特和撒丁岛,其控制区域扩大,包括了萨伏伊、尼斯和以前的热那亚共和国;教皇重新掌管了教皇国。意大利被如此分裂,正中了奥地利外交部长梅特涅下怀。在梅特涅眼中,"意大利"只不过是个地理概念,只要意大利四分五裂,奥地利就可以稳稳地控制伦巴第和威尼斯。在维也纳会议上,梅特涅不仅成功地将伦巴第和威尼斯这两块宝地收入奥地利的囊中,还将托斯卡纳划归给了一位奥地利大公,将帕尔马割让给了奥地利皇帝的女儿。而在那不勒斯王国,复辟的波旁王朝君主斐迪南四世的妻子也是奥地利人。如此一来,奥地利便在意大利恢复了它曾在 18 世纪末占据过的统治地位。在奥地利控制的大片地区，革命的风潮渐行渐盛。在意大利的其他地区也出现了革命的暗流涌动，这些地区秘密警察活动频繁，教会人员经常使用自己的保密特权，新闻审查也变得司空见惯。

在教皇国，所有曾经为法国人效力过的官员全部被免职；法国人施行的法典被废弃；教育并未普及，税收却被增高；权力都集中在担任国务卿的红衣主教和其他担任各政府部门领导的神职人员手里。教皇庇护七世在位时期，红衣主教、国务卿孔萨尔维推行了一些改革措施。但庇护七世的继任者利奥十二世废止了这些改革举措；而格列高利十六世则更为过分，作为一个十足的蒙昧主义者，他禁止在教皇国修建铁路。他把铁路称为"魔鬼之路"，害怕铁路可能"对宗教不利"，也害怕亚平宁山脉以外动荡之地的使团以及对政府不满的人通过铁路跑到罗马来。他坚决反对改革。他喜欢咨询红衣主教兰布鲁斯基尼的意见，兰布鲁斯基尼比他更为英俊，固执的程度也丝毫不亚于他。以罗马方言写诗的诗人朱塞佩·焦阿基诺·贝利在自己的十四行诗里生动地记录了那个时期罗马人的生活和对话。贝利非常喜欢讽刺格列高利十六世的观点。"我非常喜欢格列高利教皇，"贝利写道，"因为讲他的坏话能让我非常开心。"

在教皇国以及意大利的其他地区，有时会爆发一些游行、骚乱和暴动。但是对经济和社会不满的反抗者们的目的只是要求独立、宪政和改革，他们还没有要求国家的统一。罗马教廷未能实现城市的自由，也没有安排非宗教人士在政府担任重要岗位，这是造成民怨的主要原因。

然而在这一时期，亚平宁半岛上也出现了一些秘密政党，这些秘密政党的成员渴望意大利能在某一天通过某种方式摆脱外国势力的统治，意大利的各个国家能够实现最终的统一。其中的一个秘密政党是烧炭党，顾名思义，该党的名称与"炭"有关。黑色的炭虽然没有生命，但是点着之后却燃烧得很光亮。此外，烧炭党人会利用烧炭的店面作为掩护。烧炭党也就因此而得名。另一个秘密政党是意大利青年党，该政党的格言是"上帝和人民"，这个格言体现了国家大业的宗教基础。意大利青年党的成员都要立誓"全心全意地、永远地为意大利的自由、独立、统一而奋斗"。这两个政党在格列高利十六世去世，新教皇上任后变得更为自信。格列高利的继任者是五十四岁的红衣主教、伊莫拉大主教马斯塔伊·费雷蒂，其称号为庇护九世。庇护九世善良、礼貌、仪表堂堂，他被认为是一个思想开明的人。他的上位显然让保守派的红衣主教兰布鲁斯基尼很沮丧，因为兰布鲁斯基尼一心想当教皇。在兰布鲁斯基尼之前担任国务卿的红衣主教贝尔内蒂也对庇护九世的上任表示不满。庇护九世在得知自己有可能当选教皇时差点晕倒，贝尔内蒂这时对旁边的人低声耳语道："好嘛，警察走了，来了娘们儿。"

在罗马没什么人认识庇护九世，一开始的时候人们对他还有些怀疑。但是等他坐着马车从奎里纳莱宫赶到梵蒂冈宫后，他英俊的面庞、沉着的声调和温文尔雅的举止已经打动了所有见过他的人。"啊！"罗马的女人们忍不住评价道，"啊！太棒了！"很快，从梵蒂冈宫里传出了很多关于庇护九世的溢美之词：新教皇是个有魅力的人，他体贴细致、慷慨大方、质朴而又虔诚，他的自嘲式幽默非常具有亲和力。他没有容忍格列高利十六世逆时代而行的政策再持续下去。他成立了一个委员会，该委员会负责监管所有政府机构，并调研涉及现代化和改革的提案。他还设立了铁路委员会、民事及刑事法典

教皇庇护九世（1792—1878）在位时由一个自由主义者转变为了保守主义者。他是历史
上任期最长的教皇

委员会。他赦免了政治犯，规划了街道的煤气照明，将非宗教人士招入政府部门工作。梅特涅对这些事情大为震惊，他没想到庇护九世会看起来像是要加入欧洲自由主义的阵营。"我们对一切都有心理准备，唯独没预料到会有一个信奉自由主义的教皇。"梅特涅说，"这下我们有一个这样的教皇了，谁能知道接下来会发生什么？这真是'这个时代最不幸的事'。"

庇护九世明显表现出了他对意大利的真挚感情，他明确认为罗马教廷应当在意大利复兴的进程中发挥至关重要的作用，也认为教皇应该主持由意大利各个国家组成的联盟的大局。他的这些方面也让梅特涅非常担心。但其实庇护九世并没有赞同自由主义运动的动机，他内心深处也不相信各国政府会和教会政权和平共处。他怀疑自己是否有能力，甚至怀疑自己究竟是不是想要领导一场民族运动并取得成功。他抱怨说别人想把他变成另一个拿破仑，但他其实只是个教士。毋庸置疑的是，虽然他声音洪亮、仪表威严，但他的个性不够强，不足以满足人们的期望。在罗马的街头，曾有数以千计的民众跟在他的身后山呼"万岁！"，人们挥舞着围巾和手绢，这些围巾和手绢的颜色都是他所钟爱的。但他是控制不了这群人的。他很享受人群的喝彩，他的敌人们说，可是他很担心这群人的热情会产生什么样的后果。人们不断呼喊着："独一无二的庇护九世万岁！独一无二！"这令他感到不安。他明白自己那么受欢迎不是因为他是一个改革派的教皇，而是因为他是一个"支持革命、反对传统的教皇"。他早期的一些小心谨慎的改革措施如今已被认为不合时宜；而他也不再以一个圣人的形象出现，在漫画里，他被画成了乌龟。

所有意大利人都普遍存在着这样一种感觉：希望落空、期待成为泡影、机会错失不再。但人们心中的渴望最终爆发，变得失控。1848年初，格列高利十六世临终前的预言终于得到了验证：革命之火从西西里、那不勒斯蔓延到了佛罗伦萨、威尼斯和米兰。各地起义和反抗奥地利的解放战争的消息传到罗马后，人们欢呼雀跃。不过，在4月29日，庇护九世觉得自己作为教皇有责任发表一次权威讲话，彻底地让自己和那些民族主义者、和意大利统一运动划清界限。"我们明确而公开地表示我们从来就没想过同奥地利作战，不管我们配不配，我们都是各个教区的主教，我们缔造和平、拥护和谐。"

庇护九世如此态度明确的宣言激起了一片反对的浪潮。他被迫接受在3月颁布的宪法中的条款，让信奉自由主义的泰伦齐奥·马米亚尼·德拉·罗韦雷伯爵暂时主政。马米亚尼卸任后，接替他的是同样信奉自由主义的爱德华多·法布里伯爵。但是这两个人都没能控制好政治局面，也没能妥善应对革命团体的极端诉求。于是，在9月中旬，政权被控制在了曾经支持过革命的保守派佩利格里诺·罗西伯爵手中。罗西肤色苍白，又高又瘦，是个个性很强、多才多艺的学者。他的书被列在了禁书名单上，他的老婆是个新教徒，他自己很不受教廷待见。不过，庇护九世倒对他很信任，因为他曾表示自己看到了"庇护九世留给意大利的闪光点"。他决定保留教皇的世俗权力，为此他进行了明智的经济改革和开明的管理，但他没有向民主派人士让步。他这个人很孤傲，行事咄咄逼人，从不掩饰对对手的蔑视，不管对方是共和派还是保守派。他的这种刻薄也让他树敌众多。

罗西的对手最终在11月15日这一天发泄了他们对罗西的仇恨。当时，罗西在文书院宫外走下马车，准备参加新一轮的协商会议。当他走在文书院宫的石阶上时，有一小撮人冲他谩骂："打倒罗西！打

佩利格里诺·罗西伯爵（1787—1848）在文书院宫外被害

倒罗西！罗西去死吧！"他并没有理会那些人，只是流露出了不屑和厌恶的表情，一些旁观者说他的嘴角还露出了一丝轻蔑的微笑。突然，一个人攻击了他，另一个人在他的脖子上刺了一刀，割破了他的颈动脉。然后，凶手用外套套住了脑袋，躲进了人群里。

第二天，罗马爆发了骚乱。武装帮派在大街上游行，高喊着口号，还唱着赞美刺客的歌。大批士兵、警察和罗马知名人士聚集在奎里纳莱宫前，要求庇护九世出台民主纲领；当他们发现庇护九世不愿让步后，他们袭击了奎里纳莱宫，朝窗子里开枪，试图烧毁宫殿大门，还想把庇护九世打死。庇护九世声称他受到胁迫而不得已向这些激进分子投降，他在奎里纳莱宫里俨然成了一个犯人。不久之后，他乔装为一个普通教士，戴上了一副大眼镜遮住一部分脸，逃离了罗马，来到了那不勒斯王国的加埃塔。在那里，在野心勃勃、阴险狡猾的政治家、红衣主教安东内利的怂恿下，他要求罗马的叛乱分子投降。他将一份建议在普选基础上产生制宪议会的提案贬斥为"公开的、丑陋的叛国行为"，还威胁说任何参与选举的人都会被彻底逐出教会、不得再分享圣餐。但他的谴责没起什么作用，这种强硬的立场已经不可能抑制罗马人的革命热情了。美国记者、评论家玛格丽特·富勒曾是波士顿的一名教师，现在是奥索利侯爵的情人。她在一篇文章中抒发了一种在当时很常见的情绪，她写道，她从来没想过有哪个人的惨死会让人觉得满足，但是在她看来，罗西遇刺被杀恰恰是这样一种"理所应当的死亡"。

尽管庇护九世谴责在先，制宪议会的议员选举仍然如期举行。1849 年 2 月 9 日，制宪议会的议员经过投票表决，废除了教皇的世俗权力，成立了罗马共和国。这个消息让整个意大利的自由主义者欢欣鼓舞，却也引起了欧洲信奉天主教国家的愤怒。庇护九世开始向各国求援：他请求那不勒斯国王斐迪南出兵，而斐迪南立刻调兵开往前线；他又去请奥地利的皇帝增援，刚刚击败皮埃蒙特军队的奥地利军队也随即向罗马进军；他甚至去请对罗马而言最有威胁的法国出手。在法国，拿破仑一世皇帝的侄子路易·拿破仑刚刚当上法兰西共和国总统，一年前，他被选为法国制宪议会的议员，美国的一名记者将路易获选为议员比喻为"一场哑剧表演中突然冒出来个你意想不到的魔鬼国王的形象"。尽管路易·拿破仑个人对意大利的民族主义者表示同情，但是他有足够的理由答应庇护九世的请求：他满怀憧憬要建立法兰西第二帝国，而为了实现这一目的，他就需要法国教会的支持；他不能允许奥地利人在意大利的势力继续壮大，也不愿自己被那

红衣主教安东内利（1806—1886）是庇护九世的国务卿，其人狡猾、能力强，同时也风流放荡

不勒斯国王给比下去，之前庇护九世选择逃往那不勒斯而没去法国已经被认为是法国外交上的一次失败。此外，在法国，人们强烈认为庇护九世受到了粗野的对待，因此，发动一次远征来助庇护九世重掌大权也会赢得民众的支持。于是，一支法兰西共和国的军队也向罗马挺进。为了抗击外敌，罗马共和国在 3 月 29 日成立了三人执政团，执政团的成员分别是：卡洛·阿尔梅利尼，他是一位受人尊敬的罗马律师；奥雷利奥·萨菲，他是来自罗马涅的自由派领导人；朱塞佩·马志尼，他的名望和天赋在共和国保卫战中起到了很好的鼓舞作用。

马志尼出生于 1805 年，他的父亲是热那亚的一名医生，后来成为热那亚大学的解剖学教授。马志尼也曾想过当一名医生，但是在第一次手术时他就晕倒了，后来他转而学习法律，却发现他也不适合做

朱塞佩·马志尼（1805—1872）是罗马共和国的励志领袖。"罗马是我年轻时的梦，"他写道，"它是我灵魂深处的爱。"

个律师。尽管他在校时成绩很好，但是他爱惹麻烦，喜欢与人争论，好动、缺乏耐心、喜怒无常。他要花很长时间才能交个朋友，但发起脾气来倒是很快。这种难与人相处的性格贯穿了他的一生。当他神清气爽、心情愉悦的时候，他会很大方，是个有魅力而且活泼的人。但是他经常情绪低落、身心疲惫，这个时候他往往易怒、苛刻、专横。他总是身穿一袭黑衣，除了爱买一些昂贵的信纸和香水之外，他基本不会买任何奢侈的东西。他的饮食极其简单，他可以连续几天只吃面包和葡萄干。他的嗓音很好听，外貌也很出众。他有一双闪亮的黑眼睛，一个熟悉马志尼的人说他从来没看过谁像马志尼一样，"眼中仿佛有一团火焰"。他的皮肤是橄榄色的，很光滑；他留着一头黑色长发；他走路很快，走路时头会前倾，像猫一样优雅。

在马志尼十六岁那年，热那亚爆发了一场起义，虽然起义被镇压，但他还是充满崇敬地注意到了发动暴动的烧炭党，后来他也加入了这一秘密政党。从此，他以一腔热血投入到了意大利统一大业之中。为了实现意大利的统一，他坚定不移地奉献了自己的一生。"我的信念很坚定。"他常常这么斩钉截铁地说，"我的信念是不可能被转变和动摇的。"他的这种不屈不挠、坚定执着以及为了理想全心奉献的精神让他能够在为实现理想而奋斗的道路上不畏任何艰难险阻，也使他在意大利建国事业的进程中做出了独特而有实质性的贡献。

对于马志尼而言，意大利的首都必然是罗马，别无他城。罗马"作为统一后意大利的中心再自然不过了"；用马丁嫩戈·切萨雷斯科伯爵夫人的话来说，马志尼迷恋罗马就像"迷恋护身符一样"。

"罗马是我年轻时的梦，是我灵魂深处的爱。"马志尼写道，

"［1849 年］3 月初的一个傍晚，我满怀敬畏之心，几乎是以一种来膜拜的心态进入了罗马……共和派人士零零散散地分布在意大利境内，我辗转各地后，在赶往罗马的旅途中得了重病。然而，当我经过人民大门时，我全身都处于兴奋状态，像是在我身体里涌入了一股充满新鲜活力的清泉。"

马志尼相信在罗马点燃的星星革命之火可以燎起整个意大利，最终实现意大利的解放。他在制宪议会上慷慨陈词道：

> 世上没有五个意大利，也没有四个或者三个意大利。世上只有一个意大利。上帝在创造意大利的时候，微笑地眷顾了这片土地，赐予了它欧洲最雄伟的两个边界——阿尔卑斯山和地中海，它们一个象征着永恒的力量，一个象征着永恒的活力……罗马将是你们完成救赎的方舟，是你们国家的神庙……上帝所打造的罗马，正如人们预言的那样，是一座永恒之城，这座永恒之城承载了统一世界的使命……恺撒时代的罗马用行动统一了大半个欧洲，后来教皇时代的罗马在精神领域统一了欧洲和美洲，而人民时代的罗马则将以一种思想和行动一致的信仰统一欧洲、美洲乃至地球的每个角落……罗马和意大利的命运，就是世界的命运。

作为罗马共和国毋庸置疑的领导者，马志尼不容许别人与他争论，也不容忍任何对手，他在罗马树敌众多。他"认为他就是教皇，永远正确"，他的一个对手如此写道。他的另一个敌人，路易吉·卡洛·法里尼后来评价他道："他是教皇、君主、传道者、教士。如果神职人员都消失的话，他一定会完全待在罗马的家里……他的天性更像个教士而不是个政客。他想用他那一成不变的思想束缚全世界。"

　　对于大部分罗马人而言，马志尼是个十分励志的人物。他用自己的兴奋状态，一种近乎歇斯底里的激情，感染了罗马人民。他住进了奎里纳莱宫的一间小屋，每天早晨，他都会走出小屋，走上大街，"对所有人都报以同样的微笑和亲切的握手"。他浑身散发出一种对共和国未来的信心，他让别人也觉得罗马这座城市独特而伟大，空气中都能感到"罗马永恒的生命脉动和不同时代、不同世界的古迹下所蕴藏的不朽"。他不得不承认，如果没有外援的话，罗马会陷入敌手。但即便罗马陷落了，罗马人民的信仰不会消失，失败之后人们将重燃新的、更加纯粹昂扬的斗志。

　　在旁观者看来，罗马的陷落是在所难免的。《泰晤士报》的一位高层人士就轻蔑地表示准备战斗的"那些堕落的罗马人"错误地以为自己都是英雄；住在罗马城里的外国人也毫不掩饰自己的想法：三人执政团很快就会解散，第一声枪响的时候守卫罗马的士兵就会逃跑，罗马人对法国人的到来及共和国将受到的镇压太过忧心忡忡。显然，三名执政官召集的人手是没有阻击法军的可能的。罗马共和国的国民卫队只有一千人左右，完全不是训练有素的法军的对手。当马志尼给国民卫队训话时，士兵们都呼喊着做好了迎敌的准备；但是有些军官露了怯，还有很多军官不确定共和国的事业是否值得自己去牺牲，这些军官都流露了厌战情绪。教皇的正规军中大约有两千五百人表示支援共和国新政府抗击外敌，他们中的大多数人转变阵营并非出自信仰，而是由于他们不满教皇的瑞士禁卫军一直以来都比他们高出一截。此外，赶来增援罗马共和国的还有一支强大的非正规军，这支部队作战老练、充满战斗激情，他们在 4 月 27 日进入罗马。这支部队的领袖是个宛如救星的人物，他留着大胡子，头上戴着浮夸的、装饰着鸵鸟羽毛的黑毡帽。他骑着白马，环顾左右的目光锐利。他的褐色头发很长，已经长到了他宽阔的肩膀上。他的眼窝凹陷，有个长长的鹰钩鼻子和很高的鼻梁。

"我永远也忘不了那一天。"一个走出画室和这位威武的领袖并肩作战的年轻艺术家写道，"这位领袖让我们想起了画廊里的耶稣头像。大家都这么说。我根本无法抗拒他的魅力，就追随了他。数以千计的人都追随了他。我们都很崇拜他，这种感觉是控制不住的。"

这位领袖便是朱塞佩·加里波第，他当时四十二岁，是一个军事天赋过人的游击队长。他是一个水手的儿子，出生在尼斯，尼斯是拿破仑从皮埃蒙特王国夺取的城市。他从小以利古里亚方言为母语，法语是他的第二语言。因此，意大利语对他来说不那么容易，而且他的口音别人一听就知道他来自边境。和他的父亲一样，他也与大海有着不解之缘。在他十七岁前，他曾经在船上当过见习侍应生。一年后，他乘船来到了教皇国沿岸，而后又沿台伯河而上，坐了一艘牛拉的小船，往罗马运送葡萄酒。"年轻的我充满了想象力，那会儿我所看到的罗马，"他写道，"就是未来的罗马。哪怕我遭遇海难，快要死去，或是被发配到美洲丛林最荒野的深处，我都不会对罗马感到失望。罗马让我魂牵梦萦，它鼓舞了我的人生。"

在一次由意大利青年党策划的暴动失败后，加里波第被判处死刑。他逃到了南美，而在那里生活的时候，用他的话来说，他"投身于不同国家的民族事业"，在好几次革命中英勇作战。当他1848年回到意大利时，他发现他恰好在一个动荡时期回来了，在这个时期又刚好有可能实现他的梦想：意大利统一，罗马成为统一后的意大利首都。他手下士兵们的模样，并没能像他的样子那样能激起罗马人民的信心。这些士兵长发蓬乱、胡子拉碴、一身灰尘，戴着饰有黑羽毛的高帽子，他们看起来更像是土匪，而不像军人。有些人拿着火枪，有些人拿着长矛，每个人腰间都别着匕首。他们其实有一套制服：士兵们穿的是深蓝色的外套，军官和勤务兵穿的则是红衫，加里波第的意大利兵团在南美曾经穿过这套红衫。这套红衫本来是准备从蒙德维的亚出口到阿根廷给当地屠宰场工人穿的衣服，后来被加里波第的人采购了一批。"他们骑的是美洲马鞍，"一个意大利正规军军官轻蔑地记载道，"而且他们看上去瞧不起正规军的严格规范，自己那么散漫却还沾沾自喜。"他们确实就是"一群土匪"，一个住在罗马的英国人告诉游客说；靠他们是不可能壮大共和国的威名的。然而，他们的领袖却调动了所有人的激情，很快就有好几百人加入了他们的队伍。新加入的人中有志愿者、艺术家、教士、学生、船员；他们之中既有罗马人，也有外国人，包括英国人、荷兰人、瑞士人和比利时人。大学里的学生和年轻教师还组建成了一支学生兵团。很快，就连最保守和疑心最重的观察者也不得不承认，随着民众战斗热情高涨，成功保卫罗马共和国的希望越来越大。共和国此前颁布的纲领提出"杜绝阶级斗争，杜绝仇富，杜绝对财产权利的肆意践踏，不断努力改善贫苦大众的物质生活水平"，这样的纲领也深得人心。教会的资产即将被国有化；宗教裁判所的办公楼被改造为公寓；教会的土地都被隔离改造为小农场，将以廉价出租。罗马共和国政府还承诺对教士不予迫害，包括对那些曾经宣扬反对共和国政府的教士。其实，那个时期的罗马没发生什么反对教士的暴力事件。但是，《泰晤士报》的记者人虽没有在罗马，却收到了很多从罗马传来的血腥消息，有人写信给《泰晤士

朱塞佩·加里波第（1807—1882）是1849年罗马共和国的保卫者。"这位领袖让我们想起了画廊里的耶稣头像。"一个走出画室并成为加里波第手下一名战士的年轻艺术家如是说，"我们都很崇拜他，这种感觉是控制不住的。"

报》说胆敢在露天场合露面的教士被人大卸八块，然后被抛尸台伯河中。然而，英国诗人阿瑟·休·克拉夫告诉他的朋友说，事实上，罗马的教士走在大街上那叫一个"优哉游哉"。"放心吧，"克拉夫继续说道，"我所见过的最糟糕的情况不过是在科尔索大道的两个地方贴了手写的告示，上面指出了七八个被大家讨厌的人。这件事还是在晚上干的。第二天傍晚前，罗马所有的街上都被贴了布告，（我敢肯定）布告是马志尼亲笔写的，他严厉地、充满不屑地斥责了之前有人贴告示的行为。"

不过，有传言说因为在宗教裁判所的地牢里发现了一间牢房里满是人骨和头发，所以引发了一场民众与教士的暴力冲突。事实上也确有此事。另外，不可否认的是，在围城开始后，一些参与袭击守城士兵的教士和三个被误认为是间谍的农民被杀了，而在被处死的那批教士中有人是无辜的。5月，一个来自福尔利的狂热的反教士恐怖主义者，被认为在特拉斯泰韦雷犯下了一系列残忍的罪行，此人之前还被授权指挥一支由地方海关人员组成的志愿兵兵团。庇护九世声称罗马已经变成了"一群野兽的兽穴……这些野兽侵害了正经人的自由，还把他们的生命置于险恶之境"，但大家都明白庇护九世这话言过其实了。在罗马，人们普遍遵循了共和国的箴言："严守原则，宽以待人。"

加里波第的部队在一段时间里的确振奋了罗马人，但是罗马海外殖民地的人依然对罗马共和国是否有能力抵抗强敌心存疑虑。美国雕塑家、作家威廉·韦特莫尔·斯托里在看了圣约翰门的防御工事后，"认定这些工人太懒，肯定会遭殃"。过了几天他又去骑兵门和安杰洛门去看防御工事，或者更确切地说，看的是罗马人为抵御来袭的法军而建造的土堆、土墙和围栏。罗马的工人们花在这些工事上的时间已有差不多三十个钟头，有些地方的土墙厚度有 0.9 米，但这还没邦克山的防御墙厚*。这儿没什么是可靠的。工人们潇洒地倚在铲子上，什么事也不干。一切都进展得慢悠悠的，就好像敌军都还远在法国，而不是近在咫尺。

第二天，斯托里听到国民卫队的指挥官在十二门徒广场对他的部下高谈阔论。指挥官问士兵们是否做好了誓死捍卫罗马的准备。"是！"这些士兵喊道。"是！"他们边喊边把军帽挂在刺刀上。"他们的呐喊声响彻广场。不过这种热情好像有点不对劲，它看起来倒更像是参加节日聚会的那种兴奋。"

意大利统一运动时期涌现出的重要人物埃米利奥·丹多洛在 4 月 29 日带着一支轻步兵的队伍从伦巴第来到罗马后，他也和斯托里产生了同样的感觉。他觉得那些家家户户从窗户跟他们打招呼的罗马人，像是在欢迎某个荒诞喜剧的最后一幕。

> 罗马和［被奥地利占领前几个月的］米兰一样，到处都是剩余的旗帜、帽徽和党派的徽章；大街上的剑啸之声不绝于耳，军官们穿着各式各样的制服，每个人的制服都不一样，这些服装看上去更适合为舞台增色，而不适合作为军装……这些战士戴着闪闪发亮的头盔，配备的是双管枪，腰带间挂满了匕首。我们是已

---

* 邦克山是美国独立战争初期一场战役的发生地。——译注

经信任他们了，但是那一小部分真正的、训练有素的军人却还是看不惯他们。

斯托里的评论固然很讽刺，但是在这些浮夸背后，罗马的防御工程却进展迅速。工人们加高了防御墙，还在墙上凿了枪眼；为了建好防御工事，罗马共和国政府命人砍伐了博尔盖塞别墅花园里的树林，拆毁了梵蒂冈宫通往圣天使堡的通道。在罗马的每个城区都有专人被任命为民兵首领，当卡比托利欧山和蒙提特利欧宫的钟声响起时，这些人就会带领民众武装起来。罗马的很多广场上搭起了演讲台，共和国口才最好的演说家会在台上发表鼓动人民的讲话。政府还要求教士和修女为战争的胜利祈祷，并许诺会对战争中的死难者发放抚恤金。此外，贵妇人贝尔焦约索在将近六千名志愿者的帮助下安排好了医院。

在罗马到处可以看到加里波第的身影。他并没被任命为军队的统帅，因为关于罗马被外人控制的这种非议已经太多了。不过，人们还是很自然地将他当作军队领袖。他的身边总会跟着一个高大的黑人勤务兵，这个黑人的着装很有异国之风，此人在南美的时候就开始追随加里波第了。无论加里波第出现在哪里，人们都会热烈地欢呼。当时保卫罗马的兵力除了加里波第的部队外，还包括了大约一千三百名来自罗马和教皇国的志愿兵、教皇军以及国民卫队。共和国的战争部长阿文扎纳将军给他们下达了艰巨的任务：守卫罗马边境最危险的区域，即位于圣彼得大教堂以南，在骑兵门和波尔泰塞门之间的雅尼库鲁姆山上的高地。一组城墙从圣天使堡南部延伸而出，保护了这个地区。这组城墙是在火药的使用极大地变革了围城战术之后，由教皇乌

第三次独立战争：1866 年 7 月 21 日，加里波第在贝泽卡战役中指挥军队

尔班八世建造（一说是扩建）的。这组城墙不仅可以让炮兵借势进行攻击，还比古代的奥勒良城墙更能承受敌人的炮击。但是这组城墙也有个严重的弱点：墙外开阔地带的地势和防御工事的地势一样高，个别地方甚至高于防御工事。法军极有可能在这片地区集中炮火开打，这样一来他们就可以打击到圣潘克拉齐奥门附近的堡垒。圣潘克拉齐奥门位于骑兵门和波尔泰塞门之间，是直通特拉斯泰韦雷区的门户。在这个大门外的高地上有两个别墅的花园，这两个别墅分别是科尔西尼别墅[1]和潘菲利别墅[2]。加里波第把他的指挥部安在了科尔西尼别墅里，而他们的视线之外，在山谷里葡萄园的北部，法国军队刚刚穿行过了一个荒无人烟的乡村。

法军的指挥官乌迪诺将军曾向士兵们保证，罗马人会将他们当成摆脱教皇统治的解放者，他们不会遇到什么抵抗。于是，在 4 月温暖的阳光下，法军信心满满地出征了，连攻城炮和云梯都没有带。他们的制服非常亮丽，侦察部队的活动范围不大，就在大部队前方不远。乌迪诺的打算是从梵蒂冈宫和圣天使堡之间的安杰洛门或者从佩尔图萨门进入罗马，而实际上佩尔图萨门已经被封死了。法军队列中靠前的部队穿着白色外套、戴着很沉的军帽，当他们靠近佩尔图萨门时，利奥城墙上的两门加农炮传来了炮声。起初，法军还以为这是按惯例在中午时分放的报时炮，然而，炮声又接连不断地传来，法军才认为这是罗马人的象征性抵抗。于是，法军将大炮架好，对罗马发起了进攻。

　　但是进攻并没有像乐观的法国军官想的那么容易。法国步兵对梵蒂冈宫和博尔戈区展开了一连串进攻，却都被城墙上猛烈的枪炮火力击退了，特拉斯泰韦雷最贫困地区的人民还拿着刀枪赶来增援守军。法军则仓皇地寻找掩护，有的躲在土堆后，有的藏在了梵蒂冈山山谷中的堤坝下。在科尔西尼别墅的阳台上，加里波第看着战争初期的局面，决定派上他的部队出战。法军投入战斗的兵力目前还很少，而且法军之前几次被打退，对他们而言，只能算是小挫折，还算不上败北；如果在法军重新部署、研究最佳行动方案的时候，加里波第的部队发起进攻，那么法军将被打得措手不及、败下阵来。于是，加里波第派出了三百名年轻的志愿兵作为先头部队，自己则准备带着部下紧随其后。

　　这些志愿兵沿着潘菲利花园外的一个斜坡，走到了一条凹陷的路上，即奥勒良古道。这条古道连接着圣潘克拉齐奥门和通往帕洛的路。在古道上，当志愿兵走过保罗高架渠下的拱门时，他们遭遇了纪

1860 年 10 月 26 日，加里波第与维托里奥·埃马努埃莱二世在泰亚诺桥上相会

律严明的法军第二十团的八个连队。这些志愿兵中的大部分是没有受过任何军事训练的学生，发现敌军后，他们毫无畏惧地冲了过去。他们用火枪射击、挥舞着刺刀、高喊着爱国口号。让他们惊喜的是，他们居然把法国军队给打退了。但是，法军很快就稳住了阵脚。当志愿兵们停止突击后，法军又杀了回来，不到几分钟就将志愿兵连同后来赶到增援的加里波第兵团给打回了罗马城里。

后来，加里波第出现了，骑着白马、身着斗篷的他显得威风凛凛。他召集了教皇的军队和罗马城里的轻步兵，又把自己军团中还未上阵的战士集结起来，在多股力量统一整合后，他骑上马，高喊着鼓舞士气的口号，发起了反攻。加里波第的部下们响应着他的号召，冲过花园杀向法军。当他们跑过喷泉和雕像时，这里已经硝烟弥漫。他们兴奋地喊着战斗口号，刺向制服厚重的法国人，一时间，花园的花草上溅满了鲜血。"这些人比伊斯兰教的德尔维希还要狂野，"一个法国军官回忆道，"有些人甚至用手抓我们。"

由于扛不住如此凶猛的进攻，法军向高架渠方向撤退，后来穿过葡萄园，沿着帕洛路一直退到了距离罗马约三十二公里外的圭多堡。这一仗法军死伤五百人，另外有差不多五百人被俘。当这场漂亮的胜仗的消息传到罗马时，就像斯托里形容的那样，罗马人"兴高采烈，甚至还觉得有点不敢相信"，他们跑到大街上进行狂欢。直到深夜，罗马还是万家灯火通明，咖啡馆和餐馆也仍然都挤满了人。大街上和广场上到处都是开心的人群，他们彼此庆贺着罗马人及其忠诚的援军的英勇。"意大利人打仗时像雄狮一样，"玛格丽特·富勒说道，"确实是一种大无畏的精神让他们冲锋陷阵。他们是为荣誉和他们的权利而战……"

加里波第催促马志尼趁着部队士气高涨以及刚在 4 月 30 日打了胜仗的大好时机，继续追击法军。然而马志尼却想着和法军达成协议，拒绝采取任何有可能影响罗马共和国政府和法军议和的行动。"共和国不是在和法国打仗，"马志尼强调道，"共和国只是处于自我防卫的状态。"法军战俘受到了客人一样的礼遇，在押期间享有三餐、美酒和雪茄，后来都被释放回了法军军营。而法军伤员得到的精心护理，是负伤的意大利军官梦寐以求的待遇。然而，法兰西共和国的总统路易·拿破仑对这样的周到却没有领情，他视法军的败退为不可容忍的耻辱。"我们军队的荣誉差点就要被毁了，"他对乌迪诺将军说，

"我不能允许军队的荣誉再被破坏。我一定会加强你的兵力。"与此同时，他派出外交官斐迪南·德·雷赛布前往罗马就议和一事展开谈判，为增援乌迪诺赢得时间。此外，他还派法国最杰出的军事工程师瓦扬将军加入了驻扎在意大利的法军阵营。

加里波第永远都不能原谅马志尼的决策，在他看来，马志尼犯了一个惊天大错，而他与马志尼在决策上的分歧也成了两人之间"不可调和的矛盾"。"如果马志尼能够觉得我可能对打仗有那么一点在行……局面将该多不一样啊。"加里波第在很多年后讽刺地写道。马志尼总是"冲动着要当将军，可他对于怎么当将军一无所知"。

加里波第作为将军有很多不足之处，但他作为游击队长却又拥有高超的军事才能。这点在罗马共和国的保卫者抗击那不勒斯军队的行动中得到了体现。在加里波第的指挥下，共和国的军队在帕莱斯特里纳附近如愿击退了两西西里国王斐迪南麾下的那不勒斯兵团；但当加里波第不久后返回罗马时，法军的增援部队也兵临城下。此刻，罗马人要面对的是一群更加危险的敌人。

"法兰西共和国政府给我的命令是'前进'，"乌迪诺将军向罗马共和国政府知会道，"他们要求我即刻进入罗马……我已经废除了口头上达成的停战协议，不过，在德·雷赛布先生的要求下，我同意暂时不发动进攻。我已经警告过你们的前哨，两军都可以对另一方采取敌对行动……只是为了留点时间让居住在罗马的法国人离开罗马……我们对这里的进攻将推迟到周一上午。"

罗马共和国的将领们认为乌迪诺口中的"这里"指的不仅是罗马，还有所有的前哨，包括科尔西尼别墅和潘菲利别墅在内的对于保卫罗马至关重要的地方。因此，他们得出士兵们可以在星期日休息的结论。然而，乌迪诺后来声称他说的"这里"指的仅仅是罗马。乌迪诺放弃了从东面进攻罗马的计划，因为这可能让法军卷入长时间的巷战，他准备拿下科尔西尼别墅和潘菲利别墅，这是从西面进攻罗马的必要前奏。于是，在 6 月 3 日星期日的清晨，两个别墅遭到了法军的袭击；当时，罗马的守军在营地里睡得正香，法军不费吹灰之力就占领了这两个地方。此外，法军还占领了山脚下的另一处小别墅：美第奇船形别墅[3]。

很快，罗马城里出现了一片喧嚣。到处都响起了钟楼的钟声和击鼓的声音，人群在广场聚集。士兵们边喊边在大街上跑着赶去就位，马车夫全速驾着马车穿过特拉斯泰韦雷狭窄的街道，他们是去帮忙运送从圣潘克拉齐奥门被手推车运来的伤员的。一名勤务兵冲进西班牙广场附近的马车大道上的一间屋子里，患了风湿病的加里波第正躺在床上，他还受了伤，伤口过了一个月仍在溃烂。他从床上跳起来，扣上剑带，迅速赶往圣潘克拉齐奥门，一路上，雅尼库鲁姆山上震天的炮火声不时传到他的耳朵里。在圣潘克拉齐奥门外，他望向科尔西尼别墅。这座四层楼的绚丽别墅已经被法军重兵把守，法军中的神枪手都蹲在一道矮墙之下。矮墙上摆了几排很大的陶盆，盆里种了橘树，橘树的树荫和枪手们的火力覆盖了别墅与圣潘克拉齐奥之间的整个坡道。别墅外的一处楼梯底部连着一条可以通往花园墙门的车道，这条车道两边都是高高的树篱。利用这个地形也许可以击退正面进攻。即便此处失守，在它身后就是潘菲利别墅的地面，可以给部队提供一个广阔的空间来进行调整，以炮兵火力支持展开反击。由于地形不支持侧翼包抄，加里波第除了正面进攻别无选择。但这么一来，他的部队必然伤亡惨重。因为敌军已经占据有利防守地形，他的部队要冒着枪林弹雨，穿过狭窄的圣潘克拉齐奥门，经过一片空地后到达科尔西尼别墅的界墙，然后再通过花园门穿越那条狭长的、两侧有树篱的车道。透过别墅很多房间的窗户，都能看见底下这条车道的动静。

加里波第的部队一次次地发起进攻，然而每一次都失败了。在灼人的烈日下，士兵和志愿兵们高喊着"罗马共和国万岁！"冲过乌尔班八世建造的城墙，有的战死，有的负伤。而城墙之外，一支乐队始终在卖力地演奏《马赛曲》，希望这能够打动法军中拥护共和主义的人，让他们惭愧地放弃抵抗，然而这个办法是徒劳无功的。有那么一两次，孤注一掷的意大利人冲过战火硝烟，杀到了楼梯口。他们进入了别墅的正厅，还打倒了窗口的法国守军。然而，法军总是能赶在意大利援军冲到别墅前成功反扑。一名罗马轻步兵军官描述了他参与的一次由大约四百名轻步兵发起的勇猛进攻：他的周围不断有人倒下，还活着的人没有退缩，仍在跪地射击，仿佛他们面前的这城墙可以保护他们似的。当号兵吹响撤退的号声时，很多人已经英勇战死。在撤退途中，又有人不断倒下，这名军官想："大概他们是跑得太快，被葡萄藤根绊倒了吧。但是［他］马上意识到倒在地上一动不动的那些士兵已经牺牲了。"

在罗马人数小时的炮火猛击下，科尔西尼别墅里烧着了好几次，别墅已经变成了废墟。从罗马的城墙上可以看到别墅里的楼层都塌了，有的法国士兵紧紧地抓着房梁的一头，而房梁也已经发生断裂。一整个上午，加里波第都在为他派出去的一拨又一拨突击队鼓劲，他的斗篷和大帽子上被子弹与弹射的金属片穿了很多孔，但所幸他人没有受伤。他决定再对科尔西尼别墅发起最后一次冲击，而且这次进攻他要亲自上阵。这次进攻几乎取得了胜利：加里波第的部队占领了毁坏不堪的别墅，把法军赶到了潘菲利别墅。观战的老百姓们兴奋得不能自已，他们冲出圣潘克拉齐奥门，跑到雅尼库鲁姆山上去祝贺打了胜仗的士兵们。但是，他们高兴得太早了。法军很快就发动了反攻，并重新占领了科尔西尼别墅。战斗结束后，更多的意大利人尸横遍野。

生还的意大利军官中有很多人指责加里波第对部队的指挥不力。其中一名质疑者埃米利奥·丹多洛说："他显然根本就做不了一个能够指挥师部作战的将军。抗击那不勒斯兵团的成功表明他只适合指挥一些小战役。"然而，在那个夜晚，没什么人在说加里波第的不是。大家讨论的是卑鄙的法国人的奸诈行径、意大利士兵和志愿兵的英勇，以及为了那句"誓与罗马共存亡"而壮烈牺牲的年轻人。马志尼在一份宣言中对罗马人说道：

> 罗马的人民！你们保持了罗马的荣誉，也保持了意大利的荣誉……上帝保佑你们，你们捍卫了你们祖先的荣耀，我们为你们的伟大而自豪。以意大利的名义，我祝福你们。
>
> 罗马的人民！今天是属于英雄的一天，是一页历史。昨天我们对你们说，要做个伟大的人。而今天我们该对你们说，你们很伟大……我们坚信……罗马是不可侵犯的。在今夜看看罗马的城墙吧。城墙里是这个国家的未来……共和国万岁！

马志尼这番感人肺腑的话语深深地激励了罗马的守卫者，在法军看来，保卫罗马的人们表现出了不知疲倦的精神状态。他们有规

加里波第军团在罗马（1848）

律地向法军开炮。每当法军对暴露在他们眼前的边境发起攻击，罗马的轻步兵连、加里波第的非正规军、教皇军和志愿兵都会第一时间拿着刺刀冲阵杀敌。工人们冒着炮火勇敢地抢修炮台、修筑营垒。阿瑟·休·克拉夫曾经去过蒙特卡瓦洛医院，在那里他看到了快养好伤的意大利战士，他觉得"这些士兵一定会战斗到底"。尽管敌军的炮火越来越密，也打到了离城市腹地越来越近的地方，但是罗马的平民百姓表现得都"足够平静"。在罗马最危险的地区特拉斯泰韦雷，那儿的人们看起来也全力拥护马志尼，连虔诚的天主教徒都开始咒骂起教皇和教士，说"教皇和教士造成了他们眼前的屠杀和恐慌"。当加农炮弹从空中飞过时，人们就会叫骂："庇护九世的炮弹来了！"如果一枚炮弹落入人群中但是没有爆炸，人们就会跑过去捡起它，然后把它扔进河里。在 6 月末，很多罗马人被迫放弃已在战火中沦为废墟的家园，但即便在这个时候，他们坚持斗争的决心依然没有动摇。

克拉夫觉得罗马的中产阶级对于保卫罗马的事并不是那么积极。他觉得这些中产阶级视守城为"毫无用处的工作"，不过中产阶级"对稳健而有干劲的共和国政府还是很有好感的，他们也就没有过激地抵制政府的抗敌政策"。日子一天天过去，越来越多的人感到共和国的事业将以失败告终。罗马守军渐渐变得放松、散漫。枪手和炮手开始随意射击，好像子弹、炮弹打到哪儿都无所谓似的。平民们也变得越来越不情愿帮助守军筑垒造台了，有一次，他们甚至被士兵拿刺刀逼着去城墙那儿干活。

瓦扬将军手下那些技艺娴熟的工程师们无情地将他们的攻城设备逼近了罗马。法军在韦尔德山和科尔西尼别墅的空地上不停向圣潘克拉齐奥周围的罗马守军开炮。到了晚上，法军还派出了侦察兵，搅得罗马守军一夜不得安宁。法军极有可能还是从西面发动进攻，因此加里波第坚持要求给他增派人手来保卫雅尼库鲁姆山。当时，罗马的职业军官彼得罗·罗塞利已被任命为守军的最高指挥官，他觉得罗马在其他方位的防御也不可忽视。他尤其担心南部和北部的防守。在南面，有大批法国军队驻扎在城外圣保罗大教堂附近；而在北面，法军已经占领了米尔维奥桥。要求未被满足的加里波第开始单干，他调用了一些有其他任务的士兵。在发动了一次猛烈的炮击之后，法军威胁要从金山圣彼得修道院进攻罗马。此时加里波第接到了反击的指令，但是他拒不执行。他的理由是在奥勒良城墙内筑一道防线是更合理的方案，并且他的部队还达不到发动反攻的条件。

加里波第与最高指挥官的分歧也激化了他与马志尼之间的矛盾。他和马志尼都是刚愎自用的人，两人看起来似乎永远都不可能和平共事。人们经常觉得这两人彼此相互嫉妒。加里波第嫉妒大家认可马志尼的学识，称马志尼为"教条主义者"，而马志尼的追随者是"有学问的学者，习惯通过他们的研究为世界立法"。马志尼看不惯加里波第的影响力，也看不惯别人视加里波第为实干者。他认为加里波第"弱得无法用语言形容"，"是个最容易受到摆布的人"。"如果加里波第不得不在两个提议中选择其一，"马志尼抱怨道，"他选的一定和我选的不一样。""你知道狮子的脸吗？"马志尼有一次对朋友说道，"难道这不是张愚蠢的脸吗？难道加里波第的脸不就这样吗？"

马志尼觉得"罗马已经沦陷"，而罗马的沦陷如果要对未来产生积极影响的话，它就必须在沦陷前承受巨大的苦难，做出自我牺牲，以继续激励意大利的民族运动。他对罗马的感情比以往更为深厚，当有人建议守军弃城而去，在城外和法军作战时，他大为震惊。事实上他已经做好了死在罗马的准备，他最终号召罗马人民随他上前线，用赤手空拳赶跑敌人。"上帝给了他们发动进攻的权利，"他说，"那么我们的人民也可以打一个漂亮的防守之战。一想到有许多英勇无畏的人将为此牺牲，我的心中就无比沉痛。"

让马志尼为之祈祷的进攻在 6 月 30 日凌晨一点左右开始了。在前一天，罗马还是和往年一样庆祝圣彼得和圣保罗日；在共和国政府的鼓动下，罗马人民在夜晚放起了烟花，大街上也张灯结彩，罗马人觉得这样也可以表现对敌人的蔑视。午夜来临前，一场夏日风暴给罗马灌下了倾盆大雨，所以当法军的炮弹袭来时，罗马的古迹都被溅满了泥水。接着，在暗无月光的夜晚，两军展开了激战，但这场战斗很快就结束了。法军的进攻经过了精密谋划，攻势十分迅猛。一支法军纵队迅速地从乌尔班八世城墙的一处缺口发动了袭击；而另一支纵队则突袭了奥勒良城墙，然后一部分人向左侧分散围攻圣潘克拉齐奥门附近的炮台，另一部分人向右包围了斯帕达别墅。加里波第从萨沃雷利别墅撤离后正是在斯帕达别墅建立了他的指挥部。

加里波第已前往卡比托利欧山参加共和国制宪议会的紧急会议。他坚信此时在罗马城内进行抵抗已经毫无意义，共和国政府现在必须接受他一直以来都在敦促政府采纳的提议：在罗马的城墙之外与法军展开游击战。他的黑人勤务兵已经牺牲，他的参谋长也奄奄一息，他自己则屡次死里逃生。当他抵达卡比托利欧山的时候，他满脸大汗，衣服上沾满了泥和血渍，他的剑已经折了，还脱出了剑鞘。与会人员都起身对他喝彩，在会上，他重申了自己的观点：现在必须在城外开展抵抗运动。"我们走到哪儿，罗马就在哪儿。"他说。

"我要走出罗马。"加里波第在马上对聚集在圣彼得广场上的方尖碑周围的民众说道，"谁愿意跟着我走的，我们欢迎你的加入。我只要你有一颗爱国的心，对你没有别的任何要求。你没有酬劳，没有食物，也没有休息。我能给的只有饥饿、寒冷、被迫行军、战斗和死亡。如果有谁受不了这种生活，那么你就别跟着我们。如果你不仅嘴上爱着意大利，在心里也有意大利的名字，那么你跟我走吧。"那些准备追随加里波第的人被要求傍晚时在拉特朗大教堂旁会合，他们将从圣约翰门离开罗马。

大约有四千名志愿者于指定时间聚集在拉特朗大教堂旁。他们之中有士兵，也有平民；有大人，也有孩子；有爱国者、政客，还有一些罪犯。这些罪犯离开罗马有的是为了逃避法律制裁，有的则是想趁着打仗抢一些战利品。加里波第的太太已经有了身孕，她也出现在了人群中。她来自南美，是葡萄牙人和印第安人的混血。她身材矮小，皮肤黝黑，长得有点男性化，当初她追随加里波第来到罗马，是为了与加里波第同甘共苦。志愿者们跟着加里波第的部队缓缓地走出圣约翰门，他们穿着平民的衣服或是五颜六色的制服，而队列中只有一门加农炮。

马志尼从来没考虑过跟他们走：他从不乐意跟在人后，让他追随加里波第就更不能忍了。在制宪议会上，因为三人执政团决定向法军投降，他辞去了执政官的职位以示抗议。后来，他开始出现在罗马的大街小巷，据说他这么抛头露面是为了看看有没有人会行刺他，因为天主教会的出版物声称他在罗马施行暴政，罗马人都盼着他死。结果，他最终安然无恙，这有力地驳斥了教会的谎言。"短短两个月内，他显得老了不少。"有天傍晚见到他的玛格丽特·富勒写道，"他似乎丧失了活力。这些天来他晚上都没睡觉，眼睛里布满了血丝。他的肤色蜡黄，瘦得惨不忍睹。他的白头发越来越多，一碰他的手他就会疼痛。"当法军在7月3日正式进入罗马城时，他仍留在罗马。阿瑟·休·克拉夫描述了法军进城的场面：

> 我和大约三十个人站在科尔索大道上，目睹了法军经过。这些职业军人很有气势，他们的确顽强、规范。不过当罗马人冲他们尖叫、起哄以及喊类似"罗马共和国万岁"的口号时，法军看上去就略显尴尬了。当法军经过时，几个年纪轻轻的傻子拎着水

桶跟在他们后面；有四五个人被法军亮刺刀给吓得跑了回来，而我的一个年轻的朋友则又迅速地跟了上去。法军的队伍仍在行进着。这时，有个罗马的小市民，我觉得他可能是个外国人。他说了一些话，可能是说他认为罗马人对法军的态度很愚蠢，也有可能是表达了对法军的同情。结果这个人被围了起来，我看到他被众人推来推去……后来我听说他脱身了。但是另一个教士就没那么走运了，这个教士公然和一个法国人走在科隆纳广场上聊天。结果，毫无疑问，这个教士被罗马人杀了……可怜的人呐，人们告诉我他是个信奉自由主义的神职人员，只可惜他不够慎重。说说我自己的感受吧：这事发生之后，法军的一个纵队回来用刺刀驱散了人群……我认识的一个英国人告诉我：当经过新咖啡馆时，乌迪诺看到咖啡馆窗户上挂着一面意大利的绿白红三色旗，他指了指旗子，下令把它拿掉。当法军士兵去拔旗子时，意大利人却出来阻止。意大利政治家塞努斯基取下了三色旗并亲吻了它。我亲眼看到塞努斯基骄傲地拿着旗帜去了广场，一路上都有人为他欢呼。我没有跟着他去广场，但是比我更大胆的朋友去了，他告诉我法军士兵后来举着刺刀把三色旗从塞努斯基那儿给夺走了，他们还扯掉了塞努斯基身上的三色围巾。

附：之前说的和法国人聊天的那个教士没有死，他可能也不会再遇害了。但是我听说另一个教士被人剁成了肉泥，因为他喊了句口号："庇护九世万岁，打倒共和国！"……法军士兵表现得非常克制。同时，我也见过几个士兵长得比加里波第手下最凶猛的战士还要凶悍。迄今为止，我们见过的最讨人厌的女人就是法国部队中的随军女小贩。

《泰晤士报》的记者也觉得法国占领军的素质很高，尽管他们频频被调侃，他们也没有动怒。当法军经过"极端自由主义者的据点之一"[4]新咖啡馆的时候，他们被人嘘了。而在"美丽艺术"咖啡馆外，人们不停地叫骂着"庇护九世去死！""教士去死！""罗马共和国万岁！""红衣主教乌迪诺去死！""乌迪诺将军的部下起初保持了法国士兵良好的幽默感，但是当他们听到统帅本人也遭到辱骂时，他们顿时火气冲天，一下子冲击了人群。"

但法国的占领军很少被激怒。在他们占领罗马的前些天里，他们光顾的咖啡馆和餐馆遭到了罗马人的抵制。有一些咖啡馆，比如新咖啡馆，"表现出了明显的敌意"，后来干脆歇业了。不过总体而言，法国人还是受到了"礼貌性的冷静对待"，比如在西班牙广场的"好味"餐厅他们就被当成了普通顾客。渐渐地，罗马人对他们的辱骂也越来越少了。法国占领军派出搜索队搜捕垮了台的罗马共和国的领导人，但是搜捕行动草草了事，似乎只是个形式。大部分所谓的"革命者"都在同情他们的外国驻罗马领事的帮助下逃离了罗马。比如英国驻罗马领事就给"革命者"签发了数百张外交通行证，以至于英国时任外长帕默斯顿不得不训了英国领事一通。在美国驻罗马使馆代办的帮助下，马志尼先是逃到了奇维塔韦基亚，后来去了英格兰，中间没有遇到任何来自官方的刁难。

马志尼离开罗马九个月后，庇护九世在法国军队的护送下堂而皇之地由拉特朗门回到了罗马。他没有选择住进奎里纳莱宫，而是入住了梵蒂冈宫。他重新独掌大权，确立了教会的权威。不久，罗马的酒店和旅馆再次挤满了外国游客，城市里的各种作坊也重新忙碌了起来。

一个将近二十年前来过罗马并在罗马待了三个月的游客发现罗马"基本没怎么变"：在她最喜欢的一家餐厅，老板、厨师、侍者还都是当年同一拨人。她遇到的罗马人和从前一样友好。反对教皇政权的人后来描述说在罗马有一种压抑感，而她却一点儿没有这样的感觉。同一时期也在罗马的法国历史学家和古典文学学者让·雅克·安培也与这位女游客有相同的看法。安培觉得罗马是意大利最自由的城市，就连教士也准备在一些特殊的宗教规定以外接受自由放任主义的政策。

罗马在某种程度上也算是发生了变化：它不再是艺术世界的中心，而巴黎渐渐成为艺术之都。法国画家雅克·路易·大卫曾和新古典主义画派的先锋人物、已经担任了法兰西学院院长的约瑟夫-马里·维安一起来过罗马，但是两人很早就回了巴黎。意大利雕刻家安东尼奥·卡诺瓦在威尼斯广场有一间工作室，他留在罗马的作品包括圣彼得大教堂的斯图亚特纪念碑[5]和博尔盖塞画廊里的波利娜·波拿巴的雕像[6]，他后来回了威尼斯老家。冰岛雕刻家贝特尔·托瓦尔森在罗马的工作室里曾经有不下四十个助手，他在 1838 年回到了丹麦。19 世纪早期的艺术家中有一批"拿撒勒人画派"的画家从德意志来到罗马，他们在一个废弃的修道院安顿了下来。但后来这些画家甚至还没来得及完成马西莫别墅的壁画就分道扬镳了。[7]

罗马虽然不再像从前一样是艺术中心，但人们对罗马城里的古迹和基督教早期艺术的关注程度却比以往都高。该领域最主要的研究者是考古学家路易吉·卡尼纳和 G. B. 德·罗西。卡尼纳在阿庇乌斯大道完成了考古挖掘工作，还以蚀刻版画的形式重塑了罗马数百个古迹。德·罗西在大角斗场、城市广场和罗马最早的一批教堂里进行了考古挖掘，他还发现了圣加里斯都和圣阿格尼丝的地下墓穴。

庇护九世对德·罗西的工作兴趣浓厚。德·罗西带他去了圣加里斯都的地下墓穴，当他在地下墓穴的教皇墓室里看到部分碑文时，他惊奇地问："这是真的吗？我以前的教皇就是在这里安息的？"他对一些现代发明也十分感兴趣，这些发明包括水力装置、电报、蒸汽动力、机械装置和铁路，它们在19世纪50和60年代开始改变罗马与教皇国的生活。他特别喜爱他自己的专有火车，这列火车车厢被涂成了黄白相间的颜色，在火车的转向架上还有一间祷告室。他经常走出去视察一些科技项目的进展，当项目完成时他还会为这个项目祈福。1860年，从罗马发车的首列火车驶向了弗拉斯卡蒂，他为这列火车举行了祈福仪式。火车时速达四十八公里，当它抵达终点时，当地的一支乐队演奏出了火车发车的各种声音：喷气的声音、车轮前进的声音和鸣笛的声音。1863年，庇护九世出席了位于波尔泰塞附近的一座横跨台伯河的钢制吊桥的通桥仪式。当时，英国公共建设工程部长约翰·曼纳斯也在场。当曼纳斯被引见给庇护九世时，他感到有点尴尬，因为他戴了个旧草帽，还打了把伞。不过他很快就放轻松了，因为庇护九世对他说："我非常高兴见到你，尤其是在这个时候。等你回到伦敦，你要告诉他们，罗马的教皇并没有总是在祷告，他的身边并不总是围着香火和修道士。你可以告诉女王陛下，她的公共建设工程部长有一天惊讶地看到这位年迈的教皇和一群工人在一起，出席了台伯河上一座新桥的通桥典礼，而且教皇能把新桥的构造、作用解释得非常清楚。"

尽管庇护九世关心科技进步，他却听不进任何有关统一意大利并以罗马为首都的建议。他坚决反对交出教会的世俗资产，他认为这些资产是上帝托付于教会的，几百年来，教皇都靠着这些资产保持了教会的独立自主。然而，意大利统一运动的势头已经越来越猛，庇护九世的立场根本无关紧要了。撒丁国王的首相、聪明而不择手段的加富尔正详细制定着一系列政策，这些政策将帮助撒丁国王扩大疆土：从原来的皮埃蒙特扩张到伦巴第，向南穿过帕尔马、摩德纳，再扩张到托斯卡纳。加里波第也在调集兵力，他将从波旁王朝手中夺取西西里和那不勒斯。1860 年 9 月，皮埃蒙特人入侵了教皇国；到了 1860 年底，在经历了一轮被操纵的公民投票之后，撒丁王国国王维托里奥·埃马努埃莱二世控制了除罗马和威尼托大区之外的所有意大利地区。

1861 年 3 月 17 日，在都灵举行的第一届意大利议会上，经投票一致表决，维托里奥·埃马努埃莱被冠以意大利国王的称号。虽然罗马仍控制在庇护九世的手中，但十天之后，它还是被宣布为新的意大利王国的首都。在梵蒂冈宫内，法国驻罗马大使格拉蒙公爵向庇护九世保证，法国将反对任何人动用"武力"侵略罗马。起初，庇护九世对格拉蒙的话深信不疑，但在英国驻罗马大使奥多·罗素眼中，格拉蒙公爵是个"温和的骗子……他做作，和法国在意大利的所有外交官一样，对意大利的统一理想非常不屑，巴不得绞死加富尔、枪毙加里波第"。在他的国务卿、红衣主教安东内利的建议下，庇护九世拒绝交出世俗权力，而围绕教皇能否像君主一样拥有世俗权力引发的矛盾也被后世称为"罗马问题"。庇护九世告诉奥多·罗素说这场危机一定会过去的，教会不久就将战胜它的所有敌人。当时，在罗马境内驻扎着六千名法国士兵和一支受雇于教廷的多国志愿军。1864 年，似乎是出于对其对手的无视，庇护九世发布了《谬论汇编》，在此书中将"罗马教皇能够并且应当与时俱进，接受自由主义和现代文明"这

维托里奥·埃马努埃莱二世（1820—1878）是意大利统一之后的第一位国王。萨瑟兰公爵夫人称他是获得嘉德勋位的骑士中唯一一个"看起来可以斗得过龙的人"

样的观点驳斥为谬论。1869 年 12 月 8 日，在圣母无染原罪节这一天，庇护九世召开第一次梵蒂冈大公会议，会上他将"教皇无谬误"一说定为教义。

但是在 1870 年，法国对普鲁士宣战。色当战役时，路易·拿破仑的法兰西第二帝国被推翻，几乎所有驻扎在罗马的法国部队都投入到普法战争中，却没能挽回法军惨败的局面。趁此良机，维托里奥·埃马努埃莱国王立刻调集兵力准备攻占罗马。9 月 16 日，庇护九世前往天堂祭坛圣母教堂，在教堂里的圣婴像前祷告。这尊圣婴像刻画了婴儿时期的耶稣，在罗马相当受人敬重。据说它是由客西马尼园*中的橄榄树的木头刻制而成。三天后，他乘坐马车从梵蒂冈宫到拉特朗宫去检阅拉特朗广场上集结的军队，这也是他最后一次在罗马检阅部队。七十八岁的庇护九世已经是个身体虚弱、白发苍苍的老人了，他缓慢地跪着爬上了圣阶，在大声地做了祷告后，他站起身，为下面的士兵们祈福。

9 月 20 日凌晨，维托里奥·埃马努埃莱开始炮轰罗马的城门。梵蒂冈宫的窗户在框中被震得咯咯作响。庇护九世下令只作象征性的抵抗，以表明他对武力攻占罗马的屈服。很快，圣彼得大教堂的顶端升起了白旗，维托里奥·埃马努埃莱的军队也停止了炮击。

1871 年，意大利王国将首都由此前的临时首都佛罗伦萨正式迁往罗马。维托里奥·埃马努埃莱将王宫设在奎里纳莱宫，庇护九世则搬进了梵蒂冈宫。他自诩为囚犯，于 1878 年在梵蒂冈宫中去世。他

---

* 位于耶路撒冷橄榄山下的一个花园，此地因为耶稣经常来这里祷告而闻名。——译注

是历史上在位时间最长的教皇。维托里奥·埃马努埃莱也于 1878 年逝世，他在罗马一直过得不如意。他从索拉公爵手里租来了卢多维西别墅[8]给他那个庶民出身的妻子罗西娜·韦尔切利纳住，也只有在卢多维西别墅的时候，他看起来是开心的。他很想念都灵，非常不喜欢阴郁的奎里纳莱宫。有那么几年，来奎里纳莱宫的外国王室成员、天主教徒、新教徒都不爱在宫里过夜，因为他们怕冒犯了教皇。在后来的若干年里，教皇与新政权之间仍然存有龃龉，而各自忠于一方的派别也分裂了罗马社会。

1870 年，意大利士兵攻占罗马

16

王室的罗马

"你我四十年前来过罗马，而罗马这四十年基本没什么变化。"亨利·华兹华斯·朗费罗在维托里奥·埃马努埃莱攻占罗马几个月前对一个朋友说道，"我前几天也跟红衣主教安东内利这么说过，他吸了一口烟回答说：'是啊，谢天谢地。'"让庇护九世迷恋的新的科技发明并没让罗马的农牧生活本质发生改变。罗马依然不存在工业和证券交易所，经济的主要来源依然是农业。在法国作家和旅行家埃德蒙·阿布看来，罗马就像是一大片麦田中的一个巨型农场。每年，当疟疾在坎帕尼亚发作，把该地区变成凶险之地前，罗马都会囤大量的小麦。甚至到了 19 世纪 60 年代，在罗马的大街上看到有人放牛、放羊，还是一件很寻常的事情。到了 1865 年，在城市的中心地带藤蔓大道上，还发生了十二头母牛在牛棚里被烧死的事情。

罗马的田园一面着实变化很慢，但罗马在景观和氛围上发生的其他变化却让红衣主教安东内利很是不满。教皇的法国步兵团被轻步兵团给取代了。这些轻步兵穿着像戏服一样的制服，头上戴的宽边帽饰有深绿色的羽毛，他们通常都大步流星地走在街上。报刊亭多得数不胜数，除了为人所熟悉的、被教廷批准发行的《罗马观察报》和《真声》杂志外，路人还可以买到各种意大利和外国的报纸杂志。大街上很少能看到高级教士了，红衣主教的马车不仅被涂成了黑色，还被帘布遮着，感觉是在哀悼什么似的。街上也不怎么能看到修道士和经常戴着白帽子的教士的踪影了，那些戴白帽子的教士曾被形容为"穷得出奇"。

生于罗马的英国作家奥古斯都·黑尔在其1871年出版的《罗马行记》一书中批评了这种变化。黑尔写道：

> 看不到教皇、红衣主教和修道士；修道院都关门了；宗教
> 仪式也没有了；税收和征兵给民众带来了痛苦；博尔盖塞家族和

19世纪末的纳沃纳广场

很多其他贵族的人主动流亡在外；绚丽的内格罗尼别墅[1]以及很多别的名胜、美景都被毁得面目全非；丑陋的新街道模仿着巴黎和纽约的样子，让想到以前罗马面貌的人很生气。撇开这些都不说，罗马城里也没什么好的——漂亮的平乔山、生动的母狼像、城市广场出土的残碎文物，值得一提的也就这些了。

亨利·詹姆斯也点评过罗马在被维托里奥·埃马努埃莱占领后发生的变化。詹姆斯第一次到罗马是在1869年。和歌德一样，当他进入罗马城后，他觉得他人生中第一次那么充满活力。詹姆斯再次来到罗马是在1872年，但是他难过地发现平乔山上看不到有红衣主教走动了，那些红衣主教只是偶尔出现在拉特朗大教堂附近，一般是从他们看着丧气的马车上下来活动活动腿脚的。从他们的腿上还能看出来红衣主教的显赫："因为他们走动的时候，他们的黑袍子一撩起来就能看到红袜子闪过你的眼前，让你不禁感慨现代文明颠覆了颜色的传统表现形式。"詹姆斯觉得，现在的年轻人都穿得很潇洒：

> 这些年轻人在大街上溜达，后面跟着不苟言笑的仆人，仆人们倒会跟别人微微鞠躬致意。但是他们再潇洒，你还是看不到高级教士，看不到红衣主教的马车，他们的马车过去红得华丽夺目，男仆则会紧紧地贴在马车后面，现在马车给人的感觉像是去吊丧。即便你运气再好，你也还是肯定看不到教皇本人，通常教皇坐在他的豪华马车里，你只能看到他抬起的手指，他就像是某个圣地里无法接近的圣像。不过，你还是有机会看到维托里奥·埃马努埃莱国王本人的，他丑得如同一些极其难看的圣像。

来罗马的旅客有可能遇见埃马努埃莱国王王室的不同成员，詹姆斯本人就曾遇见过，不过王室成员没有给他留下很深的印象。

> 昨天，翁贝托王子年纪尚幼的长子〔即未来的意大利国王维托里奥·埃马努埃莱三世〕和他的女家庭教师坐在敞篷马车里出现在了平乔山上。他是个身体结实的金发小子，确实有点国王的样子。他和女教师停在那里听音乐，马车周围是围观的群众，众人就在翁贝托王子的儿子眼皮底下指指戳戳。群众的这种好奇让他们胆大妄为、毫无顾忌，在他们身上丝毫看不出他们对意大利王室的"忠诚"。我觉得新政权统治之下的罗马有一种奇特的粗俗感。当庇护九世出门的时候，那场面就很庄严、壮观了；即便你没对他下跪也没脱帽，其他人对教皇表现出的崇敬也一定会让你铭记于心。但是庇护九世可从来不会停下来听歌，他也没有什么教皇范儿十足的孩子，更别说这孩子是由一个高级保姆管教，这个保姆你或许还会想着调戏一下了。

雪莱形容罗马为"流浪者的天堂"，而詹姆斯承认这座天堂在本质上没有改变。他仍然可以从拉特朗大教堂的顶楼欣赏美丽的风景，也可以从那儿沿着林荫大道到达圣母大殿，或是绕道穿过马里奥山上的软木林，再经过一片田野到达城外圣保罗大教堂。尽管西班牙台阶附近不再允许有人给画家当模特，很多国外艺术家还是聚集在西班牙广场附近的咖啡馆里或是孔多蒂大道上的希腊咖啡馆，这家咖啡馆比往常都要爆满。他们还会聚在一些物美价廉的餐厅，比如莱普里小餐馆，十五年前，赫尔曼·梅尔维尔在这儿吃了顿饭只花了十五美分。

你还是能看到有人在街上赶着牛群、运着从坎帕尼亚送来的水果和葡萄酒；在弗拉米乌斯门外，你也还是能看到很多猪拱着栎树的果实。导游带游客去逛的还是那些耳熟能详的景点，只不过多了两个去处，一处是新教徒公墓 [2]，雪莱的小儿子就葬在这里，雪莱认为这个地方美得"会让人爱上死亡"；另一处是西班牙台阶旁的房子，济慈就是在这间房子里死在了他的朋友约瑟夫·塞弗恩的怀中。此外，就像英国小说家乔治·吉辛抱怨的那样，罗马什么地方都要收小费，"上午带着你去梵蒂冈宫里的房间走一遭有时候要收五便士之多"。

乔治·吉辛是从那不勒斯坐火车到罗马的。那趟火车上，检票员"一节车厢挨着一节车厢走动"，他那节车厢里的乘客全程都在兴奋地对彼此喊着"啊，罗马！罗马！"，罗马对他们和吉辛而言仍然有着独特的吸引力。吉辛在 1897 年回国，他觉得比起那不勒斯和佛罗伦萨，他更喜欢罗马："佛罗伦萨是文艺复兴之城，但文艺复兴毕竟只是伟大时代的一个影子，而影子终究会消失的。罗马古迹中最次的地方都要比［佛罗伦萨的］一切更让我赞叹。"正如年轻的艺术家菲尔·梅所说，"世上没有哪个地方像罗马一样"。

在罗马长时间逗留的游客都会意识到罗马各大家族之间因为分歧而产生的问题，有些豪门准备接受维托里奥·埃马努埃莱为他们的君主，而另一些豪门则表示忠诚于庇护九世，不会承认国王的存在。这些大家族中有的自古罗马时代就已经地位显赫，比如马西莫家族；有的在中世纪声名鹊起，比如奥尔西尼家族、科隆纳家族和卡埃塔尼家族；还有的则是教皇亲戚、文艺复兴时期和反宗教改革派中高级教士的后人，包括法尔内塞家族、邦孔帕尼家族、博尔盖塞家族、巴尔贝里尼家族和多里亚家族。有些家族是在近些年凭借好运气和努力积累了财富，比如托洛尼亚家族，其祖上是个云游四方的推销员，后来做银行业发了家。1870年，托洛尼亚家族的族长托洛尼亚亲王修改了侍从们的制服，制服上不再有意大利王国的绿白红三色，不过此后托洛尼亚亲王设法保持中立，偏安于纷争之外。另一位托洛尼亚家族的人利奥波德公爵作为罗马的市长，要求红衣主教帕罗契以公民身份祝贺教皇利奥十三世任圣职五十周年，结果他立即被意大利总理革职了。

有一些家族一直以来都对新政权表示了公开的支持。这些家族包括多里亚家族、邦孔帕尼-卢多维西家族、鲁斯波利家族和卡埃塔尼家族。卡埃塔尼家族在这些家族中最为显赫，其家族族长米开朗琪罗·卡埃塔尼被封为塞尔莫内塔公爵，他信奉自由主义，是个博学的但丁研究者，同时也是雕刻家和匠人。因为他坚持不用专家，而是让当地的医生给他做白内障手术，结果他失明了，他后来成了新一届议会的代表，为特拉斯泰韦雷区的平民发声。在罗马的卡埃塔尼宫[3]，他常常邀请新政府的部长以及艺术家、作家和最尊贵的外宾来做客，但如果有人想去卡埃塔尼家族在蓬蒂纳沼泽地的府邸塞尔莫内塔堡的话，他的回答很像是马西莫家族的风格："当然可以去。不过我担心我不能在那儿招待你吃午餐。因为我们在塞尔莫内塔堡的大厨16世纪末就过世了。"

尽管米开朗琪罗·卡埃塔尼明确拥护新政权，但他和一些红衣主教的关系也非常亲密。罗马的各大豪门中有些家族拒绝与意大利王国的政府有任何联系，它们也被称为"黑色"贵族或"教皇派"贵族。巴尔贝里尼、基吉、博尔盖塞、阿尔多布兰迪尼、萨凯蒂、萨尔维亚蒂等家族都不支持统治意大利王国的萨伏依王朝。当萨伏依王朝的王室成员入主奎里纳莱宫后，兰切洛蒂家族还让王室成员吃了闭门羹。直到 1896 年，由于利奥十三世已经八十六岁高龄，他才不再单独接见罗马的各大"黑色"家族。不过，作为一种补偿，利奥十三世每年安排一次大型会晤，接待这些"黑色"家族的人。当奥斯卡·王尔德在 1900 年来到罗马的时候，罗马社会不同的派系已经对立得十分明显。欧洲饭店的大厅门童给了王尔德一张可以在复活节去看教皇的票，凭着这张票，王尔德得以在利奥十三世经过教皇宝座时瞥到他那张"奇丑无比的脸"。利奥十三世的身材保持得很好，"虽然没什么肌肉也没什么气色，但是穿着白袍还是显得高贵"。王尔德从未见过"有谁像利奥十三世那样，每次起身祈福的举止都优雅非凡。他也许是在为朝圣者祈福，也一定是为我祈福"。后来当王尔德在国家咖啡馆喝咖啡时又见到了维托里奥·埃马努埃莱二世的接班人、意大利国王翁贝托一世从咖啡馆外经过："我立刻站起身，脱去了我的帽子，微微鞠了一躬。我的这个举动得到了隔壁那桌军官们的赞许。但是当翁贝托一世走过去之后，我才突然意识到自己是个天主教徒和'教皇派'！我深感不安，也希望教廷不会知道这件事情。"

罗马的一部分豪门拒不承认新政权，但总体而言罗马的民众还是拥护它的。在维托里奥·埃马努埃莱抵达罗马的时候，民众欢呼着迎接了他的到来；翁贝托国王和玛格丽塔王后也非常受欢迎。意大利王国政府组织的一次公民投票表明，在所有选民中，有十三万三千六百八十一人同意将罗马并入意大利王国，只有一千五百零七人投了反对票。在意大利王国的军队占领罗马后，王国的官僚们也都迁入罗马，此前他们惬意地住在意大利王国的临时首都佛罗伦萨。而比起罗马民众对他们的反应，这些官僚自己显得更加兴致勃勃。

为了满足这些公务员的办公需要，政府征用了几处位于市中心的大型修道院，比如圣西尔维斯特首修道院[4]先是被拨给了内政部，后来又被划给了中央邮政局。此外，政府还占用了几处宫殿，比如把蒙提特利欧宫划给了众议院，把布拉斯基宫安排给了农业部，把夫人宫[5]划给了参议院。而夫人别墅则被用来接见贵宾。

征用大型建筑仍不足以满足官僚们的需求。罗马市当局被要求再腾出四万零一百八十个房间给意大利政府办公使用。然而罗马的市政委员会却只能提供五百个房间，这五百个房间里很多还是由草棚改造过来的。庇护九世在担任教皇时期修复了很多教堂，他在特拉斯泰韦雷的圣米迦勒疗养院[6]附近建造了一些住宅，还建了浴场火车站[7]。但除了这些，他没有建什么新房子。庇护九世的战争部长、魄力十足的比利时人弗朗索瓦·哈维尔·德·梅罗德预见到了在浴场火车站和奎里纳莱宫之间的开阔乡村地带很有可能开发房产。梅罗德买下了这个地区的大片土地，而后又在这里盖了几处大房子。余下的大部分地盘如今都被他以高价卖给了投机的房地产商。这个地区的一条宽街被称为梅罗德大道，后来更名为国家大道。

罗马的其他地区也相继得到开发。19世纪70年代，在大角斗场一直到九月二十日大道这片地段上，很多住房拔地而起。在接下来的七年里，九月二十日大道到美第奇大道的地段又扩建了一批房屋。1887年，由于房地产业的生产过剩和贷款展期过长，整个楼市突然遭遇严重危机，一时间破产者无数：1888年至1889年在建的楼房数量仅是1886年至1887年在建楼房数的十五分之一。在很多外国观察者看来，房产开发已经给罗马造成了破坏。新的住房、办公楼、使领馆、小区、酒店和旅馆已经让罗马变得面目全非。"撒丁王国十二年的统治对罗马的美景和名胜古迹造成的破坏比哥特人和汪达尔人当年侵略罗马造成的破坏还要大。"奥古斯都·黑尔说，"整个城市的面貌都已经发生改变。过去那如画般的景致现在只有在一些没有被破坏的、不为人知的角落里才能见到了。"

乔治·吉辛调研了圣天使堡周围住房施工的进展情况，他发现"那些盖得像营房的房子又高又丑"，它们的建造速度很快，而且建得密密麻麻。他也认同黑尔的看法，觉得"实际上，现代的罗马城市面貌非常丑陋……罗马街道的单调乏味和令人生厌已经到了令人发指的程度"。

1887 年的楼市危机只是暂停了公共住房的建设。战争部和财政部的大楼在 9 月 20 日大道被建好之后不久[8]，在 1889 年，宏伟华丽的正义宫[9]开始了施工建设。罗马的综合医院区[10]建于 1887 年至 1889 年间；巨大的维托里奥·埃马努埃莱二世纪念堂[11]建于 1885 年至 1911 年间。19 世纪末，当台伯河的堤岸已经建好的时候，在台伯河的右岸，圣天使堡和马里奥山之间的那片草地变成了一个新的城区——普拉蒂卡斯泰洛区。但上述工程都没有经过合理的规划和控制，所以很多美丽的别墅，连同别墅附近的花园、公园都在新房子的施工过程中被无情地破坏了。博尔盖塞别墅和多里亚别墅相安无事，但被亨利·詹姆斯认为是罗马最美别墅的卢多维西别墅却消失了，同样湮灭的还有朱斯蒂尼亚尼-马西莫别墅[12]、蒙塔尔托别墅[13]、阿尔瓦尼别墅、阿尔铁里别墅[14]和内格罗尼别墅。

1870 年罗马的城市人口总量为二十万，而 19 世纪末它的城市人口总量达到了四十六万。这种人口增长是因为罗马的楼市繁荣吸引了

小岸港及周边建筑，约 1880 年

大量农民进城，此外迁入罗马的官员及其家人的总数也不少。人口虽涨，生活物资却没有充分跟上。很多农民和他们的家人就睡在教堂的台阶上、拱门下，或是临时搭个简单的小屋凑合着住。这些小破屋成规模以后，慢慢演变为充斥着简陋棚屋的小镇，在 20 世纪，很多意大利城市都有类似的小镇，它们展现了城市不那么光鲜的一面。与生活可怜的穷人形成对比的是相对富足的官僚、军官以及他们的太太。这些人会在国家大道和科尔索大道上的咖啡馆里品尝苦艾酒，他们也经常光顾很多精致的小店和小酒馆，罗马好像在一夜之间冒出了很多小酒馆。到了晚上，他们还会去康斯坦齐剧院听歌剧，康斯坦齐剧院也就是现在的歌剧院[15]。他们也会去西班牙广场混迹于外国人中，那里仍然是外国人的活动中心。

前来罗马的外国人一年比一年多：尽管很多外国游客都不满罗马建了大量新楼房，但是在 19 世纪末、20 世纪初，罗马对游客的吸引力并没有减少。有些外国人在罗马待得并不自在，比如年轻的、贫穷的詹姆斯·乔伊斯，他当时在一家奥地利银行工作，薪水很低。他的住处在弗拉蒂纳大道。他觉得罗马这个城市像是靠"对游客展示祖母的遗体"来维持生计的。他希望能有个人和他谈论都柏林。但像乔伊斯这样的情绪并不多见。更具代表性的情绪是像亨利·詹姆斯的哥哥威廉那样的，威廉觉得"从你出酒店的门一直到你回酒店这段时间里，罗马可以让你大饱眼福"，而西格蒙德·弗洛伊德每天都去圣彼得镣铐教堂研究米开朗琪罗的摩西像，他认为这尊雕像是世界上最美的艺术品，他还对一位友人说他在罗马的经历是"一段非常难忘的体验"，是他人生的"一个高峰"。法国出生的作家伊莱尔·贝洛克曾经去过罗马，而 1914 年，当他在数年后重访罗马时，他写道，尽管有房产投机分子和开发商兴建新房，罗马还是和以前"惊人地相似"。

17

法西斯主义的罗马

　　"如果意大利政府不交出政权，我们就将挺进罗马夺取政权！"
1922 年末在那不勒斯召开的法西斯代表大会上传出了这样的威胁，而
在场的足足四万名法西斯代表和法西斯主义的支持者不断高喊着"罗
马！罗马！罗马！"来作为回应。发出这一声威胁的演讲者是二十九
岁的贝尼托·墨索里尼。他曾是意大利社会党成员，也是一个有影响
力的记者。由于积极鼓动意大利参加第一次世界大战，他被社会党开
除了党籍。在第一次世界大战中，他与轻步兵并肩作战，在战争中负
伤后，他又做回了媒体人。早在 1918 年 2 月，他就敦促意大利政府
任命一名独裁者，这个独裁者必须是一个"足够冷酷、精力充沛得能
取得彻底胜利的人"。三个月后，他在博洛尼亚做了一场演说，在这
场被广泛报道的演说中，他暗示自己有可能就是那个独裁者。

　　墨索里尼的支持者的构成有点复杂。他们中有对现状不满的社
会党人、工团主义者、共和主义者、无政府主义者，也有无法纳入
任何派别的革命分子、保守的君主主义者和躁动的军人。在军人这
个构成中，很多人之前都是意大利军队中鲁莽的突击队员，有一些
人还被警方通缉。墨索里尼的所有支持者形成了一个法西斯战斗团

体，这个团体成员之间的关系就像古罗马的扈从用来绑定束棒（罗马威权的象征）的绳子一样牢固紧密。法西斯党起初在政治舞台上并不占优势：1919 年参选众议院议员的法西斯主义者得票数没有超过四千七百九十五票。但是连续几届意大利政府都处理不好社会动乱和各种棘手问题，这给了法西斯主义者以"国家的拯救者"身份登堂入室的机会，在别人眼中他们也成了唯一可以遏制布尔什维主义的力量。法西斯主义者鼓吹以暴制暴，他们被人称为"黑衫军"的武装力量猛烈攻击了社会党的工人组织、敌对政党和工会的总部、报社大楼以及所有被他们视为布尔什维克党的同情者。他们接连发动了好多次类似的袭击，几乎掀起了一场内战。黑衫军穿的黑衫此前被艾米利亚和马尔凯地区的工人作为无政府主义者的制服采用。他们喊的是爱国口号，唱的是民族主义歌曲，他们赢得了成千上万人的支持，这些支持者纵容黑衫军的手段，支持他们使用暴力，甚至对他们灌对手蓖麻油的这种行为也表示理解，这些支持者觉得只有通过这样的方式才能将布尔什维主义清除，才能恢复秩序。到了 1922 年底，法西斯党已经占领了拉文纳、费拉拉和博洛尼亚。某些政府官员与法西斯党暗中勾结，警察经常配合法西斯党的行动，萨伏依王室也有可能默许了法西斯党的所作所为。墨索里尼曾经说过，萨伏依王室在意大利的历史中仍然起着重要的作用。具备各种有利形势的法西斯党也做好了武力攻占罗马的准备。

　　法西斯军队的两万六千人呈四路纵队于 10 月 28 日逼近罗马。意大利政府本来准备宣布戒严，但国王却不肯签署戒严令。在得知国王准备接纳墨索里尼后，罗马城里的军警都让开了道，而黑衫军则坐着火车、汽车或是徒步进入了罗马。墨索里尼作为一个敏锐的机会主义者和审时度势的煽动者，当时留在了米兰。国王已经委派他组建一个政府，因此也就没有再向罗马进军的必要了。不过法西斯党还是杜撰了这次进军，说墨索里尼掌握了政权，但有三千名法西斯党人在战斗中牺牲。10 月 3 日上午十点半，墨索里尼搭火车抵达罗马。

上位之后的墨索里尼成了意大利有史以来最年轻的总理。他是一个非常精明的政治家，尽管一开始他想当独裁者，但是当他控制了警察，又逮捕了他所有的劲敌之后，他给国王列了一份内阁名单，这让他看起来更像是个国家元首，而不是党魁。意大利人民盼的就是墨索里尼来当国家元首。已经厌倦了罢工和骚乱的人民被法西斯党漂亮的宣传手段和它中世纪的标志深深吸引。也因此，在法西斯党进军罗马后，民众自发地组织游行来欢迎它的到来。也因此，墨索里尼深得民心。哪怕在法西斯军队胜利进入罗马的当晚，罗马有几个地方发生了骚乱，也没有影响人民对墨索里尼的支持。1924 年，确立了法西斯党在议会中地位的一次大选明显存在舞弊行为。此外，外界普遍认为墨索里尼与勇敢而有才华的社会党领袖贾科莫·马泰奥蒂被杀一案有关。但这一切也都没有动摇向着墨索里尼的民心。

墨索里尼以最饱满的热情投入到工作中。他每天起得很早，起来后会进行一系列高强度的锻炼，然后吃早餐。由于他有胃溃疡，所以他一天三顿饭中早餐吃得最少。他还会快速浏览几份意大利和国外报纸，在八点的时候他会准时到达办公室。他说除了工作，他没有任何乐趣。虽然后来有一段时间他几乎不怎么工作，但是就他刚掌权的这几年来说，他这话所言不虚。他会去击剑、打拳击、游泳、打网球、骑马，但是他参与这些运动并不是为了娱乐或者放松，而是为了瘦身和把肥肥的双下巴给瘦下来，是为了让自己获得以及保持一个健壮的、不输于对手的体格，也是为了证明长期治疗性病并没有影响他的体质。他还非常迷恋女色，但总把性事搞得很快、草草了事。他和不同的女人在他的办公室、酒店房间以及位于拉谢拉大道的一处府邸高层的公寓里做爱时，通常就在地板上把事儿给办了，然后他会急急忙忙地把女人给打发走。他做爱的时候甚至都不脱裤子和鞋子，完事之后直接坐回办公桌上。他常常不注意着装打扮，有时候不刮胡子、不洗脸，起床以后不愿花时间去洗个澡，而习惯了往全身喷古龙水。他懒得系鞋带，所以他鞋子上的是打成蝴蝶结的弹性鞋带。他不明白为什么穿晚礼服的时候，脚上不能套鞋套，他觉得套上鞋套他的脚就很

1922 年 10 月，墨索里尼与一群黑衫军的高层站在一起。这些军中高层领导了法西斯部队进军罗马的行动

暖和了；他也搞不懂在找不到白领结的情况下，为什么穿了燕尾服就不能戴黑领结。尽管不明白，他还是经常就这么穿了，有的时候他还会穿上一双黄色的鞋子。他在办公室经常穿着晨礼服，带条纹的裤子和圆角外套是他的最爱。但他经常在系着蝴蝶领结的情况下扭动他的粗脖子，还会抖开他笔挺衬衫的袖子。

起初墨索里尼的办公地点分别位于内政部所在的新的维米那勒宫[1]和外交部所在的老基吉宫[2]。但是他觉得这些地方都不够大，于是在 1929 年，他搬到了威尼斯宫办公。他占了一楼最大的一个厅。这个厅有二十一米长，十二米宽，占了威尼斯宫的两层楼，有两排窗户。上面的那排窗户原来是属于楼上的，打开下面那一排窗户中间的那扇又高又宽的窗子就可以走到阳台上。墨索里尼站在这个阳台上做过很多著名的演讲。他演讲的时候常常把手背在身后，两腿叉开，仰着下巴。演讲过程中他还会不时地停下来望着台下的听众，听着他们疯狂地叫着："领袖！领袖！领袖！"他面无表情，严肃得就像他身后的墙上刻着的法西斯党标志——古罗马扈从的束棒。

墨索里尼的办公室里挂了一幅旧版的世界地图，因此这间办公室被称为世界地图厅。他的办公室几乎没什么装饰，办公桌离门有十八米远。壁炉很大，而且和外面的墙一样，也刻着法西斯的标志。壁炉前摆着一张讲台和三把椅子。如果他想要震慑谁的话，他就会让那些人经过光秃秃的地板走到壁炉前，而他不会搭理他们。任凭他们在光滑的大理石镶嵌画上发出脚步声，烛台下的墨索里尼还是会坐在办公桌上认真阅读文件。但是也有一些人认为墨索里尼这个人友好且有礼貌，他会快速走向客人，主动握手。墨索里尼给英国外交家范西塔特爵士留下的印象是"此人独处的时候明显会比较开心"，就像"一个穿着休闲袍的拳手在自己和自己握手",但他也同样能做到把客人招待得很开心,尽管他缺乏幽默感,骨子里也不爱与人来往。他的语速很快,声音低沉,言谈中会经常运用一些冷僻但又很贴切的典故,也会冒出一些令人印象深刻的新词。"当领袖开口说话的时候,"墨索里尼的外交部长曾经如此评价他说,"他是招人喜爱的。他是我认识的人中唯一一个能运用那么多新颖的说法、词汇来打比方的。"不过,墨索里尼不是个很好的倾听者。他很难坐得住,有时候在对话时会突然站起来,在房里惹人分心地来回踱步。随着年月流逝,他在无聊的会见和每天处理政务时变得越来越焦躁。他给外人的印象是他总是在忙着工作,到了夜里世界地图厅的灯还亮着,更让人觉得他在勤奋工作。而事实上,他组织协调的能力不强,应付困难工作也没什么耐心。让他决策真是叫人提心吊胆,有时候两个不同的部门会分别向他提交两份相互矛盾的备忘录,结果他都会签个"同意",签完之后他就会去私人公寓与情人幽会,或是回到他在托洛尼亚别墅[3]的家中陪伴家人。托洛尼亚别墅是一座位于诺门塔纳大道的优美的大房子,它是乔瓦尼·托洛尼亚亲王以年租一里拉的价格租给墨索里尼的,而且墨索里尼想住多久就住多久。

作为一个老练的记者、宣传员,以及一个精明的政客,墨索里尼觉得以文字或演讲控制民众比参与政府管理更快乐。他设想了一些引人注目的涉及政务的标题,比如"改造沼泽地之战""人口统计战役"。他也很乐于在人前和镜头前展现自己的领袖风范。他会指挥各种运动、检阅部队和动作整齐划一的法西斯党人。在农耕时期,大腹便便的他会打着赤膊对农民发表讲话。他还会像主人一样接见定期被带到罗马的代表团,比如有一个代表团中有九十三名妇女,她们是全意大利最能生的妈妈，一共育有一千三百个孩子。1933 年圣诞节前夕，这些围着黑色披巾的妈妈们被带到罗马一游。她们参观了法西斯革命展，在其中的法西斯革命烈士圣陵，她们跪在了一个玻璃盒子前，盒子里装的是一块沾有血迹的手帕，这块手帕是墨索里尼有一次遇刺后用来捂鼻子上的枪伤的。在法西斯革命烈士小教堂的祭坛旁，她们摆下了花圈。在全国妇女儿童保护组织的办公室，她们获得了奖章和卷轴。她们被带到威尼斯宫与墨索里尼见面，最后还在奥古斯都陵墓出席了告别罗马的仪式。

在这些妈妈们的眼里，罗马在墨索里尼的运筹帷幄之下，正逐渐发生改变。人们经常会看到墨索里尼站到他办公室的阳台上视察罗马市内改造工程的进展，他偶尔还会传话下去，鼓励工人们辛勤劳作。他对市政委员会说：

> 在五年之内，罗马必须以闪亮的面貌呈现在全世界人的面前。罗马届时必须像罗马历史上第一位皇帝奥古斯都在位时一样宏伟、有序、强大。在罗马衰落的那些年代，通往马切罗剧场、卡比托利欧山和万神殿的道路周围长满了杂草，这些杂草到时候必须被全部清理掉。五年之内，在一条从科隆纳广场外延的大道上，必须可以看见万神殿……新罗马的地域还会扩张到别的山峰，沿着台伯河河岸，一直延伸到第勒尼安海海边。

墨索里尼所展望的罗马，其城市规模和人口都将会大幅增长，城市里将到处都是他喜欢的大型建筑和摩天大楼。法西斯党将拥有一座大型官邸耸立于城市广场，它将是世界上最大最壮观的建筑之一。为了打造这个全新的罗马，所有"肮脏的、凌乱的"，所有中世纪的陈旧设施都要被处理掉。

虽然墨索里尼扬言要大规模清理中世纪罗马留下来的陈旧设施，但这话从来没有取得实效。不过很多古迹也确实不存在了，比如有十五座古罗马教堂就被拆除了，而后在它们的原址上建起了很多法西斯建筑，大部分新的建筑物都规模庞大、外观华丽。墨索里尼曾承诺建一条连通大角斗场和威尼斯宫的大道，这条大道后来被建成了，也就是帝国广场大道；[4] 1929 年，意大利政府与罗马教廷签署了《拉特朗协定》，这一协定结束了教会与国家之间长达八十年的决裂关系，是法西斯政权取得的一项实实在在的成就，为了纪念这一成就，政府开始施工建设一条从台伯河贯穿至圣彼得广场的宽街，即抚慰大道；[5] 在罗马的南部郊区，有一片园区被称作世博园区，为了纪念法西斯党向罗马进军二十周年，政府计划举办一场展览会，而世博园区就是为了这场展览会而建的，它在规模宏大的设计中堪称典范。[6]

但是在罗马以及意大利的其他城市，法西斯政府取得的成就从来没跟上它自己承诺过或夸耀过要实现的目标。不可否认的是，政府确实有一些成绩，比如土地开垦项目取得了既定目标，完成了蓬蒂纳沼泽地大面积区域的排水，局部控制了疟疾疫情，修建了运河及新的道路、城镇、水力发电站，为意大利全国成千上万的穷人提供了土地、房屋、工作和机会，人民的工作条件也普遍得到提高。法西斯统计学家们吹嘘说参与公共建设工程的劳动力从未少于十万人，他们还说在1922 年至 1942 年间，政府在这些工程上的投入不少于三百三十六亿三千四百万里拉，然而这些工程的完成情况却远远落后于预期，也证明了统计学家的言过其实。政府在罗马进行的考古工程包括对恺撒广场、图拉真广场、威尼斯广场和卡比托利欧山的重建与挖掘工作。此外，政府还重建了元老院议政厅，发现了可以追溯到罗马共和国时期的位于阿根廷塔楼广场的神庙，修复了和平女神祭坛和奥古斯都陵墓。据说墨索里尼就曾打算在死后把自己安葬于奥古斯都陵墓里。在政府规划的工程项目中，经常有些工程开始了，但最后却成了烂尾工程。大型项目耗费了巨额资金，而腐败官员和某些急于敛财的法西斯高层也趁机贪污了巨款。政府规划的墨索里尼广场，原本按计划要覆盖马里奥山和台伯河之间的一大片区域。墨索里尼授意这个广场的气势要比圣彼得大教堂和大角斗场更为雄伟，而广场的中心得有一座大理石方尖碑。这座方尖碑高达三十六米，重达八百吨，它将是"世界上最大的巨石"。不过，这座方尖碑后来被认为还不够壮观，于是，广场的中心物被改为一尊赫拉克勒斯雕像，这尊雕像高度要达到八十米，雕像的右手会行法西斯举手礼，而它的容貌则要像墨索里尼。工人们耗费了一百吨的金属才铸造了这尊雕像的巨型头像的一部分，以及一只和大象的脚一样大的脚，但是这些部分完成之后，这个工程却不了了之了。

墨索里尼很少会因法西斯的缺点和错误而被指责。罗马有很多反法西斯人士，却没几个反墨索里尼人士。他不仅是个独裁者，还是个偶像。千家万户的墙上都贴着他的照片，到处都能看到用白漆刷的赞美他的口号："领袖！领袖！领袖！伟大领袖墨索里尼永远正确！"被他碰过的东西都被奉为圣物。墨索里尼在人民面前完美塑造了一个应运而生的意大利伟人形象，也因此确立了他在人民心中的崇高地位。他抬起的下巴、他那双睁得大大的黑色眼睛、他极具表现力的肢体语言和他独特而富有感情的嗓音感染了数百万人民。1936 年 5 月 9 日晚，当墨索里尼在威尼斯宫的阳台上宣布意大利军队在阿比西尼亚取得了胜利，占领了阿比西尼亚王国时，台下爆发出山呼海啸般的喝彩声，将他演讲结束语的声音给淹没了。女人们歇斯底里地尖叫着，人们崇敬地欢呼着，还有的人叫喊着要对墨索里尼誓死效忠。

但是墨索里尼当时已经走上了一条最终将导致他垮台的道路。他打了一场意大利军队完全没有准备好的战争。他被自己的神话给洗了脑，真的以为自己永远是对的，无视一切对他不利的征兆。他相信他与希特勒的"罗马柏林轴心"同盟将"为意大利带来真正的荣耀，而法西斯主义也让意大利配得上这份荣耀"。

希特勒于 1938 年 5 月到访罗马，据柏林的意大利使馆里一名秘书报告，希特勒此行的目的是为了增进与意大利人民的感情，同时展示出"罗马柏林轴心"已是活生生的现实。墨索里尼决定要让希特勒此行留下极为深刻的印象。

在希特勒来访的六个月前，迎接他的准备工作就已经开始了。抵达罗马的铁路沿线的房屋被重新刷了漆，各个站点也被重新装修了一遍。在希特勒到访时，罗马的街上将举行阅兵仪式，因此所有的街道都被布置得干干净净、赏心悦目。虽然很多店铺老板拒绝在自己的店里挂希特勒的肖像，他们还是同意了在窗户上打出欢迎希特勒的横幅和旗帜。被选拔出来参加阅兵式的意大利军人个个高大帅气，他们领到了新的军装，配备了他们还不懂该如何在战场上使用的新武器，没日没夜地进行阅兵演练。最终的盛大阅兵式的确精彩绝伦，墨索里尼的女婿齐亚诺伯爵评价道："之前或许对意大利人还有点不放心的德国人，走的时候一定会大为改观的。"

墨索里尼站在威尼斯宫巨大的世界地图厅的写字台旁

希特勒此行也确实留下了深刻印象。而齐亚诺认为希特勒本人也获得了"极大成功"。"他完成了一次成功的破冰之旅……他的社交活动也为他赢得了好多好感,尤其是来自女性的好感。"在奎里纳莱宫,他受到了国王维托里奥·埃马努埃莱三世的接见,但是这位身材矮小的国王一见到他就对他很反感。维托里奥·埃马努埃莱三世告诉墨索里尼,希特勒住进奎里纳莱宫的第一个晚上要求给他安排一个女人。这样的要求引起整个王室的非议,后来希特勒解释说他只有看到有个女人帮他重新整理床铺他才能睡得着。齐亚诺想:这事会是真的吗?或者说这是国王中伤希特勒的片面之词?毕竟维托里奥·埃马努埃莱三世还暗示过希特勒注射过兴奋剂和毒品。整个奎里纳莱宫的氛围,齐亚诺觉得，就好像"被虫子蛀了一样"。

希特勒和维托里奥·埃马努埃莱三世彼此相互厌恶，但他与墨索里尼之间却是一片热诚。在希特勒和墨索里尼第一次会晤时，墨索里尼觉得眼前的这个"愚蠢的小丑"就是个"彻头彻尾的疯子"。但是现在墨索里尼改变了对希特勒的看法。当墨索里尼与希特勒在火车站告别的时候，两人都很感动。希特勒盯着墨索里尼，眼神中流露出一种想要忠诚奉献的目光。"从现在开始，"墨索里尼对希特勒说，"什么都不能把我们分开。"而希特勒的眼中已满是泪水。

1939 年，结束了意大利访问的英国首相内维尔·张伯伦离开罗马的时候眼里也是含着泪水，当时一群生活在罗马的英国人为他送行，哼着不着调的英文歌曲《他是个快乐的好小伙》。和墨索里尼预料的一样，张伯伦的访问并不成功。英国人走后，墨索里尼觉得，"这些

墨索里尼与妻子和子女在托洛尼亚别墅

人跟弗朗西斯·德雷克以及其他创造大英帝国的伟大探险家们可不是一类人"。"他们的祖辈很富有，而他们都是无精打采的。"但是，对一个穿着晚礼服去喝下午茶的英国人，你又能指望他干什么呢？墨索里尼在日后的一次演讲中如是问道，这也体现了他对于英式生活奇怪而有趣的误解。

1940 年 6 月 10 日，几经踌躇、犹疑之后，看到比利时军队已经投降的墨索里尼觉得不能再等了，于是，意大利向英国宣战。当天夜晚，罗马城里弥漫着死一般的寂静，透着股阴郁的气氛。《泰晤士报》驻罗马记者沮丧地回到他的公寓里打包行李，当他经过翁贝托大街和西班牙广场时，他连一面旗子都没有看到。这名记者的一些意大利朋友前来与他告别，他们经过在记者家门前监视的警察和门口不安地窃窃私语的人，然后和记者握手，并且致了歉。"我感到很痛苦。"齐亚诺伯爵在日记里写道，"冒险开始了。上帝保佑意大利！"

齐亚诺的担心是完全有道理的。这场战争的进程给墨索里尼造成了毁灭性的后果。到了 1943 年夏天，罗马的法西斯党和反法西斯人士都在商量着怎么推翻墨索里尼。维托里奥·埃马努埃莱三世几乎每天都在与不同的异见派别接洽。盟军在 7 月 19 日对罗马的空袭造成数百人丧生，也严重毁坏了城外圣洛伦佐大教堂，这使得埃马努埃莱三世非常痛苦和不安。当他在奎里纳莱宫（一说在萨伏伊别墅）[7] 中会了一次客后，已经犹豫好几周的他终于被说服批捕墨索里尼。与此同时，法西斯党内的一批要员也在暗中策划推翻墨索里尼的行动，按照计划，他们将于国家最高权力机构法西斯大议会在威尼斯宫召开的一次会议上动手。得知这个计划的维托里奥·埃马努埃莱三世终于下决心要采取行动，他此前认为罢免墨索里尼需要宪法上的认可，而法西斯大议会无人支持墨索里尼则等同于这种认可。尽管墨索里尼提前收到消息说此前驻伦敦的大使，同时也是法西斯大议会中地位举足轻重的议员迪诺·格兰迪伯爵将提出要求他下台的决议，但他还是同往常一样自信满满地走进了威尼斯宫的鹦鹉大厅，法西斯大议会会议的实际召开地点，并且在入场时没有看任何议员一眼。他穿了一身灰绿色的制服，这是法西斯民兵武装最高指挥官的军装，他似乎是有意要让自己与众不同，因为他要求其他参会人员都必须穿黑色的军装式衬衫。"向领袖致敬！"法西斯党的书记喊道。在场的人也全部都乖乖地站起身来，习惯性地应和道："我们向您致敬！"墨索里尼则瞪着眼睛坐到了讲台的椅子上，他的讲台位置比其他人的座位都要高。与会的法西斯议员们在入场时发现院子里到处是法西斯民兵，在威尼斯宫的过道、楼梯和各个房间也都有民兵岗哨。一名资深议员忧虑地对格兰迪低语道："这下我们完了。"

墨索里尼开始发表讲话。他讲了足足两个小时，讲得漫无边际、含糊其词、不分轻重、拐弯抹角。他把意大利所面临的困境归咎到除他之外的每个人身上。他说他早就预见了英军会在 1942 年 10 月 23 日从阿拉曼发动进攻，因为在这之后的一周就会举行法西斯党进军罗马二十周年庆典，而他觉得英国人一定想破坏这个活动。他这话扯得实在是莫名其妙，以至于在座的人猜想这会不会是个晦涩的笑话。

在墨索里尼结束滔滔不绝的讲话之后，很长一段时间内没有一个人说话。意大利驻德国大使认为在这令人不安的沉默中，每个人都意识到了墨索里尼气数已尽。他们从来没见过墨索里尼演讲的效果会那么糟糕。他执政二十年，如今算是到头了。其他的与会成员开始发言，他们相互指责，还骂了德国人和盟军，轮到齐亚诺发言的时候，他将矛头对准了墨索里尼，这在以前是从来没有发生过的。墨索里尼斜靠在椅子边上，好像很痛苦的样子。他不时地用手捂着胃，或是遮着他的眼睛，因为吊灯的灯光太热了。他的脸色苍白，还不停冒着汗。六个半小时之后，他休会了。当他返回鹦鹉大厅时，会场又争论了起来。但是他看上去已经恢复了精神。他在继续发言的时候显得沉着冷静，格兰迪觉得他看起来好像"一下子拿回了所有他失去的东西"。但一切还是为时已晚。凌晨两点一刻，罢免墨索里尼的决议进入了投票阶段。法西斯大议会的二十八名成员中有十九人投了赞成票。墨索里尼整理了一下文件，突然站了起来。"向领袖致敬！"法西斯党的书记再次喊道。但是墨索里尼打断了众人的应声，厉声说道："我原谅你们。"走到门口的时候，他停了片刻，用指责的口吻说："你们挑起了一场政权危机。"

第二天早上，墨索里尼如同往常一样去了办公室处理公务，就好像没有什么不寻常的事情发生过似的。他的一些亲信和家人建议他把投票罢免他的议员给抓起来，但是他没有理会。当法西斯党书记打电话来告诉他，那十九个赞成罢免他的人里有一些人又改变了主意时，他显得早就预料到了会有这么一出，也早就想好了要怎么对付叛徒。"太晚了。"他以一种难以揣测的威胁性口吻回答道，这种威胁在过去会让人听了战战兢兢，但现在已经没有什么分量了。

这天下午，按计划墨索里尼将去面见国王维托里奥·埃马努埃莱三世。他回到托洛尼亚的家中换了身老百姓穿的衣服，这是王室对于他明确提出的着装要求。但他的妻子认为这是个不祥的兆头，因为他过去的每次正式会见都会穿燕尾服，她提醒墨索里尼说："不要去。

墨索里尼在走"罗马步",这是一种从纳粹的鹅步演化而来的正步。这张照片曾经过墨索里尼本人的审查

国王不值得信任。"但墨索里尼不觉得会有什么危险。他对法西斯民兵武装的参谋长说国王也许会要他交出武装部队统帅的位子,除此之外,不会再有其他什么大动作了。他二十多年来每一两周就会与国王会面一次,国王始终都坚定地站在他这边。

在秘书的陪同下,墨索里尼坐进了车里,车子往盐道和萨伏伊别墅驶去。这是一个安静的星期天,天气非常闷热,大街上空空荡荡的。这天早上的报纸里登出了巴勒莫被盟军攻占的消息。

墨索里尼的车停在了门廊外,司机惊讶地发现国王维托里奥·埃马努埃莱三世居然亲自站在别墅入口处等待,而且他还穿着帝国最高元帅的制服。司机以前从来没见过国王以这样的方式迎接过墨索里尼,他也没见过什么时候像那天一样在院子里有那么多宪兵。墨索里尼一开始保持得很镇定,他坚称法西斯大议会的投票不具有法律约束力。而当国王紧张地告诉他说他被解职的时候，他似乎一开始也没明白国王是什么意思。然后他突然坐了下来，好像是觉得头晕。国王继续跟他交流，但是他打断了国王，小声说道："那就没的说了。"

墨索里尼与维托里奥·埃马努埃莱三世的见面仅仅持续了二十分钟。墨索里尼走出别墅的时候看上去很茫然。他的车停到了车道的另一头，当他走近车门时，一名宪兵队长走上前对他说："我奉国王陛下之命来保护您。"他拒绝了宪兵队长，但是宪兵队长却非常坚决："不，阁下。您必须跟我走。"宪兵队长架住墨索里尼的胳膊，把他带到了一辆救护车前，救护车的后门早就开着了。墨索里尼拿着他发皱的灰毡帽和他的秘书坐进了车，随后，宪兵队长、另一名军官、三名宪兵和三个携带自动手枪的便衣警官也上了车。救护车的门被重重地关上了。墨索里尼已经被捕了，而他从来没想过他会有这一天。

救护车快速开到了宪兵队位于昆蒂诺·塞拉大道的波德戈拉营地，一路上没有一个人说话。墨索里尼下车后，怒视四周。他下巴抬得高高的，身体微微前倾，两腿叉开，双手背在身后，仿佛他是来视察的。他一个人被晾在乱糟糟的军营里，待了差不多一个小时后，他又被带上那辆救护车。车开过了台伯河，来到了位于莱尼亚诺大道上的宪兵队预备军官的营房。在接下来的时间以及整个第二天，墨索里尼都被留在了这里。大部分时间他都躺在营地指挥官办公室里的行军床上，看着窗外的车辆进进出出。预备军官们的队列经常从窗前经过，而墙上用白漆涂的大字正是墨索里尼政府的口号："相信！服从！战斗！"7月27日晚上，他被送出了营房，后来被流放到了蓬扎岛。

墨索里尼被捕的那天夜里，罗马的民众聚集在街头相互打听发生了什么事情。广场上出现了一队队携带机枪的士兵，没有人知道这些士兵为什么集结。罗马一时间流言四起，有的说盟军伞兵降落在了意大利南部，有的说墨索里尼辞职，回到了罗马涅的老家，有的说他逃到了德国，还有的说他遭人暗杀。人们所了解到的是法西斯大议会开了一次会，而且会议时间还被延长了，但是会议的决议还没有对外公布。人们打开收音机，只能听到嗡嗡啪啪的杂音，连通常在无广播节目时会播放的留声唱片都听不到。不过最后电台广播里还是传来了消息：贝尼托·墨索里尼已经辞职，彼得罗·巴多利奥元帅被提名为新的政府首脑。

消息传出之后，民众们欢呼雀跃。即便后来又传出消息说战争仍将继续，人们激动的心情也没有受影响。人们认为公布战争仍在继续的消息只是个套路，是为意大利新政府在不被德国干预的情况下进行和平谈判赢取时间。在街上奔跑的人群叫嚷着战争已经结束了。他们冲进了法西斯办的报纸《信使报》的办公大楼，把那里的家具、文件、电话和墨索里尼的大幅肖像统统扔出了窗外。他们把一间办公室里的墨索里尼半身铜像丢在了科尔索大道上，然后用绳子拖着它过街。他们把建筑上的法西斯标记都砍了下来，如果这个时候有人穿的衣服翻领上有法西斯徽章的话，那这人真是够莽撞的，因为民众会毫不留情地把他衣服翻领上的徽章给撕掉。当然，也确实有少部分人还是会戴法西斯的徽章。这个时期，几乎所有人都一下子成了反法西斯主义者。小混混想要找个法西斯分子，却根本找不着。人们闯进一些众所周知的法西斯党徒的家，却发现主人早已不见踪影。有一伙示威者闯入了威尼斯宫，他们叫嚣着要揪出那个长期以来压迫他们的人。不过他们没想砸开世界地图厅已经上锁的门，他们在威尼斯宫挥舞着红旗也就心满意足了。

其他地方没有什么暴力行为。罗马城里洋溢的其实是快乐的气氛，而并不是复仇的气氛。人们跑到奎里纳莱宫为国王欢呼，也跑到9月20日大道去为巴多利奥喝彩。在特里同大道、科隆纳广场、国家大道和人民广场，人们像参加节日聚会一样载歌载舞。"法西斯已经完蛋了。"人们开心地对彼此说。事实的确如此，那天晚上没有一个人为了捍卫法西斯主义而死去，尽管斯特凡尼通讯社的社长在当晚自杀了。罗马的法西斯主义没有任何抵抗就垮台了。就连墨索里尼自己的报纸《意大利人民报》也默认了墨索里尼的下台，报纸上之前配发的墨索里尼的照片替换成了巴多利奥的照片。

大多数罗马人还是待在了家里。他们在广播里听到播音员说"战争仍在继续"，于是很自然地担心这场战争可能还会持续很长时间。英国人、美国人及其盟军已经拿下了西西里，他们正准备进攻意大利的内陆。但是德军还远远没到溃败的境地，他们一定会采取行动确保不让意大利在自己不知情的情况下与盟军签署停战协议。

经过一个月的暗中谈判，9月3日，在西西里的锡拉库萨附近的一个营帐里，意大利秘密签署了投降书。在同一天，巴多利奥还信誓旦旦地告诉德国驻意大利大使说意大利"将和盟友德国战斗到底"。9月5日傍晚，盟军在萨莱诺登陆，意大利与盟军签署停战协议一事终于浮出水面。很快，德军最高指挥部就下令罗马附近的部队向罗马发起进攻。意大利军队进行了英勇抵抗，但由于指挥不力，战斗不一会儿就结束了，维托里奥·埃马努埃莱三世和武装部队的总参谋长逃往意大利南部，罗马陷入了纳粹之手。

德军宣布罗马为不设防的城市，在受到袭击时罗马也不会抵抗。

一名意大利将领被安排作为德军总司令、陆军元帅凯塞林的下属。墨索里尼被德军营救之后在加尔达湖畔的意大利北部城市萨洛建立了新的法西斯政府，德军对于墨索里尼的政府没有过分监管，相反，他们密切注视着罗马各政府部门的行为，对罗马的管理实施严格管控。意大利法西斯党位于韦德金德宫[8]的总部得到重新开放，而罗马法西斯党支部设在布拉斯基宫，这两个地方都受到了德军的严密监视。驻守罗马的德军司令是施塔赫尔将军，此人沉默寡言，戴了一副有时会忽闪忽闪的眼镜，让人心生畏惧。他的接替者库尔特·梅尔泽将军倒没那么让人心慌。梅尔泽脸上总是带着微笑，他表面上喜欢找乐子，爱热闹、爱说笑，但其实骨子里是个冷酷无情的人。

　　罗马人很快就意识到德军将以铁腕政策控制他们的城市。从占领军控制的电台里，人们听到了一则公告，公告里命令所有意大利人都要交出武器，否则将面临被处死的危险。罗马施行了宵禁，后来又规定说下午五点之后任何人不得出现在街头，否则将被当场击毙。德军展开了一系列搜捕行动，拘捕了一大批被认为会对新政权构成威胁的人。除了挨家挨户的搜捕行动，德军还会封锁街道展开围捕，被捕者会被拖上卡车运送到德军的工厂、农场或矿场，或者被送到各个防线上，这些防线后来给盟军造成了很大的麻烦。与此同时，达到参军年龄的意大利男子将有可能被法西斯政府征召入伍。因此，每天都有好几百个罗马青年逃出家中躲藏起来。据统计，罗马的战时总人口数为一百五十万，其中大约有二十万人被其他人给藏了起来，很多人躲进教堂和宗教场所，有的人躲进梵蒂冈，还有的人躲进了迷宫一样的府邸，比如奥尔西尼宫。有部分英国血统的塞尔莫内塔公爵夫人因为正直敢言而惹怒了德国人，她就藏身于奥尔西尼宫，当德军前来逮捕她时，根本找不到她藏在哪儿。

在德军占领时期的罗马，犹太人的处境尤其艰险。1870 年的时候犹太人获得了罗马公民权，此后处境大为改善。然而，在纳粹占领的欧洲，他们却遭到了残酷迫害。墨索里尼在演讲和谈话中曾多次狂骂犹太人，在德国的影响下，他批准了制定一部种族主义法规，不过这个计划从没被认真执行过。一些犹太人准备去别的国家避风头，还有一些已经被逐出了罗马。但大部分犹太人还是想要继续留在罗马，寄希望于当局不会过度影响他们的生活。然而，在 9 月 26 日这一天，罗马的盖世太保头目卡普勒上校突然要求罗马的犹太人上交五十公斤黄金。接着，盖世太保袭击了犹太教堂，又威胁要袭击犹太人经营的商店和犹太人住的房子。大约八千名犹太人躲进了天主教的修道院和拥有境外身份的机构里，两千多名犹太人在袭击中被捕，后来他们被驱逐到了德国，受尽了折磨。很多犹太人事先得到风声，因此成功逃离罗马。比如具有部分犹太血统的作家阿尔贝托·莫拉维亚就逃到了丰迪的一处农舍。

很多脱身的盟军战俘都来到罗马，希望能在中立的梵蒂冈找到避难之所，但是他们也遭到了盖世太保和法西斯警察的追捕。数以千计的战俘成功地回到了他们的部队，而这其中有很多人是依靠一个秘密组织和一条逃亡线脱身的。该组织的创始人是同样身为战俘的 S. I. 德里少校，他的行动得到了神通广大、英勇无畏的爱尔兰教士休·奥弗莱厄蒂的帮助。无数罗马人冒着生命危险，违反宵禁，躲过夜间巡逻，把食物、钱财、衣物和药品送到遍及罗马各个角落的战俘藏身地。一些帮助战俘逃亡的意大利人在行动中被逮捕或被枪杀。但没有人拒绝帮助逃亡者，尽管帮了逃亡者有可能使他们被带到盖世太保位于塔索大道的审讯中心或是位于罗马涅大道的亚卡里诺公寓。在亚卡里诺公寓，等待他们的是彼得罗·科赫。此人以前是个葡萄酒商，现在是意大利精锐步兵团的一名军官，卡普勒上校让他专门在亚卡里诺公寓审讯犯人，他还有两个意大利情妇给他做帮手。很多意大利抵抗运动组织的战士都曾被关在这两个臭名昭著的地方，这些战士们遭受了令人毛骨悚然的严刑逼供，有的人被折磨致死，有的人却招架不住，供出了德国人想知道的秘密。

罗马的秘密抵抗运动其实在巴多利奥宣布向盟军投降一周之后就已经开始了。9月9日，一群政治家碰面之后创立了意大利第一届民族解放委员会，这些政治家分别来自社会党、基督教民主党、共产党和行动党，意大利前总理伊瓦诺埃·博诺米被选为民族解放委员会主席。此后，许许多多的委员会和其他组织如雨后春笋般涌现，这些组织掀起了意大利抵抗运动，到第二次世界大战快要结束的时候，已经有无数人为抵抗运动事业献出了自己的生命，这些抵抗组织所做出的牺牲甚至比参与了整个意大利战役的盟军第五集团军的牺牲还要大。在罗马，几支由朱塞佩·蒙泰泽莫洛上校领导、由意大利武装部队成员组成的军事组织形成了一个强大的通信网络，他们与意大利各个城市的军队联络人联系，为盟军贡献了极其有价值的情报。此外，一些不同政党的成员也建立了抵抗组织，他们凭借盟军在罗马的特工提供的秘密电台不时地与盟军总部联系。而社会党和共产党的抵抗组织则策划了针对德国部队的破坏和袭击行动，以及针对党卫军和法西斯警察的暗杀行动。

抵抗组织发动的最著名的一次袭击当属一个共产党游击队策划的针对德国警察部队的行动。当时一队德国警察正在去内政部执勤的路上，当他们走过拉谢拉大道时，一枚藏在垃圾车里的大型炸弹爆炸了。这次袭击导致三十二名德国警察死亡，受伤的警察人数则更多。一个孩子和几个平民也在袭击中丧生。所有参与这次行动的游击队员都顺利撤离，但是德军随后展开了疯狂的报复。希特勒听闻这次袭击事件之后说，给一个遇害的德国警察偿命，要枪杀三十到五十个意大利人。在陆军元帅凯塞林把这个比例降到了一命抵十命之后，德军在罗马关押抵抗运动人士的主要监狱天国圣母监狱[9]和其他的看守所疯狂地寻找偿命者，由于其中一名偿命者死在了医院，卡普勒上校又添了十个人。而因为在这个过程中产生了一些误算，最后又加了五个偿命者。这些偿命者里包括了意大利军队和宪兵队中的反法西斯人士、不同政党的激进分子、一些盟军战俘、七十五名犹太人、一名教士和一名外交官。他们最后都在古老的阿尔代亚大道旁的洞穴被枪决。

1944 年 1 月 20 日，盟军在罗马北部城市安奇奥登陆。消息传来之后，罗马人民心中燃起了希望之火。然而，民众很快就陷入了绝望的情绪，因为盟军的进攻并不顺利，他们在桥头堡受到压制，有可能被迫撤退。罗马的状况变得越来越糟：水、电、气频频被切断；街上又出现了中世纪曾有过的贩水工，一瓶干净的水竟成了宝贝。食物匮乏、物价飞涨、黑市一时繁荣了起来。人们在街上用自己的财物——书籍、留声机唱片和衣服——来换取少量牛肉、小包盐和多余的面包。罗马教廷在梵蒂冈开展了一些救济活动，据英国驻梵蒂冈教廷的外交官达西·奥斯本爵士所说，教廷每天供餐十万份，每餐每人收取一里拉。但即便如此，穷人们仍然处于饿死的边缘。在公园里，人们把树砍了、把板凳劈了来做柴火。男人们走在外头总是提心吊胆，生怕被抓起来或者被驱逐。有一天，一名孕妇，同时也是五个孩子的母亲，在看到她的丈夫被抓了做苦役后，尖叫着冲向丈夫，结果被一枪打在脸上击毙了。从那之后，和德国人睡过的罗马女人都会被剃成光头。

罗马城里墙上的涂鸦不单只攻击了德国侵略者。罗马教廷总体上还是担心罗马人民会陷入更大的苦难的，但涂鸦批评教廷没有公然谴责占领军对待罗马人尤其是犹太人的过分行为。盟军和德军一样，没有仔细洞悉罗马这个不设防城市的情况。人们用涂鸦指责了盟军粗心大意的空袭，盟军空袭的目标本来是铁路线路，但是空袭却经常也毁坏了铁路附近的民居，造成附近百姓的丧生。有一次针对泰斯塔乔地区的空袭造成了许多平民死亡，还有一次针对禁卫军营房区的兵营的空袭导致近一百名平民和附近的综合医院里多名病人丧生。

5月底，当罗马的远处响起了重炮声，关于德军准备撤出罗马的消息终于传了出来，瞬间传遍了整个城市。有人看到德国军官拖着行李走出韦内托大道上的大酒店。但是现在仍然有人担心德军会按墨索里尼的意思负隅顽抗。墨索里尼还清晰地记得一年前他倒台之后民众是如何欢庆的，他坚持要为罗马而战，并且在保卫罗马的时候，一条街都不能让。然而，在6月2日，教皇发布了一则通告："任何人做出对罗马不利之事，都将在上帝永恒的判决中，在所有的文明世界，被定为弑母的罪人。"在同一天，凯塞林向希特勒请求批准其部队撤离罗马。希特勒说罗马是"一个文化之地"，肯定不是"交战厮杀的地方"，他同意了凯塞林撤军，并没有理会墨索里尼的抗议。

于是德军的撤退开始了。由于担心罗马人会趁机起义，德军的撤退进行得小心翼翼。凯塞林让梅尔泽将军去观看6月3日晚上的一

罗马解放后，美军第五集团军司令马克·克拉克将军在圣彼得广场与一名教士交谈。他的
部队于 1944 年 6 月攻克了罗马

场演出：由意大利男高音歌唱家吉里领衔的威尔第的歌剧《假面舞会》。而当演出现场落幕之后不久，梅尔泽将军就开溜了。到了黎明时分，人们可以看到德军部队已经开出了城外。有的士兵步行，有的坐在车里，有的骑着自行车，马驮着德军的大炮，德军的行李则堆在被他们征用来的马车上。罗马人看着德军离去，松了一口气，却没有流露怨恨：他们还给一些穿着湿漉漉的破军服的德国士兵递上了饮料和香烟。"德国士兵的队伍连绵不断地经过台伯河畔大街，这些士兵们看着很疲倦、满头是汗，但是他们武装到了牙齿。街道两边站着成排的民众，他们都穿着衬衣，脏兮兮的，一言不发，"罗马的文学艺术评论家马里奥·普拉兹记录道，"围观的民众没有笑，没有嘲讽德军，也没有表现出同情。身在古迹中的罗马人历经了沧桑，他们再一次看着一支军队撤离了自己的城市。他们体会着眼前的这一幕，默然无语。"

在罗马的郊区，德国的殿后部队冒着炮轰和空袭，苦苦作战，试图拖住盟军；但是到了下午三四点的时候，盟军部队已经从城外圣保罗大教堂的墙下经过，向圣保罗门挺进，美军的坦克部队不一会儿也缓慢地开过了圣约翰门。罗马的民众站上阳台、跑上大街鼓掌欢呼，他们捧着鲜花和大酒杯向盟军致意。夜幕降临时，盟军的坦克和卡车仍在缓慢地隆隆驶过街道，罗马人民纷纷在窗户前点亮蜡烛，庆祝他们终于结束了漫长的磨难。

后　记

永恒之城

　　1944 年 6 月 5 日早晨，罗马钟楼响起了钟声，胜利攻占罗马的美军第五集团军司令马克·克拉克登上了米开朗琪罗设计的科多纳塔阶梯，往卡比托利欧山上的卡比托利欧广场走去。在这个广场上，杀害了恺撒、"仍然血脉偾张"的布鲁图斯曾向人民发表过演讲；奥古斯都曾在美丽的朱庇特神庙献祭供品；黑暗时代的希腊修士曾在天堂祭坛圣母教堂里祈祷；彼特拉克曾被加冕为桂冠诗人；科拉·迪·里恩佐曾走下广场的阶梯而后告别人世；吉本曾获取了灵感，开始撰写他的史学巨著。而此刻，克拉克，这个率部将罗马从它最后一个外国统治者的手中解放出来的人，正看着山下已尽在盟军控制之中的城市。

　　盟军面临着艰巨的任务。由于难民人数众多，罗马人口膨胀到几乎两百五十万，他们必须解决全城人的口粮问题，还要恢复供电供水；最重要的是，他们要在维持秩序的同时，引入当地人还不太习惯的民主和自由。考虑到这些困难因素，盟军其实应对得算不错了。尽管只有部队和医院用电是完全有保障的，其他地方都是限量供电，但起码盟军在 6 月 6 日就恢复了供电。6 月 7 日，电话通信服务也得到了重启。在 6 月结束之前，每天的面包供应量增长到了原先的两倍，达到了两百克。银行、学校、大学、一些图书馆，甚至连几家剧院都重新开放。7 月 1 日，邮政服务也恢复了正常。此前，由于德军破坏了罗马主要的高架渠，城里的供水遭到严重破坏。而在 10 月份，供水得到全面恢复。盟军在宪兵和金融警卫队的协助下维持了法纪。深受人民爱戴的坚定的反法西斯斗士菲利波·多里亚·潘菲利亲王当选为罗马新的市长，他全面接管了卡比托利欧山上的新政府。

不过，有很多罗马人还是在抱怨盟军的修复、改革工作开展得不够迅速。盟军此前说德军被赶到北边之后，罗马人民就会过上幸福的生活，但很多民众认为盟军未能兑现这个诺言。在当时，有一首脍炙人口的歌讽刺了盟军方面主管罗马政务的负责人波莱蒂上校，他是个具有意大利血统的美国人，他经常在广播里评论目前罗马面临的问题。这首歌的歌词这样写道：

查理·波莱蒂啊，查理·波莱蒂，
多来点意大利面，少废屁。

罗马的民众，尤其是老人和退休的人，确实有很多理由去抱怨。德占时期兴起的黑市在盟军进驻罗马之后的一段时间里还是很繁荣；此前对食物的管理和限制政策多得数不清，让贫民非常苦恼，结果这些政策还是迟迟没有改善；盟军对于房屋和车辆的征用有时显得根本没必要；很多老百姓认为盟军军官的态度蛮横、冷淡。和德军士兵比起来，盟军士兵的素质也差了一点儿。不过，一些不带偏见的罗马人也承认在盟军占领下的罗马，他们的言论和行动比德占时期更为自由。过去他们心头常常笼罩着恐惧和压抑，现在这种痛苦的感觉不存在了，而且盟军看起来确实迫切希望能让罗马人尽快管理自己的城市，让意大利人尽快管理自己的国家。罗马解放之后，更具有广泛群众基础的新政府很快就被组建起来，它取代了巴多利奥的政府，也在维托里奥·埃马努埃莱三世国王去世之后收回了王储翁贝托的权力。8月15日，在盟军管委会的监管之下，新政府直接接管了罗马及其周边省份。

于是，罗马又慢慢地变成了罗马人自己的城市。人们逐渐忘却了过去的过错，又恢复了他们幽默的本性。一些法西斯分子受到了审判，有的被解职，有的因其犯下的严重罪行被关押。暴民们动用私刑处死了一些臭名昭著的法西斯政府人物，比如天国圣母监狱的副典狱长。他们还打砸了法西斯分子开的店铺的窗户。尽管如此，人们还是明显更希望展望未来，而不是仇恨过去。1946年6月，意大利以公投的形式废除了王国，建立了共和国。1948年5月，在经过选举之后，基督教民主党主导了意大利共和国的第一届议会。在总理阿尔奇德·德·加斯佩里的有力领导和盟军的经济援助下，意大利于短时间内就在西方国家中树立了自己的地位。后来，法国、联邦德国、意大利、荷兰、比利时和卢森堡六国在罗马签署了建立欧洲经济共同体与欧洲原子能共同体的两个条约，即《罗马条约》，开启了欧洲政治经济一体化的进程。

1300年曾被教皇博尼法斯八世宣布为罗马天主教会的第一个圣年，而六百五十年后，教皇庇护十二世在罗马又主持了一个圣年。他为民众祈福的那一幕恰似当年博尼法斯八世主持祈福仪式的场景，而在当年接受教皇赐福的人群中还有但丁。教会的伟大传统延续了好几个世纪，但教会本身却在逐渐发生改变。1962 年，教皇约翰二十三世召开了第二次梵蒂冈大公会议，两千多名主教齐聚圣彼得大教堂参会，这场会议掀起了罗马天主教的革新运动。

在这些年里，罗马的城市风貌和城市生活也发生了变化。意大利的战后经济经历了一次黄金时期，1967 年，意大利的摩托车产量达到了一百五十万辆，这也导致了罗马街上的交通变得更为拥堵、混乱。罗马城外冒出了很多新的郊区：有的向南一直延伸到台伯河西岸，有的向北沿着古道一直到了佛罗伦萨，有的向东和东南方向一直到了萨宾山和阿尔班山，有的向西延伸到了奥勒良大道两旁。20 世纪 60 年代初，罗马的人口总数达到了两百万，而 1983 年的时候，罗马的人

教皇约翰二十三世在 1960 年罗马奥运会上祝福参赛者

口总数已经增长到了两百八十三万零五百六十九。

罗马日益成为一个国际化都市。1950 年，联合国粮农组织的总部设在了罗马，在此之后，其他一些国际组织也将总部设于罗马。越来越多的国家向罗马和梵蒂冈分别派驻外交使团；越来越多欧美国家的学生来到罗马的高等院校求学；城市里出现了很多新的大酒店；罗马政府还以电影城[1]为中心，大力发展电影业，大批电影技术人员、作家、演员因此汇聚罗马，他们也招来了无孔不入的狗仔队。历史上有很多艺术家和音乐家来到罗马之后觉得自己和这座城市的气氛、感觉非常契合，而如今大量电影界人士的到来则让爱上罗马的艺术家人数变得越来越多。

在政治领域，此前由基督教民主党领导的政府已经倒台。在 20 世纪 60 年代的经济繁荣之后，意大利的经济开始衰退，在这个经济低谷期，一连串针对内阁成员涉嫌贪腐的指控造成了政府的公信力危机，而已经在意大利政坛立足的共产党，在帕尔米罗·陶里亚蒂的领导下，进一步巩固了自己的地位。1976 年，罗马诞生了历史上首位共产党市长。很多意大利共产党人仍是虔诚的罗马天主教徒。陶里亚蒂逝世后，从威尼斯广场到拉特朗圣约翰大教堂这段路上挤满了数以千计赶来悼念的共产党人，当出殡队伍经过时，很多人做出了画十字的手势，而一些人在比画十字架之前，握紧了拳头向出殡队伍敬礼。但是意大利也出现了像"红色旅"这样的极左翼组织和"武装革命核心"这样的极右翼组织。这些组织在 20 世纪 60 年代和 70 年代策划了一系列骇人听闻的事件，其中最臭名昭著的一起事件就是暗杀了基督教民主党领导人、意大利前总理阿尔多·莫罗，1978 年 5 月 9 日，在距离基督教民主党总部不远的一辆废弃轿车的后备厢里，有人发现了莫罗的尸体。

一些报纸预言罗马将笼罩在恐怖的气氛之中，但这样的情况后来并没有出现。用伊莱尔·贝洛克的话来说，罗马还是同以前"惊人相似"。几百年来罗马令男男女女痴迷的城市魅力仍然不减，在历史的长河中，无数诗人、爱国者、艺术家、历史学家、哲学家、政治家为罗马倾倒，赞颂它为"王国之母、世界之都、城市之镜"。在维吉尔眼里，罗马尽显世间之美，自然是诸国的统治者。12 世纪的马斯特·格雷戈里是第一个在著作中详细记述罗马的英国游客，他觉得罗马"最为绝妙"，什么都比不上罗马的美，"哪怕罗马成了一片废墟"。布卢瓦的诗人伊尔德贝同样认为罗马是无与伦比的："没有哪座城市可以与你相比，哦，罗马，即使你已经完全沦为了废墟：你破落的状态也能展示出你全盛之时是有多么伟大。"但丁称罗马可以赐予人生命，称罗马人为上帝的人民。弥尔顿觉得罗马是大地女王。俄国的沙皇们把自己的首都比作第三个罗马，就像古代帝王将君士坦丁堡称为第二个罗马。拜伦在他的诗中重复着古人们的一个观念：

> 当大角斗场矗立时，罗马也将傲立于世；
> 当大角斗场崩塌时，罗马也将消散殆尽；
> 而当罗马毁灭时，世界都将不复存在。

迷恋罗马的拿破仑曾梦想将罗马作为他的帝国首都，他的儿子幼时就被他封为罗马王。同样深深眷恋罗马的还有马志尼。加里波第的那句"誓与罗马共存亡！"成了意大利统一运动时期最荡气回肠的一

意大利文明宫

声呐喊。在加富尔所憧憬的意大利王国中，罗马是首都的不二选择。墨索里尼曾想要复兴罗马帝国，而他的对手丘吉尔在敦促盟军攻克罗马时说："谁拿下罗马，谁就取得了意大利的地契。"

早在古老的罗马帝国时代，诗人卢提里乌斯·纳马提安努斯就写过一首赞颂罗马的动人诗篇，在其中他称罗马"纳万民于一国，容举世于一城"。罗马历史上体现的这种全球性正是这座城市可以保持长久生命力的秘诀，这种生命力使它成为莎士比亚笔下的"兴盛之国"，也使它至今仍然是一座"永恒之城"。

梵蒂冈远景

III

第三部分
关于地形、建筑和艺术品的注释

由于罗马的许多博物馆、画廊、宫殿、古迹、教堂的具体开放时间过于飘忽不定，本章对这一部分内容不作说明。常用的旅游指南，比如乔治娜·马森那本精彩的《罗马出行指南》，对本章的撰写发挥了关键的作用。在准备编写这些注释的过程中，一些书籍提供了非常有价值的帮助，比如厄内斯特·纳什的《图说古罗马史》（两卷本，Zwemmer 出版社代德国考古研究院发行，1961）、安东尼·布伦特的《巴洛克罗马指南》（格拉纳达，1982）、理查德·克劳特海默的《罗马：312—1308 年城市简介》（普林斯顿大学出版社，1980）以及那本不可或缺的《意大利指南：罗马及其周边地区介绍》（米兰，1965）。

1　神话、君王和共和主义者

1　罗马的七座山丘通常指的是帕拉蒂尼山、埃斯奎利诺山、维米那勒山、奎里纳莱山、卡比托利欧山、西里欧山和阿文提诺山。一般不把平乔山和雅尼库鲁姆山归入七座山丘中，因为这两座山从来不在罗马的地界之内。罗马各山的高度如下：卡比托利欧山和阿文提诺山：47 米；帕拉蒂尼山和西里欧山：50 米；雅尼库鲁姆山：85 米。埃斯奎利诺山、维米那勒山和奎里纳莱山都在位于罗马最东端的高原上，在庇亚门附近，它们的高度是 63 米，没有陡峭的悬崖。而对于离台伯河更近一点的山丘，它们在古代的坡度要比现在的坡度更陡。

2　战神广场起初是在台伯河流经罗马的地区上形成的一片开阔的平地。它过去主要用于练兵。阿格里帕在公元前 27 年至公元前 25 年改造了战神广场，在广场上建了神庙、浴场和公共花园。后来哈德良皇帝又对广场上的建筑进行修复，把该广场打造为罗马最壮观的古迹之一。古希腊地理学家斯特拉波在公元前 7 年写道："战神广场是天下无双的。光是这块平地就已经令人赞叹了，赛马可以在这里竞逐，大众可以在这里参加球类运动和健身。平地上长满了四季常青的草，周围建筑林立、群山环绕。这里的风景宜人，让人流连忘返。" 6 世纪末，这里不再拥有田园般的景色。1822 年，人们在坎波马尔齐奥广场的地下 2 米处发现了古代战神广场的部分路面。坎波马尔齐奥广场的名字来源于其附近始建于 8 世纪的坎波马尔齐奥教堂。

3　罗马第四代国王安古斯·马奇路斯所建的雅努斯神庙没有确切的地址。它有可能是在罗马的古商业街阿尔吉来图姆街与城市广场交会的地方（见第 2 章，注释 33）。还有一座雅努斯神庙建于第一次布匿战争（公元前 264—公元前 241），它位于马切罗剧场对面的菜市场。提比略皇帝在公元 17 年对该神庙进行了修复。公元前 3

世纪，在该神庙附近还建起了一座希望神庙和一座拯救者朱诺神庙，这三座神庙各有一部分纳入了囚徒圣尼古拉教堂的地盘。囚徒圣尼古拉教堂得名于一所 8 世纪的监狱，至少在 1128 年就已经有了这座教堂。该教堂在 1599 年被重建，其外观也许是由贾科莫·德拉·波尔塔设计完成的。

    4　见第 3 章，注释 4。

    5　见第 2 章，注释 1。

    6　雄伟壮观的至善至伟朱庇特、密涅瓦和朱诺神庙被简称为卡比托利欧山的朱庇特神庙，它是古罗马最主要的一座神庙。它的占地面积很广，覆盖了卡比托利欧山西南峰靠近塔尔皮娅悬崖的大部分区域。它被奉为神庙是在公元前 509 年。每年，元老院都会在此召开第一次会议。一位罗马将军为庆祝打了胜仗，还要来到这里向朱庇特敬献祭祀品。该神庙曾数次重建，最重要的一次重建发生在公元前 69 年，当时的执政官昆图斯·卢塔提乌斯·卡图卢斯在重建工程中动用了从雅典运来的科林斯白石柱。马提亚尔后来形容该神庙时说它是"丑陋的神庙，被卡图卢斯弄得更丑"。奥古斯都和图密善也先后修复过它，当君士坦提乌斯二世皇帝在公元 357 年到达罗马的时候，它仍是一处名胜。公元 455 年，汪达尔人攻入罗马劫掠了神庙，到了中世纪它已经不复存在，它原来所在的地方出现了房屋、花园、市场和堡垒。如今，占据它的旧址的是保护者宫。

    7　塔奎尼乌斯启动了"大下水道"（罗马最大的下水道）工程，但是直到公元前 33 年，这条被拱洞覆盖的大下水道才建成。在塔奎尼乌斯时期可能建了一条明渠，这条明渠起始于阿尔吉莱图姆街，这条街是个低地，从奎里纳莱山、维米那勒山、埃斯奎利诺山流下的泉水都在这里汇集。明渠会经过城市广场，它可以将广场的水排出，水流流到屠牛广场附近，也就是在断桥（埃米利乌斯桥，见第 4 章，注释 15）下被引入台伯河里。至少在公元前 3 世纪末，这条明渠还没有任何遮盖，所有由被称作石灰华的多孔岩石建成的拱洞不会早于公元前 2 世纪出现。拱洞呈半圆形，直径为 5 米，至今还完好无损。

    8　卡比托利欧山上的塔尔皮娅悬崖的名字来自萨宾战争时罗马卫戍部队指挥官斯普里乌斯·塔尔皮乌斯的女儿塔尔皮娅，此女将敌人带进了城。塔尔皮娅悬崖历来被作为处死叛徒的地方，后来为了纪念这个地方，人们建了一条塔尔皮娅悬崖大道。

    9　而今位于城市广场上的维斯塔神庙其实是在公元 191 年的大火之后被塞普蒂米乌斯·塞维鲁重建过的神庙的遗存。最早的那座圆形神庙很可能是用蒲草盖起来的，屋顶则是茅草搭的，在历史上几次火灾之后，它被重建了好几次。尽管建筑材料发生了变化，但是重建后的神庙还是保留了它原始圆屋的状态。

10 在公元 64 年那场大火之后，尼禄重建了维斯塔贞女府。之后，它又被不断修复和扩建。今天的维斯塔贞女府其实是它在公元 2 世纪被重建之后的遗迹。贞女府的中央有个大型庭院，庭院周围围了一道双层门廊。府中有池塘和花园，可能还有一片小树林。贞女府的最东头是一间大厅，大厅偏房放满了神圣的摆设和生活物件。庭院的南北两头是生活区。虽然最早的时候，维斯塔贞女不超过四个人，后来也只有六个贞女，但她们的生活区却相当宽敞，大概有四层楼的空间。府中的维斯塔贞女像一直保存到了公元 394 年，其中一尊雕像上的名字被划掉了，这尊雕像被认为是克劳狄娅，她在公元 364 年皈依了基督教。

11 经考古研究，目前可以确认，此前为人熟知的塞尔维乌斯城墙并不是在公元前 6 世纪塞尔维乌斯·图利乌斯国王在位时期，而是在公元前 387 年，高卢人火烧罗马之后建成的。最远古的堡垒其实就是土堆和木桩，早期的城墙可能参照了这种结构，由一种质地柔软的灰色石块建成。这种石头是在罗马附近的土壤中发现的，它出现在上新世黏土层上方的心土之中。在高卢人放火烧了罗马之后，人们用一种黄灰色的石灰华改造了城墙，这种石灰华是从罗马北部城市维爱附近的采石场中运来的，它更加坚硬。建造塞尔维乌斯·图利乌斯时期的城墙所采用的石头嵌在后建的城墙里，至今，人们还能在卡比托利欧山上看到后来建造的城墙。

12 公元前 3 世纪，除了灰色石块和黄灰色的石灰华，还有一种来自阿尔班山的黑灰色石灰华也被作为建筑材料使用。这种石头非常坚固，可以作为柱顶过梁。公元前 387 年高卢人入侵罗马后，罗马建成的第一所监狱图利亚诺监狱正是由这种石头建造的。为了纪念这所监狱，还有一条道路被命名为图利亚诺大道。公元前 3 世纪的另一种建筑材料是加比纳湖火山口采石场里的石头，这种石头比阿尔班山的黑灰色石灰华还要坚硬，也略微粗糙。公元前 2 世纪，人们开始用多家采石场的石头进行试验，这些采石场位于雅尼库鲁姆山南部的韦尔德山和阿尼奥河附近。城市广场上的大多数古迹都是由阿尼奥的石灰华建成的。在公元前 2 世纪，人们还发现火山灰和石灰混合后可以形成坚固的水泥，这种水泥再与一些碎石灰华混合后，就形成了混凝土。在修复和谐女神庙、卡斯托耳与波鲁克斯神庙的时候都使用了这种混凝土。一百年后，墙面覆盖大理石的混凝土墙变得十分常见。在罗马共和国时代的晚期，一种含碳酸钙的石灰岩也成了极为常见的建材，这种石灰岩大量分布在通往蒂沃利的靠近巴尼的路上。

开采的时候它是软的，但很快就变硬了。它呈白色或浅黄色，看上去很可爱。后来圣彼得大教堂的柱廊就是用它建造的。到了罗马帝国时代，建墙的时候才开始用到了砖头，不过，在公元前 6 世纪，人们在铺屋面的时候已经用到了砖瓦。

13　见第 2 章，注释 2。

14　见第 2 章，注释 1。

2　帝国时期的罗马

1　城市广场方圆不足 2 公顷，再举办罗马人的各种会议和公众活动就显得格局不够了。苏拉曾打算在城市广场的设计上做一个大调整；公元前 78 年，档案馆建成，堵住了广场位于卡比托利欧山脚的最西北一端。档案馆是用阿尔班山的灰色石灰华建成的大型建筑，后来在档案馆的废墟上，建起了可以俯瞰广场的元老宫。尤利乌斯·恺撒启动了一个扩建广场的宏大工程。恺撒时代的新广场北侧将埃米利乌斯会堂外的圣道纳入其中，广场南侧以尤利乌斯会堂为界。

2　古罗马的元老院议政厅是由罗马第三代国王图卢斯·霍斯提里乌斯所建。最初的议政厅被称为霍斯提里乌斯议政厅，它在公元前 80 年被修复过一次，后来，恺撒又对它的位置进行了调整。公元 283 年，元老院议政厅遭遇了一场火灾，之后，戴克里先皇帝（284—305 年在位）对它进行了重建。7 世纪，教皇霍诺里乌斯一世将它改造为教堂，该教堂在 20 世纪 30 年代被拆除，后来，在原先的位置上又重建了戴克里先时代的议政厅，它是一个风格极为简约的砖式建筑。议政厅只能容纳三百名元老，元老们通常坐在又宽又矮却高于主席台的台阶上。但随着元老人数不断增多，元老院会议不得不挪到别的地方进行，恺撒时期的元老人数已经达到了九百人。主席台旁边摆着一尊胜利女神的黄金塑像，但是公元 357 年的一道圣旨却把这尊塑像给移走了。公元 392 年，由于不信仰基督教的元老们集体抗议，胜利女神像又被搬进了元老

院议政厅。不过，两年之后，胜利女神像最终还是被移走了。

3　演讲台得名于公元前338年安奇奥战役中俘获的舰队，它的作用是装点广场。它原先的位置是在户外集会场的下方，户外集会场是最早的人民集会地点。另外，元老院会议开始后，外国使节也坐在这里。恺撒后来将演讲台移到了卡比托利欧山这一侧城市广场的中心，今天人们所看到的演讲台就是当年恺撒调整过的演讲台的遗迹。恺撒时期人们围在演讲台周围的场景和一百五十年前古罗马剧作家普劳图斯描述的画面一模一样。演讲台及其周围的整片区域，用历史学家沃德·珀金斯翻译意大利学者德·鲁杰罗教授的话来说，挤满了律师、诉讼当事人、银行家、经纪人、店铺老板、妓女、占卜师、舞者和爱说闲话的人。"一无是处的寄生虫等着有钱人给他们施舍小费，一本正经的绅士出现在广场地势最低的地方，病人们在泉神之池喝着水"，"不远处，追求享受的人在鱼市里晃悠。到处都有无所事事的流浪汉，他们在城里四处闲逛，有时候沉迷于赌博，有时候在散布谣言，有时候针对国事夸夸其谈。罗马的很多民众都很单纯、容易受骗，在国家危急时期，当有怪事发生时，这些普通民众和那帮无所事事的人就会聚集在广场与户外集会场，来打听到底是哪儿下了场飘着血和牛奶的雨"。

4　由韦利亚山岭向西延伸的圣道长约500米，一直抵达卡比托利欧山山脚，一路上经过好几处壮观的建筑。后来在韦利亚山岭的对面还建起了提图斯凯旋门。沿着城市广场中央的圣道，可以经过尤利乌斯会堂、灶神庙、卡斯托耳与波鲁克斯神庙、农神庙。从前，凯旋的罗马将军都会列队经过圣道，他们穿过城市广场后会到达卡比托利欧山的朱庇特神庙。

5　尤利乌斯会堂的主体部分是由尤利乌斯·恺撒在公元前55年至公元前44年间修建的，会堂在奥古斯都时期整体完工。公元283年的大火毁坏了部分会堂，后来戴克里先对它进行了修复。会堂两侧的街道连接了城市广场和台伯河岸，处于西北侧的是制轭者大街，处于东南侧的是伊特鲁里亚的商店中心区伊特鲁里亚街。目前留存于世的只有会堂的地基。

6　恺撒取得法萨卢斯战役的胜利之后，为了还愿，在公元前46年建了祖先维纳斯神庙，这座神庙后来被图拉真皇帝修复过。今天，这座神庙只有它在4世纪重建之后的部分门廊保存于世。维纳斯本是意大利的园艺女神，后来被等同于希腊爱神阿佛洛狄忒。她被认为是恺撒的祖先，在罗马帝国时代，人们对她的崇拜十分普遍。

7　罗马第一座石头剧场庞培剧场，是由庞培在公元前55年建造的。这座剧场效仿了莱斯博斯岛上一间希腊剧场的风格，庞培因为击败了米特里达梯国王而在莱斯博斯岛上享有很高的声望。剧场里包括一座胜利维纳斯神庙。剧场首次开放当日举行了音乐会和斗兽表演，在斗兽表演中一共屠杀了十八头大象和五百头狮子。根据不同的作家记载，庞培剧场可容纳一万两千人到两万七千人，整个剧场构造呈弧线形，与格罗塔平塔大道的弧度相吻合。公元66年，为了接待亚美尼亚的梯里达底国王，尼禄给庞培剧场镀了金。后来，东哥特人狄奥多里克对剧场进行了修复。现存于梵蒂冈博物馆的赫拉克勒斯铜像，就是于1864年在庞培剧场发现的。中世纪早期，奥尔西尼家族买下了庞培剧场。后来，教皇犹金四世（1431—1447）所属的康杜梅尔家族在剧场的废墟上建了里盖蒂宫。里盖蒂宫先是被奥尔西尼家族所有，接着被皮奥家族拥有，皮奥家族给里盖蒂宫建了个雄伟的外观，后来，里盖蒂家族占有了它。

8　奥古斯都和平祭坛是15世纪在菲亚诺宫被发现的。祭坛的一部分被托斯卡纳大公得到；其他部分被不同的人所得之后，分别存于罗马博物馆和卢浮宫里。重建的祭坛现陈列于奥古斯都陵墓和台伯河之间的一幢玻璃建筑里，祭坛无法恢复的部分是以复制品的形式展现的。

9　复仇者玛尔斯神庙是在公元前2年建成的。它建在奥古斯都广场的柱廊间，其大气的外观由八根石柱支撑。整个外观是用卡拉拉的大理石建成的，它建在一座讲台上，只有一段台阶连着这座讲台。今天，人们还能看到部分台阶和一些石柱。复仇者玛尔斯神庙和奥古斯都广场的东北角被一堵高墙给围了起来，这堵高墙把神庙和苏布拉区——位于维米那勒山和埃斯奎利诺山之间的一个罗马人口密集区——给分隔了开来。

10　为了纪念恺撒，奥古斯都于公元前29年在城市广场建造了恺撒神庙，神庙所在地正是恺撒尸体被火化的地方，也是安东尼发表他的著名演说的地方。神庙的正面有六根爱奥尼亚石柱。在神庙外观的前方是新的演讲台，在演讲台上可以远眺卡比托利欧山。

11　埃米利乌斯会堂建于公元前179年，其建造者为监察官M. 埃米利乌斯·雷必达和M. 富尔维乌斯·诺比利奥尔。该会堂根据雷必达的名字命名，它是罗马最古老、最精致的会堂之一。一百年后，保卢斯家族对会堂进行了修复。而在一次火灾之后，奥古斯都对它进行了彻底重建。大普林尼认为它是世界上最美丽的建筑之一。它有两排门廊、两层楼，可以眺望城市广场。会堂的大厅占地0.2公顷，这里是进行交易和审判的地方，整个会堂的面积为1公顷。大厅分为三个正厅，每个正厅之间由石柱隔开，这些石柱是由产自非洲和意大利的大理石建造的，这种大理石也被称为"洋葱石"。会堂所在的地方原先都是肉铺，后来都是放款人摆的摊点。会堂建成之后，那些放款人也还没走，他们在面向城市广场的外墙边上继续做着买卖。今天人们看到的会堂就是奥古斯都重建之后的会堂的遗迹。

12 公元前497年，农神节被列为罗马的公共假日，也正是在这一年，农神庙落成。它是罗马最早的神庙之一，也是罗马共和国时代最主要的具有纪念性的名胜之一。公元前30年，恺撒手下的一名将领花了在叙利亚战役夺取的战利品，用于重建农神庙。4世纪的一场火灾之后，它被作为国库使用了很多年。它建在卡比托利欧山脚下的一座巨大的讲台之上。它的门厅里的八根壮观的石柱一直保存到了今天。

13 按照古代传统，落成于公元前367年的和谐女神庙原先是一处圣地，它是为了纪念贵族和平民之间达成的和谐关系而建的。它在公元前121年曾被修复过，提比略在公元7年至公元10年间对它进行了重建。它经常被用作元老院的会议地点。它矗立于卡比托利欧山脚下，就在档案馆的下方。和谐女神庙保存至今的只有一处平台，场地上尽是粗糙的碎石，部分地面是石块。

14 卡斯托耳与波鲁克斯神庙大约建于公元前430年。罗马的独裁官奥卢斯·波斯图穆斯此前曾对宙斯的两个儿子狄俄斯库里兄弟发誓说，如果他在一场战争中获胜，他就建一座神庙献给他们。后来波斯图穆斯赢得了战争。在传说中，卡斯托耳与波鲁克斯两兄弟亲自参与了这场战争，他们让罗马人占据了顺潮的优势。有人看见两兄弟的白马在泉神之池中饮水。泉神之池是罗马的一个主要喷泉，它的泉水被认为具有治愈疾病的功效，人们经常聚在泉神之池周围喝水并谈论最近的新闻。波斯图穆斯死后，他的儿子在泉神之池附近建起了神庙，兑现了父亲的诺言。这座神庙在公元前117年得到过修复，公元前6年奥古斯都又修复过。神庙的正面有八根石柱，背面有十一根石柱，背面的石柱中有三根立于东侧的石柱保存到了今天。这些石柱都是由白色的帕罗斯大理石建成的，可以追溯到奥古斯都修复神庙的时期。

15 祭司长公府，又称雷吉亚，曾是罗马第二代国王努马·庞皮利乌斯和之后几代国王的王宫。它位于恺撒神庙的东面。罗马共和国初期，它便成了大祭司长的府邸，也是存放大祭司长文件的地方。在一次火灾之后，大约在公元前36年，它得到了重建，重建工程中采用了大理石。公元2世纪末，塞普蒂米乌斯·塞维鲁皇帝对它进行了修复。尤利乌斯·恺撒在此处度过了他人生中的最后几个月，也正是从这里，恺撒走到了他最终被害的地方：庞培议政厅。

16　掌控天雷的朱庇特神庙建于公元前 22 年。它的正面有六根石柱，当时的钱币上刻有它的外观。和其他许多神庙一样，它的两侧很可能也各有一排石柱。

17　公元 31 年的亚克兴海战中，奥古斯都击败了马克·安东尼和克娄巴特拉的舰队。此后，奥古斯都在帕拉蒂尼山上建了阿波罗神庙。这座神庙以其美丽的黄色大理石柱廊以及由希腊大师创作的雕塑和绘画而闻名。它前面的柱廊中有拉丁图书馆和希腊图书馆。它的遗迹位于帕拉蒂尼山的西南角，靠近古老的维拉布洛平原。

18　牧神洞，又称狼洞，位于帕拉蒂尼山的西北角。牧神节期间，在这个洞中会举行仪式来纪念牧神法乌努斯（潘）。仪式中将祭祀一只羊，羊皮会被剥下然后切成碎片，年轻人会拿着这些碎羊皮在帕拉蒂尼山上裸奔。他们在奔跑中会不时地轻轻拍打向他们凑过来的女人，这些女人相信只要被这样拍打一下，她们就不可能不孕。这个狼洞与古罗马罗慕路斯和雷穆斯兄弟被狼抚养长大的传说有关。后来，在狼洞附近建了座圣阿纳斯塔西奥教堂，建这座教堂也许是教会早期用基督教活动取代异教活动的一种体现。这座教堂非常古老，它建在圣特奥多罗大道的最南端，位于马克西穆斯竞技场和帕拉蒂尼山之间。它大约建于 4 世纪初，1606 年以后它被彻底重建。1634 年的一次飓风摧毁了圣阿纳斯塔西奥教堂的门廊。1636 年，教堂刻有乌尔班八世纹章的外观得到重建，规划这次重建工作的建筑师可能是多梅尼科·卡斯泰洛。1722 年，教堂内部也得到了修复。

19　奎里努斯神庙在公元前 293 年于奎里纳莱山上落成。奎里努斯是一个远古的神，它的专属祭司的排位仅次于朱庇特和玛尔斯的祭司。在古代，它的神力似乎已被人遗忘，后来被认为具有与玛尔斯同样的神力。后来，罗慕路斯被当成它一样受到崇拜。

20　阿文提诺山上的狄安娜神庙是罗马第六代国王塞尔维乌斯·图利乌斯在位时期修建的。娶了奥古斯都女儿的将军阿格里帕在奥古斯都的鼓励下，修复了狄安娜神庙。狄安娜起初也许是森林之神，后来变成了生育女神。人们对狄安娜的崇拜不久就变得和对处女猎手、助产女神阿耳忒弥斯的崇拜一样了。

21　阿文提诺山上的朱诺天后神庙是马尔库斯·富里乌斯·卡密鲁斯为了兑现在公元前 396 年对抗伊特鲁里亚人的战争中许下的誓言而建成的。卡密鲁斯是高卢人侵略罗马后的罗马救星。朱诺是朱庇特的妻子，也是朱庇特的姐姐，她是罗马最主要的女神之一。她是光明和母性之神，由她的名字命名的 6 月也因此被认为是最适宜婚嫁的月份。她也是掌管国家财务之神，她被称为训诫者，卡比托利欧山上还建有一座朱诺训诫者神庙。这座神庙是卢基乌斯·富里乌斯·卡密鲁斯在公元前 334 年建成的，它后来成了罗马的第一家铸币厂。也因此训诫者（moneta）这个词有了铸币厂的意思，后来这个词派生出了金钱（money）一词。朱诺天后神庙位于卡比托利欧山的东北峰，那里也被称为罗马要塞，同样在那里，至今仍矗立着天堂祭坛圣母教堂。

22　和哈德良陵墓（圣天使堡）一样，奥古斯都陵墓也是一座用石灰岩建成的、具有伊特鲁里亚风格的圆柱形陵墓。奥古斯都陵墓的高度为 44 米，陵墓里有个圆锥形的土堆，土堆顶部的翠柏郁郁葱葱。奥古斯都一辈子都在修建这座陵墓，此陵墓中不仅存放了他自己的遗体，还有他的妻子莉薇娅、他的姐姐屋大维娅、他的女婿阿格里帕以及朱利奥·克劳狄王

朝其他皇族成员的遗体。罗马帝国时代终结之后，它逐渐凋敝，并最终成为废墟。12 世纪时，它成了科隆纳家族的堡垒。后来，建筑师经常把它当作采石场，开采其中珍贵的石灰岩。20 世纪，它成了一座音乐厅，到了 1936 年，奥古斯都陵墓广场修复工程开始动工，音乐厅也因此不再开放。

23　马切罗剧场在恺撒时代就已经开始动工，但直到公元 13 年才被奥古斯都建成。奥古斯都将它献给了自己英年早逝的姐姐屋大维娅，为了把它建好，他还拆毁了几座神庙。这座剧场可以容纳两万名观众。它是由石灰岩所建，非常坚固；它的地理位置极佳，可以眺望台伯岛。这些因素都使它在 12 世纪中叶成了法比家族的堡垒。整个中世纪它都是罗马地理位置最为有利的堡垒之一，它控制着来往台伯岛的桥梁，还掌握着台伯河另一端人口密集的特拉斯泰韦雷区。到了 13 世纪，萨韦利家族拥有了马切罗剧场，他们把剧场的地下室租给了屠夫和匠人。16 世纪的时候，萨韦利家族让巴尔达萨雷·佩鲁奇建了座宫殿，整座宫殿在 1712 年被卖给了奥尔西尼家族，这座宫殿现在也被称为奥尔西尼宫。奥尔西尼家族的标志是一头熊，在蒙特萨沃洛大道的入口处还能看到这种标记。马切罗剧场的拱门下经常挤满了小商铺，后来小商铺都

被清走了，人们这才能看到双层拱门的半石柱。

24　浴场博物馆收藏了世界上最精美的古典雕塑和绘画，该博物馆所在的地方之前曾是戴克里先浴场的一部分。

25　莉薇娅府的遗址位于帕拉蒂尼山西侧的一处陡峭悬崖之上。从这座奢华的别墅里可以远眺台伯河。现在有人认为这座别墅其实是属于奥古斯都的。莉薇娅与提比略·克劳狄·尼禄离婚后，在公元前38年，奥古斯都娶了她。公元14年，奥古斯都死后，莉薇娅便一直待在这座别墅里，一直待到十四年后她逝世。一般府邸都会有一个前院，莉薇娅也不例外，从它的前院可以通往餐厅，餐厅附近还有一间露天的厅室。很多房间里迷人的壁画都保存到了今天。

26　提比略府邸位于帕拉蒂尼山西北部，距离奥古斯都的府邸不远。在它的西面有一条古老的维多利亚街。图密善和哈德良两位皇帝先后主持过该府邸的修复工作。今天，人们还可以看到提比略府邸的拱门，拱门上有个大型平台，在平台上可以俯视城市广场。

27　法尔内塞花园是贾科莫·达·维尼奥拉为红衣主教亚历山大·法尔内塞所建，法尔内塞后来当上了教皇，即保罗三世。由于考古挖掘工作，法尔内塞花园的大片区域都不复存在了，但是从它的遗址来看，人们还是可以想象它作为欧洲最早的植物花园之一，在其辉煌时期是多么的美丽。从花园阳台上可以欣赏到罗马最美的景致。

28　马梅尔定监狱是古罗马的国家监狱，它的名字起源于中世纪。这所监狱的一个蓄水池里有个地牢，被称为图利亚诺。人们只能通过地下室的一个洞进入这个地牢，而地牢的唯一出口是连接了大下水道的一个排水口，很多尸体就直接被扔进这个排水口处理掉了。反抗罗马统治的高卢首领维钦托利和努米底亚国王朱古达都死在了这个地牢里。在中世纪的传说中，圣彼得也曾被关押在此，后来，人们把这个地牢改造为圣彼得囚徒教堂，在该教堂的上方，还建了木匠圣约瑟教堂。当查尔斯·狄更斯在1845年来到这座监狱的时候，一贯对死亡主题深感兴趣的他留意到，在监狱的墙上挂满了"生锈的匕首、尖刀、手枪、棍棒以及各种暴力杀人工具。这些工具刚用过就被挂了起来，以平息上帝的不悦"。

29　位于战神广场的尼禄浴场在公元3世纪初被亚历山大·塞维鲁皇帝重建过。这个浴场看上去和卡拉卡拉浴场、戴克里先浴场颇为相似。

30　拉奥孔雕像的发现过程在第9章中有描述，它后来陈列于提图斯皇帝的皇宫，现存于梵蒂冈的观景庭院。

31 公元 121 年，为了修建维纳斯与罗马神庙，哈德良皇帝彻底拆除了尼禄金宫的遗迹。

32 克劳狄神庙位于西里欧山，离大角斗场不远。这座神庙是在克劳狄死后，他的妻子，同时也是尼禄母亲的阿格里皮娜下令建造的。尼禄曾几乎将这座神庙彻底拆毁，但是后来韦斯巴芗又把它重新修建得富丽堂皇。它的正面有八根石柱，它处在一个大型围场的中央，这个围场的周长达 800 米。

33 韦斯巴芗广场横穿了今天的帝国广场大道，巨大的广场上石柱林立。在它的东南角有一座圣科斯马与圣达米安大教堂，该教堂其实就建在广场上的图书馆里。后来，涅尔瓦广场（飘渺广场）就建在了它的旁边。它建于公元 97 年，建在古老的阿尔吉来图姆街之上。阿尔吉来图姆街曾活动着很多书贩和抄写员，它可以通往拥堵的苏布拉地区。韦斯巴芗广场上有座密涅瓦神庙，人们经常可以在 16 世纪的罗马风景图中看到这座神庙。1606 年，教皇保罗五世为了建造他的保罗高架渠喷泉，抢走了神庙里的财物，神庙就只有一座被毁坏了的演讲台留到了今天。

34 和韦斯巴芗广场的情况相似，修建和平神庙的钱款部分来自从耶路撒冷神庙抢来的财物。神庙建于公元 75 年，它呈长方形，长度为 130 米，其中石柱林立。普林尼认为城市广场上的和平神庙是罗马最重要的胜景之一。

3 面包与竞技

1 大角斗场数百年来都是罗马最负盛名的古迹，也是石材丰富的采石场。西斯托桥和威尼斯宫的建筑材料就来自大角斗场，不过历史上也只有这两个地方是从大角斗场取材建造的。大角斗场也是植物学家的乐园。1813年，《大角斗场的植物》一书的作者安东尼奥·塞巴斯蒂亚尼列出了 261 种生长在大角斗场中的植物。1855 年，英国植物学家理查德·迪金在塞巴斯蒂亚尼的基础上又标出了 150 种植物。庇护七世在 19 世纪初曾对大角斗场进

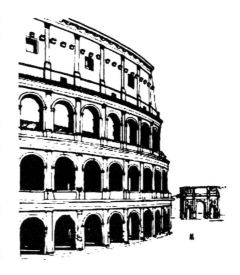

行修复。后来，利奥十二世、格列高利十六世和庇护九世也先后修复过它。

2　弗拉米尼乌斯竞技场现在已经不存在了。这座竞技场是公元前 221 年由执政官 C. 弗拉米尼乌斯建造的。它被建在卡塔兰大道旁，地处马切罗剧场和巨大而诡异的琴奇宫之间。

3　盖乌斯竞技场是卡利古拉皇帝在位时期下令修建的，但它最终被尼禄建成。竞技场的位置就是在今天圣彼得大教堂所占区域中的某个部分。除了一方尖碑，竞技场没有什么保存下来。那座方尖碑也许曾位于隔离墙的中心，但它在被移到现在的位置，即圣彼得广场中央之前，一定是矗立于圣彼得大教堂的南面的（见第 2 章）。

4　马克西穆斯竞技场位于帕拉蒂尼山和阿文提诺山的山谷中，竞技场长度几乎达到了 500 米。据说它的建造者是塔奎尼乌斯·普里斯库斯和塔奎尼乌斯·苏培布斯两个国王中的一个，它的所在地曾发生过劫掠萨宾妇女的事件。尽管竞技场上的一些监狱、战车竞赛场地可能追溯到公元前 4 世纪，但竞技场很有可能直到公元前 2 世纪才被建好。奥古斯都在竞技场靠近帕拉蒂尼山的那一侧建了皇家看台，他还立了一座方尖碑，这块方尖碑就位于今天的人民广场。尼禄时期和图密善时期发生的大火几乎将这座竞技场彻底地毁了。不过，图拉真后来重建了它，卡拉卡拉又对其进行了扩建。戴克里先在位时期，竞技场遭遇了部分塌陷，此后，君士坦丁对其进行了修复。东哥特国王托蒂拉于公元 549 年在这个竞技场上举办了最后的竞赛。竞技场东南端转弯处的部分墙壁保存到了今天。弗兰吉帕尼家族曾经在竞技场上建了很多堡垒，而这些堡垒到今天只剩下了一座中世纪的塔楼。

5　巴尔布斯剧场是由奥古斯都的朋友科尔内利乌斯·巴尔布斯所建，地处马尔加纳广场、制绳厂大道和暗店街之间。卡埃塔尼宫所在的位置有可能曾是该剧场的部分区域。

6　提图斯凯旋门位于韦利亚山岭上，地处帕拉蒂尼山和埃斯奎利诺山的奥皮奥峰之间。圣道穿过提图斯凯旋门，可以到达城市广场的南端。这座凯旋门的建造者有可能是提图斯的下一任皇帝图密善，也有可能是在公元 98 年继涅尔瓦后成为皇帝的图拉真。当初建造这个凯旋门是为了庆祝韦斯巴芗和提图斯战胜犹太人。后来，它成了弗兰吉帕尼家族在中世纪的部分防御工事。教皇西克斯图斯四世曾对它加以修复，1821 年，罗马建筑师朱塞佩·瓦拉迪耶再次对它进行了修复。在"壮游"时代，景观艺术家经常为外国人描绘从凯旋门可以看到的风景。

7　弗拉维宫和奥古斯都宫是为图密善而建的一个大型宫殿群中的部分建筑。这个大型宫殿群包括多个宫殿、门廊、花园，它建于帕拉蒂尼山上。在这个大型宫殿群动工之前，很多私家府邸被拆迁，帕拉蒂尼山上的双子峰格马鲁斯峰和宅邸峰还被夷平了。图密善想要让这座宫殿成为使所有古迹黯然失色的杰作，据诗人斯塔提乌斯描述，这个壮观的巨型建筑"直冲云霄，在阳光的照耀下辉煌灿烂，就连朱庇特也为之心生嫉妒"。这座大殿处于帕拉蒂尼山最为显著的位置，两侧可以分别俯瞰城市广场和马克西穆斯竞技场。宫殿的外观是一个宏伟的、带有拱廊的前厅，通过前厅进入宫殿后的第一个大厅是图密善的会客厅或金銮殿，这座大厅里满是珍贵的大理石和精美的雕像。大厅的左面是一间献给密涅瓦的小教堂，图密善一直视密涅瓦为专门保护他的女神。大厅的右面是图密善断案执法的会堂。继续往宫里走会看到门廊林立的中庭，再往里走就到了令人赞叹的宴会厅。宴会厅里装饰着琳琅满目的大理石，宴会厅两旁则是一组献给仙女的建筑：洗手间、喷泉和仙女的雕像。而今，这座宫殿里只有一些破碎的墙壁和梁柱保存了下来。

8　图拉真浴场可以说是卡拉卡拉浴场和戴克里先浴场的前身。它可能是由大马士革的阿波罗多洛斯设计的。它建在一个巨大的长方形围场里，围场里有浴池、洗手间、体育馆、运动场、花园和图书馆。在这个浴场的废墟附近，后人建了一座图拉真公园，浴场的一些残垣断壁至今还保留在公园里。浴场有两个独立的、砖头砌成的拱顶，从这些拱顶可以大致推测出浴场的规模。

9　图拉真广场是罗马帝国时代最大的也是最后一个广场，占地 1.05 公顷。在广场的四边各有两个门廊可以通往巨大的乌尔皮乌斯会堂，这座会堂位于广场的西侧，如今，只有残余的会堂石柱保存了下来。会堂远处有两间图书馆，在它们的中间矗立着图拉真石柱。从图拉真石柱稍微往西走就能看到图拉真神庙，它由大马士革的阿波罗多洛斯建于公元 112 年，是献给图拉真皇帝和他的夫人普洛蒂娜的。

10　图拉真市场是古罗马的商业区，至今保存良好。它不仅是个商业中

心，而且起到了支撑奎里纳莱山西南翼的作用，因为为了建造城市广场的半圆形凹处，奎里纳莱山的西南侧承受了开凿工程。市场上有条胡椒大道，它的名字来源于拉丁文中的"胡椒"，而这条街上全是卖调味品的店。尽管一些商店的门面后来被修复过，这条街下面两层的面貌还是和图拉真时代一模一样。高高耸立在市场上的中世纪塔楼是民兵塔楼，它是由格列高利九世（1227—1241年在位）所建，作为这片地区的防御工事。塔楼后来被安尼巴尔迪家族拥有，接着又被博尼法斯八世（1294—1303年在位）的家族卡埃塔尼家族占据，再后来又交到了孔蒂家族的手里，不过最终它被马尔凯塞·科斯莫·德尔·格里洛给买了下来。当17世纪进入尾声时，格里洛还在塔楼旁建了一座巴洛克式宫殿。

11　图拉真石柱上的雕塑原先是有涂色的，从图拉真神庙和乌尔皮乌斯会堂的台阶上都能看到涂色雕像。

12　万神殿附近的菲利库拉公寓楼是塞普蒂米乌斯·塞维鲁时代罗马最突出、最有名的地标，这座楼非常高，它的顶楼远远超出周遭所有建筑的高度。

13　尤利乌斯·恺撒曾打算建造一个尤利乌斯选举大厅，但直到公元前26年，在奥古斯都的鼓励下，阿格里帕才最终将它建成。这个巨大的选举大厅长约30米，宽约95米。不过不久之后它便不被作为选举大厅使用，而是变成了一个市场。它位于万神殿和伊西斯神庙之间，距离密涅瓦神庙遗迹圣母教堂很近。

14　维纳斯与罗马神庙建于公元135年，建造者为哈德良皇帝。它是在金宫前厅的地基之上建起来的，曾是罗马最大的神庙，长110米，宽53米。它的两座神庙彼此背靠背而建，这是一种很不寻常的设计，此前从未在罗马出现过。神庙的废墟周围如今已是绿树成荫。这些树长在圣道旁边，圣道则位于大角斗场广场和挨着罗马圣弗朗西丝教堂的修道院中间。罗马圣弗朗西丝教堂前身是一座8世纪的祈祷室，17世纪初，它被用巴洛克风格加以重建，原先的一个建于12世纪的钟楼被保留了下来。在这个教堂中有一幅5世纪的蜡画，画中描绘了圣母和圣子。

15 蒂沃利的哈德良别墅是罗马最大、最昂贵的皇家别墅。它建于公元 125 年至公元 134 年，地处蒂沃利山南山坡的脚下。别墅中有宫殿、庭院、图书馆、画廊、休闲花园、运动场、剧场、浴场以及带有喷泉、雕像和鲜花的房间、仓库，仓库中的大量库存都保留到了今天。为了让自己时常想起旅途中令他印象深刻的地方，哈德良在别墅里造了那些地方的微型模型，但没有完全精确复制。这些地方包括：克诺珀斯城的所在地埃及亚历山大港附近的山谷、塞拉比斯神庙、希腊的着色门廊（它是位于雅典的柱廊，斯多噶派的创始人芝诺曾在这里讲学）。别墅里的宫殿和画廊里放满了艺术品，不同时期的考古工作将这些艺术品送入了罗马、梵蒂冈和英国的博物馆里。1870 年，意大利政府收回了哈德良别墅。

16 万神殿落成于公元 125 年左右，它是在奥古斯都的女婿阿格里帕建的神殿的基础上建造起来的。公元 663 年，拜占庭皇帝君士坦斯二世偷走了万神殿的铜屋顶，后来教皇乌尔班八世为了修建圣彼得大教堂又移走了万神殿门廊顶部的铜镶板。万神殿的圆形大厅多次被大火和洪水毁坏，不过不少皇帝和教皇也多次对它进行过修复。比如图密善、塞普蒂米乌斯·塞维鲁、卡拉卡拉，教皇格列高利三世、亚历山大七世、克雷芒四世和庇护四世。尽管万神殿遭到多次掠夺，但它在建筑结构上仍几乎保持完整。7 世纪初，福卡斯皇帝（为了纪念这个皇帝，公元 608 年，城市广场上立起了福卡斯石柱，这个石柱是置于城市广场上的最后一座纪念碑）将它交给了教皇博尼法斯四世。博尼法斯四世在公元 609 年将万神殿献给了圣母以及所有圣徒和殉道者。万神殿的穹顶直径为 40.3 米，比圣彼得大教堂的穹顶还宽了差不多一米。一些艺术家被埋葬于此，比如拉斐尔。意大利王国的头两代国王的坟墓也在这里。万神殿门廊的石柱被人凿了好多洞，这体现了罗马人对于他们宝贵财富的漠视。万神殿附近有个家禽市场，支撑着市场屋顶的是几根木杆，而从万神殿石柱上凿下来的石块就被用来固定这些木杆底部。1431 年，教皇犹金四世迁走了这个家禽市场。但是万神殿外面圆形广场上的鱼市还在，它一直持续到 1847 年。圆形广场上，耸立于文艺复兴喷泉之上的方尖碑是属于拉美西斯二世的。

17 后来成为圣天使堡的哈德良陵墓始建于公元 135 年，在公元 139 年被安东尼·庇护建成。哈德良陵墓呈圆柱形，其方形地基上覆盖着大理石，它的外墙是由石灰岩和"洋葱石"建成的。在陵墓上方有一个伊特鲁里亚风格的锥形土丘，土丘周围郁郁葱葱。陵墓的最高处有一尊哈德良的雕像，大概是按照太阳神的样子设计的，雕像中的哈德良驾着四匹马拉的战车。陵墓周围是一排石柱，石柱之间还隔着些许雕塑。六十年来，哈德良陵墓一直被用作墓地，皇室成员的遗体始终都安葬于此，直到塞普蒂米乌斯·塞维鲁在位时才打破这个传统。公元 271 年，陵墓被围在奥勒良城墙之内，从公元 410 年哥特人的围城到 1527 年的罗马之劫，它在历史上多次成为保卫罗马的据点。在陵墓被改造为堡垒的过程中，尤其是教皇本笃四世（1033—1044 年在位）和亚历山大六世（1492—1503 年在位）对陵墓的改造，改变了陵墓本来的外观。

18 科隆纳广场的马可·奥勒留石柱是在公元 176 年至 193 年间建成的。它的高度为 29.6 米，直径为 3.7 米。在石柱的下方，描绘了马可·奥勒留皇帝战胜波希米亚的夸迪人和马科曼尼人的功绩，石柱上方则描绘了他在位于今天的乌克兰的地方击败萨尔马提亚人的场面。石柱里面有一道楼梯可以通往石柱巨大的多立克式顶部，在石柱的顶端矗立着一尊奥勒留的雕像。1589 年，教皇庇护五世用圣保罗的雕像替换了石柱顶端的奥勒留雕像。

19 卡比托利欧山上的马可·奥勒留雕像原先矗立于拉特朗广场。整个中世纪，人们都认为这尊雕像象征着君士坦丁大帝，这也大概说明了为什么它被保护得如此完好。1538 年，当它成了罗马仅存的一尊纪念铜像时，它被移到了卡比托利欧山上的元老宫。米开朗琪罗设计了它的底座。1981 年，它被移走送去修复，直到 1984 年，罗马的文物修复研究所仍在进行对它的整修工作。

20 在神庙周围修建门廊，这在古罗马是十分常见的。公元前 49 年，Q. 梅特卢斯·马斯顿尼乌斯在朱诺天后神庙旁建起坚持者朱庇特神庙之后，他在两座神庙周围都建了门廊。公元前23年，奥古斯都修复了这些门廊，并把它们献给了自己的姐姐屋大维娅。巨大的屋大维娅门廊长135米，宽115米，在柱廊中有很多希腊的雕塑和绘画。除了神庙，被屋大维娅门廊围起来的还有一座会议厅、一所学校以及图书馆。今天，人们可以在马切罗剧场附近的屋大维娅门廊大道上看到这个门廊的遗迹。

21 位于帕拉蒂尼山东南角的观景台建于巨大的拱台之上，它距离塞普蒂米乌斯·塞维鲁浴场遗址和七行星神神庙遗址都很近。在罗马度过其晚年的拿破仑的母亲，很喜欢观景台上欣赏到的美景。

22 钱商拱门是一些放债的商人在公元204年建造的。拱门上所刻的丰富的图案描绘了塞普蒂米乌斯·塞维鲁的两个儿子盖塔和卡拉卡拉祭祀时的场景。卡拉卡拉后来谋害了弟弟盖塔，并把盖塔的名字和雕像从拱门的浮雕上给刮除了。拱门位于帕拉蒂尼山的西北端，距离维拉布洛的圣乔治教堂的门廊不远。

23 塞普蒂米乌斯·塞维鲁凯旋门是罗马帝国最恢宏的凯旋门之一，它建于公元203年，是为了纪念塞维鲁皇帝即位十周年而建的。凯旋门上的铭文原本写了此凯旋门是为了纪念塞维鲁和他的两个儿子所建，但和钱商拱门的情况一样，盖塔被杀之后，卡拉卡拉把铭文里盖塔的名字给刮除了。凯旋门的浮雕纪念了塞维鲁参与过的几次主要战役。

24 卡拉卡拉浴场遗址比罗马的任何浴场都要壮观。它位于卡拉卡拉浴场大道南侧。整个浴场被一个巨大的围墙围在了里面，它建于206年，后来埃拉伽巴路斯和亚历山大·塞维鲁分别对它进行了扩建，奥勒良后来又对它进行了修复。这个浴场大概是罗马配置最豪华的浴场，浴场中有很多大师级的雕塑。直到哥特人进攻罗马之前，浴场一直都在使用。在现代，人们在支撑浴室拱门的柱子之前搭了一个户外舞台，在这里经常表演一些歌剧。

25 戴克里先浴场占地11.1公顷，光是它的冷水浴室就有91米长、27米宽、22米高，它的游泳池面积为3 000平方米。

浴场由马克西米安皇帝始建于公元 298 年，后来被戴克里先于公元 305 年建成。以浴场巨大拱门的高度为依据，彼特拉克勘测了浴场遗址的广阔区域面积，就像吉本凝望城市广场时想到了罗马的辉煌过去一样，彼特拉克的脑海中也浮现了罗马的荣耀历史。现在位于浴场遗址之上的是浴场博物馆、座椅大道和天使圣母教堂。天使圣母教堂是米开朗琪罗在原先浴场冷水浴室的中厅建起来的。尽管 18 世纪中期，万维泰利对教堂进行了大幅改造，人们在教堂里还是能体会到一个罗马浴场的内部到底是什么样子的。在共和国广场的西南角，有两个建于 1896 年至 1902 年间的建筑构成了共和国广场的边界。从这两个建筑之间形成的弧度可以看出当年依附于戴克里先浴场的半圆形体育场的痕迹。

26 因为害怕蛮族部落的突然袭击，奥勒良皇帝在帝国周围修了一道极为坚固的防御性城墙。奥勒良城墙建于公元 271 年至 275 年间，绵延十九公里。城墙上分布着381 座长方形塔楼，在十六道城门两侧还有一些圆形塔楼。尽管城墙覆盖的地区远远大于罗马的居民区，但是它只保护了人口密集的特拉斯泰韦雷区的一小部分。

4 地下墓穴和基督教徒

1 公元 230 年至 283 年在位的所有教皇的墓碑于 1854 年在圣加里斯都的地下墓穴中被人发现。同时被发现的还有一些壁画，壁画鲜明地体现了基督教教徒早期的洗礼和圣餐仪式。罗马的法律规定，地下墓穴和其他公墓一样都要被建在城墙之外的乡村，如此一来，在野蛮部族连续几次对罗马发动的进攻中，地下墓穴都遭到了抢劫。侵略者洗劫了圣徒和殉道者的坟墓，破坏了碑文和雕像，掠走了值钱的物件，如勋章、浮雕、凹雕等，还亵渎了死者的遗体。出于对逝者遗体的关心，7 世纪至 9 世纪的教皇们都将大批逝者的遗体移送进了罗马城墙之内的教堂里。教皇帕斯加尔在公元817 年 7 月 20 日下令将两千三百具遗体移送至城里，当年记录所有遗体的那份名单仍然存在着。正是帕斯加尔在圣加里斯都的地下墓穴发现了圣切奇利娅的遗体，他将遗体移送到特拉斯泰韦雷的教堂，还把教堂献给了圣切奇利娅。到了 9 世纪中期，地下墓穴彻底被废弃了，不久就完全被人遗忘。1578 年，一个工人在一座葡萄园里挖掘的时候，发现了地下墓穴，也再次让外界注意到了它们的存在。自 16 世纪开始的针对地下墓穴的探索与开发工作发现了大量有关基督教古物的信息，然而这也导致了对古物的又一波搜刮和掠夺，比起曾经野蛮部落的行为有过之而无不及。记录了 17 世纪下半叶探索地下墓穴行为的编年史家彼得罗·圣巴尔托利写道："在波尔泰塞门外发现的一个基督教墓地里……人们发现了很多殉道者的遗体，还发现了一套精美且稀有的勋章，金属和水晶制品，以及刻着字的石头、珠宝和其他小件珍奇玩意儿。很多东西都被工人给低价卖掉了。"反宗教改革时期，人们对地下墓穴的关注和痴迷程度很高，但之后在 18 世纪，这种兴趣慢慢地变淡了。而人们对于地下墓穴的热情再次被点燃则主要是源于庇护九世在位时期（1846—1878）的考古学家 G. B. 德·罗西所做的大量工作。

2 宏伟的马焦雷门就是之前的普奈勒斯蒂门。克劳狄皇帝在公元 52 年将它建在了分别通往普奈勒斯蒂和卡西诺的两条道路的交叉口。克劳狄高架渠和新阿尼奥高架渠就建在马焦雷门里。韦斯巴芗和提图斯都曾对此门进行修复，后来，它成了奥勒良城墙的一部分。马焦雷门的外面有一个面包师之墓，建于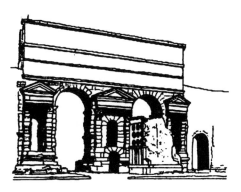罗马共和国时代末期，是面包师马尔库斯·维吉利乌斯·欧里萨塞斯的妻子在他死后为了怀念他而建的，墓碑的雕带上刻画了制作面包的不同工序。

罗马的其他主要城门如下，用楷体字标注的是那些已经无迹可寻的城门。

安杰洛门：是利奥城墙的一部分，在佩尔图萨门和卡斯泰洛门之间，距离圣天使堡不远。它建于 1563 年，是以乔瓦尼·安杰洛·德·美第奇的名字命名的，美第奇在 1559 年当选为教皇，即庇护四世。

阿庇乌斯门：即现在的圣塞巴斯蒂安门（见下文）。

阿尔代亚门：奥勒良城墙的一部分，在罗马的南部，地处卡拉卡拉浴场大道的尽头。它原本通向古老的阿尔代亚大道，现在通往的是克里斯托弗·哥伦布大道。

驴门：位于圣约翰门以西一百八十多米处。自 1409 年关闭后，它在最近又重新开放。它可以通往古老的驴道，这条路在建它之前就有了。

奥勒良门：又称圣潘克拉齐奥门或雅尼库鲁姆门。它起初是奥勒良城墙的一部分，后来被教皇乌尔班八世于 1642 年在雅尼库鲁姆山建成。在 1849 年的罗马共和国保卫战中，它被严重毁坏。1854 年，维尔吉尼奥·维斯皮尼亚尼修复了它。

贝利撒留门：现在被称为平乔门。它的两翼各有一座圆柱形的塔楼，这两座塔楼是贝利撒留为了抗击哥特人而建的。现在的大门中只有中间的拱门是原始的,其他部分都是现代的。它位于维托里奥·韦内托大道地势最高的地方,可以通往平乔公园。

西里欧门:它曾是古老的塞尔维乌斯城墙的一部分。人们认为它就是古老的西里欧大道上的多拉贝拉拱门,西里欧大道也就是今天的圣保罗十字大道,它位于西里欧别墅公园的北面。多拉贝拉拱门是由执政官科尔内利乌斯·多拉贝拉和尤尼乌斯·西拉努斯于公元前 10 年建成的。

第一大门:它曾是塞尔维乌斯城墙的一部分,标志着阿庇乌斯大道的起点。它位于马克西穆斯竞技场的最东端,离阿克苏姆方尖碑很近,就在今天的第一大门公园里。阿庇乌斯大道在城里的那一段就是从第一大门到卡拉卡拉浴场大道旁的阿庇乌斯门。第一大门的部分遗迹保留了下来。

卡尔门蒂斯门:它曾是塞尔维乌斯城墙的一部分,位于阿文提诺山和卡比托利欧山之间。

骑兵门:是教皇利奥四世(847—855)所建城墙的一部分。它地处骑兵门广场,在圣彼得大教堂的南面,挨着圣乌菲齐奥宫。它靠圣彼得大教堂这一侧的门墙已经破败不堪,后来于教皇尼古拉三世在位时期(1277—1280)得到了重建。目前,骑兵门仅剩下一个可以追溯到亚历山大六世时期的拱门,在过去,骑兵门也被称为主塔门。

科利纳门:塞尔维乌斯城墙的一道城门,公元前 216 年,汉尼拔曾在这道门旁边安营扎寨。

埃斯奎利诺门:位于塞尔维乌斯城墙的东段。奥古斯都时期,它被替换成了一道三重门,后来被以加里恩努斯皇帝的名字命名。

弗拉米乌斯门:在人民圣母教堂的旁边。因为这座教堂,它有了现在的名字:人民大门。它是奥勒良城墙的一部分,可以通往弗拉米乌斯大道。弗拉米乌斯大道可以通往罗马城外的东北部,它是执政官盖乌斯·弗拉米乌斯于公元前 220 年所建。

弗鲁门塔纳门:塞尔维乌斯城墙的一部分,在帕拉蒂尼山和卡比托利欧山之间,距离屠牛广场很近。

泉水门:塞尔维乌斯城墙的一部分,在卡比托利欧山和奎里纳莱山之间的山岭旁。后来,图拉真为了建他的广场,夷平了山岭,拆除了大门。

拉蒂纳门:奥勒良城墙的一部分,靠近希皮奥尼公园,在卡拉卡拉浴场的另一边。它通向拉蒂纳大道，是由贝利撒留建造的，只有一个拱门。

拉维尔纳门：塞尔维乌斯城墙的一部分，后来被教皇保罗三世（1534—1549 年在位）用一座堡垒给取代了。这个堡垒位于修道院圣母大道上，修道院圣母大道从阿文提诺山的山坡延伸下来，一直到台伯河岸，马耳他骑士团的修道院就在街道的旁边。

梅特罗尼亚门：奥勒良城墙的一部分，位于梅特罗尼亚广场上。大门的拱门至今还在，只是人们已经不从这个大门过了。

穆戈尼亚门：据说是罗慕路斯建在帕拉蒂尼山上的，靠近提图斯凯旋门。

涅维亚门：塞尔维乌斯城墙的一部分，位于阿文提诺山。

霍诺留门：由霍诺留皇帝建于公元 405 年。它所处的位置就是今天马焦雷门广场附近的拉比卡诺广场所在的地点。1838 年，它被教皇格列高利十六世拆除。从这个大门可以通向卡西利农大道，而从卡西利农大道可以通往卡普阿（卡西利农）。

奥斯蒂亚门：奥勒良城墙的一部分，位于古老的奥斯蒂亚大道上。它现在的名字叫圣保罗门，因为它可以通往城外圣保罗大教堂。它位于切斯提奥金字塔大道的尽头，距离同样也是奥勒良城墙一部分的金字塔非常近。在 5 世纪初，霍诺留皇帝给这道大门加了外观。

佩尔图萨门：利奥城墙的一部分。到了 19 世纪中期的时候，它被封堵了。

庇亚门：米开朗琪罗的最后一件建筑作品。它建于 1561 年至 1564 年间，离诺门塔纳门不远。它位于 9 月 20 日大道的北端。它的右侧是英国驻意大利大使馆的花园（如今只是作为使馆办公地），它的左侧是波利娜别墅，里面曾经住着拿破仑的妹妹波利娜·博尔盖塞，不过现在是法国驻罗马教廷的使馆。正是在庇亚门附近，意大利国王维托里奥·埃马努埃莱二世的军队在卡多尔纳将军的带领下猛攻了奥勒良城墙，并于 1870 年 9 月 20 日进入了罗马。如今这里是轻步兵博物馆。

平乔门：见“贝利撒留门”。

人民大门：见“弗拉米乌斯门”。

波尔泰塞门：由教皇乌尔班八世（1623—1644 年在位）所建。它位于台伯河的右岸，在博尔戈区的南端，靠近木板桥。

波图斯门：由阿卡狄奥斯和霍诺留两位皇帝在 5 世纪初所建，靠近波尔泰塞门。它标志着波图斯大道的起点。波图斯大道可以通往台伯河入口处的港口，这个港口是克劳狄在公元 42 年建造的。波图斯门后来被乌尔班八世拆除。

普勒奈斯蒂门：见“马焦雷门”。

禁卫军门：进入禁卫军营房区的主要入口，由提比略的大臣塞扬努斯于公元23年建造。这里曾是禁卫军驻扎的地方，至今还是一个兵营。

橡树林仙女门：塞尔维乌斯城墙的一部分，位于西里欧山。

奎里纳莱门：塞尔维乌斯城墙的一部分，位于奎里纳莱山的西北坡。

拉图米纳门：塞尔维乌斯城墙的一部分，位于卡比托利欧山的山脚下。它被认为就是泉水门，似乎曾被称为潘达纳门。

劳杜斯库拉纳门：塞尔维乌斯城墙的一部分，位于阿文提诺山上，所处的位置有条阿文提诺大道，这条大道已经被拓宽为阿尔巴尼亚广场。

罗马门：据说是由罗慕路斯所建，位于帕拉蒂尼山，靠近维拉布洛。

盐门：阿文提诺山上的北门，是著名的"盐道"的出口。它可以通往阿斯科利·皮切诺（特鲁恩图姆）港。根据格雷戈罗维乌斯的日记记载，它在1874年被拆除了。公元410年，阿拉里克和他的哥特士兵正是从这个门攻入了罗马。

平安门及鱼鹰门：都是塞尔维乌斯城墙的一部分，位于奎里纳莱山的西北坡。

圣约翰门：奥勒良城墙的一部分，离拉特朗圣约翰大教堂很近。它由贾科莫·德尔·杜卡于1574年为教皇格列高利十三世所建。它可以通往阿皮奥广场，而阿皮奥广场是新阿庇乌斯大道的起点。

圣潘克拉齐奥门：位于雅尼库鲁姆山的最高处，就在古代奥勒良门所在的位置。它又被称为雅尼库鲁姆门。为了保卫罗马共和国，加里波第曾经率部在此展开过激烈的战斗。它在1854年的时候被重建。

圣保罗门：见"奥斯蒂亚门"。

圣塞巴斯蒂安门：奥勒良城墙的一部分，位于圣塞巴斯蒂安门大道。它原来叫作阿庇乌斯门，可以通往古老的阿庇乌斯大道。5世纪初霍诺留皇帝对它进行了重建，6世纪的时候，查士丁尼手下大将贝利撒留和纳尔塞斯对它进行了修复。

圣灵门：位于台伯河右岸、博尔戈区的南界，离圣灵医院不远。它由佛罗伦萨的小安东尼奥·达·圣加洛于1540年为教皇保罗三世而建。

塞蒂米亚纳门：由亚历山大六世（1492—1503年在位）所建，属于奥勒良城墙的一段，本来那儿有一个后门。它位于伦加拉大道的南端，毗邻托洛尼亚博物馆。

蒂沃利门：原本由奥古斯都建于蒂沃利大道上，可以通往蒂沃利（蒂布尔）。公元271年至275年，当奥勒良城墙被修建的时候，这道大门成了城墙的一部分。霍诺留皇帝在公元403年对它进行了修复。

主塔门：见"骑兵门"。

特里格米纳门：塞尔维乌斯城墙的一部分，距离善桥不远，处于马克西穆斯竞技场和阿文提诺山之间。

维米那勒门：塞尔维乌斯城墙的一部分，位于科利纳门和埃斯奎利诺门的正中间。

3 拉泰拉尼家族在西里欧山上有一所宫殿，由于他们密谋造反，这所宫殿被尼禄充查抄了。努米底亚的圣奥普塔图斯曾提过这所宫殿是君士坦丁大帝第二个妻子福斯塔的财产。虽然在古老的传说中君士坦丁将这所宫殿赠予了教皇西尔维斯特（314—335年在位），但这次捐赠并没有任何记载。拉特朗宫中最早的教皇住所很可能是当时就已经存在的某个房屋。后来拉特朗宫又造了新的房屋，到了教皇达马稣（366—384年在位）时期，拉特朗宫已经被看作教皇的合法府邸。

教皇在拉特朗宫里建的第一座教皇府邸是利奥三世（795—816年在位）那座气势恢宏的牧首府，府中有一个装饰华美的大型宴会厅。1308年的一次火灾烧毁了这座府邸。1377年，当教皇们从阿维尼翁回到罗马后，他们住进了梵蒂冈宫。直到1586年，教皇西克斯图斯五世（1585—1590年在位）才让多梅尼科·丰塔纳建了座新的教皇宫，这座新的教皇宫也是当时拉特朗宫整体修复工程的项目之一。拉特朗宫里的洗礼堂也不是最早的那个洗礼堂了，似乎在君士坦丁建洗礼堂前，宫里已经有了两个洗礼堂。君士坦丁的洗礼堂后来被教皇西克斯图斯三世（432—440年在位）所代替，之后又经历了一轮改造，尤其是乌尔班八世在1637年对它进行修复之后，它才有了今天人们所看到的样子。这个洗礼堂里有一个巨大的绿色玄武岩水缸，在1347年8月1日的节日庆典上，科拉·迪·里恩佐泡在水缸里完成了洗礼（见第6章）。

4 献给圣洛伦佐的至圣堂起初是教皇在拉特朗宫的私人小教堂。教皇尼古拉三世（1277—1280年在位）对它进行了修复。保存至今的至圣堂是多梅尼科·丰塔纳为教皇西克斯图斯五世（1585—1590年在位）建造的，里面包含了小教堂和圣阶。

5 圣阶是拉特朗宫里主要的仪式性楼梯。西克斯图斯五世把它移到了现在的地方，它可以通往至圣堂。按照最初的传统，信徒们需要跪着爬上这道楼梯。

6 耶路撒冷圣十字大教堂被教皇卢修斯二世翻修过，1144年，他在教堂里新建了一座罗马式塔楼。1743年，教皇本笃十四世（1740—1758年在位）对它进行了重建。人们今天所看到的教堂正是当年本笃十四世重建之后的教堂。

7 今天的城外圣洛伦佐大教堂其实是两座教堂的合并。其中一座是君士坦丁建于公元 330 年的教堂，它所在的地方曾是一座献给圣洛伦佐的神殿。6 世纪时，教皇贝拉基二世对它进行了重建。另一座是献给圣母的教堂，也许是由教皇阿德里安一世（772—795 年在位）建造的。两座教堂的后殿被拆除之后，彼此连在了一起。城外圣洛伦佐大教堂的钟楼可追溯到 12 世纪，而门廊可以追溯到 1220 年。大教堂先后在 15 世纪、17 世纪和 19 世纪被修复过，19 世纪的那次修复工程还将教堂里的巴洛克式摆设全部清理掉了。1943 年，在盟军对罗马铁路编组站发动的空袭中，大教堂严重受损，不过之后又得到了完全修复。

8 君士坦丁所建的拉特朗圣约翰大教堂所在的地点原先是帝国骑兵队的营房，由于帝国骑兵队曾为马克森提乌斯卖命，他们的营地在教皇西尔维斯特一世在位时期（314—335）被拆了。在被汪达尔人洗劫之后，大教堂先后被教皇利奥一世（440—461 年在位）、阿德里安一世（772—795 年在位）以及其他几个教皇修复过。1304 年，一场大火严重毁坏了大教堂，但在 1368 年，乌尔班五世又完全修复了它。大教堂的最大变化是在西克斯图斯五世在位时期（1585—1590）发生的，西克斯图斯五世按照多梅尼科·丰塔纳的设计对整个拉特朗大教堂所在区域进行了全面的重新规划和修建。今天人们所看到的大教堂基本上就是西克斯图斯五世修复后的教堂，只有教堂壮观的外观是由亚历山德罗·加利莱伊为克雷芒七世（1730—1740 年在位）增建的。教堂美丽的回廊是在 1230 年建成的。大教堂的镶嵌画图案堪比城外圣保罗教堂里的镶嵌画，它们出自瓦萨雷托父子之手，他们是科斯马斯流派的大师。科斯马斯式镶嵌画大约在 1100 年至 1300 年间风行罗马，这种风格的名字来源于两个名叫科斯马斯的匠人，他们的名字被刻在至圣堂的小教堂里。

9　大约在公元200年，教士盖乌斯在驳斥孟他努斯派的异端分子普罗克洛时写道，他可以带普罗克洛去看位于梵蒂冈的圣彼得坟墓。君士坦丁时代的人深信，公元64年，尼禄迫害基督徒，而圣彼得就是在这个时期葬于梵蒂冈山的。圣彼得大教堂的近期考古工作也从来没动摇过这个说法。不过，由于在阿庇乌斯大道的圣塞巴斯蒂安的地下墓穴里发现了圣彼得和圣保罗被埋葬在那儿的证据，对于圣彼得的坟墓到底在哪里，人们产生了一些疑问。后来对于这个谜题的解释是：由于瓦勒良皇帝在公元258年疯狂迫害基督徒，为了保护耶稣门徒的遗体，他们的遗体被转移到了秘密的墓穴里。当君士坦丁与教会和平共处时，门徒们的遗骨又被送回原先的坟墓中。圣哲罗姆说公元336年就是圣彼得的遗体第二次被转移的年份。第一个圣彼得大教堂在公元320年动工开建，在公元329年落成。起初，它是一处室内坟墓，一些基督徒死后就被安葬在圣彼得坟墓的旁边。它所在的地方原来是一个异教公墓，但是后来一座标志着圣彼得坟墓的神殿被建在了这里，在圣彼得坟墓周围基督教的崇拜活动变得越来越频繁。5世纪和6世纪，当野蛮部落入侵罗马后，大教堂遭到了洗劫。而在846年，攻入罗马的撒拉森人再次劫掠了教堂。它在历史上曾反复被翻新、修复。最后，在1452年，教皇尼古拉五世决定将它拆除重建。教皇尤利乌斯二世（1503—1513年在位）及其后来的教皇都在进行着这项工程。

10　圣塞巴斯蒂安大教堂建于4世纪上半叶，起初是献给圣彼得和圣保罗的，这两位使徒的遗体曾一度被安置在毗邻教堂的地下墓穴里。该教堂的建造者为君士坦丁或君士坦丁的家人，当它建成的时候，就成了基督徒进行宗教崇拜活动的中心。后来，圣塞巴斯蒂安的遗体被埋葬在了这里，或许由于当时圣彼得和圣保罗已经淡出了人们的记忆，它就被人称为圣塞巴斯蒂安大教堂。原先的大教堂里有一个正厅和两个过道。在8世纪和9世纪，它曾经被修复过。公元12世纪下半叶，它被交给了本笃会。1609年，在红衣主教希皮奥内·博尔盖塞的吩咐下，两位建筑师蓬齐奥和瓦坎吉奥先后对教堂进行重建。我们今天看到的教堂只有一个正厅，它正是希皮奥内重建的那个教堂。

11　马克森提乌斯和君士坦丁会堂，又称新会堂，是罗马帝国时代古典建筑

中最后一件伟大的作品。它是由马克森提乌斯在公元306年动工开建的,在公元312年被君士坦丁建成。会堂呈长方形,长80米,宽60米,它的拱门高达35米。会堂的正面朝东,面向大角斗场。会堂的屋顶镶嵌着镀金铜瓦。公元626年,霍诺里乌斯一世将这些镀金铜瓦扒了下来,给旧圣彼得大教堂上顶。新会堂壮丽不凡的遗迹位于城市广场的东北角,在圣科斯马与圣达米安大教堂的旁边。

12 四面雅努斯凯旋门离台伯河不远,位于真理之口(详见下文注释32)广场的东北面。雅努斯一词可以表示一段室内通道,也可以是古罗马神的名字,这个神有一前一后两张脸。类似的这种有四个门的四面凯旋门通常会被使用在重要商业中心的十字路口,而四面雅努斯凯旋门处于从城市广场到屠牛广场的路和从城市广场到油市的路的交叉口。同最棒的古典雕塑相比,四面雅努斯凯旋门上的雕像品质差得太远。在中世纪,这座凯旋门有一段时间成了好争斗的弗兰吉帕尼家族的防御要塞。

13 罗马的屠牛广场和真理之口广场多少有点相似。很多神庙都是屠牛广场的一景,比如罗马共和国后期的波图努斯神庙,还有个神庙被错误地称为灶神庙,它建于奥古斯都时期甚或更早的年代,有二十根带有凹槽的科林斯石柱围着这个神庙的圆屋。这两座神庙至今还保存在市场上。这个露天市场没什么摆设,牛贩子就站在牛的旁边,卖干草的就在捆扎好的干草旁边。不远处,靠着河边,在埃米利乌斯桥和法布里奇奥桥之间,有一个粮油蔬菜广场,这个广场上有大型仓库和一些著名的古迹,比如马切罗剧场、雅努斯神庙和屋大维娅门廊。

14 君士坦丁凯旋门是罗马现有保存最为完好的凯旋门。在中世纪,它曾变为弗兰吉帕尼家族的一个要塞。18世纪的时候,它曾经历过几次修复,最终在1804年,它周围的其他建筑都被清理掉了。这座凯旋门上的雕像都取自别的古迹,有一些雕

像,比如八尊野蛮人的雕像和中间拱门上刻画战斗场面的大片雕带,取自图拉真的一座纪念碑。描绘狩猎和祭司场景的勋章型图案取自哈德良的一处古建筑。柱顶过梁的八块浮雕表现了君士坦丁参与的战役,这八块浮雕则被认为是从马可·奥勒留建的一个凯旋门上移过来的。

15 以下位于台伯河和阿涅内河

上的桥梁建于罗马共和国时期和帝国时期。加星号的桥在君士坦丁执政时期就已经不存在了。

* 木板桥：这是罗马最古老的一座桥梁。它距离屠牛广场很近。它完全由木头建造而成，在贺拉斯颂歌中经常被提及。落成时间：王政时期。

盐桥：盐道通过此桥可以越过阿涅内河，阿涅内河与台伯河在罗马的北部交汇。这座桥被托蒂拉的哥特人毁坏，之后被纳尔塞斯重建。1867 年，为了拖住加里波第，法军再次将此桥破坏。它在 1874 年得到修复，1930 年得到扩建。落成时间：公元前361 年之前的某个时期。

埃米利乌斯桥：由监察官 M. 埃米利乌斯·雷必达和 M. 富尔维乌斯·诺比利奥尔动工开建，并由执政官 P. 科尔内利乌斯·西庇阿·埃米利阿努斯和 L. 穆米乌斯建成。这座桥建于石墩之上，曾两次塌陷，格列高利十三世大约在 1575 对它进行了重建。1598 年，它再次坍塌，此后就一直保持破损状态，也因此被称为断桥。它有一部分保存了下来，就在今天的帕拉蒂尼桥的上方。落成时间：公元前 179—142 年。

米尔维奥桥：由监察官马尔库斯·埃米利乌斯·斯考卢斯所建（一说是重建），曾被教皇尼古拉五世（1447—1455 年在位）修复。1805 年，瓦拉迪耶又为教皇庇护七世对它进行了修复。1849 年，当加里波第的部队从法国撤出之后，这座桥又被部分损毁，后来庇护四世再次修复了它。落成时间：公元前 2 世纪末。

法布里奇奥桥：由执政官 L. 法布里修斯所建。它在罗马目前仍在使用的桥梁中是历史最为悠久的。它与台伯河右岸相连，可通往台伯岛。落成时间：公元前 62 年。

切斯提奥桥：这座桥可从台伯河右岸通往台伯岛。落成时间：公元前 46 年。

* 阿格里帕桥：靠近西斯托桥（见下文的奥勒留桥）。落成时间：奥古斯都执政时期。

尼禄桥：由尼禄所建，位于现在的维托里奥·埃马努埃莱桥附近，后来被称为梵蒂冈成功桥。它在公元 403 年之前就报废了。落成时间：公元 54—68 年。

埃利乌斯桥：哈德良建了这座桥来连接罗马城和他的陵墓。这座桥现在被称为圣天使桥。它的设计者是德梅特里亚努斯。这座桥至今还在使用，只是在 1688 年，桥的两头各添加了一个拱门，让它的样子发生了变化。教皇克雷芒四世（1667—1669 年在位）委派贝尼尼对它进行了装饰，后者设计了桥上的天使塑像。落成时间：公元136 年。

奥勒留桥：由马可·奥勒留所建。它毁于 792 年，后来教皇西克斯图斯四世于

1474 年在它的位置上又造了座新桥，即西斯托桥，这是罗马历史上第一座由教皇所建的桥。落成时间：公元 161—180 年。

16 君士坦丁时代罗马主要的高架渠如下：

阿庇乌斯高架渠由执政官阿庇乌斯·克劳狄于公元前 312 年建成，引的是罗马东部的泉水。

老阿尼奥高架渠（公元前 272 年）引的是阿尼奥山谷上游的泉水。

马尔基乌斯高架渠（公元前 144 年）由裁判官马尔基乌斯所建，负责为卡比托利欧山、西里欧山和阿文提诺山地区供水。它的拱门后来输送了特普拉高架渠（公元前 137 年）和尤利乌斯高架渠（公元前 33 年）里的水。

维尔戈高架渠（公元前 19 年）是由阿格里帕为了他的浴场建造的。它的水是从地下输送的，主要来自卢库鲁斯住宅的泉水。它的水道后来堵了八百年，于是，教皇尼古拉五世对水道进行了修复，他还在 1453 年建了一个水库。在 15 世纪，能够引水进入罗马的高架渠仅此一个。乌尔班八世后来对它进行了进一步的修复。特雷维喷泉的水就是靠它供应的。人们认为它的名字是为了纪念一名少女，这名少女曾带着大约三十名口渴难耐的罗马士兵走到了泉水旁。

克劳狄高架渠和新阿尼奥高架渠都是由卡利古拉开建（公元 38 年），并由克劳狄建成（公元 52 年）的。克劳狄高架渠的精美拱门是坎帕尼亚的一个特色景观，它从距罗马 72 公里外的苏比亚科引水至罗马。这两个高架渠在罗马城外四公里处连接在了一起。

尼禄高架渠是由尼禄所建，它从克劳狄高架渠取水，将水直接引到尼禄在帕拉蒂尼山上的皇宫里。

图拉真高架渠由图拉真建于公元 109 年，它主要通过地下输水，将水引到雅尼库鲁姆山。

亚历山大高架渠大约建于公元 226 年，它是罗马帝国时期的最后一个高架渠。

除此之外，还有不下十个高架渠，据测算，这十来个高架渠加在一起每天向罗马供水达三亿五千万加仑。野蛮部族入侵罗马时期，高架渠受到了破坏。但大部分高架渠是因为在中世纪被人忽视而被毁坏的。

17 城外圣保罗大教堂由君士坦丁所建，公元 324 年，教皇西尔维斯特为这所教堂祝圣。圣保罗被处死后，他的弟子蒂莫西将他埋葬，而城外圣保罗大教堂就建在他安葬的地方。这座教堂毁于公元 386 年，当时在位的皇帝是狄奥多西。后来，人们建

了一座更大的教堂来取代它，这
座新的大教堂有一个正厅、两条
过道、八十根石柱。教皇西里修
于公元 390 年为这座教堂祝圣，
但直到公元 395 年，它才被彻底
建成。7 世纪初，有两个附属于
教堂的修道院，这两座修道院在
合并之后被交给了本笃会掌管。
为了保护教堂和修道院不受海盗

袭击，教皇约翰八世（逝于 882 年）在教堂及其周边建筑外围建了道防御性的墙。在
随后的几百年里，教堂里的艺术品变得越来越丰富，很多都是大师手笔，包括彼得
罗·卡瓦利尼、阿诺尔福·迪·坎比奥、瓦萨莱托父子、贝内佐·戈佐利和安东尼亚
佐·罗马诺等人的作品。1348 年，教堂里又添了一座新的钟楼。1823 年，一场火灾
烧毁了大部分教堂，但一座新教堂随即按老教堂的样式开始动工施建。1850 年，庇护
九世为这座新教堂祝圣。教堂里有一条美丽的回廊建于 13 世纪初，它的石柱形状各
异，风格迥然，石柱上还嵌有精致的镶嵌画图案，这条回廊也许是由彼得罗·瓦萨莱
托设计的。

18　达马索的圣洛伦佐教堂是由教皇达马稣（366—384 年在位）建的一座古老
的领衔教堂。它就建在达马稣的府邸所在地，后来布拉曼特为红衣主教里亚里奥将
它纳入了文书院宫里。今天人们看到的教堂其实就是当年被融入文书院宫中的教堂。
拿破仑占领罗马期间，法军将这座教堂作为马厩使用。之后，瓦拉迪耶在进行教堂
修复工程时给教堂建了外立面，1880 年，维斯皮尼亚尼又对教堂进行了全面修复。
1944 年，一场火灾对教堂造成了破坏，于是，庇护十二世对教堂进行了进一步的修
复工作。在这座教堂里葬有两个教皇的坚定支持者：一个是红衣主教斯卡兰博，此
人是教廷舰队司令，他曾于 1457 年在米蒂利尼击败了土耳其人；另一个是佩利格里
诺·罗西，他是庇护九世的最后一任总理执事（见第 15 章）。

19　根据传说，圣普正珍教堂所在地曾是圣彼得住过的一处寓所，坊间传闻圣
彼得在那所房子里住了几年，把房子的主人、元老 Q. 科尔内利乌斯·普登斯以及他
的两个女儿普正珍和普拉塞德都变成了基督徒。普登斯的两个女儿还非常热衷于收集
并埋藏殉道者的遗骨。教皇庇护一世在位时期（约 140—155），这里的确建了一座教

堂。因此，它可能是罗马最早出现的教堂之一。公元 384 年，教皇西里修对这座教堂进行了修复或重建，这个时候它第一次被称为普正珍教堂。后来，教皇阿德里安一世（逝于 795 年）与教皇格列高利七世（逝于 1085 年）又分别对它进行了进一步的修复。最后的重建工作是由亚历山德罗·沃尔泰拉于 1589 年为红衣主教卡埃塔尼完成的，人们今天看到的教堂就是这次重建之后的教堂。它的外观是由拿破仑家族中唯一一成为红衣主教的卢西亚诺·波拿巴修复的，他和拿破仑长得很像，但是他魅力不凡、脑腴、热心于公益。在教堂的后殿装饰有 4 世纪的镶嵌画图案，里面描绘的是耶稣的门徒围在耶稣周围，图案里的门徒看上去像是古罗马的元老，这让人想起了不夹杂任何东方元素的罗马古典艺术。据理查德·克劳特海默教授的描述，这个镶嵌画图案在"罗马所有教堂里现存的人物图案中是历史最悠久的，恐怕也是最早一批专门为教堂而设计的人物图案中的一件"。

20　圣彼得镣铐教堂这个名字最早出现在教皇西马库斯（逝于 514 年）时期，但是直到公元 1000 年才被广泛使用。教堂里的镣铐据说是用来锁住圣彼得的，当时圣彼得被国王阿格里帕一世关押在耶路撒冷，但后来他神奇地逃脱了，这在《使徒行传》第十二章的一至十三节有相关描述。东罗马帝国皇帝狄奥多西二世的皇后欧多西亚后来把这些镣铐给了她的女儿，她的女儿的名字也是欧多西亚，这个欧多西亚嫁给了西罗马帝国的皇帝瓦伦提尼安三世。教皇西克斯图斯三世（432—440 年在位）在这位小欧多西亚的帮助下，在一座原有教堂的结构基础上，建了一座新的教堂，并把这座新教堂献给了耶稣的门徒。西克斯图斯四世（1471—1484 年在位）重建了这座教堂，后来尤利乌斯二世（1503—1513 年在位）对它进行了大幅度的修复。庇护九世在其在位时期的圣年对它进行了修复和装饰。米开朗琪罗的《摩西》雕像就在这座教堂里。镣铐被保存在主祭坛下的圣物箱里。在祭坛后面的告解室里，存放着一个 4 世纪的精美石棺。

21　西里欧山上的圣约翰与圣保罗大教堂是由圣哲罗姆的朋友、元老帕马奇乌斯所建，可能是建于教皇达马稣在位期间（366—384）。人们认为这座教堂在阿拉里克于公元 410 年入侵罗马期间遭到了破坏，但它不久便得到了修复。11 世纪和 12 世纪，教堂都得到了装饰和修复。1948 年至 1952 年间，教堂得到了全面的整修。

22　盖乌斯·撒路斯提乌斯·克里斯普斯（公元前 86—约公元前 34）是罗马政治家、历史学家。他在非洲的努米底亚任地方总督时聚敛了大量财富，有了这些钱他才能在奎里纳莱山和平乔山之间靠近平乔门的地方购置一块地产，在那儿他建起了撒路斯提乌斯宫，或称撒路斯提乌斯别墅，还设计了著名的撒路斯提乌斯花园。如今，人们可以在撒路斯提乌斯广场中央看到撒路斯提乌斯宫的遗迹。撒路斯提乌斯退休之后就一直待在这座宫殿里撰写史书。

23　阿文提诺山上的圣撒比纳教堂是由教士伊利里亚的彼得创建的。它建于公元 422 年至公元 432 年间，所在地点是罗马贵妇撒比纳的资产，撒比纳后来被认为是翁布里亚的圣徒。这座教堂所在的地势很高，可以俯瞰台伯河。公元 824 年，教皇犹金二世在教堂中增设了唱诗班、讲坛和位于祭坛上方的拱形华盖。1222 年，教堂被教皇霍诺

里乌斯三世交给了圣多明我，从此以后，多明我会成了这所教堂的拥有者。1936 年至 1938 年，教堂得到了很好的修复，曾经被封上的用透明石膏做的窗户也被重新打开了。教堂里有一些精美的壁画，是由费德里科和塔代奥·祖卡罗兄弟等人创作的。紧邻教堂的一所修道院是圣多明我在 1220 年建立的。

24　圣母大殿是罗马第四座主教大教堂，前三座分别为拉特朗圣约翰大教堂、圣彼得大教堂和圣保罗大教堂。它建于埃斯奎利诺山上，所在地区的人民普遍崇拜母神朱诺。以弗所会议将童贞女马利亚作为圣母来崇拜，会议之后，教皇西克斯图斯三世（432—440 年在位）决定建一座大教堂来献给圣母马利亚，而圣母大殿的那个位置看起来非常理想。教堂正厅里排列着气派的古代石柱，罗马的古典主义与后来添饰的巴洛克风格形成的鲜明对比在这座教堂里体现得淋漓尽致，罗马的其他任何教堂都不足以展现这种强烈的对比。大部分罗马教堂都是外部采用古典风格，内部呈现巴洛克风格，但圣母大殿刚好反过来。柱顶过梁上方墙壁上的 5 世纪的镶嵌画图案，以及主祭坛周围的镶嵌画图案都是这座教堂最精致的珍宝。教堂里还有一处饰有科斯马斯式镶嵌画图案的路面，简直精美绝伦。教堂的镀金屋顶是文艺复兴时期打造的，据说用的是从美洲带来的第一块黄金。教堂里还有一尊教皇保罗九世的雕塑，这尊塑像跪在一个圣物箱前，圣物箱里存放的是一些木块和金属带，据说是耶稣的婴儿床的部分材料。尼古拉四世（1288—1292 年在位）重建了教堂的后殿，克雷芒五世（1670—1676 年在位）重建了教堂背面的外观，本笃十四世（1740—1758 年在位）则安排费迪南

多·富加重建了教堂正面的外观。教堂的钟楼建于 1377 年，高度为 75 米，是罗马最高的钟楼。

25　圣司提反圆形教堂是意大利最古老的圆形教堂之一。这座教堂建在罗马大市场上呈弧线的区域，这个市场是尼禄时期建起来的，因此曾经有人认为，教堂的形状属于不得已而为之。不管怎样，它很可能是建在古代的地基之上，教皇辛普利修（逝于 483 年）将它祝圣，后来它又被献给了罗马人民普遍崇拜的圣司提反。人们需要通过一个门廊进入教堂，这个门廊有五个拱门，是教皇英诺森二世（1130—1143 年在位）后建的。16世纪末，教堂外围的墙壁上涂上了一系列恐怖的壁画，描绘的是一些著名的殉道者惨遭折磨的场景。教堂附近的一个小教堂里有一个大理石座椅，据说是格列高利一世的主教宝座。

26　维拉布洛的圣乔治教堂大概可追溯到 6 世纪。它是由教皇利奥二世（682—683 年在位）所建。1926 年，教堂得到了一次全面修复，其中的巴洛克装饰都被清理掉了。教堂的罗马式塔楼以及门廊建于 12 世纪。维拉布洛是位于卡比托利欧山、帕拉蒂尼山和台伯河之间的一片平地。它本来是一片沼泽地，经过大下水道的排水，它逐渐成为罗马最繁荣的一个中心地区。普劳图斯在他的剧作《象鼻虫》里曾提到过，维拉布洛是面包师、屠夫、占卜师和舞者的聚集地。制轭者大街和伊特鲁里亚街连接着城市广场与维拉布洛对面的河流。

27　拉塔大道是中世纪罗马的一条南北向的主要道路。它沿着弗拉米乌斯大道位于城市的路段，可以到达弗拉米乌斯门。今天的科尔索大道就是从前的拉塔大道。尤利乌斯选举大厅旧址就位于拉塔大道，那个地方后来建起了罗马最早的一批救济中心。在其中一家救济中心的所在地，教皇塞尔吉乌斯三世（904—911 年在位）建了座献给圣西里修的教堂，圣西里修在公元 384 年至 399 年曾担任过教皇。这座教堂后来被拉塔大道圣母教堂所取代，它是由教皇利奥九世（1048—1054 年在位）所建。在15 世纪进入尾声时，教皇英诺森三世几乎重建了圣母教堂。彼得罗·达·科尔托纳设计了教堂的外观（1658—1662）。

28　圣科斯马与圣达米安大教堂建于公元 527 年，位于韦斯巴芗和平广场遗址中。它是献给两名在叙利亚殉道的行医的圣徒的，5 世纪时对这两名圣徒的崇拜非常普遍。教堂后殿的 6 世纪的镶嵌画图案是罗马最古老最精致的镶嵌画图案之一。部分教堂在 17 世纪被巴尔贝里尼家族的教皇乌尔班八世修复过，在教堂左手边的一个角落里，还可以看到巴尔贝里尼家族盾徽中的蜜蜂图案。

29 古圣母教堂是城市广场上最古老的教堂，教皇约翰七世（705—707 年在位）对它进行过修复，教皇扎迦利（741—752 年在位）与教皇保罗一世（757—767 年在位）则分别装饰过它。一次地震之后，教堂曾被废弃。到了 13 世纪，一座献给解放者圣母马利亚的教堂被建在了原来教堂的废墟上。1902 年，解放者圣母教堂被拆，古圣母教堂被修复到了原来的状态。教堂里创作于 8 世纪的壁画非常罕见，这壁画很可能是出自在拜占庭帝国的圣像破坏运动中为躲避迫害而来到教堂的东正教难民之手。

30 圣母与殉道者教堂后来被称为圣母圆形教堂，它于公元 609 年在万神殿被祝圣，成了圣母及所有圣徒和殉道者的教堂（万神殿见第 3 章注释 16）。人们从教皇博尼法斯四世建的地下墓穴中拉了二十八辆马车的殉道者遗骨，送到了这座教堂。

31 圣阿德里亚诺教堂在 1937 年被改为民用，它同时也被修复得和戴克里先重建的教堂一模一样。公元 289 年的一场火灾之后，戴克里先曾经重建了这座教堂。

32 圣母华彩教堂始建于 6 世纪，它所在的地点曾经有一个粮站，是古罗马食品供应中心。粮站的一些石柱也被纳入了教堂里，至今，人们还可以看到这些石柱。8 世纪时，教堂得到了扩建。它有一个附属的救济中心和一个针对女性开放的画廊，这所画廊位于过道的上方。教堂里嵌有科斯马斯式镶嵌画图案的路面、唱经楼、门廊以及美丽的钟楼都建于 12 世纪。圣母华彩教堂也许会让人想起君士坦丁堡的圣科斯马与圣达米安修道院，因为这座修道院又被称为华彩修道院。1899 年，在 G. B. 焦维纳莱的指导下，它被修复得与它 12 世纪的样子别无二致。焦维纳莱将朱塞佩·萨尔迪在 18 世纪设计的教堂外观和其他建筑统统拆掉了。如今，它是罗马最美

的基督教早期建筑之一。在教堂的门廊里有一个著名的雕塑叫"真理之口",真理之口广场便因这个雕塑而得名。真理之口其实是个古代的渠盖,中世纪的时候被用作神断法的工具。被怀疑的人要把手伸进雕塑的开口中,如果他撒谎了,雕塑的嘴就会合上,把他的手指切断。

33 圣温琴佐与圣阿纳斯塔西奥教堂位于罗马南部的特拉普会修道士的三泉修道院附近,在世博会园区的东边。在传说中,教堂所在地就是圣保罗殉难的地方。公元561年至568年间,教皇约翰三世在位时期,一所修道院和一座教堂被建在了这里,掌管它们的是希腊的修道士。这所修道院和这座教堂一开始被献给了圣保罗,但是在7世纪初,当波斯殉道者圣阿纳斯塔西奥的遗骨被送到这里后,它们又被转献给了圣阿纳斯塔西奥。整个中世纪,它们都享有盛名。皇帝查理曼和教皇利奥三世(795—816年在位)都曾向这里捐赠过土地。1081年,教皇格列高利七世让本笃会取代希腊修道士接管了这两个地方。1138年,这两个地方又到了西多会的手里。那一年,教皇英诺森二世重建了修道院,修复了教堂(当时它们已被合称为圣温琴佐与圣阿纳斯塔西奥教堂),还给教堂添设了门廊。1221年,霍诺里乌斯三世再次重建了教堂。19世纪末,它们得到了最后的修复。在这两座教堂附近,有个三泉圣保罗教堂,它始建于5世纪,后来由贾科莫·德拉·波尔塔在1559年重建。此外,还有个天堂阶梯圣母教堂,它同样也是由德拉·波尔塔重建的。它的名字来源于圣贝尔纳德的一个梦,他梦见一个天使领着一个灵魂走在通往天堂的阶梯上。在罗马,还有一座教堂也叫圣温琴佐与圣阿纳斯塔西奥教堂,这座教堂位于特雷维喷泉附近,是由小马蒂诺·隆吉于1650年为红衣主教马萨林重建的。它是奎里纳莱宫的教区教堂。

34 圣潘克拉齐奥大教堂可追溯到5世纪,甚至可能追溯到4世纪。它离雅尼库鲁姆山上的圣潘克拉齐奥门不远,就在圣潘克拉斯的坟墓旁。传说中,圣潘克拉斯是在戴克里先时期殉道的。霍诺里乌斯一世和阿德里安一世分别修过这座教堂。之后,1609年,它被增添了外观,1675年又增设了后殿,至此,它已被彻底改造。1798年法军侵入罗马期间,以及1849年加里波第的部队与法军交战期间,它都遭到了破坏。1934年,它得到了修复。

35 城外圣阿格尼丝教堂建在圣阿格尼丝的坟墓之上,是由康斯坦蒂娅公主在公元349年之前的某个时间建成的。康斯坦蒂娅公主自己被安葬于附近的圣康斯坦萨教堂,这座教堂在1254年被祝圣,里面有一些罗马最精美的壁画。城外圣阿格尼丝教堂后来被教皇霍诺里乌斯一世彻底重建,又被阿德里安一世(772—795年在位)、庇护九世（1846—1878 年在位）等教皇修复过。但正如乔治娜·马森所说，它"的样子和基督教早期教堂的那种气氛都保持得非常好，这在罗马的教堂里是不多见的"。传说中，圣阿格尼丝的基督徒身份曝光后，被人赶进了妓院做妓女。但是她的头发长得神奇般地遮挡住了她裸露的身体，出于对她的敬佩，嫖客们都不去碰她。但是有一个嫖客企图强奸她，结果在非礼过程中这个嫖客的眼睛突然瞎了，后来，在她的祈祷下，他又恢复了视力。公元 314 年，在戴克里先迫害基督徒时期，圣阿格尼丝被砍了头。在一个被普遍认为是她受刑的地方，人们建了纳沃纳广场的圣阿格尼丝教堂，这座教堂毗邻潘菲利宫。1652 年，吉罗拉莫和卡洛·拉伊纳尔迪为教皇英诺森十世对这座教堂的一部分进行了重建。1653 年至 1657 年，博罗米尼完成了教堂的整体重建和装饰工作。

5　声名狼藉与政治混乱

1　当人们在公元 271 年至 275 年修筑奥勒良城墙的时候，他们没有把台伯河对面的梵蒂冈山地区包含在城墙之内。公元 846 年，撒拉森人从非洲渡过地中海后，沿台伯河而上，洗劫了奥勒良城墙以外的教堂，其中包括著名的圣彼得大教堂和圣保罗大教堂。这次袭击让教皇利奥四世（847—855 年在位）深感震惊，849 年，当撒拉森人有可能再度来袭时，利奥四世决定建一道防御性城墙将圣彼得大教堂及其周围建筑全部围起来。教皇国的所有城镇和修道院都分担了修筑这道城墙的费用，连洛泰尔皇帝也捐了一笔巨款。利奥城墙始建于 847 年，完成于 853 年。修筑城墙的劳动力是从教会的农场、坎帕尼亚的教堂和修道院里抽调的。利奥城墙自圣天使堡起，延伸到圣彼得大教堂后面的山脚下，然后掉了一个头，一直伸到圣灵医院南侧的河流。城墙上有四十六个防御塔楼，被城墙包围的地区后来在中世纪被称为博尔戈区，尽管利奥自己称它为利奥城区。人们进入博尔戈区需要经过四道大门，第一道门就是圣天使堡附近的圣天使门（后来叫作卡斯泰利门）。第二道门是朝圣者门，它位于梵蒂冈北面那座献给圣佩里格林的教堂附近，过了这道门，皇帝们就算正式进入罗马了。接下来一道是撒克逊门，它位于梵蒂冈的南面，可以通向特拉斯泰韦雷区，圣灵门就位于那个地区。第四道门目前还无法确认它的名字。

2　圣普拉塞德教堂原先的地址（位于圣母大殿和梅鲁拉纳大道边上的拉特朗宫之间）在公元 491 年的一篇铭文之中被提到过。这座教堂曾被教皇阿德里安一世（772—795 年在位）修复过，公元 822 年，教皇帕斯加尔一世为了安置从地下墓穴移来的圣徒遗骨，对它进行了彻底重建。我们今天所见的教堂其实就是教皇帕斯加尔重建后的教堂，它在15世纪、17世纪、19世纪又经历过几次改造。教堂里有一个正厅、两条过道，还有一个环形地下室，不禁让人觉得这是个小型版的圣彼得大教堂。这座教堂是加洛林文艺复兴时期罗马宗教建筑的典范。教堂里的路面是在现代（1914年）铺设的，但是路面的镶嵌画图案仍然属于科斯马斯风格。在主祭坛凯旋门上方以及可以追溯到帕斯加尔一世时期的后殿都有令人赞叹的镶嵌画图案。据说在教堂的所在地原先还有一处圣普拉塞德用来容留被迫害的基督徒的房子，在这座房子里待过的基督徒中，有二十三个被发现了，他们后来被当着圣普拉塞德的面处死了。教堂里还有一件贝尼尼的早期作品，在正厅的一根石柱上，有一尊小型的半身塑像，雕刻的是主教G. B.圣托尼（逝于1593年），贝尼尼当年完成这尊塑像时大约才十九岁。

3　圣普拉塞德教堂的圣泽诺小教堂是罗马最重要的拜占庭艺术品。它是由教皇帕斯加尔一世（817—824年在位）为其母亲狄奥多拉所建的，绘画中的狄奥多拉被一个方形光环围着，表示当这座小教堂在建的时候，她还活着。小教堂里的镶嵌画图案精美绝伦，在中世纪的罗马，人们称这座小教堂为"天堂的花园"。它的右面有一块破碎的东方碧玉，耶稣曾被绑在一根石柱上受到鞭打，而据说这块碧玉就是那根石柱的一部分。

4　四圣徒殉道者教堂建于4世纪，后来，教皇霍诺里乌斯一世（625—638年在位）对其进行了扩建，教皇阿德里安一世（772—795年在位）修缮了它的屋顶。教皇利奥四世（847—855年在位）对它进行了全面修复，还将四具殉道者的遗体安置在了这座教堂里，这座教堂正是献给这些殉道者的。这些殉道者的名字在古老的哲罗姆殉教史中有所记载，他们是：圣塞维鲁、圣塞维里亚努斯、圣卡波弗鲁斯以及圣维托里努斯。人们会于11月8日在西里欧山进行崇拜他们的仪式。这四个人是罗马的士兵，因为拒绝祭拜阿斯克勒庇俄斯的雕像而被处死。在戴克里先时期，一些雕塑家也因为拒绝雕刻阿斯克勒庇俄斯这个异教的神明而殉道。随着时间的推移，人们渐渐混淆了这四个士兵和那几个雕塑家。罗伯特·吉斯卡尔率领的诺曼人在1084年烧毁了这座教堂，但在1111年至1116年间，它被教皇帕斯加尔二世重建。庇护四世（1559—1565）重新装饰了这座教堂，又将它附近刚得到重建的修道院交给了奥古斯丁会的修女掌管。这所修道院的回廊是罗马历史最悠久的回廊之一。

5　奥皮奥山上的山间圣马丁教堂距离图拉真浴场不远，它是罗马最古老的教堂之一。它原先是一座献给埃吉蒂乌斯的领衔教堂，后来被教皇叙马库斯（498—514年在位）改造为大教堂，并被叙马库斯献给了伟大的高卢教会的传教士——图尔的圣马丁。公元 772 年，阿德里安一世对这座教堂进行了修复。后来，教皇塞尔吉乌斯二世（844—847 年在位）又将它全面重建。1635 年至 1664 年，在巴尔贝里尼家族出身的教皇乌尔班八世及其后来的教皇们的授意下，彼得罗·达·科尔托纳对教堂的改造赋予了它现代化的风格。教堂的外观就是在这一时期建成的。同样是在这个时期，人们在图拉真浴场的遗迹上发现了古老的埃奎齐教堂，并立即对它进行了修复，让它可以像从前一样作为小教堂使用。小教堂的镀金天花板是由圣卡洛·博罗梅奥捐赠的。墙壁上的壁画则是由普桑的小舅子迪盖在 1645 年至 1650 年间创作的。

6　新圣母教堂位于城市广场上，就在马克森提乌斯与君士坦丁会堂的旁边。它建于 10 世纪的下半叶，代替了建于 5 世纪、毁于公元 896 年一场地震中的古圣母教堂。古圣母教堂位于城市广场的对面，在帕拉蒂尼山的山坡上。在新圣母教堂中，有一个圣彼得与圣保罗小教堂，它是由教皇保罗一世（757—767 年在位）在维纳斯与罗马神庙的一个门廊上建起来的。当罗马的圣弗朗西丝建立了圣本笃会成员社区（自格列高利一世时代以来第一个由罗马人建立的宗教社区）后，新圣母教堂改名为罗马圣弗朗西丝教堂。教堂的巴洛克式面貌是在 1600 年至 1615 年间打造的。其外观是由卡洛·隆巴尔迪建造的（1615）。在教堂的地下室里，有一幅创作于 5 世纪的蜡画，描画了圣母与圣子，这幅画是早期基督教艺术作品中的杰出代表。教堂还有一座美丽的钟楼，它大约可以追溯到 1160 年。

7　皇家圣母教堂前身是罗马的第一个救济中心。在基督教发展的早期，dominicum 一词就代表着教堂。教皇帕斯加尔一世（817—824 年在位）曾对这座教堂进行了重建。大约在 1512 年，红衣主教乔瓦尼·德·美第奇，也就是后来的教皇利奥十世，又对它进行了修缮。他很可能派安德里亚·圣索维诺建造了教堂壮观的走廊，这条走廊也有佩鲁奇和拉斐尔的功劳。1820 年，教堂再次得到了修复。教堂后殿的精美壁画创作于帕斯加尔一世时期。这座教堂所处的广场名为小船广场，广场上有一处迷人的喷泉，它的形状是一艘小船，它是在利奥十世的要求下，按照一个古代的模型仿建的。而皇家圣母教堂也被称为"小船旁边的圣母教堂"。

8　特拉斯泰韦雷的圣切奇利娅教堂最初是由一个罗马贵族妇女所建，这个女人的名字就是取自殉道者圣切奇利娅。6 世纪末，格列高利一世将它重建为一座大教堂，后来，帕斯加尔一世（817—824 年在位）再次重建了它，还添了一所附属的修道院。教堂的门廊和钟楼是在 12 世纪时添加的。1725 年、1823 年和 1955 年的三次修复工作改变了教堂的内景。教堂入口处上方的画廊里有卡瓦利尼创作于1293年的《最后的审判》，这幅画保存得还算不错，足以体现它是中世纪罗马最伟大的画作之一。教堂里的圣切奇利娅雕塑是由斯特凡诺·马代尔诺创作的。1599年，圣切奇利娅的石棺被打开后，马代尔诺描摹了圣切奇利娅，之后开始了雕塑创作。圣切奇利娅的雕像是侧躺着的，穿着一身金袍，脖子上还可以看出有一道伤口。教堂主祭坛上方的圣餐盒是由阿诺尔福·迪·坎比奥设计的。教堂后殿的精美壁画创作于9世纪，壁画是专门为帕斯加尔一世所作的，画中表现了圣切奇利娅在天堂里把帕斯加尔引见给耶稣的场景。教堂入口处庭院的壮观大门（1725）是由费迪南多·富加设计的，富加还为教堂建造了外观。在特拉斯泰韦雷的圣切奇利娅教堂和台伯河岸大堤之间有一座别致的罗马式小教堂——圣母小教堂。这座教堂建于11世纪末，教堂里的钟楼是罗马最

古老的钟楼之一。小教堂的旁边有一个花园，它是由英诺森十世的嫂子唐娜·奥林匹娅·潘菲利建造的。19世纪的时候，奥林匹娅的后人们在花园外围为上了年纪的贫民建了座收容所。在圣切奇利娅教堂最西侧的对面有一座热那亚圣约翰教堂，它是罗马的热那亚人社区教堂，是在教皇西克斯图斯四世在位时期（1471—1484）建造的。西克斯图斯四世本人来自热那亚附近的萨沃纳。这座教堂在1864年被全面修复。在它的左面有一所热那亚疗养院，疗养院的美丽回廊是由巴乔·蓬泰利在15世纪建造的。

9　罗马共和国时代，罗马城市划分为四个行政区域。到了公元前7年，行政区域数增加到了十四个；在亚历山大·塞维鲁统治时期（222—235），城市长官管辖了十四个长官辖地。这些行政区域以及各自的大致方位如下：

第一大门区：第一大门公园附近

西里欧区：西里欧山

伊西斯与塞拉比斯区：奎里纳莱山

和平神庙区：苏布拉，加富尔大道，维米那勒山

埃斯奎利诺区：埃斯奎利诺山

高路区：撒路斯提乌斯花园

拉塔大道区：科尔索大道

罗马城市广场区：城市广场

弗拉米尼乌斯竞技场区：战神广场

帕拉蒂尼区：帕拉蒂尼山

马克西穆斯竞技场区：马克西穆斯竞技场周边地区

公共浴场区：卡拉卡拉浴场

阿文提诺区：阿文提诺山

台伯河对岸区：特拉斯泰韦雷

这些行政区域慢慢演变为中世纪的行政区域，各区域有过合并和分离的情况，所以在不同时期，行政区域的数量和各自规模是不太一样的。15世纪的时候，罗马有十三个行政区域，而到了1586年，利奥城区，即博尔戈区，也被划为行政区域，所以行政区域的数量又变为十四个。这十四个区域的名称和位置如下：

蒙蒂区：罗马东部的高地

特雷维区：包含了奎里纳莱山的大部分区域

科隆纳区：北起特里同大道，在科尔索大道和西斯蒂纳大道之间

坎波马尔齐奥区：罗马最北的行政区域，位于人民广场附近

桥区：台伯河的第一道大河湾中的区域

巨墙区：纳沃纳广场周围

软沙区：维托里奥·埃马努埃莱桥下的河边，朱莉娅大道的两侧

圣欧斯塔基奥区：圣欧斯塔基奥教堂周围，万神殿的西侧

松果区：包括万神殿及温贝托街和维托里奥·埃马努埃莱大街的边界

坎皮泰利区：包括卡比托利欧山、城市广场和帕拉蒂尼山

圣天使区：鱼店圣天使教堂周边，台伯岛附近

里帕区：包括台伯岛和阿文提诺山

特拉斯泰韦雷区：除博尔戈区之外的台伯河右岸的整片城市区域

博尔戈区：圣彼得大教堂，梵蒂冈

1921年12月9日，罗马市政委员会又新增了八个行政区域，它们是：

埃斯奎利诺区：从四泉到拉特朗

卢多维西区：平乔门南部和盐门

撒路斯提乌斯区：盐门的西南部到庇亚门

禁卫军营房区：庇亚门到圣洛伦佐门

切利奥区：梅特罗尼亚门到圣塞巴斯蒂安门

圣萨巴区：圣塞巴斯蒂安门到圣保罗门

泰斯塔乔区：圣保罗门到台伯河

普拉蒂：圣天使堡北部到博尔戈区

除这些行政区域之外，快速发展的罗马城市的其他区域还被划分为二十五个地区。

10　引人注目的七行星神神庙是一座由大石块构造的大型建筑，它的正面有三层科林斯石柱，每层石柱都由粗大的柱顶过梁相隔。它的外观很像一个罗马剧场的舞台正面。它是由皇帝塞普蒂米乌斯·塞维鲁于公元 203 年所建，位于帕拉蒂尼山的东南坡，从南面来罗马的游客走在阿庇乌斯大道上时可以看见它。它在山谷中拔地而起，建得和帕拉蒂尼山上的皇宫一样高。教皇西克斯图斯五世（1585—1590 年在位）准备将它全部拆除时，它的大部分都还保存得不错。

11　圣克雷芒被视为圣彼得的第三个接班人。他被当作殉道者一样受人尊崇，还给科林斯的教会写过一封著名的信。以圣克雷芒名字命名的教堂建于公元 385 年之前的某个时期，它位于拉特朗圣约翰大道上，是罗马最古老的大教堂之一。圣克雷芒教堂由两座教堂组成，一座教堂在上，一座教堂在下。教堂所在地的下方有一些罗马古迹的遗址，包括一座密特拉教的神庙和一所 1 世纪的房屋，这所房屋的一部分曾是基督教徒进行秘密崇拜活动的场所。经发掘出的房屋和神庙遗迹至今还深深地陈列在罗马现代化的地面下方。圣克雷芒教堂中位于下面那层的教堂曾被圣哲罗姆在公元 392 年提到过，它在 8 世纪和 9 世纪都得到过修复，但在 1084 年被诺曼人彻底破坏。位于上层的那座教堂是由教皇帕斯加尔二世在 1108 年修建的，它在克雷芒十一世在位时期（1700—1721）被卡洛·丰塔纳重建过。教堂的后殿有一些精美的镶嵌画图案，有一幅由佛罗伦萨艺术家马索利诺创作的画，画中极为生动地描绘了圣母领报的场景。此外，教堂还有一条嵌有科斯马斯式镶嵌画图案的漂亮路面。这座教堂自 1667 年起被爱尔兰多明我会管理。

12　特拉斯泰韦雷的圣母教堂据说是由教皇加里斯都一世（218—222 年在位）创建，并由教皇尤利乌斯一世（337—352 年在位）建成。它位于特拉斯泰韦雷区的中心地带，是罗马最古老的教堂之一。出身于特拉斯泰韦雷区的帕帕雷斯基家族的教皇英诺森二世（1130—1143 年在位）重建了这座教堂，后来，教皇克雷芒十一世

（1700—1721 年在位）又对它进行了修复，并让卡洛·丰塔纳增设了门廊。1870 年，庇护九世再次对它进行修复。教堂后殿有一组创作于 12 世纪的镶嵌画图案，这些令人赞叹的镶嵌画的创作者是拜占庭匠人，在它们下方的精美镶嵌画图案则是由彼得罗·卡瓦利尼创作的。教堂外观的镶嵌画图案也十分美丽，很可能创作于 13 世纪。

13 岛上圣巴托罗缪教堂位于台伯岛，是由德意志皇帝奥托三世（980—1002 年在位）在一座阿斯克勒庇俄斯神庙的废墟上建起来的，他把这座教堂献给了他的朋友圣阿达尔贝特。教皇帕斯加尔二世在 1113 年对它进行了修复。后来，这座教堂被转献给了巴托罗缪，1180 年，它再次得到修复。教堂在 1557 年的一场洪水中被冲垮，1624 年，罗马建筑师奥拉齐奥·托里亚尼重建了这座教堂。教堂的钟楼是建于 12 世纪的。

14 建于 5 世纪的圣基所恭教堂在 1130 年被帕帕雷斯基家族出身的教皇英诺森二世重建。1626 年，G. B. 索里亚以巴洛克风格对它进行了大幅度修复，但保留了教堂罗马式的美丽钟楼。在教堂下方的考古挖掘工作发现了一个 4 世纪大型建筑的大厅，这个大厅曾被作为领衔教堂使用（见第 8 章，注释 1）。

15 拉蒂纳门前的圣约翰教堂是由圣格拉修一世教皇（492—496 年在位）所建。公元 722 年，教皇阿德里安一世对它进行了重建。1191 年，教皇塞莱斯廷为它重新祝圣。后来的几次改造恢复了它古朴的风格。教堂的美丽钟楼建于 12 世纪。

16 大数的圣博尼法斯与圣亚历克赛教堂是在 10 世纪前被修建的，它位于阿文提诺山上，教堂的大部分在 1750 年都被重建过。

17 梵蒂冈山上原本附属于圣彼得大教堂的教皇府邸是一座不太起眼的建筑，它是由被狄奥多里克皇帝赶出拉特朗宫的教皇叙马库斯（498—514 年在位）建造的。不过，鉴于皇帝查理曼和奥托二世访问罗马期间都是住在梵蒂冈的（查理曼到访罗马是在公元 781 年和公元 800 年，奥托二世是在公元 980 年），这座府邸在那个时候应该已经够壮观了。教皇犹金三世在 1150 年修复过这座府邸，教皇塞莱斯廷三世大约在 1191 年也对它进行过修复。此后，教皇英诺森三世（1198—1216 年在位）和尼古拉三世（1277—1280 年在位）分别对它进行过扩建。当教廷迁往阿维尼翁的时候，拉特朗宫已经变得不宜居住，所以格列高利十一世在 1377 年回到罗马后就住进了梵蒂冈的教皇府邸里。格列高利十一世之后的教皇在梵蒂冈兴建了一大批建筑。比较著名的几次扩建工程发生在：尼古拉五世时期（1447—1455），他建造了鹦鹉庭院；西克斯图斯四世时期（1471—1484），他在 1473 年修建了西斯廷教堂；英诺森八世时期（1484—1492），他修建了观景宫；亚历山大六世时期（1492—1503），他建起了博吉亚塔楼。此外，尤利乌斯二世、保罗三世、格列高利十三世和西克斯图斯五世也都进一步修建了很多新的建筑。19 世纪，庇护十一世建造了梵蒂冈火车站。

18　孔蒂塔是由教皇英诺森三世（1198—1216 年在位）的家族修建的。它被认为是中世纪罗马的奇观之一。彼特拉克认为它是"整个罗马城里独一无二的建筑"。1348 年，一次大地震破坏了塔楼的上层部分，使它仅仅留下了一个桩子。

19　圣灵医院由教皇英诺森三世建于 1198 年，其管理者为盖伊·德·蒙彼利埃，他是法国圣灵医院骑士团的创始人。这座医院位于台伯河的右岸，在利奥城区，也就是博尔戈区，离圣灵门很近。博尔戈区的名字来源于撒克逊区（Burgus Saxonum），而建立撒克逊区的很有可能是威塞克斯的国王伊内，为了能在罗马度过余生，伊内在公元 726 年放弃了自己的王国。他给撒克逊的朝圣者们建了座教堂，并把教堂献给了圣母。现在占据着这座教堂地点的是撒克逊区圣灵教堂，它是一座文艺复兴时期的教堂。罗马之劫后，小安东尼奥·达·圣加洛重建了这座教堂。伊内国王最早建的教堂还包括一些附属建筑，比如一家招待所，但是英诺森三世为了修建一所新的综合医院，在 1198 年征用了这个招待所。1471 年的一场火灾烧毁了这家医院。目前的撒克逊区圣灵医院是由教皇西克斯图斯四世在 1473 年至 1478 年间修建起来的。

20　屋大维娅门廊的走廊曾被作为一个鱼市，这个鱼市直到近代仍在运营。屋大维娅门廊遗址的一部分被改造为鱼店圣天使教堂的天井，这座圣天使教堂很可能是由教皇司提反三世（768—772 年在位）建造的。1347 年圣灵降临节，科拉·迪·里恩佐正是从这所教堂出发，去建立了罗马共和国。

21　圣塞尔吉乌斯与圣巴克斯教堂前身是一个救济中心，教皇英诺森三世曾对它进行了重建。它位于塞普蒂米乌斯·塞维鲁凯旋门附近，在 1536 年，为了给查理五世的凯旋队伍腾出道路，它被拆除了。

22　君士坦丁雕像的头部和手部现在陈列于保护者宫的庭院里。

23　记录了奥古斯都的皇权被转移给韦斯巴芗的铜碑现在存放在卡比托利欧博物馆的半兽人厅内。

24　雕刻了一个小男孩在拔脚上刺的雕塑是一尊晚期希腊雕像，创作于公元前 1 世纪。它现存于保护者宫的马里奥成功大厅里。

25　这尊母狼雕像现陈列于保护者宫的母狼厅里。它是伊特鲁里亚的艺术品，被认为是由维爱的伏尔卡本人或伏尔卡学派的艺术家创作的，它可以追溯到公元前 6 世纪或公元前 5 世纪初。1498 年，安东尼奥·波拉约洛又在这尊雕像里加入了罗慕路斯和雷穆斯两兄弟的形象。

26　圣西尔维斯特首教堂位于今天的圣西尔维斯特广场，它是由教皇司提反二世（752—757 年在位）所建，所在的地方之前是奥勒良皇帝建的一座太阳神神庙的遗迹。教堂里最有价值的遗骨是施洗约翰的头骨，教堂名字里的"首"字便是因此而来。中世纪的时候，马可·奥勒留石柱位于这座教堂里。朝圣者要想参观石柱必须付费，靠着收这笔费用，教堂里的修道士赚了很多钱。

27　马太别墅建于 1582 年，在 19 世纪初，一个英国人模仿哥特式的风格对它进行了重建。奥古斯都宫的一部分被纳入了别墅里。它现在被称作西里欧山别墅，它的庭院是一座公园。进入别墅后的那条短道尽头，有一个献给拉美西斯二世的埃及方尖碑。这块方尖碑很可能是从卡比托利欧山的伊西斯神庙里搬过来的，之前就矗立在天堂祭坛圣母教堂的台阶底下，它是由元老院献给奇里亚科·马太的。制绳厂大道边上的焦韦马太宫是由卡洛·马代尔诺为富有的阿斯德鲁巴莱·马太所建，修建宫殿的时间为 1598 年至 1611 年左右。阿斯德鲁巴莱·马太收藏了很多古代雕塑，在宫殿的庭院里至今还可以看到一部分他的古董藏品。1613 年至 1617 年，宫殿得到了扩建。在宫殿的窗下，在马太广场上，有一个可爱的乌龟喷泉，它可能是由贾科莫·德拉·波尔塔设计，并由塔代奥·兰迪尼在 1585 年建成的。

28　中世纪早期，在档案馆的废墟上建起了很多建筑，其中一个建筑就是元老宫。这座宫殿建于 1143 年的暴动之后，是为当时当选的五十六名元老修建的。元老人数后来大幅缩减，1358 年之后，就只有一个元老了。现存的元老宫是由贾科莫·德拉·波尔塔和吉罗拉莫·拉伊纳尔迪设计的，它建于 1582 年至 1605 年间，取代了之前的宫殿。宫中有两段一模一样的阶梯能俯瞰卡比托利欧广场，这两段阶梯是米开朗琪罗设计的（见第 11 章，注释 5）。耸立于卡比托利欧广场上的钟楼是由老马蒂诺·隆吉在约 1580 年修建的。

29　克雷申齐府是一座中世纪的塔楼，它的遗迹位于马切罗剧场大道和真理之口广场的拐角处，它很可能属于克雷申齐家族，该家族是 10 世纪后期罗马最有权势的豪门之一。这座塔楼可追溯到 12 世纪，它的砖墙上还残存着一些古代的纪念碑。

6　圣徒、暴君和对立教皇

1　在卡比托利欧山的最高处，在今天天堂祭坛圣母教堂所在的地方，曾经有一个修道院，这所修道院之前是希腊修道士管理的，后来本笃会接管了它。本笃会在 1250

年修建了最早的圣母教堂，这座教堂的一部分被保留在了现在的教堂里。中世纪的时候，它成了一个会议场所，就好像城市广场当年所扮演过的角色。科拉·迪·里恩佐经常在教堂的台阶上对着民众发表激情演说。后来，本笃会把教堂交给了方济各会管理，而方济各会将它作为他们在罗马的总部。教堂的大理石台阶建于 1348 年，它共有 122级，很美，也很陡，连接了教堂和天堂祭坛广场。在教堂的台阶和科多纳塔阶梯之间有一尊科拉·迪·里恩佐的雕像（由吉罗拉莫·马西尼创作于 1887 年），科拉被误认为是在台阶落成之后第一个爬上台阶的人，事实上，在台阶建成不久前，他已经逃离了罗马。教堂的内部是典型的大教堂形式，有一个正厅、两条过道，每一侧各有十一根古代石柱。天花板上的绘画纪念的是 1571 年的勒班陀海战，在那次战役中，教会的舰队大败土耳其海军。在那一年，罗马人为在勒班陀海战中发挥重要作用的教廷民兵指挥官马尔坎托尼奥·科隆纳举行了凯旋庆典，天堂祭坛圣母教堂被作为庆典的最后一站。这座教堂的名字来自天堂祭坛，据说奥古斯都皇帝曾经在幻觉中看到天堂之门开启，还看到了圣母和圣子，之后，他便造了这个祭坛。在很长一段时间里，人们都认为天堂祭坛是一个 13 世纪的祭坛，在那个祭坛上放着一只瓮，据说瓮里存有君士坦丁皇帝的母亲圣海伦娜的骨灰。天堂祭坛圣母教堂里有个布法利尼小教堂，其中的壁画令人叹为观止，它是由平图里基奥创作的，画中描绘了圣贝尔纳丁的生活。

2　科隆纳宫旁的十二门徒教堂始建于教皇贝拉基一世在位时期（556—561），查士丁尼的猛将纳尔塞斯在公元 552 年击败了哥特人的领袖托蒂拉，为了纪念这场胜利，纳尔塞斯修建了这座教堂。教皇马丁五世（1417—1431 年在位）、西克斯图斯四世（1471—1484 年在位）以及庇护四世（1559—1565 年在位）都曾对它进行过修复。弗朗切斯科·丰塔纳和他的父亲卡洛几乎整个重建了这座教堂，卡洛在 1714 年，也就是教皇克雷芒十一世在位期间（1700—1721）完成了重建工作。1827 年，朱塞佩·瓦拉迪耶为它设计了一个简约的新古典主义风格的外观。教堂建于 15 世纪晚期的大型门廊是由巴乔·蓬泰利修建的。

3　圣马尔切洛教堂位于科尔索大道路边的一个小广场上。它在广场右侧往北的方向，就在基吉-奥代斯卡尔基宫的后面。它建于 4 世纪。早先的教堂在 1519 年毁于一场大火，后来雅各布·圣索维诺重建了这座教堂。教堂巴洛克式的外观（1682—1683）是由卡洛·丰塔纳建造的。据说教堂所在的地方曾经有一个罗马帝国中央邮局的马厩，教皇圣马塞勒斯一世曾被皇帝马克森提乌斯判罚在这个马厩里干活。

4　帕尼斯佩尔纳的圣洛伦佐修道院始建于 6 世纪之前的某个时期，它被献给了殉道者圣洛伦佐，修道院的地点就位于维米那勒山上圣洛伦佐殉道的地方。8 世纪时，修道院得到了修复。在 1300 年的这个圣年，教皇博尼法斯八世彻底重建了这所修道院。1575 年，它再次得到了翻新，如今的修道院已经完全没有最初修道院的痕迹了。离修道院不远的街道前面有一个庭院，这个庭院位于圣克莱尔修女会的修道院里，瑞典的圣比吉塔曾在那个修道院里募集过救济品。帕尼斯佩尔纳大道在奎里纳莱山、维米那勒山和埃斯奎利诺山的坡道上呈 Z 字形转弯，它的名字很可能来自面包（pane）和火腿（perna），圣洛伦佐修道院的修道士常常把面包和火腿发放给穷人。它的名字更可能源自生活在这个地区的两个家族，一个是帕尼斯家族，另一个是佩尔纳家族。

5　密涅瓦神庙遗迹圣母教堂位于密涅瓦广场上，离万神殿很近。它所在的地方原来有一座伊西斯神庙，这座神庙是由多明我会大约在 1280 年建造的，建筑师就是多明我会的两名教士。神庙附近的修道院在很长一段时间里都是多明我会的总部，现在这座修道院还是被多明我会管理着。密涅瓦神庙遗迹圣母教堂是罗马唯一的一座哥特式古代教堂。在这座教堂里，埋葬着几位教皇和一些罗马豪门的家族成员，教堂里还有一些美丽的小教堂，有的体现了古典主义风格，有的体现了文艺复兴的早期风格。这其中有一个小教堂是卡拉法小教堂，它是由那不勒斯红衣主教奥利维耶罗·卡拉法命人修建的。小教堂里有一幅由菲利皮诺·利比创作于 1489 年的精美壁画，描绘了圣母升天的情景，卡拉法家族出身的教皇、令人敬畏的保罗四世也被安葬在这里。在密涅瓦神庙遗迹圣母教堂主祭坛的左侧，有尊耶稣拿着十字架的雕像，这个全身赤裸的形象是由米开朗琪罗于 1519 年至 1520 年在佛罗伦萨创作的，1521 年，它被送到了罗马。米开朗琪罗的助手彼得罗·乌尔巴诺在罗马又给这尊雕像作了修饰，不过手法还是显得不够精湛。镀金的布料和凉鞋都是后来添加的。祭坛下方保存了锡耶纳的圣凯瑟琳的遗骨。卡拉法小教堂的左面有一座别致的科斯马斯式坟墓，它属于门德的主教杜兰德（逝于 1296 年）。在这座坟墓旁边，有一个迷人的镶嵌画图案，它创作于 13 世纪晚期，描绘了圣母和圣子。

7　"万国避难所"

1　令人赞叹的特雷维喷泉位于一个与它同名的小广场上，人们从科尔索大道经过萨宾大道就可以到达这座喷泉。它是尼古拉·萨尔维的杰作，萨尔维在 1732 年开始为教皇克雷芒十二世修建这座喷泉，在喷泉建成之前，他就逝世了。后来，在詹保罗·潘尼尼的监督下，喷泉终于在 1762 年竣工。纳沃纳广场、法尔内塞广场以及朱莉娅别墅的喷泉水都来自特雷维喷泉，它的名字也许来自交会在特雷维广场上的三条

街道。19 世纪的时候，据说来到罗马的游客只要喝过特雷维喷泉的水，就还会再来罗马。如今，游客们会以往水池里投硬币的方式来确保他们会重访罗马。

2 圣阿戈斯蒂诺教堂建于 1479 年至 1483 年，它是由雅各布·迪·彼得拉桑塔为富有的法国红衣主教纪尧姆·德·埃斯图特维尔修建的。它离翁贝托桥很近，其建筑材料是从大角斗场扒拉来的石灰岩。它的带着扶手的精致台阶和简洁的外观是罗马文艺复兴最早期艺术作品中的代表作。万维泰利在 18 世纪重新装修了教堂内部。罗马文艺复兴时期的很多知识分子和人文主义者都爱来这座教堂祷告，在他们忏悔的时候，他们的情人也会在这里进行宗教崇拜活动。切萨雷·博吉亚的情妇菲娅梅塔在这里有一座她自己的小教堂。尽管有明文规定妓女必须被葬于斜墙的旁边，几个名妓还是被葬在了这座教堂里。圣阿戈斯蒂诺教堂左面的第二个小教堂里有一组由安德里亚·圣索维诺创作的精美的雕塑，刻画了圣安娜和圣母子。在教堂正厅左手的第三根壁柱上有一幅壁画描绘了先知以赛亚，它是由教廷高官、卢森堡的约翰内斯·戈里茨指派拉斐尔创作完成的。教堂里还有尊著名的圣母与圣子雕像，它是由雅各布·圣索维诺在 1521 年创作的。几个世纪以来，成千上万的母亲、新娘和孕妇把这尊雕像的脚给摸得很平滑了。教堂旁边的第一个小教堂里有一幅醒目的画作，它描绘了圣母和朝圣者，是卡拉瓦乔在 1604 年创作的。

3 圣彼得大教堂中门的铜门是由教皇犹金四世（1431—1447 年在位）派人建造的，铜门建了十二年后，终于在 1445 年被菲拉雷特建成了。在铜门的正面，圣彼得和圣保罗形象的上方和下方都有一些浮雕，描绘了犹金四世的生活场景，其中包括他在 1439 年主持佛罗伦萨会议的画面。铜门的背面，在一段冗长的拉丁铭文下方，刻画的是菲拉雷特和他的助手们手上拿着工具欢快地跳舞的画面，这似乎在表示，尽管其他人是为了钱才造这个铜门的，菲拉雷特和他的助手们却是真正地在享受造铜门的这个过程。铜门左侧的现代大门是由贾科莫·曼祖建造的，在大门背面，曼祖创作了一组浮雕来表现教皇约翰二十三世在第二次梵蒂冈大公会议上与一名非洲红衣主教交谈的场景，这其实呼应了菲拉雷特在铜门上刻画的参加了佛罗伦萨会议的埃塞俄比亚修道士形象，这些埃塞俄比亚的修道士后来走访了罗马。圣彼得大教堂里右手边最后一道门是圣门，这道门只有在圣年的时候才会被打开，每逢圣年，教皇都会拿着一柄银锤去敲开圣门。

4　圣特奥多罗教堂位于帕拉蒂尼山西北坡的山脚下，在圣特奥多罗大道上，圣特奥多罗大道连接了马克西穆斯竞技场和城市广场。这座古老的领衔教堂建于 6 世纪末，其前身是一个救济中心。历史上它曾多次被修复，最令人瞩目的一次修复是教皇克雷芒十一世于 1705 年开展的修复工作。"红袋会"的人曾在这座教堂里举办过一次盛大的受难节仪式，这个教派的人都穿着像布袋一样的衣服，戴着尖尖的兜帽。

5　圣凯尔苏斯与圣尤利安教堂在公元 432 年被教皇塞莱斯廷一世祝圣。1733 年至 1735 年，罗马建筑师卡洛·德·多米尼奇将它彻底重建。

6　狄奥多西是在公元 379 年阿德里安堡战役中击退哥特人的东罗马帝国的将领，他在那一年成了东罗马皇帝，同时对继承了西罗马帝国帝位的两个同父异母的兄弟、十七岁的格拉提安和四岁的瓦伦提尼安二世予以支持。西罗马帝国的马格努斯·马克西穆斯企图篡位，他在公元 383 年已经占据了北部行省，公元 387 年的时候准备入侵意大利。狄奥多西将他击败，并在公元 388 年恢复了瓦伦提尼安二世的地位。格拉提安、瓦伦提尼安与狄奥多西凯旋门就是为了纪念这场胜仗而建起来的。

7　拉特朗宫里曾有过一个教皇的图书馆，但今天的梵蒂冈图书馆真正的建立者是教皇尼古拉五世，他在 1447 年成为教皇时，图书馆的藏书量为 340 册，而当他在 1455 年逝世时，图书馆藏书量已被他增加到 1 200 册。西克斯图斯四世（1471—1484 年在位）将图书馆藏书量扩大到了 3 650 册，罗马之劫中，图书馆损失了 400 册书籍，而在整个 16 世纪到 17 世纪，一系列重要的捐赠再次扩大了图书馆的藏书量。到了 16 世纪末，图书馆已无法容纳大量书籍，于是教皇西克斯图斯五世让多梅尼科·丰塔纳造了壮观的图书馆大楼，这座大楼一直沿用到今天。大楼里分为多个厅和馆，每个厅和馆都是由不同的艺术家为不同的教皇装饰的。比如西斯蒂纳厅（1587—1589）是为教皇西克斯图斯五世建的；保罗厅（1611）是为保罗五世建的；乌尔班馆建于 1623 年至 1644 年，是为乌尔班八世建的；亚历山大厅（1690）是为亚历山大八世建的；克雷芒馆（1730）是为克雷芒十二世建的。1881 年，梵蒂冈的图书馆和档案室面向公众开放。庇护十一世在位时期（1922—1939），图书馆得到了现代化改造，馆中还增添了很多便于学者进行研究的设备。在馆藏众多有趣的手稿中，最有意思的包括：4 世纪的《圣经》（梵蒂冈抄本），维吉尔创作于 4 世纪和 5 世纪作品的三份抄本，亨利八世要求与阿拉贡的凯瑟琳离婚的申诉书，彼特拉克亲笔写的诗以及圣托马斯·阿奎纳、马丁·路德、米开朗琪罗和拉斐尔等人写的信。

8　文艺复兴与衰落

1　圣马可大教堂是罗马最古老的领衔教堂之一，罗马有二十五座领衔教堂，这些教堂可追溯到基督教发展早期，每一座教堂都由专门的教士管理。从 4 世纪起，这些教堂与红衣主教产生了联系，成了各红衣主教掌管的教堂。圣马可教堂是献给《马可福音》的作者圣马可的教堂，由教皇马可建于公元 336 年。公元 792 年，教皇阿德里安一世对该教堂进行了修复。公元 833 年，教皇格列高利四世几乎重建了这座教堂，位于教堂后殿的精美镶嵌画图案就创作于这个时期，它描绘的是圣马可将乐善好施的教皇格列高利引见给耶稣的场景。16 世纪的时候，教堂再次由红衣主教彼得罗·巴尔博重建，他是威尼斯人，是圣马可教堂的红衣主教，后来成了教皇，即保罗二世（1464—1471 年在位）。人们今天所看到的教堂就是经巴尔博重建的教堂。这座教堂也成了威尼斯人的教堂。教堂的镀金天花板（1466—1468）非常华丽，是乔瓦尼诺和马里奥·德·多尔奇的手笔。教堂的大型门廊和外观是由朱利亚诺·达·马里亚诺与莱昂·巴蒂斯塔·阿尔贝蒂设计的。天花板、门廊、外观都是文艺复兴早期的出色艺术品，都是为了红衣主教巴尔博而建。教堂内部的大部分装饰是由菲利波·巴里吉奥尼在 1740 年至 1750 年为红衣主教安杰洛·奎里尼完成的。

2　威尼斯宫位于圣马可广场西侧，它一开始是为了招待各国大使和其他重要来宾而建的。1910 年底，为了让维托里奥·埃马努埃莱二世纪念堂的视野不被挡住，意大利政府拆除了威尼斯宫，并在广场西侧，也就是今天威尼斯宫的所在地重建了一座宫

殿。这座巨大宫殿的设计者为莱昂·巴蒂斯塔·阿尔贝蒂。原先的宫殿由红衣主教彼得罗·巴尔博在 1455 年开工，由他的侄子马可·巴尔博在 1467 年建成。马可·巴尔博后来成为圣马可教堂的领衔主教。威尼斯宫是罗马文艺复兴时期建造的第一个伟大的非教

会建筑。它在 1564 年前一直被作为教皇的府邸使用，1564 年，威尼斯共和国接管了威尼斯宫，将它交给威尼斯驻罗马大使和圣马可教堂的领衔主教使用，圣马可教堂的领衔主教向来是由威尼斯人担任的。1797 年，根据《坎波福米奥条约》（拿破仑按这份条约割让了威尼斯及其属地给奥地利，作为交换，法国得到了奥地利的部分领土），威尼斯宫成了奥地利帝国的资产。1916 年，协约国击败奥地利后，意大利政府收回了威尼斯宫。墨索里尼曾将它作为自己的正式总部。在宫中有一个博物馆，如今，威尼斯宫偶尔也会举办一些展览。

3　文书院宫也许是罗马最美的宫殿，它建于 1483 年，在工程被陆续中断了几次后，于 1517 年竣工。人们常常以为这座宫殿的设计者是布拉曼特，然而，布拉曼特直到 1499 年才来到罗马，而那个时候文书院宫的建设工程已经取得了良好的进展。布拉曼特也许在后来出了一些力，但最新的观点认为文书院宫最早是由安德里亚·布雷诺设计的。美第奇家族出身的教皇利奥十世（1513—1521 年在位）查抄了里亚里奥家族的这座宫殿，他将它作为教

廷大臣的办公地点，文书院宫也由此得名。在 1798 年至 1799 年，文书院宫成了当时的罗马共和国的议会总部。在 1810 年，它又成了拿破仑的宫廷。1848 年，它成了罗马第一届议会的大楼。同年的 11 月 16 日，庇护九世的总理执事佩利格里诺·罗西进入文书院宫时被人杀害。

4　圣内雷乌斯与圣阿希莱夫斯教堂是罗马的领衔教堂之一，它位于卡拉卡拉喷泉大道上，曾是罗马的一个救济中心。关于它的记载最早出现在公元 337 年。教皇利奥三世（795—816 年在位）曾经对它进行过修复。在 15 世纪，西克斯图斯四世几乎彻底重建了这座教堂。红衣主教巴罗尼乌斯是著名的祷告堂会成员、学者和史学家，1597 年，圣内雷乌斯与圣阿希莱夫斯教堂成了巴罗尼乌斯的领衔教堂，并得到了全面重新装饰。教堂拱门上方的镶嵌画图案创作于教皇利奥三世时期，它表现的是耶稣显露圣容的情景。根据教皇达马稣的说法，圣内雷乌斯与圣阿希莱夫斯是两名罗马士兵，他们为了成为基督徒而拒绝继续服役，后来成了殉道者。他们的殉道很可能是在

图密善迫害基督徒时期发生的。

5　人民圣母教堂在人民大门里，是由教皇帕斯加尔二世于 1099 年建的一座小教堂。它后来由罗马人民集资扩建成了一座教区教堂，所以它的名字被冠以"人民"二字。1474 年，西克斯图斯四世委派巴乔·蓬泰利和安德里亚·布雷诺对它进行了重建。教堂沿着广场一侧的边缘体现着新古典主义风格，而教堂的外观仍保留着文艺复兴早期的那种简单的典雅。教堂里有很多精美的艺术作品，一些作品是按西克斯图斯四世和德拉·罗韦雷家族其他成员的要求完成的。这其中最有名的绘画当属德拉·罗韦雷家族小教堂里的平图里基奥的作品和主祭坛左边小教堂里的卡拉瓦乔的作品。曾在教堂里留下作品的其他大师包括：拉斐尔、塞巴斯蒂亚诺·德尔·皮翁博、圣索维诺、贝尼尼和卡洛·马拉塔。主祭坛上的著名的圣母肖像创作于 13 世纪，世人一直认为它是圣路加的作品。主教堂（曾由布拉曼特为教皇尤利乌斯二世扩建）里的彩色玻璃是由纪尧姆·德·马尔西亚制作的。在祭坛后有两块豪华的墓碑，分别属于红衣主教吉罗拉莫·德拉·罗韦雷和红衣主教阿斯卡尼奥·斯福尔扎，这两块墓碑是尤利乌斯二世指派圣索维诺建造的。墓碑精美的浮雕上方，有这两位红衣主教的雕像，雕像的姿势是斜躺着的，仿佛睡着了。这个造型受到了一些古典作品中的形象启发，而按照传统，人们一般看到的是平躺的造型。

6　和平圣母教堂由西克斯图斯四世于 1480 年所建，是为了纪念他与佛罗伦萨的战争结束而建立起来的，这场战争是因帕齐家族阴谋取代美第奇家族成为佛罗伦萨的霸主而引起的。尽管没有确凿的证据，但有一些人还是认为教堂的设计者是巴乔·蓬泰利。1656 年，彼得罗·达·科尔托纳为教皇亚历山大七世添造了半圆形的门廊和凸状巴洛克式外观。教堂有一个附属的回廊，这个近乎完美的罗马古典式回廊是布拉曼特在罗马建的第一个建筑。教堂里有拉斐尔创作于 1514 年的著名壁画，描绘了库迈、波斯、弗里吉亚和蒂布尔等地的女先知。

7　西斯托桥架于台伯岛上，桥下的河流左岸是法尔内塞堤，右岸是泰巴尔迪堤。该桥是由巴乔·蓬泰利设计的，它于 1474 年竣工，取代了之前毁于公元 792 年的马可·奥勒留桥（见第 4 章，注释 15），它距离最后一座跨越台伯河的帝国桥建成已经有超过一千年之久了。从这座桥上所能眺望到的风景美得不可言喻，桥的护墙上刻着这样一段铭文："过桥者如向上帝祈祷，卓越的教皇西克斯图斯四世将会健康长寿。不论你是谁，你也会身体健康。"

8　西斯廷教堂是一座半公共性质的、用于举行基督教仪式的教堂，这座属于教皇的教堂在 1483 年 8 月 15 日被西克斯图斯四世祝圣。它呈平行四边形，占地 560 平方米。教堂两侧墙壁有三分之二的部分仍然保持完好，光线可以从墙上的窗户投射进来。侧墙各有一组壁画，左侧墙壁上画的是摩西的生活场景，右侧墙壁上画的是耶稣的生活片段。这些壁画都是在 1481 年至 1483 年间创作的。1506 年，教皇尤利乌斯二世招来米开朗琪罗，让他在教堂的天花板上创作壁画，当时的天花板只画了一片闪耀着金星的蓝天。从 1508 年 5 月 10 日到 1512 年 10 月 31 日，米开朗琪罗由雕塑家变成了绘画家，不懈地努力创作着。1534 年，教皇克雷芒七世说服米开朗琪罗在主祭坛后面的整面墙壁上创作一幅巨幅壁画，以完成教堂的装饰工程，这幅壁画的主题后来被定为"最后的审判"。

9　罗马大学曾由教皇犹金四世（1431—1447 年在位）重建，地址就在今天的罗马大学宫，罗马大学宫的外观遮住了博罗米尼建的圣伊沃教堂。罗马大学宫一直以来都是罗马大学的本部，直到墨索里尼于 1932 年至 1935 年在城外圣洛伦佐大教堂附近建了一座大学城。罗马大学后来被交由国家档案馆管理。现存的大学是由贾科莫·德拉·波尔塔所建。它的外观简朴而庄重，它的院落气派华丽，院落两侧各有一个门廊和凉廊。在它最远的一端是博罗米尼的伟大杰作圣伊沃教堂，它是在 1642 年至 1660 年间为巴尔贝里尼家族出身的教皇乌尔班八世而建造的。这座教堂平面设计的图形来自巴尔贝里尼家族纹章中的蜜蜂造型。教堂的祭坛画由科尔托纳创作于 1661 年，并由 G. V. 博尔盖西在 1674 年后完成。教堂后来被教廷法院（审理教廷事务的法院）的律师献给了他们的保护神——沙特尔的圣伊沃。

格列高利大学是位于回力球广场上的罗马教廷大学，它和它附属的《圣经》与东方研究院的前身都是罗马学院。罗马学院由伊纳爵·罗耀拉创建于 1551 年，是一个培训非宗教人士、教士和传教士的机构，由于它吸引了大量学生，后来就搬迁到了一个较为大一点的地方：一处靠近卡库斯圣司提反教堂、属于弗兰吉帕尼家

族的宅邸。再后来，它又搬到了一个更大的地方：一处位于拉塔大道圣母教堂附近的、属于萨尔维亚蒂家族的宅邸。如今的格列高利大学是由朱利奥·巴卢齐建造的（1927—1930）。

10　里亚里奥宫由多梅尼科·里亚里奥所建，后来被吉罗拉莫·里亚里奥和他的夫人凯瑟琳·斯福尔扎所拥有。这座宫殿因其美丽的花园而闻名。18世纪初，科尔西尼家族买下了这块地，他们派费迪南多·富加重建了这座宫殿（1732—1736），并将其更名为科尔西尼宫。1797年，约瑟夫·波拿巴作为法国督政府的大使住进了科尔西尼宫。1884年，意大利政府收购了这座宫殿，并在宫里存放了科尔西尼家族的艺术收藏品，随着艺术品的不断增多，现在这些藏品被收藏于巴尔贝里尼宫。另一座里亚里奥宫是由巴尔达萨雷·佩鲁奇在1536年开始修建的，它位于圣阿波利纳里斯教堂的旁边，这座教堂由教皇阿德里安建于公元780年，并于教皇本笃十四世在位期间（1740—1758），由费迪南多·富加重建。里亚里奥宫后来由大马蒂诺·隆吉大约在1580年的时候为米兰的红衣主教马尔科·西蒂科·阿尔滕普斯重建。阿尔滕普斯是冯·霍恩埃姆斯家族在意大利的旁系家族成员。这座里亚里奥宫就是现在的阿尔滕普斯宫，也是一所西班牙神学院。

11　斯福尔扎–切萨里尼宫是在1462年由红衣主教罗德里戈·博吉亚，也就是后来的亚历山大六世所建造的。它所在的位置曾经是古老的文书院宫的地址。博吉亚正是在斯福尔扎–切萨里尼宫里举办了多场极尽奢华的宴会。据说为了在竞选教皇时拉票，博吉亚把这座宫殿让给了红衣主教阿斯卡尼奥·斯福尔扎。切萨里尼家族后来买下了这座宫殿。1888年，它被按照庇护·皮亚琴蒂尼的设计彻底重建。原来宫殿里建于15世纪的庭院有一面被保留了下来，一起被保留的还有它的门廊和凉廊。

12　托尔迪诺纳是奥尔西尼家族防御工事的一部分，它控制了经过台伯河上游（即今天的翁贝托桥）的渡船。它在很长一段时间里都是一所恶名昭著的监狱，本韦努托·切利尼和焦尔达诺·布鲁诺都曾被关押于此。

13　抚慰大道上的吉罗–托洛尼亚宫建于1496年至1504年，它是由安德里亚·布雷诺为红衣主教阿德里亚诺·卡斯泰莱西·达·科尔内托所建的。科尔内托是罗马教廷派驻英国的大使，也是亨利七世的朋友。它后来成了亨利八世派驻罗马教廷的大使的府邸，宗教改革时期，它被交给了吉罗家族，后来又被交给为教皇管理财务的托洛尼亚家族。

14　沿着台伯河左岸，在与建于1901年的加富尔桥处在同一水平线的位置上，有一个小岸港。它是台伯河上的第二个重要港口，小岸港口广场就是以它命名的。这个港口很可能在古罗马就已经存在了，它服务于沿台伯河南下的交通，直到 19 世纪末仍在使用。文艺复兴早期的时候，它曾得到修复或重建过，当时所使用的建筑材料是来自大角斗场的大块石灰岩。在 1349 年的那场大地震中，大角斗场的石灰岩有很多都碎落在地。

15　亚历山大六世设在梵蒂冈宫的博吉亚寓所在拉斐尔画室的下方。它所处的那一部分宫殿是由教皇尼古拉五世（1447—1455 年在位）建造的。寓所的一部分还处于亚历山大自己盖的塔楼里。这些建筑如今位于观景庭院的南端，把观景庭院和另一个相对更小的鹦鹉庭院隔了开来，在亚历山大的那个时代，观景庭院还不存在。博吉亚寓所一楼的六个房间大小不一，这些房间是由不同的艺术家装饰的。寓所里华丽的壁画是平图里基奥于 1492 年至 1495 年创作的作品。在第四个房间圣徒厅中，有一些平图里基奥最棒的画作，这些画描绘了隐士圣保罗和亚历山大港的圣凯瑟琳的生活，平图里基奥很可能是以亚历山大六世的女儿卢克雷齐娅为原型画出了圣凯瑟琳。1500 年的 6 月 29 日，寓所第六个房间也是最大的房间教皇厅里的天花板掉了下来，差点砸死了亚历山大六世。教皇利奥十世后来修复了这个寓所，粉饰灰泥、乌迪内的乔瓦尼和佩林·德尔·瓦加创作的壁画都被用于装饰工程。博吉亚寓所有一段时期用于存放梵蒂冈的藏画，后来用于收藏梵蒂冈图书馆印刷好的书籍。

9　恩主和食客

1　帕斯奎诺是公元前 3 世纪大理石质的希腊雕像，据说雕像的原型是墨涅拉俄斯。它矗立于布拉斯基宫外三角形的小广场帕斯奎诺广场的人行道上。广场附近有一条洛塔里大道，1501 年，当洛塔里大道重新铺砌时，人们挖掘出了帕斯奎诺雕像。后来红衣主教卡拉法将这尊雕像放在了它现在所处的位置上。过去人们经常在雕像上贴一些痛批当权者行为的标语，这已经成了一种大众消遣方式，而这种消遣连同雕像的名字似乎都源于一个名叫帕斯奎诺的人，他是 15 世纪的一个裁缝，平时就在洛塔里大道附近干活。他有时候也为教廷服务，经常口无遮拦、言辞激烈地评论教廷的行为。罗马人第一次借帕斯奎诺雕像表达抗议是在亚历山大六世执政时期。在罗马，有不少古代雕像被称为"会说话的雕像"，人们通过这些雕像发泄不满。帕斯奎诺雕像只是其中之一，其他的"会说话的雕像"还包括：海神马尔福里奥雕像，这尊雕像的姿势是斜靠着的，它被陈列于卡比托利欧博物馆内；卢克雷齐娅夫人雕像，它是一尊巨大的女性半身像，很有可能是以福斯蒂娜为原型雕刻的，雕像位于威尼斯广场的墙角，它的名字也许是来自一个在附近拥有多处房产的人，雕像的体征也和这个人很相似；阿巴特·路易吉雕像，这尊雕像刻画了一个穿着托加袍的罗马古典时代晚期的人物，它位于维托里奥·埃马努埃莱大道旁的维多尼广场上；送水工喷泉雕像，它位于拉塔大道圣母教堂附近，刻画了一个 16 世纪的送水工。

帕斯奎诺的犀利评论催生了很多语言中的新词。"讽刺诗"这个词 1658 年出现在了英语中。下面是一首从伦内尔·罗德的《罗马》中翻译过来的讽刺诗，它说的是在拿破仑统治时期的罗马，配合拿破仑的人被慷慨授予了荣誉军团的十字勋章：

> 蛮荒年代的人为了追求公平正义
> 把小偷吊在十字架上，
> 而我们的文明时代
> 却喜欢给小偷戴上十字勋章。

2　金山圣彼得修道院建于公元 9 世纪前，它位于雅尼库鲁姆山，人们错误地认为它所在的地址是圣彼得殉道的地方。1481 年之后，受西班牙的斐迪南国王与伊莎贝拉女王的命令，这座修道院得到了重建，当时的设计者可能是巴乔·蓬泰利。1849年，在加里波第的部队与法军交战期间，它被严重破坏，但不久就得到了修复。在修道院里右手边的一个小院子里，有一个小圣殿，它是为了纪念圣彼得受难而建的，人们在当时仍旧以为那里就是圣彼得殉道的确切地点。

3　圣灵银行大道上不仅有银行拱门，还有尼科利尼-阿米奇宫和阿尔贝里尼宫。尼科利尼-阿米奇宫是由雅各布·圣索维诺在 16 世纪 30 年代为罗伯托·斯特罗齐建造的，阿尔贝里尼宫就是后来的西齐亚波齐宫（见第 10 章，注释 3）。

4　银行拱门上的铭文记载了 1276 年台伯河洪水的水位。当时，洪水淹没了圣天使桥附近的堤岸，从圣灵银行大道倾泻而下，一直到新银行大道还在奔涌。后来，人们把洪水流泻的线路称为"大桥水道"。

5　尤利乌斯二世在梵蒂冈宫里的花园是由布拉曼特设计的，一个英国游客曾在1549 年形容它为"世界上最美好的事物"。现存的梵蒂冈宫毗邻圣彼得大教堂，而从梵蒂冈宫往北，一直到梵蒂冈山上长达两百七十多米的观景殿，这中间的区域都是尤利乌斯二世的花园，它远离了梵蒂冈宫和教廷的喧哗忙碌。观景殿是教皇英诺森八世（1484—1492 年在位）在梵蒂冈山上给自己建的一座运动场，这个工程是由雅各布·达·彼得拉桑塔负责的，它的设计者也许是波拉约洛。布拉曼特曾计划利用观景殿和梵蒂冈办公楼之间的空间建两排楼房，形成一个围庭，再在其中建一个大型竞技场和一个花园。不过，该项目并没有按计划实施，只是建好了项目中的东侧楼房和松果花园，松果花园是在尤利乌斯二世逝世之前建成的。后来，西克斯图斯五世（1585—1590 年在位）建了梵蒂冈图书馆，该图书馆把围庭给一分为二，因此形成了观景庭院和松果庭院。后来，由拉法埃洛·斯特恩设计的新翼陈列室于 1822 年建成，因为新翼陈列室同样是横向而建，它又从松果庭院里分出了一个图书馆庭院。

观景别墅的核心建筑，即围在松果庭院北面的建筑被保存了下来，就在今天的庇护-克雷芒博物馆里，这所博物馆是由教皇克雷芒十四世（1769—1774 年在位）和他的下一任教皇庇护六世（1775—1799 年在位）建造的。

6 观景殿的阿波罗雕像目前陈列于梵蒂冈庇护-克雷芒博物馆中的阿波罗陈列室内。这尊雕像是由莱奥哈雷斯创作的希腊塑像仿造而来的，原版的塑像可能是铜像，诞生于公元前 4 世纪。15 世纪进入尾声的时候，阿波罗雕像在格罗塔费拉塔被人发现，它也成了教皇尤利乌斯二世的收藏品之一，当时，尤利乌斯二世还是一名红衣主教，他将雕像放在了他府上的花园里。在他当上教皇之后，他又将雕像移到了观景殿的花园里。

7 见第 2 章，注释 30。

8 见第 8 章，注释 5。

9 拉斐尔画室在梵蒂冈宫中，它所在的那部分宫殿建筑除了博吉亚塔楼，其他都是由教皇尼古拉五世（1447—1455 年在位）建造或修复的。1492 年，亚历山大六世派平图里基奥给宫殿一层的六个房间画上壁画，这六个房间被称为博吉亚寓所。亚历山大的下一任教皇尤利乌斯二世可能在博吉亚寓所住了四年，但到了 1507 年，尤利乌斯二世决定搬到楼上的四个房间里住，这样一来他就不会再想起令他讨厌的亚历山大六世了。楼上的这些房间有一部分已经被包括皮耶罗·德拉·弗兰切斯卡和安德烈亚·德尔·卡斯塔尼奥在内的艺术家画上了画，他们的作品后来又被另一批画家所完善，这批画家都是布拉曼特为尤利乌斯二世物色的，他们中有佩鲁吉诺、卢卡·西尼奥雷利、洛伦佐·洛托以及拉斐尔。1508 年末，这批人中除了拉斐尔以外的人都被解雇了，而尤利乌斯二世由于被拉斐尔在署名室的作品打动，决定让拉斐尔一个人完成整套房间的壁画任务。一些世界上最伟大的主题性绘画作品由此诞生：有识之士的学术讨论会和基督教复兴的信仰。在署名室中，拉斐尔的两幅壁画分别为《教会的胜利》，又名《宗教信仰和真理的胜利》（它更常见的名字是《圣礼之争》）和《科学真理的胜利》（它更常见的名字是《雅典学院》）。这两幅画是在两面相对的墙壁上，它们所在的署名室是尤利乌斯二世的书房。在赫利俄多洛斯室中，有一幅壁画描绘的是赫利俄多洛斯被逐出耶路撒冷圣殿的情景，这件事在《马加比二书》中有所记载，这个房间的名字也由此而来。但这个房间里更为有名的壁画恐怕是那幅描绘了圣彼得从耶路撒冷的监狱中逃脱的画。在署名室的对面是火灾室，这个房间被作为餐厅使用，房间里的所有画作都创作于 1514 年至 1517 年，这段时间也是教皇利奥十世在位时期。利奥亲自为这个房间的壁画挑选了主题。最后一个房间是君士坦丁室，在这个房间里，除了描绘了米尔维奥桥战役的画，其他的画都是由拉斐尔的助手创作的，在这些助手中最主要的人物是朱利奥·罗马诺。

10　米开朗琪罗的《摩西》于 1544 年被安置在圣彼得镣铐教堂里。整件作品最后由米开朗琪罗的学生完成，在 1547 年的时候被公之于众。中世纪表现摩西形象的时候，都会在摩西的头上加上一对角，这其实源自一个希伯来语翻译上的错误，希伯来语在形容摩西时说他头上有光照，"光照"一词也有"犄角"的意思，所以被误译为头上长角。但米开朗琪罗对这个错误很敬畏，他在摩西塑像中仍然把这对角雕刻上了，在古代，角经常被看作神圣和权力的象征。

11　佛罗伦萨圣约翰教堂由雅各布·圣索维诺所建，之后小安东尼奥·达·圣加洛和贾科莫·德拉·波尔塔都参与过它的建设，最终它在 1614 年被卡洛·马代尔诺建成。1734 年，亚历山德罗·加利莱伊为它添设了外观。教堂里的主祭坛是由博罗米尼所建，博罗米尼也被葬在了这所教堂里。

12　今天的人民广场是朱塞佩·瓦拉迪耶的作品，他在 1816 年至 1820 年建成了这座广场，但其实早在 1784 年，他就已经开始了广场的设计。在广场的南侧、人民圣母教堂的对面有一对双子教堂：圣山圣母教堂和奇迹圣母教堂，它们各自位于科尔索大道一侧。这两座教堂是由教皇亚历山大七世在 1660 年派卡洛·拉伊纳尔迪修建的。

13　纳沃纳广场的前身是图密善的运动员竞技场，后来它的名字变成了纳戈纳广场，最终演化为纳沃纳广场。起初，这里一直是进行马上比武和其他竞技活动的场地，但文艺复兴早期，西克斯图斯四世把卡比托利欧山上的一个市场移进了广场里。1485 年，广场的路面得到了铺整，随着它逐渐变为一个公共广场，原先环绕在广场周围的座

椅都不存在了。不过，它至今仍然保
留了运动场的轮廓。纳沃纳广场的改
造资金来自潘菲利家族出身的教皇英
诺森十世。他的家族府邸潘菲利宫是
在 1644 年至 1650 年为他而建的。纳
沃纳广场的圣阿格尼丝教堂是由拉伊
纳尔迪在 1652 年开始建造的，后来
被博罗米尼在 1657 年建成。广场上
的四河喷泉是由贝尼尼打造的（见第
12 章，注释 23）。

14 夫人别墅是 16 世纪意大利文艺复兴时期诞生于罗马的一件杰作。它由拉斐
尔开始建造，并由经常搭档拉斐尔的圣加洛家族的建筑师们建成。别墅是在 1519 年
动工的，当时的监工是朱利奥·罗马诺，他还在乌迪内的乔瓦尼的帮助下，负责了别
墅内部的装饰工程。1527 年的罗马之劫给别墅造成了一些破坏，但是人们一度认为别
墅的破坏更像是源于劫掠，而不是源于焚烧。据说，教皇克雷芒七世被围困在圣天使
堡时看到了别墅上方升起的浓烟，但这个故事是杜撰的，因为从圣天使堡根本看不到
别墅。尽管别墅花园中的很多雕像在罗马之劫中都被抢走了，但别墅内部的装饰画和
粉饰灰泥大部分仍完好无损。这幢别墅后来被神圣罗马皇帝查理五世的女儿奥地利的
玛格丽特所拥有，玛格丽特的头衔"夫人"也被用来命名了这幢别墅。玛格丽特的儿
子亚历山大·法尔内塞继承了别墅，后来法尔内塞将它转给了波旁家族的人，而波旁
家族的后人又在 1913 年将它卖给了一个法国的实业家和工程师莫里斯·贝格斯。那

个时候别墅由于荒废而非常破败，但是贝格斯在设计师庇护·皮亚琴蒂尼的帮助下对它进行了修复。1925 年，贝格斯将别墅卖给了登蒂塞·弗拉索伯爵，弗拉索的太太是个富有的美国人，凭借她的慷慨资助，弗拉索继续修复了别墅。1937 年，意大利外交部租用了别墅。1940 年，意大利政府收购了它，并将它用于招待来宾。夫人别墅以南，在马里奥山上，有座梅利尼别墅。这座别墅是由马里奥·梅利尼在临近 15 世纪中期时建造的。1478 年，红衣主教乔瓦尼·巴蒂斯塔·梅利尼在梅利尼别墅逝世。波旁公爵在 1527 年的罗马之劫前将梅利尼别墅作为自己的总部。1849 年，乌迪诺将军也曾占用过这座别墅。如今的梅利尼别墅是一个天文台，它还有一个附属的哥白尼天文博物馆，这个博物馆建于 1860 年。

10　罗马之劫

1　苦行宫是在 15 世纪 80 年代为红衣主教多梅尼科·德拉·罗韦雷建造的。它位于抚慰大道上，它的设计者很可能是巴乔·蓬泰利。现在，它是一家宾馆。

2　羊肉贩广场的兰特宫是教皇利奥十世为他的弟弟朱利亚诺·德·美第奇建造的，它的设计者是雅various布·圣索维诺。1533 年，卢多维科·兰特买下了这座宫殿。

3　西齐亚波齐宫位于圣灵银行大道，它是为罗马贵族乔瓦尼·阿尔贝里尼而建的。它的设计者是朱利奥·罗马诺。西齐亚波齐宫始建于 1515 年，后来，托斯卡纳的设计师彼得罗·罗塞利对它的设计方案进行了一些调整，并最终在 1521 年建成了这座宫殿。它被西齐亚波齐家族拥有后，又被森尼家族购得。

4　琴奇家族是罗马最富有的家族之一，今天博尔盖塞别墅里的花园有一大片都曾属于这个家族所有。暴虐的弗朗切斯科·琴奇被自己的子女杀死后，他们家族的房产被查封，教皇保罗五世（1605—1621 年在位）后来为自己的家族盘下了这些地产。由朱利奥·罗马诺设计的琴奇-马卡拉尼-迪布拉扎宫建成于 1535 年，它位于圣欧斯塔基奥广场。16 世纪末，琴奇家族没落之后，这座宫殿被马卡拉尼家族买了下来。后来，马卡拉尼家族又把它卖给了迪布拉扎家族。

5　罗马之劫时，原来的马西莫宫毁于大火。1532 年至 1536 年间，马西莫家族的三兄弟彼得罗、卢卡和安杰洛打造了一座新宫殿。这座富丽堂皇的新宫殿的设计者是巴尔达萨雷·佩鲁奇，新宫殿的名字马西莫石柱宫源自原来马西莫宫里的古代石柱，佩鲁奇似乎也受到了石柱的启发，为宫殿建了石柱林立的门廊。

6　阿戈斯蒂诺·基吉的别墅落成于 1511 年，1580 年，它被卖给了教皇保罗三世的孙子、红衣主教亚历山德罗·法尔内塞，如今它被称为法尔内塞别墅。在这座别墅里有国家版画陈列室（收藏了大量版画）和猞猁之眼学院的接待中心。富甲一方的基吉为了装饰这座别墅，动用了大批艺术家，比如弗朗切斯科·彭尼、佩鲁奇、索多马、塞巴斯蒂亚诺·德尔·皮翁博、朱利奥·罗马诺、乌迪内的乔瓦尼和拉斐尔。在别墅的凉廊里，人们可以看见拉斐尔的画作《伽拉忒亚》。拉斐尔为基吉创作的画作比他此前完成的绘画还多出许多。据瓦萨里所说，这其中的原因是拉斐尔疯狂地爱上了基吉的女儿福尔纳里娜。后来基吉似乎允许女儿和拉斐尔一起住在了别墅里。

7　卡普拉尼卡学院和与它相邻的卡普拉尼卡宫都位于卡普拉尼卡广场上，它们也都落成于 1457 年。它们是为红衣主教多梅尼科·卡普拉尼卡而建造的。卡普拉尼卡受教皇马丁五世任命，是当时地位最为显赫的红衣主教之一。如今的卡普拉尼卡宫里有一家电影院。

8　圣心圣母教堂位于纳沃纳广场，它是教廷从阿维尼翁回到罗马之后第一个被建起来的教堂。在 1450 年的圣年，塞维利亚主教阿方索·帕拉迪纳斯为了他的西班牙同胞出资修建了这座教堂。

9　灵魂圣母教堂位于灵魂圣母大道上，离纳沃纳广场很近。它落成于 1523 年，起初是为了罗马的荷兰人、佛兰德人和德意志人的社区而建的。教堂的外观是由朱利亚诺·达·圣加洛设计的。

10　十二门徒宫毗邻十二门徒教堂，它大概是 1478 年由朱利亚诺·达·圣加洛为红衣主教朱利亚诺·德拉·罗韦雷所建，朱利亚诺·德拉·罗韦雷也就是后来的尤利乌斯二世。

11　建于公元 10 世纪的圣科斯马与圣达米安女子修道院和教堂在 1475 年得到了修复。

11　恢复与改革

1　法尔内塞宫由小安东尼奥·达·圣加洛始建于 1514 年，小安东尼奥·达·圣加洛在 1546 年去世后，继续这个工程的是米开朗琪罗，他负责修建了宫殿的上层建筑。米开朗琪罗去世后，贾科莫·德拉·波尔塔接手工程，并在 1574 年建成了河边一侧的建筑和宫殿里的花园。西班牙国王腓力五世的儿子查理亲王、妻子伊丽莎白·法尔内塞继承了这座宫殿。后来，法尔内塞宫成了那不勒斯的波旁王室位于罗马的府邸。19 世纪初，约阿希姆·缪拉的代理人入住法尔内塞宫。缪拉是拿破仑的元

帅，在 1806 年当上了那不勒斯国王。1871 年，意大利政府将法尔内塞宫租给了法国驻意使馆，租金为每九十九年一里拉，作为交换，意大利驻法使馆进驻了巴黎的加利费酒店。法尔内塞宫的前厅、庭院和它的外观一样壮观。一楼画廊里的壁画都是取自奥维德的《变形记》中的神话题材，这组壁画是由安尼巴莱·卡拉奇和阿戈斯蒂诺·卡拉奇两兄弟在多梅尼基诺和兰弗兰科的协助下创作完成的。法尔内塞宫附近有一座小法尔内塞宫，它位于科尔索大道与圣潘塔莱奥广场交界的地方，但它与法尔内塞家族并没有任何联系。小法尔内塞宫内装饰的一大特色是百合花，但这其实是代表法国王室的鸢尾花，而不是象征法尔内塞家族的百合花。法尔内塞喷泉处装饰的才是他们家族的百合花。小法尔内塞宫是由小安东尼奥·达·圣加洛为法国高级教士托马斯·勒鲁瓦建造的。勒鲁瓦曾极力促成了法国国王弗朗索瓦一世与利奥十世之间的协议，为了表彰他的功劳，法国国王批准将鸢尾花融入勒鲁瓦的家族盾徽中。1887 年，罗马市政厅买下了小法尔内塞宫。如今，它成了巴拉科博物馆，里面收藏了由乔瓦尼·巴拉科男爵收集的古代雕塑。

2 梵蒂冈宫中的皇家大厅始建于 1540 年，直到 1573 年才被建成。它是由小安东尼奥·达·圣加洛为教皇保罗三世而建的。皇家大厅起初被用来接待各国君主和他们的外交使节。在它所属的这片教皇寓所中，还包括了博吉亚寓所和拉斐尔画室。大厅中历史题材的壁画是由瓦萨里、洛伦佐·萨巴蒂尼、弗朗切斯科·萨尔维亚蒂和祖卡罗兄弟等艺术家创作的。

3 保罗小教堂由小安东尼奥·达·圣加洛始建于 1540 年，它一定是在 1542 年之前就被建成了。因为 1542 年的时候，保罗三世派米开朗琪罗为教堂的边墙上创作了两幅伟大的壁画。这两幅壁画分别描绘了圣保罗皈依基督教（创作于 1542 年至 1545 年）和圣彼得的受难（1549 年之后完成）。它们也是米开朗琪罗的最后两幅绘画作品。

4 米开朗琪罗的《最后的审判》曾广受非议，因为很多人认为这样的画根本不适合放在教堂里。保罗四世（1555—1559 年在位）称它为"一堆裸体"。1564 年，庇护四世在位时期，达尼埃莱·达·沃尔泰拉领到了一个任务——把《最后的审判》里的人物改画得更得体，这也让沃尔泰拉被人称作是"裤子画家"。后来，格列高利十三世（1572—1585 年在位）和克雷芒八世（1592—1605 年在位）都下令将这幅画恢复到原来的样子。教皇保罗三世的司礼官比亚焦·达·切塞纳曾批评过《最后的审判》中的人物过于裸露，他在画中被画成了希腊神话中的克里特国王弥诺斯，有一对驴耳朵，腰间和大腿处还缠了一条蛇。《最后的审判》里出现的其他现实中的人物还有：彼得罗·阿雷蒂诺（被画成了圣巴托罗缪）、但丁、萨伏那洛拉、尤利乌斯二世和米开朗琪罗的朋友维多利亚·科隆纳。

5 当米开朗琪罗开始重建卡比托利欧山上的广场时，他已经至少六十三岁了。根据米开朗琪罗的设想，人们可以通过一个叫科多纳塔的斜坡，从天堂祭坛广场走到新的卡比托利欧广场。这个斜坡类似一段阶梯，动物都可以在上面通行。米开朗琪罗死后，继续按此设计建造广场的是贾科莫·德拉·波尔塔和吉罗拉莫·拉伊纳尔迪。前者在 1568 年建成了保护者宫，后者在 1655 年仿照保护者宫建成了新宫，它又被称为卡比托利欧博物馆。这两位建筑师又合作重建了高耸于广场之上的元老宫，如今，罗马市政厅的办公地点就在元老宫里。米开朗琪罗所设计的元老宫外观的方案被波尔塔和拉伊纳尔迪稍稍做了改动，但他们保留了通向元老宫正门的两道阶梯，元老宫的正门建于 1550 年。老马蒂诺·隆吉在 1578 年至 1582 年修建了广场上的钟楼。在科多纳塔阶梯的最高处，矗立着卡斯托耳与波鲁克斯的大型雕像。这两尊雕像是于庇护四世在位时期在庞培剧场里发现的，1583 年，它们被移到了卡比托利欧山上。

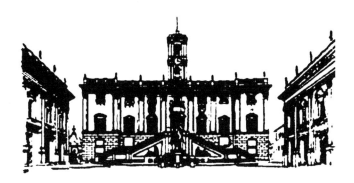

6 米开朗琪罗的《圣母怜子像》是唯一一尊有他署名的雕像。这尊雕像是法国大使、红衣主教让·德·比耶尔斯在 1498 年让米开朗琪罗创作的，当时，米开朗琪

罗年仅二十三岁。

7　庇护四世别墅是由庇护四世的上一任教皇保罗四世下令修建的。皮罗·利戈里奥在巴尔达萨雷奥的儿子萨卢斯蒂奥·佩鲁奇的帮助下，于 1558 年开始修建这座别墅。它由两个建筑组成，一个叫大别墅，一个叫小别墅。这两个建筑彼此相对，都横穿了一个椭圆形广场。人们可以由两道阶梯进入一个拱廊到达这个广场。

8　十二门徒教堂位于十二门徒广场，就在科隆纳宫旁边。这座教堂很可能最早是由教皇贝拉基一世（556—561 年在位）建造的，后来它分别被科隆纳家族出身的教皇马丁五世（1417—1431 年在位）、德拉·罗韦雷家族出身的教皇西克斯图斯四世、美第奇家族出身的教皇庇护四世修复过。克雷芒十一世在位时期（1700—1721），弗朗切斯科·丰塔纳和他的父亲几乎彻底重建了这座教堂。教堂新古典主义风格的外观是由朱塞佩·瓦拉迪耶设计的，门廊是由巴乔·蓬泰利设计的。科隆纳宫大约是在 1427 年为教皇马丁五世而建的，它所在的位置原先是一座属于科隆纳家族的城堡。博吉亚家族出身的教皇亚历山大六世征用了科隆纳宫，在此时期，科隆纳宫的装饰工程全部完毕。教皇尤利乌斯二世后来将这座宫殿还给了科隆纳家族。1620 年，科隆纳宫看上去还是像个中世纪的城堡。于是菲利波·科隆纳决定重建宫殿，他想在宫中添加一间画廊，并用附近别墅里的大理石雕像来装饰这间画廊。1730 年，宫殿庭院两翼以及凉廊都得到了重建。宫里各个大厅的装饰画可谓五彩缤纷，大厅里的壁画不乏大师手笔，包括了平图里基奥、普桑、滕佩斯塔、克里斯托福罗·龙卡利、卡瓦利雷·达尔皮诺和科姆·图拉等人的作品。宫殿中著名的科隆纳画廊是由红衣主教吉罗拉莫·科隆纳打造的，画廊中有科隆纳家族的肖像，包括米开朗琪罗的朋友维多利亚·科隆纳的肖像。此外，还有普桑、委罗内塞以及安尼巴莱·卡拉奇的精美画作。

9　朱莉娅别墅现在是一个收藏伊特鲁里亚艺术品的博物馆。它是由维尼奥拉在 1551 年至 1553 年为教皇尤利乌斯三世建造的。它位于朱莉娅山谷南端的公园里，离国家现代美术馆很近。别墅庭院尽头的凉廊是由巴尔托洛梅奥·阿玛纳蒂设计的。原先在别墅以及别墅的花园、别墅附近的喷泉处都装饰着各种雕像，还有橘子树、柠檬树的大型盆栽。

10　庞培雕像现存于斯帕达宫的王座室里。这尊雕像可以追溯到罗马帝国的早期，刻画了一个正在发表演说的"裸露而又高贵"的领袖形象。它被认为是庞培剧场会议厅里的那尊雕像，人们认为恺撒就是在这尊雕像的脚下被杀害的。16 世纪 50 年代在洛塔里大道的考古发掘工作发现了庞培雕像，后来它被尤利乌斯三世拥有。

11　奎尔恰广场的斯帕达宫很可能是由朱利奥·梅里西·达·卡拉瓦乔在1549年左右为红衣主教卡波迪费罗建造的。宫殿的装饰工程在1559年彻底完成。宫殿里精巧的灰泥装饰是由朱利奥·马佐尼设计的。1559年，米尼亚内利家族掌管了这座宫殿，而在1632年的时候它又到了红衣主教斯帕达的手里。1632年以后，博罗米尼对斯帕达宫进行了修复，并在宫殿花园的画廊里采用了错视画法，这也成了斯帕达宫最为显著的特色。1927年，斯帕达家族将宫殿卖给了意大利政府，后者将它作为国务院的办公地址。斯帕达画廊里的艺术品是由红衣主教贝尔纳迪诺·斯帕达收藏的，这些艺术品是斯帕达家族在罗马仅存的一小部分藏品。

12　贡法洛内圣露西娅教堂位于老银行大道上，它建于14世纪初，是为了古老的贡法洛内兄弟会而造的。1764年，罗马建筑师马尔科·戴维重建了这座教堂，赋予了它巴洛克风格。1866年，佛朗哥·阿祖里对其进行了修复。

13　由教皇格列高利十三世创办的罗马学院建于1583年至1585年。这座由巴尔托洛梅奥·阿玛纳蒂设计的学院是耶稣会教士的学习中心。罗马学院一直由耶稣会管理，直到1870年才被意大利政府接管，变成了一所国立学院，也就是今天的维斯孔蒂大学堂。这所学校很大，里面有一个维托里奥·埃马努埃莱二世国家中央图书馆，这座图书馆是由不同教派的多个图书馆组合而成的，这其中就包括了罗马学院耶稣会的图书馆和L.皮戈里尼史前与人种博物馆的图书馆，后者如今已经被转移进了世博会园区的科学博物馆中。在罗马学院的旁边是耶稣会的圣伊纳爵教堂，这座教堂是由红衣主教卢多维科·卢多维西派人修建的，卢多维西的叔叔教皇格列高利十五世曾在这座教堂里学习过。包括多梅尼基诺在内的多位建筑师都被要求提交过这座教堂的设计方案，不过，最后还是耶稣会的建筑师奥拉齐奥·格拉西得到了认可。教堂的巴洛克式内部美轮美奂，它天花板上的错视画是另一位耶稣会艺术家安德烈亚·波佐的作品。

14　耶稣教堂是反宗教改革教堂的代表，它的建筑风格被称作耶稣会风格，它是由维尼奥拉为位高权重的红衣主教亚历山德罗·法尔内塞建造的。人们常说法尔内塞拥有罗马最美的三件事物：他的家族宫殿、他的女儿和耶稣教堂。教堂的外观被普遍认为是由贾科莫·德拉·波尔塔根据维尼奥拉的设计改建而成的，这个外观也有耶稣会建筑师朱塞佩·瓦莱里亚尼的功劳。耶稣教堂始建于1568年，它在1584年被祝圣，并且成了罗马主要的耶稣会教堂。教堂的装饰工程主要是在18世纪和19世纪进行的，其奢华艳丽的装饰风格体现了耶稣会的一贯理念：以雄伟壮观来吸引崇拜者。教堂里的绘画作品主要出自热那亚画家乔瓦尼·巴蒂斯塔·高利之手，这些画都是在

1672 年至 1685 年间创作的。圣伊纳爵·罗耀拉的坟墓奢华得令人叹为观止，它因天青石而光彩夺目，墓碑最顶端的地球仪是世界上最大的天青石。

15 小山谷圣母教堂又称新教堂，是由最仁慈的神秘主义者圣腓力·内里修建的。建这座教堂的劳动力主要是圣腓力的祷告堂会的教众，教皇格列高利十三世也在教堂修建过程中提供了帮助。它所在的地方原来有一座 12 世纪的教堂，它的设计者起先是马泰奥·达·奇塔·迪·卡斯泰洛，后来老马蒂诺·隆吉接替了卡斯泰洛，承担了教堂的大部分建筑任务。这座教堂在 1599 年被祝圣，直到 1605 年，福斯托·鲁西的外观建好之后，教堂才被建成。尽管圣腓力希望教堂的内部只是简单刷白了就好，但是彼得罗·达·科尔托纳在 1647 年被指派给教堂内部创作壁画，为了完成壁画，他花了足足二十年时间。教堂祭坛两侧各有三幅精彩的画，它们都是鲁本斯的作品。与教堂毗邻的小教堂是由博罗米尼在 1637 年至 1662 年建造的。圣腓力认为费德里科·巴罗奇在圣母往见小教堂里的祭坛装饰画画得非常动人，以至于他"可以坐在一把小椅子上，坐在这幅画前，不由自主地沉浸在一种喜悦的迷醉状态"。女人们都会好奇地围过来看他，而他对这些女人没有好脸色，他把她们赶走，似乎觉得被她们撞见自己发呆的样子实在是尴尬。在住进小山谷圣母教堂之前，圣腓力是和仁爱会住在一起的，仁爱会是 1519 年由红衣主教朱利奥·德·美第奇创立的一个慈善组织，朱利奥·德·美第奇也就是后来的教皇克雷芒七世。仁爱会的教堂圣哲罗姆仁爱教堂位于蒙塞拉特大道上。这座教堂曾经属于方济各会。多梅尼科·卡斯泰洛重建了这座教堂，重建工程大约在 1660 年结束。在这座教堂里，圣腓力吸引了大批信徒，这些信徒来自各个阶层。很多人都来一睹圣腓力的风采，结果圣腓力不得不请求将教堂一条过道上方的阁楼作为祷告堂来用，这个祷告堂和小教堂差不多，只是没有祭坛。这就是祷告堂会这个名称的由来，随着时间的推移，这个称谓后来可以指涉圣腓力发起的宗教活动、此类活动的地点以及推广此类活动的教众。从圣哲罗姆仁爱教堂出发，圣腓力走遍了罗马，他慰问了医院里的病人，还定期膜拜罗马的七座主要教堂。一路上跟随他的信徒多达一千人，他们一路上吟诵着祷告文，吹着嘹亮的号角。

16　尼科西亚广场和科隆纳广场的喷泉是贾科莫·德拉·波尔塔的作品。尼科西亚广场上的那座喷泉是 1573 年建成的，它原先位于人民广场上。

17　圣路加学院是建于 1577 年的一个美术学院。它取代的是一个古老的艺术家协会，这个协会可以追溯到 14 世纪，曾在 1478 年被重新组建。1588 年，西克斯图斯五世将建于 6 世纪的圣马丁娜教堂交给了圣路加学院，后来圣马丁娜教堂更名为圣路加与圣马丁娜教堂。在学院隔壁，一些房屋被建了起来，供学院成员使用。这些房屋，连同圣路加与圣马丁娜教堂都在 1931 年至 1933 年间被拆毁，为的是给建帝国广场大道腾出地方。附属于学院的一些新的建筑被建在了圣路加学院广场上的卡尔佩尼亚宫里，离特雷维喷泉很近。

18　奎里纳莱宫始建于 1574 年，它所在的地方之前是红衣主教伊波利托·德斯特建的一座别墅。好几个建筑师参与了奎里纳莱宫的建造，他们中有弗拉米尼奥·蓬齐奥、多梅尼科·丰塔纳、卡洛·马代尔诺、贝尼尼和费迪南多·富加。奎里纳莱宫直到克雷芒十二世在位时期（1730—1740）还没有被完全建好，不过自从克雷芒八世在 1592 年第一个入住宫里之后，后来的教皇也都照例住了下来。维托里奥·埃马努埃莱二世在 1870 年占用了奎里纳莱宫，从此以后将它作为意大利国家首脑的府邸。宫中的大教堂是由卡洛·马代尔诺建造的。

19　人民广场上的方尖碑原先是被两个埃及法老拉美西斯二世和他的儿子迈尔奈普塔立在赫利奥波利斯的太阳神庙前的。奥古斯都为了装饰马克西穆斯竞技场把这块方尖碑买回了罗马。1589 年，方尖碑被移到了它今天所在的位置。1823 年，朱塞佩·瓦拉迪耶为装饰方尖碑的底座造了四只大理石狮子和四个小水池。

20　松果庭院的名字源自罗马帝国时代在阿格里帕浴场的巨型松果铜像。松果庭院的下方就是图书馆庭院。图书馆庭院是在观景殿的中庭横向建了两个建筑才形成的。这两个建筑分别是多梅尼科·丰塔纳在 1585 年至 1590 年为教皇西克斯图斯五世建的图书馆，以及拉法埃洛·斯特恩在 1817 年至 1822 年为教皇庇护七世建的新翼陈列室。庇护七世建的基亚拉蒙蒂博物馆里的一些收藏品就保存在新翼陈列室里。

21　圣达马稣庭院本来是尼古拉五世建的果园，里面种满了苹果树。罗马之劫后，教皇克雷芒七世修建了一些建筑，从而形成了这个庭院，这些建筑最终由教皇西克斯图斯五世建成。

22　西斯廷凉廊比拉特朗宫的屋顶还要高，它是由多梅尼科·丰塔纳于 1586 年开始为教皇西克斯图斯五世修建的。

23 圣母大殿里的西斯蒂纳小教堂是由多梅尼科·丰塔纳于 1585 年开始为教皇西克斯图斯五世修建的。

24 格列高利小教堂是在 1583 年被建成的。

25 圣彼得广场上的方尖碑是卡利古拉在公元 37 年从赫利奥波利斯运过来的，当时他是想用方尖碑来装饰他建在梵蒂冈山上的广场。这个广场后来被尼禄扩建，于是被人称作尼禄广场，它离尼禄花园很近。公元 67 年的大火之后，很多基督徒在尼禄广场里被残忍处决。

26 圣安得烈小教堂所在的地方原先是狄奥多西皇帝的圆形坟墓。6 世纪初，教皇叙马库斯对这个坟墓进行了改造。中世纪的时候它变成狂热圣母教堂。15 世纪中叶，当圣安得烈的头骨被存放在教堂里后，教堂被改献给圣安得烈。后来，它又被新的圣器房所代替（见第 14 章，注释 2）。

27 克雷芒小教堂是由贾科莫·德拉·波尔塔建造的，教堂里有一尊托瓦尔森打造的庇护七世的雕像，这尊雕像是圣彼得大教堂里唯一一件由不信仰罗马天主教的艺术家创作的作品。

12 贝尼尼与巴洛克

1 保罗小教堂又称博尔盖塞小教堂，它是由弗拉米尼奥·蓬齐奥在 1611 年为教皇保罗五世建成的。彼得罗·贝尼尼为蓬齐奥修建的克雷芒八世（1592—1605 年在位）坟墓创作了几件雕塑品，克雷芒八世坟墓就在保罗五世坟墓的对面。教堂里的一些壁画是由圭多·雷尼创作的。祭坛上方的圣母画像是由圣路加创作的，它是 9 世纪的罗马拜占庭艺术品。

2 保罗高架渠喷泉像凯旋门一样矗立在雅尼库鲁姆山上，在那里可以俯瞰罗马。这座喷泉是由乔瓦尼·丰塔纳和弗拉米尼奥·蓬齐奥设计的，蓬齐奥还负责重建了保罗高架渠。

3 在这个时期罗马建成的喷泉中，最显著的几个喷泉位于：

（1）甩马广场。它由卡洛·马代尔诺建于 1613 年至 1621 年。1950 年修建抚慰大道的时候，这个广场被拆了，广场上的喷泉也移到了它今天所在的位置，即山谷圣安得烈教堂的前方。

（2）圣母大殿广场。这座喷泉于 1614 年建成，它同样是卡洛·马代尔诺设计的。

喷泉水池上方的圣母与圣子铜像是由纪尧姆·贝尔托莱建造的，这尊铜像高过了广场上的一根带凹槽的石柱，这根石柱本来是在马克森提乌斯会堂里的，类似的石柱原来一共有八根，而它是会堂那八根石柱中仅存的一根。

（3）拉特朗圣约翰广场。这座喷泉于 1607 年建成。喷泉中央的方尖碑是罗马最高的方尖碑，它本是公元前 15 世纪为了底比斯的阿蒙神庙而建的，在公元 357 年被移到了马克西穆斯竞技场上。1587 年，这座方尖碑被挖掘出后裂成了三块。后来多梅尼科·丰塔纳修复了它，并将它移到它现在所处的位置。在这个位置上，曾经还矗立着马可·奥勒留骑马的雕像，这尊雕像在 1538 年被移到了卡比托利欧广场。

（4）圣彼得广场的北面。这座喷泉由卡洛·马代尔诺建于 1613 年，被约翰·伊夫林形容为"我所见过的最美好的事物"。喷泉的水来自保罗高架渠，它所喷射的水柱有将近二十米高。

（5）圣彼得广场的南面。这座喷泉和广场北面的喷泉几乎一模一样。尽管它比北面的喷泉建好得更晚，它却比那座喷泉看上去更旧，因为它四周空空荡荡的，常年受到冷风的影响，不像北面的喷泉有柱廊遮护。有些专家怀疑这座喷泉的设计者是贝尼尼，但还是把建造喷泉的功劳算在了卡洛·丰塔纳的头上。

4 胜利圣母教堂是巴洛克风格最流行时期的建筑代表作，它是由卡洛·马代尔诺在 1608 年至 1620 年为红衣主教希皮奥内·博尔盖塞而建的。这座教堂本来是献给圣保罗的。1620 年，出身于哈布斯堡家族的神圣罗马皇帝斐迪南二世的天主教军队在布拉格附近展开的白山战役中击败了波希米亚的新教军团，天主教的士兵将他们的胜利归功于他们在布拉格城堡废墟中发现的一尊小的圣母像。后来，原先的那座圣保罗教堂被改献给了圣母。教堂的外观是由索里亚在 1626 年添加的。胜利圣母教堂里有个科尔纳罗小教堂，在小教堂里类似剧院包厢的地方，有很多雕像刻画了威尼斯的科尔纳罗家族里的不同人物，而包厢的下方是贝尼尼的一件令人叹为观止的雕像作品——《圣特雷莎》。

5 博尔盖塞宫凝聚了多位建筑师的心血，维尼奥拉很可能参与了博尔盖塞宫的设计，后来老马蒂诺·隆吉也参与了宫殿的修建。这座宫殿是献给保罗五世和他的家族的，最终弗拉米尼奥·蓬齐奥、瓦桑乔（伊万·范·桑滕）和马代尔诺将它建成。17 世纪 70 年代，卡洛·拉伊纳尔迪对它进行了大规模的改造和扩建，宫殿典雅的正门和花园就是由拉伊纳尔迪设计的。博尔盖塞宫中保存了博尔盖塞家族著名的艺术收藏品，1891 年，这些藏品被转移到了博尔盖塞别墅。拿破仑的妹妹波利娜·波拿巴在

1803 年嫁给激进的贵族卡米洛·博尔盖塞亲王之后，住进了这座宫里。如今，这座宫里有一个罗马最高端的会所——狩猎会所。

6　帕拉维奇尼-罗斯皮廖西宫于 1616 年建成，它所在的地方之前是君士坦丁浴场。红衣主教本蒂沃利奥买下了这座宫殿，而后又将它卖给了红衣主教马萨林。后来，它又被教皇克雷芒九世（1667—1669 年在位）的一个亲戚 G. B. 罗斯皮廖西买了下来。宫殿的庭院里有一座帕拉维奇尼别墅，别墅的天花板上有一幅闻名天下的壁画——圭多·雷尼的《曙光》。

7　贝尼尼的希皮奥内·博尔盖塞半身像完成于 1632 年，目前陈列在博尔盖塞别墅里。

8　公元 575 年，格列高利一世将他位于西里欧山上的大宅子改造成了一座修道院，这座修道院有一个附属的、被献给圣安得烈的祷告堂。可能是在帕斯加尔二世在位时期（1099—1118），这座修道院被一座献给圣格列高利的教堂所取代，它就是至圣格列高利教堂。1633 年，索里亚为红衣主教希皮奥内·博尔盖塞将伟大的至圣格列高利教堂的外部进行了彻底的翻修。那条壮观的台阶和新的外观都是由索里亚设计的。弗朗切斯科·费拉里在 1725 年至 1734 年重新装饰了教堂内部。教堂里的主教宝座据说是圣格列高利的，人们认为圣格列高利正是从这里把圣奥古斯丁派出去，让他引导英国人信教的。有两个英国避难者被葬在了这个教堂里。一个是罗伯特·佩恰姆，他死于 1569 年；一个是爱德华·卡恩爵士，他是亨利八世的使节，亨利八世派他请求教皇克雷芒七世宣布亨利八世与阿拉贡的凯瑟琳之间的婚姻无效。卡恩同时也为玛丽女王效忠，在伊丽莎白女王登位后，卡恩经过谨慎考虑，决定留在罗马，担任英国游客招待所的所长。

9　博尔盖塞别墅里的小别墅是由佛兰德建筑师伊万·范·桑滕（瓦桑乔）在 1613 年至 1616 年建造的。红衣主教希皮奥内·博尔盖塞扩建了博尔盖塞别墅的庭院，因此到了 1650 年的时候，它的边界线足有四千米长。18 世纪中期，马尔坎托尼奥·博尔盖塞派安东尼奥·阿斯普鲁奇和其他一些艺术家对别墅进行装饰，现存的画廊就是由这些艺术家打造的，在这一时期，别墅也再次得到扩建。卡米洛·博尔盖塞亲王将博尔盖塞画廊中的很多画都卖给了拿破仑，他还用两百件精美雕塑换得了皮埃蒙特的一处房产。所有这些艺术品目前都保存在卢浮宫。1891 年，博尔盖塞家族的收藏品都从博尔盖塞宫被移到了这里，一些艺术品此前就是别墅里的。1902 年，意大利政府买下了这些艺术品。

10　圣毕比亚那教堂始建于5世纪，它在1220年被修复。1624年，贝尼尼被委派给教堂打造一个新的外观，在此不久之前，教堂再次得到了修复。教堂里的圣毕比亚那塑像是贝尼尼第一次尝试雕塑宗教人物，同时也是他第一次尝试雕塑一个穿了衣服、并非裸体的人物。

11　卡洛·马代尔诺为圣苏珊娜教堂所建的外观被认为是建在圣苏珊娜殉道的地方。这座教堂是在1603年的时候建成的。原先的教堂是一个大会堂的样式，它在1475年得到修复。1595年，用镶板装饰的教堂天花板被镀上了金、画上了画，教堂的规模也被缩小到只有一个正厅。正厅里的先知以赛亚和耶利米的雕像是由瓦尔索尔多创作的。

12　在七百名工人的不懈努力下，圣彼得大教堂的外观在1612年终于被建成了，不过，外观的栏杆处在那会儿还没有雕像。圣彼得大教堂的正厅是在1615年建成的。

13　在马费奥·巴尔贝里尼于1623年成为教皇之前，就已经有人考虑在圣彼得坟墓的上方建一个大型华盖了，圣彼得坟墓位于当时新建好的圣彼得大教堂岔路口的中央。此外，也已经有人提交了华盖的设计方案。不过，马费奥·巴尔贝里尼的当选确保了这项工程是由贝尼尼来完成。贝尼尼在1623年开始建造华盖，他所选用的巨大青铜石柱呈螺旋状，似乎和老的圣彼得大教堂里的石柱很像，然而这个华盖的所有其他方面都体现了贝尼尼的原创性。这个青铜华盖是在1633年建成的。

14　贝尼尼雕塑的朗基努斯完成于1638年。这尊雕像的名字源于那个用矛刺穿耶稣侧腹的士兵，贝尼尼在建造青铜华盖的时候已经为朗基努斯设计了多个模型。

15　教皇乌尔班八世的坟墓是由贝尼尼在1647年建成的。它位于圣彼得宝座的右侧，而在它被建成之前，圣彼得宝座的左侧是由贾科莫·德拉·波尔塔设计的教皇保罗三世的坟墓，所以它的出现使圣彼得宝座的两边变得对称。

16　巨大的多里亚宫位于威尼斯广场的北面。它的主要入口在科尔索大道的西侧。多里亚宫原来的主人是红衣主教法齐奥·桑托里奥，有一次教皇尤利乌斯二世来多里亚宫拜访他时对他说，像这么华丽的宫殿更适合一个公爵住，而不适合红衣主教住。因此，桑托里奥觉得有必要把宫殿转让给尤利乌斯二世的侄子乌尔比诺公爵。后来，阿尔多布兰迪尼家族拥有了这座宫殿，而该家族和潘菲利家族联姻后，潘菲利家族又掌管了这座宫殿，接着，又是在联姻之后，热那亚的多里亚家族最终成了宫殿的主人。多里亚宫的画廊是对公众开放的。宫里陈列着一尊贝尼尼创作的教皇英诺森十世的半身像，这尊塑像刻画的英诺森显得比委拉斯开兹那幅名画里的英诺森温和得多。很多建筑师都曾参与过多里亚宫的建设。宫中那个建于 15 世纪的美丽庭院是由布拉曼特建造的。科尔索大道上华丽的洛可可式外观是罗马建筑师加布里埃莱·瓦尔瓦索里的手笔，它是在 1734 年左右建成的。位于公决大道上的宫殿正面装饰于 18 世纪 40 年代，它是由保罗·阿梅利设计的。位于宫殿两翼的建筑可以眺望罗马学院广场，这一部分是在 17 世纪建成的，其设计者为安东尼奥·德尔·格兰德。19 世纪的时候，在加塔大道上，宫殿的西面也建了一个外观。

17 巴尔贝里尼宫所在的位置原先是老斯福尔扎宫的地盘。卡洛·马代尔诺在博罗米尼的协助下，于 1625 年开始建造这座宫殿。1633 年，宫殿被贝尼尼建成，他主要设计了宫殿正面的入口。当时，处于一处庄园中的巴尔贝里尼宫看起来更像是个乡村别墅，而不像是城市宫殿。宫中最好的房间都被用于存放巴尔贝里尼家族所收藏的艺

术品，这些艺术品包括拉斐尔的著名人物画像《面包师的女儿》和提香的《维纳斯与阿多尼斯》，此外，还有昆廷·马赛斯画的伊拉斯谟和霍尔拜因画的亨利八世。宫殿正厅的天花板上有一幅壁画，它是彼得罗·达·科尔托纳于 1633 年至 1639 年创作的《神意的胜利》。巴尔贝里尼宫里的艺术藏品如今已归意大利国家所有。

18 潘菲利宫是由吉罗拉莫·拉伊纳尔迪在 1644 年至 1650 年间建造的，教皇英诺森十世把这座宫殿给了自己的嫂子奥林匹娅·迈伊达尔齐尼。第二次世界大战之后，巴西政府买下了这座宫殿，把它作为自己的大使馆。宫中的画廊是博罗米尼设计的，而画廊的天花板上有一幅瑰丽的壁画，它描述了埃涅阿斯的故事，这幅壁画是由彼得罗·达·科尔托纳创作的。

19 圣阿格尼丝教堂是由博罗米尼和卡洛·拉伊纳尔迪在 1657 年建成的。人们认为它所在的地方就是圣阿格尼丝殉道的地方。教堂里英诺森十世的纪念碑是 G. B. 马伊尼的作品。英诺森十世及其家人都被葬在教堂的地下室里。图密善建的运动场的遗址位于教堂地下的洞穴里。

20 特里同喷泉是教皇乌尔班八世派贝尼尼在 1632 年开始建造，并于 1637 年建成的。特里同是古希腊神话中的人物，在很多作品里，他都是一个吹着像贝壳一样的

号角的男人鱼形象。这个外界对他的认
知比较模糊的神话人物经贝尼尼打造，
成了特里同广场的焦点雕塑。此外，贝
尼尼通过组合其他一些暗含深意的意象，
用一整套雕塑向他的恩主乌尔班八世表
达了赞美。这一整套雕塑中的特里同代
表了用文字可以实现的不朽声名（乌尔
班八世是个很有天赋的拉丁诗人），海豚
象征了慷慨给予（乌尔班八世资助了许
多艺术家），蜜蜂是神意的标记（蜜蜂也
是巴尔贝里尼家族徽章里的图案之一）。

所有这些意象都被用来指代乌尔班八世。特里同喷泉附近的蜜蜂喷泉也是贝尼尼的作
品，它是在乌尔班八世当选教皇二十一周年庆典前不久建成的。

21　西班牙广场的名字来自 17 世纪位于广场上的西班牙使馆，如今西班牙驻
梵蒂冈使馆还是在这个广场上。之前的西班牙使馆是由罗马的建筑师安东尼奥·德
尔·格兰德于 1647 年建成的。经过广场的破船喷泉，可以到达广场对面美丽的西班
牙台阶，它处于平乔山的山坡上，通过它可以到达山上圣三一教堂。西班牙台阶是由
弗朗切斯科·德·桑克蒂斯按照亚历山德罗·斯佩基的设计，在 1723 年至 1726 年建
造的。它分为三段，一共有 138 级由石灰岩构造的台阶。在平乔山上建这个装饰性台
阶的主意来自红衣主教马萨林，他是路易十四手下的重臣，是继黎塞留之后的法兰西
王国首相。马萨林想把通往山上圣三一教堂的路弄得宏伟一点，而山上圣三一教堂相
当于在罗马生活的法国人的社区。然而，马萨林去世六十年后，法国大使埃蒂安·盖
菲耶在他的遗嘱中划出两万四千斯库多银币用于在山上圣三一教堂里建一座小教堂，
再建一个可通向教堂的台阶，教皇英诺森十三世（1721—1724 年在位）才批准建了这
个台阶。山上圣三一教堂是由法国国王查理八世建起来的，这座法国哥特式教堂始建
于 1502 年，它的外观直到 1570 年才建成。教堂的门和塔楼于 1587 年完工。教堂前
面的阶梯是由多梅尼科·丰塔纳为西克斯图斯五世建的。西班牙台阶成了许多艺术家
和他们的模特儿最喜爱的碰面场所，大多数模特儿都是来自罗马南部坎帕尼亚地区的
农民。位于西班牙台阶脚下的巴宾顿茶室是最受欢迎的约会地点之一，不管是意大利
人还是外国人都喜欢来这儿。创办这间茶室的是一名英国未婚女性，她的祖上有一个

名叫安东尼·巴宾顿的人由于策动了一场针对伊丽莎白一世女王的叛乱而被拽到刑场绞死，尸首还被剁成了四块。巴宾顿小姐在1893年来到罗马，她身上带着一百英镑，与她一块儿过来的还有卡吉尔小姐。这个卡吉尔小姐的祖上有一个坚定的新教徒，他对新教的热忱不亚于安东尼·巴宾顿对天主教的热忱。由于他公开谴责查理二世的暴政，他在查理二世在位期间被以叛国罪处死了。巴宾顿小姐、卡吉尔小姐和很多来罗马的英国人一样，都渴望能喝上一杯好茶，于是，她们决定在双肉市大道上开一间茶室。1894年，她们把店搬到了今天茶室所在的地方。1928年，巴宾顿小姐退休，她的合伙人卡吉尔继续打理着这间茶室，而卡吉尔在那时已经成了达·波佐夫人。后来，茶室由达·波佐夫人的女儿孔泰萨·贝迪尼来经营。第二次世界大战时，德国人占领罗马后，贝迪尼逃去了瑞士。不过，整个德占时期，她的职员还是坚持营业。如今，这间茶室的生意依然红火。

22　破船喷泉曾一度被认为是吉安·洛伦佐·贝尼尼的父亲彼得罗·贝尼尼的最后一件作品，但是现在人们认为这座喷泉是由吉安·洛伦佐·贝尼尼设计的。破船喷泉建成于1629年，几乎比西班牙台阶早建了一百年，如今的西班牙台阶已成为破船喷泉的一个优美的背景。这座喷泉的水来自韦尔吉内高架渠，水压不大。喷泉的造型设计精巧，它就像一艘快下沉的船，船的两边各有一门火炮。这艘船浸在一个不比它大多少的水池里，喷泉的水就从船头和船尾渗出来。据说这座喷泉的造型来自一艘停靠在平乔山山坡的船，船停的地点也就是今天西班牙台阶所在的位置，那艘船是1598年停在那儿的，那一年，台伯河爆发了有记载的最大一次洪水，圣诞节那一天，船停靠的平乔山山坡这片地区被淹没了五米到八米。其实，在贝尼尼之前，卡洛·马代尔诺就已经在喷泉的设计中使用过"沉船"这个题材，马代尔诺的灵感同样来自现实的驳船，那些卡利古拉时代的驳船在犹金四世在位时期（1431—1447）被人发现沉在罗马南部的内米湖里。

23　四河喷泉的水来自特雷维喷泉，在经历了四年的建造之后，四河喷泉终于在1651年完工。四河喷泉名字里的四河指的是尼罗河、多瑙河、恒河以及拉普拉塔河，每一条河都由一个石像人物来代表，这些雕像由贝尼尼设计，并由他的助手雕刻完成。代表尼罗河的雕像脸部是被遮住的，这寓意着在当时人们还不知道尼罗河的源头在哪里。据说贝尼尼设计遮脸的这个造型是想让这尊雕像看不到圣阿格尼丝教堂的外观，而那个外观正是贝尼尼的竞争对手博罗米尼设计的。建造四河喷泉的开销来源于对各种商品征收的税款，被征税的商品中包括了面包，这自然引发了群众的广泛抗议。耸立于四河喷泉石像上的方尖碑是之前立于马克森提乌斯广场上那块方尖碑的复制品。

摩尔人喷泉位于纳沃纳广场的南端，它原先是由贾科莫·德拉·波尔塔在 1575 年建造的。贝尼尼后来重建了这座喷泉，并在喷泉中央塑造了一尊摩尔人的雕像。

24　卢奇娜圣洛伦佐教堂始建于 4 世纪或 5 世纪，它所在的地方属于一个名叫卢奇娜的罗马夫人。西克斯图斯三世后来重建了这座教堂。在教皇帕斯加尔二世在位时期（1099—1118），教堂得到了修复，此外还新建了一个门廊。大约在 1650 年，科西莫·凡扎戈对教堂进行了进一步的修复。教皇庇护九世修复了教堂的防渗镀金天花板。卡洛·拉伊纳尔迪为教堂设计了主祭坛，在主祭坛上方矗立着一个由圭多·雷尼创作的耶稣受难像。普桑的半身像是由法国雕塑家勒莫安创作的，法国大使夏多布里昂后来把这尊半身像搬到了这座教堂里。在丰塞卡小教堂里有一尊加布里埃莱·丰塞卡的半身像，它是由贝尼尼创作的。卢奇娜圣洛伦佐教堂附近的菲亚诺宫在 15 世纪中叶的时候属于红衣主教葡萄牙人乔治·达·科斯塔，因此这座宫殿也被称为葡萄牙宫，在当时，它被认为是罗马仅次于梵蒂冈宫的最好的宫殿。佩雷蒂家族、萨韦利家族、卢多维西家族先后拥有过这座宫殿。后来，它被奥托博尼家族买了下来。教皇亚历山大八世（1689—1691 年在位）的侄子马尔科·奥托博尼娶了一个邦孔帕尼家族的女子为妻，而从邦孔帕尼家族他获得了菲亚诺公爵的头衔。19 世纪末，弗朗切斯科·塞蒂米为这座宫殿的新主人阿尔马贾家族彻底改造了宫殿的外观和大部分内景。

25　奎里纳莱山上的圣安得烈教堂是一座漂亮的椭圆形教堂，其中的大理石和粉饰灰泥都装饰得非常精巧。这座教堂设计于 1658 年，一共耗时十二年才建成。位于主祭坛上方的圣安得烈雕像是由贝尼尼的助手拉吉创作的，雕像刻画的圣安得烈仿佛在腾云直上天堂。当奎里纳莱山上的圣安得烈教堂还在施工建设的时候，山谷圣安得烈教堂已经落成于维托里奥·埃马努埃莱大道上了，马代尔诺、拉伊纳尔迪和丰塔纳都曾参与设计过这座教堂的外观。

26　在亚历山大七世（1655—1667 年在位）当选为教皇前，他和贝尼尼就已经考虑过在圣彼得广场上建一个柱廊。所以他登位没多久就把贝尼尼给请了过来，两人还和教堂建造管理委员会商议如何打造一个完美的柱廊。他们考虑了以下几个因素：门廊北面的梵蒂冈宫的老入口必须保留，圣彼得大教堂外观前面的空间，也就是被称为直线广场的地方，也必须保留。一定要保证柱廊建好之后，当教皇站在梵蒂冈宫的窗户前进行祈福仪式时，他能够被尽可能多的人看到。在某些节庆场合，教皇会在圣彼得大教堂中央入口上方的凉廊处向罗马和全世界表达祝福，因此，同样要保证这个凉廊在柱廊建好后仍然能在很多人的视线之内。贝尼尼设想的柱廊将形成一个封闭的空间，在这个空间里信徒们可以接受上帝的拥抱，而柱廊就象征着拥抱之手。整个柱廊的几何中心仍然是圣彼得广场中央的巨大方尖碑。马代尔诺修建的圣彼得大教堂外观很宽，给人一种笨重的感觉，外观两侧还包含了贝尼尼未完成的塔楼地基。但独具匠心的贝尼尼拆除了圣彼得大教堂的两条让直线广场的空间变得很窄的长廊，这样一来就使人觉得外观不再那么笨重了。此外，贝尼尼用柱廊围在其中的广场呈椭圆形，直径为240米，这就压缩了广场的宽度。柱廊包括四排多立克石灰岩石柱和顶端矗立着巨型天使像的壁柱。

27　皇家楼梯连接了梵蒂冈宫仪式性的正式入口和教皇的寓所。在贝尼尼于1666年建好这道大型楼梯之前，教皇不得不从保罗小教堂经过西斯廷教堂到达圣彼得大教堂的门廊，再由一条幽暗狭窄的楼梯进入圣彼得大教堂。贝尼尼在修建皇家楼梯时克服了空间狭小和采光不足的困难，他也将皇家楼梯看作他在建筑技术上取得的主要成就。

28　在圣彼得大教堂后殿的祭坛上方，贝尼尼打造了令人叹为观止的圣彼得宝座。从青铜华盖螺旋式的石柱顺着教堂正厅看过去，圣彼得宝座是人们能看到的最远的景观。圣彼得宝座上有一个保存着圣彼得大教堂珍贵古物的圣物盒，还有一把象牙装饰的木椅，据说圣彼得初到罗马的时候，在普登斯家中做客时就坐在了这把椅子上。1217年的一份书面文本中首次提到了这把椅子，它很有可能是在8世纪或9世纪制作的。圣彼得宝座刻有镀金浮雕，在它的周围有四尊巨大的铜像，分别刻画了四位伟大的教会医生：圣奥古斯丁、圣安布罗西、圣亚他那修和金口约翰。

29　梵蒂冈传信部是教皇格列高利十五世（1621—1623年在位）为了在不信天主教的地方推广天主教信仰而于1622年成立的部门。不过，当时的传信部并没有一间像样的办公室。到了乌尔班八世登位时，乌尔班才决定给传信部这个如此重要的传教机构建一个大的办公场所。传信部大楼位于西班牙广场南侧的主要外观是在1644年建成的。两年之后，博罗米尼同贝尼尼一起继续建造大楼，1662年，博罗米尼建成了可以远眺宣传大道的外观。

30　当英诺森十世于1644年在朱莉娅别墅建新监狱的时候，托尔迪诺纳地区的建筑被清理，建了一个托尔迪诺纳剧场，后来该剧场更名为阿波罗剧场。在一场大火毁了剧场之后，瓦拉迪耶在1830年对它予以重建。但是后来为了建台伯河的堤岸，剧场再次被拆毁。

31　圣天使桥曾被称为艾利乌斯桥，最早是由哈德良皇帝的建筑师德米特里亚努斯建造的，在1668年被重建。桥上的天使雕像上刻有耶稣受难的标记。

32　河畔圣方济各教堂始建于1231年，它替代了原来圣比亚焦招待所里的小教堂，圣方济各曾住过圣比亚焦招待所。1682年至1689年，马蒂亚·德·罗西重建了河畔圣方济各教堂。人们认为圣方济各的雕像是由圣方济各的门徒塞泰索利的雅各芭派人建造的，并且它有可能是阿雷佐的马尔加里托的作品。贝尼尼的雕像《神圣的卢多维卡·阿尔韦托尼》陈列于阿尔铁里小教堂里，这个教堂之所以叫这个名字是因为派人修建这个教堂的红衣主教帕卢奇·德利·阿尔韦托尼因为姻亲关系和克雷芒十世（1670—1676年在位）成了亲戚之后，把自己的名字改成了阿尔铁里。卢多维卡·阿尔韦托尼是方济各会的三级修女，她于1503年在罗马逝世，她的所有财产都捐献给了穷人。

33　蒙提特利欧宫始建于1651年，竣工于1694年，它所在的地方是科隆纳家族以前的一座宫殿。英诺森十二世在位时期，卡洛·丰塔纳将宫殿改造为法庭使用。20世纪初，埃内斯托·巴西莱扩建了这座宫殿后，它成为意大利众议院的所在地，至今，众议院的办公地点还是在这里。蒙提特利欧宫的东面，在科隆纳广场的北侧，有一座阿尔多布兰迪尼-基吉宫。尽管人们将这座宫殿算在了贾科莫·德拉·波尔塔的功劳簿上，但卡洛·马代尔诺也有可能参与了它的设计。它此前属于红衣主教彼得罗·阿尔多布兰迪尼，1659年，它被基吉家族出身的教皇亚历山大七世买了下来。亚历山大七世派费利切·德拉·格雷卡改造了这座宫殿，同时为宫殿设计了一个位于科隆纳广场上的新外观。如今，它是意大利总理府的所在地。

34　十二门徒广场上的基吉-奥代斯卡尔基宫曾先后为科隆纳家族、卢多维西家族和基吉家族所有。1664 年，贝尼尼为教皇英诺森十一世（1676—1689 年在位）所在的家族奥代斯卡尔基家族重建了这座宫殿。宫殿的庭院是卡洛·马代尔诺在 1623 年左右打造的，宫殿的两翼建筑是尼古拉·萨尔维和路易吉·万维泰利在 18 世纪中叶建造的。

35　密涅瓦广场的小型埃及方尖碑建造于公元前 6 世纪，人们是在伊西斯神庙的遗迹处发现这块方尖碑的。伊西斯神庙的地界内有一部分是图密善修道院的花园，而图密善修道院则附属于密涅瓦神庙遗迹圣母教堂。方尖碑底部起支撑作用的大象是大理石雕刻而成的，这些大象是贝尼尼在 1667 年设计的。

13　18 世纪

1　管理朝圣者圣三一教堂招待所和朝圣者圣三一教堂的是由圣腓力·内里创立的一个团体。圣腓力创立此团体的目的是为了造福 1550 年这个圣年的朝圣者。招待所的大型建筑于 1625 年建成，那时距圣腓力去世已经过了三十三年。19 世纪的时候，这家招待所被改造为了孤儿院。

2　波兰圣斯塔尼斯劳教堂位于暗店街和波兰大道的拐角，它建于 1580 年至 1582 年，是为了服务临近的接待波兰朝圣者的招待所而建起来的。这座教堂被献给了克拉科夫主教，他因批判波兰国王博莱斯瓦夫二世行为不端而被国王在 1072 年谋杀。

3　法尔内塞广场附近的锯齿山圣母教堂是为了博吉亚家族出身的教皇亚历山大六世而修建的。亚历山大六世的遗体，以及和他同为西班牙人的加里斯都三世（1455—1458 年在位）的遗体都被从圣彼得大教堂移到了锯齿山圣母教堂。过去人们认为建造锯齿山圣母教堂的是老安东尼奥·达·圣加洛，但现在人们认为更有可能是圣加洛的侄子建造了这座教堂。教堂外观的入口是由弗朗切斯科·达·沃尔泰拉设计的。

4　圣安东尼奥教堂是在临近 17 世纪中叶的时候开始修建的，它所在的地方原先有一座为葡萄牙在罗马的殖民地修建的教堂，那座教堂建于犹金四世在位时期（1431—1447）。圣安东尼奥教堂的巴洛克式外观装饰绚丽，面对着葡萄牙大道。参与建造这座教堂的设计师有加斯帕雷·圭拉、卡洛·拉伊纳尔迪和克里斯托福罗·肖尔。肖尔出身于因斯布鲁克的一个艺术世家，正是他在 1695 年建好了圣安东尼奥教堂。教堂的外观是由小马蒂诺·隆吉建造的。亚历山德罗·德·索萨的雕像是卡诺瓦的作品，而圣母圣子图是由安东尼亚佐·罗马诺创作的。

5　夫人宫附近的法兰西圣路易教堂是由教皇利奥十世打造的。利奥十世的堂弟朱利奥·德·美第奇，也就是后来的教皇克雷芒七世为这座教堂奠定了基石。教堂那个晚期文艺复兴风格的外观也许是贾科莫·德拉·波尔塔设计的，多梅尼科·丰塔纳也参与了外观的设计。教堂的修建从1524年拖到了1580年，当时正是王后凯瑟琳·德·美第奇摄政时期，多梅尼科·丰塔纳奉命建好了这座教堂。1589年，这座教堂被祝圣。教堂的壁画描绘了圣切奇利娅的生活，壁画的作者是多梅尼基诺，小教堂里描绘圣马太的精美画像是由卡拉瓦乔创作的。

6　葡萄牙人"上帝的圣约翰"在1550年创建了行善兄弟会，这个团体在台伯岛上建了圣约翰上帝医院，医院所在的位置之前可能是一个中世纪的招待所。根据传说，身为法兰克后裔的奥古斯丁会教士雷希尔是英国国王威廉二世的朝中一员，他因得了疟疾而发烧，于是来到台伯岛上的招待所休养。受此行的启发，他在1123年建了圣巴托罗缪医院，这也是伦敦最古老的医院。1930年，切萨雷·巴扎尼重建了圣约翰医院。与这家医院相邻的居棚屋者圣约翰教堂也是属于行善兄弟会的，它在1640年被重建。教堂华丽的内景是由罗马诺·卡拉佩基亚在1736年至1741年打造的。公元10世纪，奥托三世皇帝建造了岛上圣巴托罗缪教堂，老马蒂诺·隆吉在1583年开始重建这座教堂。教堂的外观（1624—1625）也许是由奥拉齐奥·托里亚尼建成的。

7　特拉斯泰韦雷区的圣加利卡诺医院在特拉斯泰韦雷大道边上，它是由菲利波·拉古齐尼于1725年修建的。

8　哀痛圣母医院是1561年由一个名叫费兰特·鲁伊斯的教士创办的，此人还建了一座哀痛圣母教堂。哀痛圣母教堂位于科隆纳广场，在1731年至1735年被加布里埃莱·瓦尔瓦索里重建。

9　圣米迦勒疗养院规模很大，它创办于16世纪，地处河边，在木板桥的上方。如今的疗养院是由卡洛·丰塔纳在17世纪时设计的。

10　抚慰圣母医院附属于抚慰圣母教堂，它位于抚慰广场，在1470年被献给了圣母马利亚。1583年至1606年，按照老马蒂诺·隆吉的设计，教堂得到了重建。

11　圣罗科医院原来只有五十个床位，只接收男病人。后来，受红衣主教萨尔维亚蒂的慷慨资助，医院得到扩建，开始接收船员怀孕的妻子。1770年，经教皇克雷芒十四世的批准，医院可以接收未婚怀孕的女性，并对这些女性的信息保密。与医院相邻的圣罗科教堂位于小岸街上，1499 年，一个由旅馆经营者和船员组成的团体创立了这所教堂。1657 年，乔瓦尼·安东尼奥·德·罗西对这座教堂予以重修、扩建。1834年，瓦拉迪耶给这座教堂添加了一个新古典主义风格的外观。

12　1666 年，法国财务大臣科尔贝奉路易十四之命创建了法兰西学院。学院的学生起初住在雅尼库鲁姆山上，在他们住的地方附近有座圣奥诺弗里奥教堂，这座教堂建于 1415 年，是圣哲罗姆会修道士隐修的地方。法兰西学院的学生后来住进了科尔索大道的萨尔维亚蒂宫。1803 年，萨尔维亚蒂宫被用来换取了位于平乔山西班牙台阶上方的美第奇别墅。这座别墅是由佛罗伦萨的乔瓦尼·利皮和安尼巴莱·利皮为蒙特普尔恰诺红衣主教里奇于 1540 年开始修建的。1580 年，红衣主教费迪南多·德·美第奇买下了这座别墅，因此它就成了美第奇家族的别墅，直到法兰西学院拥有了它。1630 年至 1633 年间，伽利略就被关押在美第奇别墅里。别墅前方有一座位于山上圣三一大道的喷泉，喷泉中央过去曾有一朵象征佛罗伦萨市的百合。今天在别墅里可以看到一枚炮弹，据说这枚炮弹是令人难以捉摸的瑞典女王克里斯蒂娜打出来的，当时她受邀为圣天使堡鸣第一炮，这个邀请现在看来有点不太明智了。法兰西学院的学生包括弗拉戈纳尔、安格尔、布歇、柏辽兹和德彪西。

13　达梅剧场靠近人民广场，在阿利贝蒂大道尽头海水大道和狒狒大道交会的地方。它是由安东尼奥·达利贝蒂伯爵按照费迪南多·富加的设计建造的。剧场在 1717 年的狂欢节开业，歌剧和话剧都会在这里上演。它又被称为阿利贝蒂剧场。

14　阿根廷剧场是由马尔凯塞·吉罗拉莫·泰奥多利为斯福尔扎·切萨里尼公爵设计的。1837 年，彼得罗·坎波雷塞重建了这座剧场。20 世纪时，它曾得到过修复。

15　卡普拉尼卡宫里的卡普拉尼卡剧场是红衣主教多梅尼科·卡普拉尼卡在 16世纪修建的。如今，剧场已成了一家电影院。

16　由克雷芒八世创办于 1600 年的苏格兰学院位于四泉大道上，克雷芒八世创办这所神学院的目的也许是为了让信奉新教的国王詹姆斯一世皈依罗马天主教。苏格兰学院的设计者是路易吉·波莱蒂，他也负责重建了城外圣保罗大教堂。苏格兰学院后来搬到了马里诺，学院里的学生都穿着紫色教士长袍，系着红色腰带。锯齿山大道上的英格兰学院创办于 1362 年，它的前身是一个接待英国朝圣者的招待所。1579 年，这家招待所被改造成了一所学院。大约在 1669 年至 1685 年，学院的建筑得到了修复。约翰·伊夫林在 1645 年到访罗马期间曾和其他大约五十名客人在学院里用过餐，"随后他们观看了一场由英格兰学院的校友表演的喜剧，同时在场观看演出的还有红衣主教"。

17　穆蒂-帕帕祖里宫位于十二门徒广场上，它是在 1644 年建成的。它的设计者可能是马蒂亚·德·罗西。

18　德拉戈宫也就是之前的阿尔瓦尼宫。它位于四泉大道上，是由多梅尼科·丰塔纳于 17 世纪开始建造的。它最终被亚历山德罗·斯佩基建成，斯佩基负责设计了宫殿的檐口和塔楼。第二次世界大战以来，英国文化教育协会位于罗马的办事处就在德拉戈宫。

19　托洛尼亚别墅即从前的阿尔瓦尼别墅，它位于盐道边上，是由卡洛·马尔基翁尼在 1743 年至 1763 年为红衣主教亚历山德罗·阿尔瓦尼修建的。阿尔瓦尼收藏的大部分古典雕塑都被拿破仑带到了巴黎，1815 年的时候，只收回了一小部分雕塑。亚历山德罗·托洛尼亚亲王在 1866 年买下了这座别墅。1870 年，意大利军队攻占罗马，实现了意大利统一，当时罗马的投降协议正是在这座别墅里签订的。（诺门塔纳大道边上的托洛尼亚别墅，见第 17 章，注释 3。）

20　位于维托里奥·韦内托大道上的无染原罪圣母教堂是一座嘉布遣会的教堂。它是由安科纳的安东尼奥·卡索尼在约 1626 年为教皇乌尔班八世的哥哥、红衣主教安东尼奥·巴尔贝里尼而建造的。教堂的主祭坛前就是安东尼奥·巴尔贝里尼的墓碑，墓碑上的铭文用拉丁文刻着："这里埋葬的只是尘与土。"教堂里有一幅圭多·雷尼创作的《圣米迦勒伏魔》，据说画中撒旦的脸是照着英诺森十世画的，因为雷尼特别讨厌英诺森十世。邻近的地下室里有五个小教堂是作为公墓使用的，据说墓地的土是从圣地运来的。当公墓没地方再下葬的时候，四千名嘉布遣会教士的遗骨和头骨被挖掘出来，用于装饰墙壁和地窖，如此一来就腾出更多空间来埋葬遗体。因为葬在这个公墓被视作一种很高的荣誉或特殊优待，这里也出现了一些贵族家的孩童和年轻人的遗体。

21　祖卡里宫位于格列高利大道上，祖卡罗兄弟中的弟弟费德里科建好它之后，将它作为一家美术学院使用。费德里科在国外待过一段时间，曾为英格兰的伊丽莎白女王和苏格兰的玛丽女王画过像。祖卡罗兄弟是罗马矫饰主义画派的领军人物。波兰王后玛丽亚·卡齐米日后来住在了这里。1711 年，尤瓦拉为卡齐米日修建了一个凉廊。后来，专门研究艺术史的赫茨图书馆就坐落在这座宫殿里。

22　希腊咖啡馆是一个黎凡特人在 1760 年开的，它很快就成了罗马最著名的聚会场所。1861 年，美国雕塑家威廉·韦特莫尔·斯托里在这家咖啡馆里把汉斯·安徒生介绍给了伊丽莎白·巴雷特·勃朗宁。咖啡馆对面的房子过去是一所公寓，很多英国游客，比如萨克雷和丁尼生都爱住在这里。济慈的朋友、画家约瑟夫·塞弗恩在 1860 年被任命为英国驻罗马领事，1879 年，塞弗恩就是在这所公寓里去世的，享年八十五岁。

23　这个寓所现在被称为济慈-雪莱纪念室，曾是彼得里夫人经营的廉价公寓。济慈在 1821 年 2 月去世，他所在的小房间可以俯瞰西班牙广场上的破船喷泉。如今，这个寓所里陈列着大量济慈与雪莱的藏书。在西班牙广场的另一侧位于 66 号的公寓是拜伦在罗马期间住的地方。

24　古老的佛兰德圣朱利安教堂又称圣朱利安医院教堂，它位于手帕大道上。17 世纪末，富有的佛兰德药剂师尼古拉斯·范·哈林根斥资改造了这座教堂，他在罗马度过了人生中的大部分时光，于 1705 年在罗马逝世。教堂有一所附属的医院。教堂天花板的壁画并不怎么出色，它是威廉·肯特的作品。

25　鲜花广场如今是一个蔬果市场，在工作日上午和周日全天开放。1600 年，布鲁诺在鲜花广场被处死后，这里成了固定的行刑地。在 14 世纪和 15 世纪，这一带的旅馆很有名。其中有一家旅馆叫奶牛旅馆，它位于卡佩拉里大道和加洛巷的拐角。这家旅馆的所有者是红衣主教罗德里戈·博吉亚的情妇瓦诺莎·卡塔内，她在罗马投资了至少四家旅馆。在位于加洛巷 13 号建筑的墙壁上，可以看到一个盾牌中有四个等分的家族盾徽的图案，其中就有属于卡塔内、她的第三任丈夫以及罗德里戈·博吉亚的徽章。矗立于鲜花广场中央的焦尔达诺·布鲁诺雕像是由埃托雷·费拉里创作的，这尊雕像能在 1887 年被摆到鲜花广场其实是当时政治斗争的结果。当时的罗马市长是杜卡·莱奥波尔多·托洛尼亚，他积极推动罗马的城市发展，改善科尔索大道的照明状况，并推进城市广场的挖掘工作。但是从政治角度来说，他犯了一个错误。他在正式拜访身为教皇代理、负责管理罗马教区的代理主教的时候，请红衣主教在圣年的庆祝场合向教皇利奥十三世传达罗马人民的祝福。当时的意大利首相克里斯皮是个反教会人士，他得知此事后立刻撤了托洛尼亚的市长之职。为了不让市政当局再和梵蒂冈走得过近，克里斯皮在城中立起了焦尔达诺·布鲁诺和其他著名异端分子的雕像，这些人的名字和肖像就保存在雕像底座周围的奖章图形里。这些人包括：伊拉斯谟、瓦尼尼、帕拉里奥、塞尔韦图斯、威克利夫、胡斯、萨尔皮和坎帕内拉。星期天的时候，如果有人站在这些雕像前，踢球的小孩很可能让他往旁边站站，不要影响他们拿这些雕像当球门踢。

14　拿破仑的插曲

1　圣潘塔莱奥广场上的布拉斯基宫在维托里奥·埃马努埃莱二世大道的边上。这座宫殿是为奥内斯蒂-布拉斯基公爵而建的，此人是教皇庇护六世的侄子，难以相处。有一次，为了平息在布拉斯基宫门前的反教皇示威游行，他命令手下侍卫对着宫殿前面的暴民撒金币，然后他双手各拿一根打狗的鞭子痛打争抢金币的人。布拉斯基宫的风格属于文艺复兴鼎盛时期，它在 18 世纪接近尾声的时候落成，其设计者是科西莫·莫雷利。宫殿的楼梯是罗马最豪华的楼梯。它之前是意大利内政部的办公地点，在 1952 年经过改造后被作为罗马博物馆使用。罗马博物馆中收藏的艺术品包括了老的圣彼得大教堂里壁画和镶嵌画图案的残余部分，教皇和红衣主教的半身塑像与肖像，描绘不同时代的罗马的油画、水彩画和绘画，以及由勒斯勒尔·弗朗茨和伊波利托·卡菲创作的描绘 19 世纪罗马著名美景的图画。

2　圣彼得大教堂的圣器房在 1784 年开始使用，里面保存了圣彼得的宝物。这些宝物在公元 846 年曾被撒克森人掠夺过，在 1527 年的罗马之劫中也被抢过。而 1797 年的《托伦蒂诺条约》又让拿破仑把圣彼得的宝物给差不多掳干净了。不过，圣器房仍然保留着几件兼具艺术价值和历史研究价值的藏品，比如西克斯图斯四世（1471—1484 年在位）的渔夫戒指；由东罗马皇帝查士丁尼捐赠的一个大约造于公元 575 年的珠宝十字；所谓的查理曼大帝的加冕服，但其实这件服装不会早于 10 世纪，很有可能是在 15 世纪制作的。圣器房里两个漂亮的七枝大烛台是由安东尼奥·波拉约洛制造的。

3　从梵蒂冈大道出发走到观景庭院的北面，便可以从两条设计精巧的斜坡出入梵蒂冈图书馆了。这两条斜坡是朱塞佩·莫莫在 1932 年设计的。梵蒂冈图书馆中包括：

（1）梵蒂冈图片馆。此馆建成于 1932 年，是为教皇庇护十一世（1922—1939 年在位）而建的。它的设计者是卢卡·贝尔特拉米。

（2）庇护-克雷芒博物馆。该馆中收藏了 16 世纪和 17 世纪的教皇陈列在观景庭院的古典雕塑。克雷芒十四世和庇护六世分别在馆中添加了雕塑藏品，他们都曾将这些雕塑放置在由英诺森八世（1484—1492 年在位）修建的观景殿中展示过。由于观景殿空间有限，米开朗琪罗·西莫内蒂对它进行了扩建。西莫内蒂以万神殿为参照，打造了一个圆形大厅。圆形大厅的一部分地板上镶嵌了罗马的镶嵌画图案，这个镶嵌画是1780 年在奥特里科利被发现的。圆形大厅中还存有一个巨大的斑岩水池，它本来是尼禄的金宫里的。庇护-克雷芒博物馆的各个厅室里收藏了罗马最精致的古典雕塑，比如从奥特里科利来的朱庇特半身塑像；巴尔贝里尼的朱诺，它是一件罗马复制品，仿制的是古希腊雕塑家斯科帕斯创作的墨勒阿革洛斯雕像；尼多斯的维纳斯和蜥蜴杀手阿波罗，这两件都是仿造普拉克西特列斯的作品。博物馆最重要的一批展览品是在观景庭院的门廊里，这道门廊是西莫内蒂在 1773 年建成的。这批展品包括：拉奥孔雕像、赫尔墨斯（之前被称为观景庭院的安提诺乌斯）以及观景殿的阿波罗雕像。当拿破仑的军队在 18 世纪末将观景殿的阿波罗雕像带到巴黎之后，卡诺瓦创作的珀修斯雕像被用来填补了阿波罗雕像的空白。

（3）格列高利埃及博物馆。罗马最早的一批埃及古物收藏品来自庇护七世（1800—1823 年在位），他收集了梵蒂冈宫、卡比托利欧博物馆和哈德良别墅中的埃及古董。格列高利十六世于 1839 年将这些藏品陈列于这个博物馆内。后来，埃及的礼品不断地丰富了博物馆里的收藏。

（4）格列高利伊特鲁里亚博物馆。这间博物馆是由格列高利十六世于 1837 年开设的。

（5）基亚拉蒙蒂博物馆。这间博物馆由庇护七世开设，是一个收藏古董的附加博物馆。它又包括了：（a）基亚拉蒙蒂专属博物馆；（b）宝石匠画廊，其中收藏了大约五千个基督教及异教的铭文；（c）新翼陈列室（见第 9 章，注释 5），其中展示有一尊奥古斯都的雕像，据说是所有奥古斯都的塑像中最好的一件作品。

（6）烛台与挂毯画廊。这个画廊里收藏了一些并不是太有名的古典雕塑。画廊里的壁画描绘的是教皇利奥十三世（1878—1903 年在位）的生活场景。画廊的名字来自拱门下方的那对华丽的七枝大烛台和由拉斐尔的学生设计的佛兰德挂毯。画廊前身是由教皇克雷芒十三世建在松果庭院西厢的凉廊。庇护六世后来把这个凉廊给封闭了。

（7）地图画廊。这个画廊的壁画展现的是意大利所有地区的地图，这些壁画是由地理学家伊尼亚齐奥·丹蒂的兄弟安东尼奥·丹蒂创作的。这个画廊是为教皇格列高利十三世（1572—1585 年在位）建造的，它的设计者是老马蒂诺·隆吉和奥塔维亚诺·马斯卡里诺。

（8）图书馆异教古物博物馆。这个只有一个房间的博物馆是 1767 年为克雷芒十三世设计的。这里展示的是教皇所收藏的奖章。

（9）梵蒂冈图书馆（见第 7 章，注释 7）。

（10）基督教艺术博物馆。这个博物馆是由本笃十四世在 1756 年开设的，庇护九世时期它被重新布置，用来展示基督教的艺术品。博物馆里收藏了至圣堂里的古物和陈设。与之相邻的是诺泽·阿尔多布兰迪尼厅，这个厅的名字来自一幅描绘了亚历山大和罗克珊娜结婚的古画。这幅画是 1605 年在埃斯奎利诺山上被人发现的，而且当时它被保存得相当完好，据说它模仿了希腊艺术家厄喀翁创作于公元前 4 世纪的一幅作品。

（11）历史博物馆。这个博物馆内展示了教皇的马车，以及教皇的卫队曾使用过的武器和盔甲。

（12）曾经属于拉特朗宫中的藏品现陈列于：（a）庇护·克里斯蒂亚诺博物馆，该博物馆由庇护九世于 1854 年开设，以收藏早期基督教的石棺而闻名；（b）格列高利异教古物博物馆，该博物馆由教皇格列高利十六世（1831—1846 年在位）开设，其中展示了铭文、镶嵌画图案和雕塑，博物馆中有一间陈列室专门展示的是刻画了女性形象的雕像；（c）传教人种博物馆，该博物馆由庇护十一世在 1926 年开设，其中以图片形式展示了罗马天主教在世界各地传教的历史。

此外，还有一个现代艺术博物馆，馆中收藏了大量精彩而不拘一格的展品。很多画作都是由画家本人提供的。

4　面具厅是庇护-克雷芒博物馆的一部分。这个厅的名字源自 1780 年在哈德良别墅里发现的镶嵌着镶嵌画图案的地板，镶嵌画的图案主要是面具。

5　山上圣三一教堂前面的方尖碑是一件罗马帝国时代的复制品，它仿造的是拉美西斯二世时期的一块方尖碑。这个复制的方尖碑是在撒路斯提乌斯宫的花园里被发现的。1789 年，庇护六世派人将它移到了它现在所在的位置。

6　意大利众议院广场上的方尖碑原本属于埃及法老萨美提克二世，奥古斯都将它从赫利奥波利斯带回到罗马，又将它矗立于战神广场上。一场大火曾经让它倒塌，在 1792 年，庇护六世重新将它立了起来。罗马帝国时期曾有过四十八个方尖碑，现存的只有十三个。按大小，这座方尖碑在十三个方尖碑中排第四位。它的高度为29 米。

7　奎里纳莱广场上的方尖碑是庇护六世从奥古斯都陵墓移过来的。当时，庇护六世正在重新安排卡斯托耳与波鲁克斯雕像的位置。卡斯托耳与波鲁克斯雕像是在西克斯图斯五世在位时期于君士坦丁浴场发现的。方尖碑被放在了卡斯托耳雕像与波鲁克斯雕像之间，后来庇护七世的设计师拉法埃洛·斯特恩在广场上添建了一座喷泉，圆满地完成了广场的装饰任务。喷泉的花岗岩水池很大，这个水池曾经位于城市广场卡斯托耳与波鲁克斯神庙的前方。

8　奎里纳莱宫的驯马师雕像其实是一组希腊雕像的罗马复制品。这些雕像也许曾矗立在君士坦丁浴场。君士坦丁浴场就在奎里纳莱宫附近，它大概建于公元315年，那时正是君士坦丁皇帝在位时期。

9　圣彼得大教堂正厅右手边靠近青铜华盖的地方有一尊威严壮观的圣彼得铜像，很长一段时间里，人们都认为这尊铜像是在圣利奥一世在位时期（440—461）建造的，并且它是由至善至伟朱庇特神庙里的一尊古代雕像改造而来的。然而，现在大部分权威人士却坚称它可以追溯到13世纪，并认为它是阿诺尔福·迪·坎比奥的作品。铜像的大理石座位一定出自文艺复兴时期的匠人之手，而西西里玉石底座和底座上的绿色斑岩镶板则是由卡洛·马尔基翁尼在1756年至1757年间雕刻而成的。圣彼得铜像的右手是一个祈福的姿势，左手握着一个大钥匙。几个世纪以来，一排排的信徒们从这尊坐像前经过，他们或是亲吻，或是用前额来触碰雕像伸出的右脚的脚趾。在某些节日，圣彼得铜像还会被披上圣衣、戴上珠宝和主教法冠。

10　朱莉娅别墅的法尔科涅里宫原先是属于奥代斯卡尔基家族的。1606年，奥代斯卡尔基家族将它卖给了拉泰拉公爵彼得罗·法尔内塞，而法尔内塞又在1638年将它卖给了奥拉齐奥·法尔科涅里。1646年，在买下了邻近的一座宫殿后，法尔科涅里让博罗米尼给法尔科涅里宫设计了新的外观和一个大的楼梯。如今，法尔科涅里宫成了匈牙利艺术学院的办公地址。

1815年，拿破仑的母亲莱蒂齐亚买下了多里亚宫旁边的阿斯特–波拿巴宫（即今天的米夏泰利宫）。这座宫殿建于1658年至1665年，是乔瓦尼·安东尼奥·德·罗西为达斯特家族建造的，莱蒂齐亚经常在这座宫殿的阳台上看着底下科尔索大道散步的人群。宫殿的外部是在1979年被修复的。

15　意大利统一运动和“罗马问题”

1　科尔西尼别墅又被称为夸特罗文蒂别墅，它是由西蒙内·萨尔维在临近18世纪中叶的时候为科尔西尼家族建造的。别墅里有一间著名的会客室,这间会客室有十二扇门和十二扇窗。1849年,多里亚亲王买下了科尔西尼别墅,把它的院子和多里亚-潘菲利别墅的院子并到了一块儿。科尔西尼别墅在战争中被毁,后来,人们在它原先所在的地方立了一道凯旋门。

2 多里亚-潘菲利别墅大约建于1650年,是由亚历山德罗·阿尔加迪为教皇英诺森十世的侄子卡米洛·潘菲利亲王建造的。第二次世界大战以后,别墅被交给了比利时政府使用,它曾有一段时间被作为比利时驻意大利的大使馆。别墅周围的广阔空地在当时被开放为公园。

3 顾名思义,美第奇船形别墅的形状像一艘船,它是由巴西利奥·比基设计的,建成于17世纪下半叶。它曾属于路易十四在罗马的代理人埃尔皮迪奥·贝内代蒂,别墅里的装饰不乏法国王室的勋章和肖像。贝内代蒂将别墅留给了讷韦尔公爵,而讷韦尔公爵又将它交给了吉罗伯爵。1849年,加里波第的部队为保卫罗马共和国而与法军交战的时候,这座别墅的名字就叫吉罗别墅。多里亚家族将别墅给买了下来,并把它的院子并到了多里亚-潘菲利别墅的院子里。后来,美第奇家族买下了这座别墅。

4 新咖啡馆位于科尔索大道,在鲁斯波利宫(由阿玛纳蒂为鲁切拉伊家族建于1586年)的一层。由于该咖啡馆的侍者拒绝为两个法国军官服务,它曾经被关停过一段时间。后来它重新开张,更名为法国军人咖啡馆,专门为罗马的法国占领军服务。意大利国王维托里奥·埃马努埃莱二世拿下罗马之后,新咖啡馆成了埃马努埃莱部队军官最爱去的地方,当时,它被称作意大利咖啡馆。后来,鲁斯波利宫的一层被租给了意大利国家银行,新咖啡馆也随之不见了。

5 圣彼得大教堂里的斯图亚特纪念碑造于1819年,它的设计者是卡诺瓦。这座纪念碑由英国摄政王出资兴建,受过约克红衣主教亨利·贝内迪克特·斯图尔特大力提拔的红衣主教孔萨尔维曾向教皇庇护七世建议建造这座纪念碑,后来庇护七世听从了建议。这座纪念碑纪念了"老王位索取者""詹姆斯三世"(自封的名号)、"小王位索取者""查理三世"和在1807年死于罗马的约克红衣主教"亨利九世"。

6 拿破仑那个美丽而又风情万种的妹妹波利娜·波拿巴在1803年嫁给了她的第二任丈夫卡米洛·博尔盖塞亲王。卡诺瓦在他的塑像中将波利娜·波拿巴刻画成胜利女神维纳斯的样子,雕像中的她斜倚在沙发上,手中还拿了一个苹果。这个造型和裸露胸部都是波利娜·波拿巴自己的主意,但这让卡诺瓦很感慨,其实他不想让他这位高贵的模特过分暴露。波利娜·波拿巴后来被人问及她怎么能几乎一件衣服都不穿去摆造型，她则回答说：她可一点儿也不担心，画室里有个炉子。

7 朱斯蒂尼亚尼-马西莫别墅位于拉特朗圣约翰广场的北面，在塔索大道和博亚尔多大道之间。别墅的入口处位于博亚尔多大道 16 号。别墅里的壁画创作于 1821 年至 1829 年，是"拿撒勒人画派"的画家为卡米洛·马西莫亲王画的。别墅外观的浮雕、半身塑像和勋章图案模仿了瓦萨齐奥、皮罗·利戈里奥和博罗米尼等艺术家的风格。

8 卢多维西别墅的园林位于今天的卢多维西大道上，在维托里奥·韦内托大道和平乔门大道之间，它覆盖了撒路斯提乌斯花园的大部分区域。这座别墅是教皇格列高利十五世（1621—1623 年在位）的侄子、红衣主教卢多维科·卢多维西的财产。别墅的主体建筑由博洛尼亚的多梅尼基诺和马代尔诺建造而成。1886 年，邦孔帕尼-卢多维西亲王为了开发土地，卖掉了别墅中的大部分财产，别墅的主体建筑于是也被拆除。1890 年，加埃塔诺·科赫在别墅的位置上建起了一座宫殿。这座宫殿成了玛格丽塔王后的府邸，第二次世界大战后，它又成了美国驻意大利大使馆。如今的这处房产规模已大不如前，但还保留了卢多维西别墅的一部分，其中就包括大会客厅。这间会客厅的天花板上有一幅壁画，是圭尔奇诺完成于 1621 年的不朽名作《曙光女神》。

1946 年 10 月，以色列恐怖分子炸毁了位于 9 月 20 日大道上、挨着庇亚门的英国驻意使馆。后来，巴兹尔·斯彭斯爵士在原处重新设计了一个新的英国使馆。英国大使的官邸位于沃尔孔斯基别墅。大使官邸的院子位于斯塔蒂利亚大道和 G. B. 皮亚蒂大道之间，里面还较好地保留了一些尼禄高架渠的遗迹。尼禄高架渠从马焦雷门的克劳狄高架渠引水，把水输送到帕拉蒂尼山上的皇宫里。

16 王室的罗马

1 内格罗尼别墅位于蒙塔尔托大街和戴克里先浴场之间，就在今天的浴场火车站地区。

2 新教徒公墓又称英国公墓，离圣保罗门很近，旁边就是盖乌斯·切斯提奥金字塔，切斯提奥是古罗马一个富有的裁判官，大约在公元前 12 年，他被埋葬在了这座金字塔下。一直到 18 世纪晚期的时候，非罗马天主教人士（犹太人除外）的遗体还是必须被葬在罗马城外。有些人被葬在了奥勒良城墙下的荒地里，那个时候切斯提奥金字塔也已经被纳入了奥勒良城墙之中。当济慈在 1821 年逝世的时候，有人同庇护七世的国务卿孔萨尔维协商建一个封闭式公墓。后来，济慈以及他的朋友约瑟夫·塞弗恩的遗体就被葬在了被人称为老公墓的地方。与老公墓毗邻的新公墓里柏树成荫，安葬在这里的人有：雪莱和他的朋友特里劳尼，歌德的私生子、死于1830年的尤利乌斯·奥古斯都，美国雕塑家威廉·韦特莫尔·斯托里，研究意大利文艺复兴的历史学家约翰·阿丁顿·西蒙兹，专门写儿童历险故事的作家 R. M. 巴兰坦。一些意大利人也被葬在这里，比如意大利共产党首任领导人安东尼奥·葛兰西。

在萨巴利亚大道对面有一个英国军人公墓，里面埋葬了大约四百名于第二次世界大战期间在罗马及其周边地区牺牲的英国士兵。这个公墓位于泰斯塔乔山下。泰斯塔乔山是一个由大量土罐碎片形成的山丘，从前，当人们从附近的商业中心港的驳船上卸下油、葡萄酒、粮食等货物时，很多盛油的土罐都被打碎了。

3 位于暗店街上的卡埃塔尼宫大约建于1564年，它是由巴尔托洛梅奥·阿玛纳蒂为帕加尼卡公爵亚历山德罗·马太设计的。这座宫殿后来被内格罗尼家族拥有，之后又被卡埃塔尼家族占据。宫殿附近的制绳厂圣凯瑟琳教堂建于12世纪，它在16世纪时被圭多·圭代蒂重建。教堂的名字可能来自当地的一个家族，也可能来自在当地做买卖的制绳厂。暗店街的名字来源于曾经位于这条街上的商铺，在中世纪的时候，商人们把商铺建在巴尔布斯剧场的灰暗拱门之下，巴尔布斯剧场是在公元前13年落成的。近年来有人认为这些暗店是建在弗拉米尼乌斯竞技场上的，但是考古研究则显示弗拉米尼乌斯竞技场是在台伯河的边上。暗店街曾被大幅拓宽，所以它的名字已经不怎么合适了。

4 圣西尔维斯特首修道院毗邻圣西尔维斯特首教堂。这所修道院是由教皇保罗一世于公元761年建成的，它所在的地方原来是一座由奥勒良皇帝修建的太阳神神庙的遗迹。它曾是古罗马的救济中心之一。13世纪的时候，修道院里添建了一个钟楼，此后，弗朗切斯科·达·沃尔泰拉提交了一个新修道院的设计方案。1593年，在沃尔泰拉去世后不久，新修道院开始动工，接替沃尔泰拉的卡洛·马代尔诺对沃尔泰拉的方案稍微做了调整。新修道院在1602年的时候被祝圣。1680年，卡洛·拉伊纳尔迪开始了重新修饰修道院的工程，拉伊纳尔迪去世后，马蒂亚·德·罗西、多梅尼科·德·罗西以及卢多维科·吉米尼亚尼继续了这一工程。修道院里原本有一座由希腊修道士管理的祷告室，这些希腊修道士声称他们在这间祷告室里存放了施洗约翰的头骨，所以修道院的名字被加了个"首"字。1885年，这所修道院被交给了英国的天主教使徒会掌管，它也成了生活在罗马的英国天主教徒的社区修道院。位于狒狒大道153号的诸圣教堂是一座英国圣公会的新哥特式教堂，它的设计者为英国维多利亚时代的建筑师 G. E. 斯特里特。位于纳波利大道58号的圣保罗教堂是一座美国圣公会教堂，它同样是由斯特里特设计的。这座建于 1879 年的罗马式教堂中有伯恩-琼斯创作的镶嵌画图案。

5　夫人宫是由美第奇家族在 16 世纪建造的，它是美第奇家族出身的两个教皇利奥十世和克雷芒七世的府邸。而当两人都还是红衣主教的时候，日后成为法兰西王后的凯瑟琳·德·美第奇也住在这里。它之所以叫"夫人宫"，是因为神圣罗马皇帝查理五世的女儿、奥地利的玛格丽特夫人（见第 9 章，注释 14）曾经住在这里。夫人宫的巴洛克式外观有三层楼高，相当豪华，这个外观在建设过程中延期了很久，在 1649 年才被卢多维科·卡尔迪和保罗·马鲁斯切利建成。自 1871 年起，夫人宫便成了意大利参议院的大楼。

6　圣米迦勒疗养院周边的建筑包括一个住宅区、艺术和工艺学校、一个收留流浪儿的收容所和一个妓女教养院。

7　最早的浴场火车站是在 1876 年建成的。它的现代化改造开始于第二次世界大战之前，安焦洛·马佐尼·德尔·格兰德在火车站改造过程中建了很多令人印象

深刻的现代建筑。1950 年，欧金尼奥·蒙托里、安尼巴莱·维泰洛齐、马西莫·卡斯泰拉齐和瓦斯科·法迪加蒂在工程师利奥·卡利尼和阿奇列·平托内洛的协助下，建成了火车站引人注目的外观和前厅，这也标志着火车站现代化改造的结束。

8　战争部大楼，即今天的国防部大楼，建于 1876 年至 1883 年。财政部（经济和财政部）大楼是由拉法埃莱·卡内瓦里于 1877 年建成的，其中有一座意大利铸币厂的硬币博物馆。

9　巨大而难看的正义宫历时 22 年才于 1911 年建成，耗时太久主要是由于地下泉水拖延了施工进程。它耗资四千万里拉，其设计者为古列尔莫·卡尔代里尼。面对质疑和批评，卡尔代里尼宣称正义宫完全可以和附近的圣天使堡一样长存于世，然而在 1970 年，由于正义宫被认为不够安全，它被暂时闲置了。这座三层楼的建筑位于裁决广场和加富尔广场之间，它是由大块的石灰岩构造而成的，在它的顶端矗立着由埃托雷·希梅内斯创作的战车雕像。正义宫外观前的巨大雕像雕刻的是罗马著名的

法学家。

10　被称为综合医院区的小区是由朱利奥·波代斯蒂设计的，它建于 1887 年至 1890 年。

11　罗马巨大、醒目的地标维托里奥·埃马努埃莱二世纪念堂位于卡比托利欧山的北坡，可以俯瞰威尼斯广场。纪念堂长 154 米，高 61 米。建筑师朱塞佩·萨科尼选用了布雷西亚的大理石来建造纪念堂，这种大理石白得发亮，完全盖住了周边建筑的灰色、褐色、橙色和红色。席维欧·内格罗把纪念堂形容为一座"糖山"，第二次世界大战期间英国士兵则将它称为"婚礼蛋糕"。纪念堂里有办公室、为喷泉供水的水槽、一个警察局和意大利统一运动历史研究所的档案馆。纪念堂底部台阶上方的平台处有一个墓碑，纪念的是在第一次世界大战中阵亡的无名士兵，有一个仪仗队始终守护着这个墓碑。纪念堂最高的平台是欣赏罗马城市中心风景的绝佳位置。在通往平台的台阶左侧是 C. 普布利修斯·毕布路斯坟墓的遗址，毕布路斯是公元前 1 世纪的市政官，他的坟墓也标志着弗拉米乌斯大道的起点。

12　尽管拉特朗宫附近的朱斯蒂尼亚尼-马西莫别墅已经消失了，但它里面的一座小别墅（见第 15 章，注释 7）却得以保存到了今天。还有一座马西莫别墅位于马西莫别墅大道的北端，离诺门塔纳大道不远，别墅里的房子就是罗马德国艺术学院的所在地。

13　蒙塔尔托别墅曾经属于教皇西克斯图斯五世（1585—1590 年在位），它占据了埃斯奎利诺广场和浴场铁路线路之间的大片区域。

14　占地广阔的阿尔铁里别墅建于 1674 年，是由 G. A. 德·罗西为红衣主教帕卢佐·阿尔韦托尼·阿尔铁里建造的。它从圣母大殿一直延伸到禁卫军营房区，该地区的营房最早建于公元 23 年，是提比略的大臣塞扬努斯为禁卫军建造的。后来，营房被纳入了奥勒良城墙里，再后来，君士坦丁把营房给拆了。取代营房被建起来的是一个要塞，它在中世纪的派系争斗中发挥了重要作用。17 世纪的时候，耶稣会掌管了这个要塞，他们将要塞命名为"澳门要塞"，因为澳门是他们在远东传教最为顺利的地方。澳门要塞后来成了教皇军队的营房。1870 年后，它又成了意大利军队的营房。

15　维米那勒大道上的歌剧院是为酒店企业家多梅尼科·康斯坦齐而建的，好几十年里，它都被称为康斯坦齐剧院。它是在 1880 年建成的，罗马市政厅在 1926 年收购了它。马尔切洛·皮亚琴蒂尼在 1956 年至 1960 年间对它进行了全面翻新，如今，它是世界上最主要的歌剧院之一。

17　法西斯主义的罗马

1　巨大的维米那勒宫位于维米那勒山的西南坡，它的设计者是曼弗雷多·曼弗雷迪，它于 1920 年建成，一直是意大利内政部和卫生部的办公地址。

2　位于科隆纳广场北面的基吉宫建于 1592 年，它是由卡洛·马代尔诺和贾科莫·德拉·波尔塔为教皇克雷芒八世所属的阿尔多布兰迪尼家族建造的。1659 年，基吉家族出身的教皇亚历山大七世为了他的侄子们从唐娜·奥林匹娅·阿尔多布兰迪尼·潘菲利手中买下了这座宫殿。基吉宫的大型巴洛克式庭院和外观是由费利切·德拉·格雷卡设计完成的。1664 年，贝尼尼为它设计了另一个外观。1746 年，奥代斯卡尔基亲王买下了它，并派尼古拉·萨尔维对它进行了大规模扩建，也因此破坏了贝尼尼此前的设计。1923 年，意大利外交部买下了它，后来它成了意大利总理的办公场所。

3　巨大的新古典主义风格的托洛尼亚别墅建于 1841 年，它是由安东尼奥·萨尔蒂为亚历山德罗·托洛尼亚亲王修建的。别墅所在的地皮是由亚历山德罗·托洛尼亚的父亲唐马里诺·托洛尼亚在 1825 年购得的。自 1925 年起，墨索里尼就住进了这里。

4　曾经有提议说要在罗马市中心建一个大型考古遗址公园，如果这个计划被实现了，也就意味着威尼斯广场和大角斗场之前的整片区域都被挖掘了，那么帝国广场大道也就不复存在了。

5　在清除了博尔戈区的很多老房子之后，抚慰大道在 1937 年开通。这条大道的建设者是马尔切洛·皮亚琴蒂尼和阿蒂利奥·斯帕卡雷利。它开通之后，梵蒂冈城的交通压力得到了缓解，而此前布拉曼特和贝尼尼提出的建一条可通向圣彼得大教堂的游行大道也终于实现了。奥古斯都·黑尔认为圣彼得大教堂的外部效果来自"从阴郁街道突然走到了洒满阳光的广场上"，但这种效果却因为抚慰大道而被破坏了。

6　罗马世博会园区位于距离罗马城外五公里处，人们经过阿尔代亚门，从克里斯托弗·哥伦布大道上走便可以到达这个园区。举办罗马世博会的主意是由朱塞佩·博塔伊在 1935 年提出的，当时他是罗马的总督（墨索里尼设的职位，对应市长）。墨索里尼认为这个世博会应当在 1942 年举办，因为那时候正好是法西斯党向罗马进军二十周年。博览会被命名为 E42，一开始，罗马总督办公厅秘书维尔吉利奥·泰斯塔是 E42 方案的执行和进展情况的监督者，泰斯塔在法西斯倒台之前一直担任这个职务，在战后也受到了政府任用。负责监督世博会园区建筑项目的是法西斯时期的一个主要建筑师马尔切洛·皮亚琴蒂尼，他曾建造了罗马的几个主要的公共建筑，比如议会广场上的意大利银行（1918）、经过重建的歌剧院（1928）、企业部大楼（1932）。把世博会的会场放在三泉修道院似乎是墨索里尼本人的主意，他曾在 1936 年 12 月对园区进行过考察，整个园区（包括后来扩增的面积）占地四百多公顷。世博会被定位为一次"文明的奥林匹克"。1938 年，园区的工程动工，其中一些大型项目，比如教堂（设计者为 A. 福斯基尼）、被称为"方形大角斗场"的文化宫（设计者为 G. 圭里尼、E. 拉帕杜拉和 M. 罗马诺）以及议会宫（设计者为 A. 利贝拉）都在第二次世界大战爆发之前竣工了。但是后来园区工程被暂停。第二次世界大战期间，这个地区屡次被占领，先是被德国人，后来是被盟军，最后是被难民。难民们烧了大楼和楼里的设施，强盗团伙则对园区进行了进一步的破坏。到了 1950 年，用圭多·皮奥韦内的话来说，这个地方好像一个现代版的庞贝城。1951 年，维尔吉利奥·泰斯塔被重新起用，他修复了被毁坏的建筑，完成了此前停工的项目，比如由内尔维设计的运动宫，它在 1958 年正式开放。由阿斯基耶里、贝尔纳迪尼、帕斯科莱蒂和佩雷苏蒂设计的罗马文明博物馆是由菲亚特公司出资兴建的。

7　萨伏伊别墅现在的名字叫阿达别墅，它位于罗马的北部郊区。它的东边以盐道为界，西边以巴拿马大道为界。它的部分区域现在是个公共公园。如今，占用别墅的是埃及驻意使馆。

8　韦德金德宫位于科隆纳广场的西面，它所在的地方之前有一座为教皇英诺森十二世（1691—1700 年在位）而建的府邸。韦德金德宫的设计者是朱塞佩·瓦拉迪耶。1838 年，彼得罗·坎波雷塞对它进行了重建，他用十六根产自维爱的奥尼亚石柱搭起了一个平台。宫殿一层有著名的科隆纳餐厅和法贾诺餐厅。银行家韦德金德买下了这座宫殿，并在 1879 年请加尔焦利对它进行了重建。《意大利时报》的办公地点如今就位于这座宫殿里。

9　罗马的主要监狱天国圣母监狱位于马志尼桥对面河流的西岸，这座监狱的名字来自一所同名修道院，这所修道院就建在后来监狱所处的位置。教皇英诺森十世曾于 17 世纪 50 年代在朱莉娅大道上建了座新监狱，而天国圣母监狱则取代了新监狱。这座监狱是按照英国哲学家、法学家杰里米·边沁设计的圆形监狱模式建造的，边沁设计的监狱中央是狱警的工作区，囚室向四面辐射。

后记　永恒之城

　　1　电影城的办公楼和片场距离罗马大约十公里，人们可以经新阿庇乌斯大道和图斯克拉纳大道到达这里。它建于 1937 年，设计者为吉诺·佩雷苏蒂，当时，法西斯政府为了发展意大利电影业实施了一系列举措，其中之一便是打造了这个电影城。这个项目起初进展得十分顺利：在 1938 年至 1939 年间，在电影城摄制完成的影片多达八十五部，而在 1930 年，只有十二部影片问世。第二次世界大战结束后的几年中，电影城继续为意大利创造高额利润。有一段时间，意大利靠出口影片赚得的钱超过了世界上除了美国以外任何一个国家的电影出口利润。但后来，意大利电影产业出现了下滑，一些人甚至提出了在郊区建房地产来代替电影城的方案。

资料来源

Ackermann, J. S., *The Architecture of Michelangelo* (1961)

Addison, Joseph, *Remarks on Several Parts of Italy* (1705)

Andrieux, Maurice, *Daily Life in Papal Rome in the Eighteenth Century* (trans. Mary Fritton, 1968)

Angeli, Diego, *Storia romana di trent' anni, 1770−1800* (1931)

Armellini, Mariano, *Le Chiese di Roma dal secolo IX al XIX* (revised by Carlo Cecchelli, 1942)

　Gli antichi cimiteri cristiani di Roma e d'Italia (1893)

Ashby, Thomas, *The Aqueducts of Ancient Rome* (1930)

Baddeley, St Clair and Lina Duff-Gordon, *Rome and Its Story* (1904)

Bailey, Cyril (ed.), *The Legacy of Rome* (1923)

Baker, G. P., *Twelve Centuries of Rome* (1936)

Balsdon, J. P. V. D., *Julius Caesar and Rome* (1967)

　Life and Leisure in Ancient Rome (1969)

　(ed.) *The Romans* (1965)

　Roman Women: Their History and Habits (1962)

Bandini, G., *Roma nel Settecento* (1930)

Barker, Ethel Rose, *Rome of the Pilgrims and Martyrs* (1913)

Barraconi, Giuseppe, *I rioni di Roma* (1974)

Barrow, R. H., *The Romans* (1949)

Belli, Giuseppe Gioachino, *Tutti i sonetti romaneschi* (1972)

Benigno, Jo di, *Occasioni mencate* (1945)

Bertolini, O., *Roma di fronte a Bisanzio e ai Longobardi* (1941)

Bianchi, Gianfranco, *Perchè e come cadde il fascismo* (1972)

Blakiston, Noel, *The Roman Question* (1962)

Bloch, Raymond, *Les Origines de Rome* (3rd edition, 1958)

Blunt, Anthony, *Borromini* (1979)

    Guide to Baroque Rome (1982)

Bolton, J. R. Glorney, *Roman Century, 1870–1970* (1970)

Bonomi, Ivanoe, *Diario di un anno: 2 giugnio 1943–10 giugnio 1944* (1947)

Borsi, Franco and others, *Arte a Roma dal Neoclassicismo al Romanticismo* (1979)

Boswell, James, *Boswell on the Grand Tour: Italy, Corsica and France* (ed. Frank Brady and
    Frederick A. Pottle, 1955)

Bottrall, Ronald, *Rome* (1968)

Bowen, Elizabeth, *A Time in Rome* (1960)

Boyer, Ferdinand, *Le Monde des arts en Italie et la France de la Révolution et de l'Empire*
    (1969)

Brandi, Karl, *The Emperor Charles V* (trans. C.V. Wedgwood, 1965)

Brezzi, Paolo, *Roma e l'impero medioevale, 774–1252* (1947)

Brosses, Charles de, *Lettres historiques et critiques sur l'Italie* (3 vols., 1799)

Bryce, James, *The Holy Roman Empire* (1928)

Bull, George, *Inside the Vatican* (1982)

Burckhardt, Jacob, *The Civilisation of the Renaissance in Italy* (15th edition, 1929)

Burke, Peter, *Culture and Society in Renaissance Italy, 1420–1540* (1972)

Bury, J. B., *The Invasion of Europe by the Barbarians* (1928)

    History of the Later Roman Empire, 395–565 (1923)

Caesar, *The Civil War* (trans. Jane F. Gordon, 1967)

Cállari, Luigi, *I palazzi di Roma* (1932)

    Le ville di Roma (1934)

Campos, Deoclecio Redig de, *I Palazzi Vaticani* (1967)

Capano, Renato Perrone, *La resistenza in Roma* (2 vols., 1963)

Caraman, Philip, *University of the Nations: The Story of the Gregorian University of Rome* (1981)

Carcopino, Jérôme, *Daily Life in Ancient Rome* (ed. Henry T. Rowell, trans. E.O. Lorimer, 1941)

Carrington, P., *The Early Christian Church* (2 vols., 1957)

Cary, Max, *A History of Rome down to the Reign of Constantine* (2nd edition, 1954)

Castagnoli, Ferdinando (with others), *Topografia e urban-istica di Roma Antica* (1969)

Catullus, Quintus Lutatius, *The Poems* (trans. Peter Whigham, 1969)

Chadwick, Owen, *The Popes and the European Revolution* (1981)

Chamberlin, E. R., *The Sack of Rome* (1979)

Chastel, André, *The Sack of Rome, 1527* (trans. Beth Archer, 1983)

Cicero, *Letters to his Friends* (trans. D. Shackleton Bailey, 2 vols., 1978)

   Letters to Atticus (trans. D. Shackleton Bailey, 1978)

Clark, Eleanor, *Rome and a Villa* (new edition, 1976)

Clementi, F., *Il carnevale romano* (1939)

Collier, Richard, *Duce: The Rise and Fall of Benito Mussolini* (1971)

Cowell, F. R., *Cicero and the Roman Republic* (1948)

Crawford, Michael, *The Roman Republic* (1978)

Creighton, Mandell, *A History of the Papacy* (6 vols., 1903)

Cretoni, Antonio, *Roma Giacobina* (1971)

Cronin, Vincent, *The Florentine Renaissance* (1967)

   The Flowering of the Renaissance (1969)

D'Arrigo, Giuseppe, *Cento anni di Roma capitale, 1870–1970* (1970)

Davis, Melton S., *Who Defends Rome?* (1972)

De Felice, Renzo, *Storia degli Ebrei Italiani sotto il Fascismo* (1962)

Deiss, Joseph Jay, *The Roman Years of Margaret Fuller* (1969)

Delumeau, Jean, *Vie économique et sociale de Rome dans la seconde moitié du XVI siècle* (2 vols., 1959)

Delzell, Charles F., *Mussolini's Enemies* (1961)

De Rinaldis, Aldo, *L'arte in Roma dal Seicento al Novecento* (1948)

De Santillana, Giorgio, *The Crime of Galileo* (1956)

Dickens, Charles, *Pictures from Italy* (new edition ed. David Paroissien, 1974)

Dill, Samuel, *Roman Society in the Last Century of the Western Empire* (1910)

D'Onofrio, Cesare, *Le fontane di Roma* (1957)

    Gli obelischi di Roma (1965)

    Roma nel Seicento (1968)

Dorey, T. A. and Dudley, D.R., *Rome against Carthage* (1971)

Douglas, J. H., *The Principal Noble Families of Rome* (1905)

Ducati, Pericle, *L'arte in Roma dalle origini al secolo VIII* (1938)

Dudley, Donald Reynolds, *Urbs Roma* (1967)

Dupaty, Jean Baptiste, *Lettres sur l'Italie* (1824)

Erlanger, Rachel, *Lucrezia Borgia* (1979)

Falda, G. B., *Le fontane di Roma* (1691)

    Li giardini di Roma (1680c.)

Fermi, Laura, *Mussolini* (1961)

Ferrero, Guglielmo, *The Greatness and Decline of Rome* (trans. A.E. Zimmern, 1907)

Fischel, O., *Raphael* (2 vols., 1948)

Frank, Tenney, *A History of Rome* (1924)

    An Economic History of Rome (1927)

    Aspects of Social Behaviour in Ancient Rome (1932)

Frutaz, Amato Pietro (ed.), *Le piante di Roma* (3 vols., 1962)

Fugier, André, *Napoléon et l'Italie* (1947)

Garzetti, A., *L'impero da Tiberio agli Antonini* (1960)

Geller, H. and A., *Jewish Rome* (1970)

Gelzer, M., *Caesar Politician and Statesman* (1968)

Gianelli, G., *Roma nell'etá delle guerre puniche* (1938)

Gibbon, Edward, *The History of the Decline and Fall of the Roman Empire* (edition of 1854–1855)

Gill, Joseph, *Eugenius IV: Pope of Christian Union* (1961)

Giuntella, V. E., *Roma nel Settecento* (1971)

Goethe, Johann Wolfgang, *Italian Journey, 1786–1788* (trans. W.H. Auden and Elizabeth Mayer, 1962)

Golzio, Vincenzo, with Giuseppe Zander, *L'arte in Roma nel secolo XI* (1958)

    Le Chiese di Roma dal XI al XVI secolo (1963)

Grandi, Dino, 25 *Iuglio: quarant' anni dopo* (1984)

Grant, Michael, *Caesar* (1974)

    The Climax of Rome (1968)

    A History of Rome (1978)

    Julius Caesar (1969)

    The Roman Forum (1970)

Gregorovius, Ferdinand, *History of the City of Rome in the Middle Ages* (1894–1898, trans. Annie Hamilton, 9 vols.)

    Lucrezia Borgia (trans. J.L. Garner, 1948)

Grimal, Pierre, *La Civilisation romaine* (1968)

Grisar, Hartmann, *History of Rome and the Popes in the Middle Ages* (3 vols., 1911)

Guicciardini, Luigi, *Il Sacco di Roma* (1564)

Hales, E. E. Y., *Mazzini and the Secret Societies* (1956)

    Napoleon and the Pope (1962)

    Pio Nono (1964)

    Revolution and Papacy, 1769–1846 (1960)

Hare, Augustus, *Walks in Rome* (1878)

Harris, C. R. S., *The Allied Military Administration of Italy* (1957)

Haskell, Francis, *Patrons and Painters: Art and Society in Baroque Italy* (revised edition, 1980)

Haynes, Renée, *Philosopher King: The Humanist Pope, Benedict XIV* (1970)

Hayward, Fernand, *Pie IX et son temps* (1948)

Henig, Martin (ed.), *A Handbook of Roman Art* (1983)

Hermanin, F., *L'arte a Roma dal secolo VIII al secolo XIV* (1945)

Hibbard, Howard, *Bernini* (1965)

Carlo Maderno (1972)

Michelangelo (1975)

Highet, Gilbert, *Juvenal the Satirist* (1954)

Poets in a Landscape (1957)

History of the Church (General Editor, Hubert Jedin; Translation Editor, John Dolen; 10 vols., 1980)

History of Rome and the Romans from Romulus to John XXIII (General Director, Robert Laffont; text by J. Bondet and others; trans., S. Rodway, 1962)

Hodgkin, Thomas, *Italy and Her Invaders* (8 vols., 1880–1899)

Hofmann, Paul, *Rome, The Sweet Tempestuous Life* (1983)

Hook, Judith, *The Sack of Rome, 1527* (1972)

Horace, *The Complete Odes and Epodes* (trans. W.G. Shepherd, 1983)

Hülsen, Christoph, *Le chiese di Roma nel Medio Evo* (1927)

Hutton, Edward, *Rome* (1950)

Insolera, Italo, *Roma moderna* (1976)

Isbell, Harold, *The Last Poets of Imperial Rome* (1971)

Jackson, W. G. F., *The Battle for Rome* (1969)

Johnson, Paul, *Pope John* XXIII (1975)

Johnstone, R. M., *The Napoleonic Empire in Southern Italy and the Rise of the Secret Societies* (1904)

Jones, A. H. M., *Augustus* (1970)

Katz, Robert, *Death in Rome* (1967)

Kirkpatrick, Ivone, *Mussolini* (1964)

Krautheimer, Richard, *Rome, Profile of a City 312–1308* (1980)

Kristeller, Paul Oskar, *Renaissance Thought: The Classic, Scholastic and Humanist Strains* (1961)

Labat, O.P., *Voyages en Espagne et en Italie* (8 vols., 1730)

Lanciani, Rodolfo, *Ancient Rome in the Light of Recent Discoveries* (1888)

Pagan and Christian Rome (1893)

The Golden Days of the Renaissance in Rome (1906)

Larner, John, *Culture and Society in Italy, 1290–1420* (1971)

Lees-Milne, James, *Roman Mornings* (1956)

    St Peter's: The Story of St Peter's Basilica in Rome (1967)

Lenkeith, Nancy, *Dante and the Legend of Rome* (1952)

Leppmann, Wolfgang, *Winckelmann* (1970)

Letarouilly, P. M., *Edifices de Rome moderne* (1869–1874)

Lewis, Naphtali and Meyer Reinhold (eds.), *Roman Civilization: Source Book 1: The Republic* (1951); *Source Book 2: The Empire* (1955)

Livy, *The Early History of Rome* (trans. Aubrey de Sélincourt, 1960)

Llewellyn, Peter, *Rome in the Dark Ages* (1971)

Low, D. M., *Edward Gibbon, 1737–1794* (1937)

Luff, S. G. A., *The Christian's Guide to Rome* (1967)

Mack Smith, Denis, *Mussolini* (1982)

    Victor Emmanuel, Cavour and the Risorgimento (1971)

Madelin, Louis, *La Rome de Napoléon* (1906)

Mâle, Émile and D. Buxton, *The Early Churches of Rome* (1960)

Mallett, Michael, *The Borgias: The Rise and Fall of a Renaissance Dynasty* (1969)

Mann, H. K., *Lives of the Popes in the Early Middle Ages, 590–1304* (18 vols., 1902–1932)

Martial, *The Epigrams* (trans. James Michie, 1978)

Martin, George, *The Red Shirt and the Cross of Savoy* (1970)

Masson, Georgina, *Companion Guide to Rome* (6th edition, 1980)

    Courtesans of the Italian Renaissance (1975)

    Italian Gardens (1961)

    Italian Villas and Palaces (1959)

    Queen Christina (1968)

Menen, Aubrey, *Rome Revealed* (1960)

Mitchell, R. J., *The Laurels and the Tiara: Pope Pius II, 1458–1464* (1962)

Mommsen, Theodor, *The History of Rome* (trans. W.P. Dickson, 4 vols., 1920)

Monelli, Paolo, *Rome 1943* (1954)

Morton, H. V., *A Traveller in Rome* (1957)

The Waters of Rome (1966)

Nash, Ernest, Pictorial History of Ancient Rome (2 vols., 1961)

Negro, Silvio, Seconda Roma 1850–1870 (1943)

Roma non basta una vita (1962)

Nibby, Antonio, Guida di Roma e suoi dintorni (1894)

Nielsen, Frederick, History of the Papacy in the Nineteenth Century (2 vols., 1906)

Nugent, Sir Thomas, The Grand Tour containing an exact description of most of the Cities, Towns and remarkable Places of Europe (4 vols., 1749)

Ogilvie, R. M., Early Rome and the Etruscans (1976)

Pais, Ettore, Storia di Roma (5 vols., 1926)

Pallottino, Massimo, Art of the Etruscans (1955)

Paoli, Ugo Enrico, Vita Romana (1940)

Rome: Its People, Life and Customs (1958)

Paribeni, Roberto, Da Diocleziano alla caduta dell'Imperio d'Occidente (1941)

L'etá di Cesare e di Augusto (1950)

La Repubblica fino alla conquista del primato in Italia (1954)

Parpagliolo, Luigi, Italia: Volume V: Roma (1937)

Partner, Peter, The Lands of St Peter: The Papal States in the Early Middle Ages and the Renaissance (1969)

Paschini, Pio, Roma nel Rinascimento (1940)

Pastor, Ludwig, History of the Popes from the Close of the Middle Ages, 1305–1800 (40 vols., 1891–1953)

Payne, Robert, The Horizon Book of Ancient Rome (1966)

Pecchiai, Pio, Acquedotti e fontane di Roma nel cinquecento (1944)

Roma nel Cinquecento (1948)

Perondi, Mario, Vatican and Christian Rome (1975)

Pesci, Ugo, I primi anni di Roma Capitale 1870–1878 (1971)

Petrocchi, Massimo, Roma nel Seicento (1970)

Petronius, The Satyricon (trans. J. P. Sullivan, 1965)

Piscittelli, Enzo, Storia della resistenza romana (1965)

Platner, S. B. and Thomas Ashby, *A Topographical Dictionary of Ancient Rome* (1929)

Plumb, J. H. (ed.), *The Horizon Book of the Renaissance* (1961)

Plutarch, *The Fall of the Roman Republic* (trans. Rex Warner, 1958)

    Makers of Rome (trans. Ian Scott-Kilvert, 1965)

Ponelle, Louis and Louis Bardet, *St Philip Neri and the Roman Society of his Times* (trans. Ralph Kerr, 1932)

Pottle, Frederick A., *James Boswell: The Earlier Years* (1966)

Prescott, Orville, *Princes of the Renaissance* (1969)

Quennell, Peter, *The Colosseum* (1971)

Randall, Alec, *Discovering Rome* (1960)

Richards, Jeffrey, *Consul of God: Gregory the Great* (1980)

    The Popes and the Papacy in the Middle Ages (1979)

Ridley, Jasper, *Garibaldi* (1974)

Rodd, Rennell, *Rome* (1932)

Rodocanache, E., *Le Pontificat de Jules II* (1928)

    Le Pontificat de Leon X (1931)

Romano, Pietro, *Roma nelle sue strade e nelle sue piazze* (1936)

Rostovtzeff, M., *Social and Economic History of the Roman Empire* (2 vols., 1957)

Rowdon, Maurice, *A Roman Street* (1964)

Salvatorelli, Luigi and Giovanni Mira, *Storia d'Italia nel periodo fascista* (1972)

Schott, Rolf, *Michelangelo* (1963)

Scullard, H. H., *From the Gracchi to Nero* (1959)

    Festivals and Ceremonies of the Roman Republic (1981)

Smollett, Tobias, *Travels through France and Italy* (1766)

Stendhal, *Promenades dans Rome* (2 vols., 1829)

Story, William Wetmore, *Roba di Roma* (8th edition, 2 vols., 1887)

Suetonius, Gaius, *The Twelve Caesars* (trans. Robert Graves, 1957)

Syme, Ronald, *The Roman Revolution* (1939)

Tacitus, Cornelius, *The Annals of Imperial Rome* (trans. G.G. Ramsay, 1952)

Tedesco, Viva, *Il contributo di Roma e della provincia nella lotta di liberazione* (1965)

Torselli, G., *Palazzi di Roma* (1965)

Toynbee, Jocelyn and J.B. Ward-Perkins, *The Shrine of St Peter and the Vatican Excavations* (1956)

Trevelyan, G. M., *Garibaldi's Defence of the Roman Republic* (1907)

Trevelyan, Raleigh, *Rome 44* (1981)

Trevor, Meriol, *Apostle of Rome* (1966)

Turchi, M., *La religione di Roma anticha* (1939)

Ullmann, Walter, *A Short History of the Papacy in the Middle Ages* (1972)

Van der Heyden, A. A. M. and Scullard, H.H., *Atlas of the Classical World* (1959)

Vasari, Giorgio, *Lives of the Artists* (trans. George Bull, 1965)

Vaughan, Herbert M., *The Medici Popes* (1908)

Vaussard, Maurice, *Daily Life in Eighteenth-century Italy* (trans. Michael Heron, 1962)

Vespasiano da Bisticci, *The Vespasian Memoirs* (1926)

Vighi, Roberto, *Roma del Belli* (1963)

Waley, Daniel, *The Papal State in the Thirteenth Century* (1961)

Wall, Bernard, *A City and a World* (1962)

Walsh, John Evangelist, *The Bones of St Peter* (1983)

Week, William Nassau, *Urban VIII* (1905)

Wickhoff, Franz, *Roman Art* (trans. Mrs A. Strong, 1900)

Wilkinson, L. P., *Letters of Cicero: A Selection in Translation* (1949)

Wittkower, Rudolf, *Art and Architecture in Italy 1600−1750* (1973)

    Gian Lorenzo Bernini (1955)

Young, Norwood, *Rome and Its Story* (revised by P. Barrera, 1953)

译名对照表

朗托姆

Bregno, Andrea 安德里亚·布雷诺

Bridget, St (Bridget Godmarsson) 圣比吉塔
（比吉塔·哥德巴尔松）

British Embassy 英国使馆

Brosses, Charles de 夏尔·德·布罗斯

Browning, Elizabeth Barrett 伊丽莎白·巴
雷特·勃朗宁

Brunelleschi, Filippo 菲利波·布鲁内莱斯基

Bruno, Giordano 焦尔达诺·布鲁诺

Brutus, Lucius Junius 卢基乌斯·尤尼乌斯·
布鲁图斯

Brutus, Marcus Junius 马尔库斯·尤尼乌
斯·布鲁图斯

Byron, Geoge Gordon 乔治·戈登·拜伦

Byzantium 拜占庭

Cadorna, Count Raffaele 拉法埃莱·卡多
尔纳伯爵

Caelian Hill 西里欧山

Caesar Augustus 恺撒·奥古斯都

Caesar, Gaius Julius 盖乌斯·尤利乌斯·
恺撒

Caesarion 恺撒里昂

Caffè Greco 希腊咖啡馆

Caffè Nazionale 国家咖啡馆

Caffè Nuovo 新咖啡馆

Cajetan 卡耶坦

Calderini, Guglielmo 古列尔莫·卡尔代
里尼

Caligula, Emperor 卡利古拉，皇帝

Calixtus I, Pope and Saint 加里斯都一世，
教皇、圣徒

Calixtus II, Pope 加里斯都二世，教皇

Calixtus III, Pope 加里斯都三世，教皇

Calpurnia, wife of Julius Caesar 卡尔普尔尼
娅，恺撒之妻

Calvo, Fabio 法维奥·卡尔沃

Camers, Julianus 尤利奥努什·卡梅尔斯

Camillus, Marcus Furius 马尔库斯·富里乌
斯·卡密鲁斯

Campagna, the 坎帕尼亚

Campini, Giovanni Giustino 乔瓦尼·朱斯
蒂诺·坎皮亚尼

Campo dei Fiori 鲜花广场

Campo Marzio 坎波马尔齐奥

Campo Santo 坟墓

Campo Vaccino 奶牛牧场

Camporese, Pietro the Younger 小彼得罗·
坎波雷塞

Campus Martius 战神广场

Canevari, Raffaele 拉法埃莱·卡内瓦里

Canina, Luigi 路易吉·卡尼纳

Canova, Antonio 安东尼奥·卡诺瓦

Capitol 卡比托利欧山

Capitoline Museum 卡比托利欧博物馆

Cappella di S. Andrea 圣安得烈小教堂

Caracalla, Emperor 卡拉卡拉，皇帝

Caravaggio, Giulio Merisi da 朱利奥·梅里
西·达·卡拉瓦乔

Caravaggio, Michelangelo Merisi da 米开朗
琪罗·梅里西·达·卡拉瓦乔

Caravaggio, Polodoro da 波利多罗·达·卡
拉瓦乔

Cardi, Lodovico（Cigoli, Il）卢多维科·卡
尔迪（奇戈利）

瑞典女王

Christopher, anti-Pope 克里斯托弗，对立
教皇

churches 教堂：

　All Saints Anglican Church 诸圣教堂

　Church of the Gesú 耶稣教堂

　S. Andriano 圣阿德里亚诺教堂

　S. Agnese fuori le Mura 城外圣阿格尼丝
　教堂

　S. Agnese in Agone 纳沃纳广场的圣阿格
　尼丝教堂

　S. Agostino 圣阿戈斯蒂诺教堂

　S. Anastasia 圣阿纳斯塔西奥教堂

　S. Andrea al Quirinale 奎里纳莱山上的圣
　安得烈教堂

　S. Andrea della Valle 山谷圣安得烈教堂

　S. Angelo in Pescheria 鱼店圣天使教堂

　S. Antonio 圣安东尼奥教堂

　SS. Apostoli 十二门徒教堂

　S. Bartolomeo in Isola 岛上圣巴托罗缪
　教堂

　S. Bibiana 圣毕比安娜教堂

　SS. Bonifacio e Alessio 大数的圣博尼法斯
　与圣亚历克赛教堂

　S. Caterina dei Funari 制绳厂圣凯瑟琳
　教堂

　S. Cecilia in Trastevere 特拉斯泰韦雷的圣
　切奇利娅教堂

　SS. Celso e Giuliano 圣凯尔苏斯与圣尤利
　安教堂

　S. Clemente 圣克雷芒教堂

　S. Cosimato 圣科斯马与圣达米安教堂

　SS. Cosma e Damiano 圣科斯马与圣达米

安教堂

　S. Crisogno 圣基所恭教堂

　S. Croce in Gerusalemme 耶路撒冷圣十字
　大教堂

　S. Francesca Romana 罗马圣弗朗西丝
　教堂

　S. Francesco a Ripa 河畔圣方济各教堂

　S. Giacomo degli Spagnuoli 圣心圣母教堂

　S. Giorgio in Velabro 维拉布洛圣乔治
　教堂

　S. Girolamo della Carita 圣哲罗姆仁爱
　教堂

　S. Giovanni Calabita 圣约翰教堂

　S. Giovanni dei Fiorentini 佛罗伦萨圣约
　翰教堂

　S. Giovanni dei Genovesi 热那亚圣约翰
　教堂

　S. Giovanni a Porta Latina 拉蒂纳门前的
　圣约翰教堂

　SS. Giovanni e Paolo 圣约翰与圣保罗大
　教堂

　S. Gregorio Magno 至圣格列高利教堂

　S. Giuliano dei Fiamminghi 佛兰德圣朱利
　安教堂

　S. Ignazio 圣伊纳爵教堂

　S. Ivo 圣伊沃教堂

　St John Lateran 拉特朗圣约翰大教堂

　S. Lorenzo in Damaso 达马索的圣洛伦佐
　教堂

　S. Lorenzo in Lucina 卢奇娜圣洛伦佐
　教堂

　S. Lorenzo fuori le Mura 城外圣洛伦佐大
　教堂

S. Lorenzo in Panisperna 帕尼斯佩尔纳的
　　圣洛伦佐修道院

SS. Luca e Martina 圣路加与圣马丁娜
教堂

S. Lucia 圣露西娅教堂

S. Luigi dei Francesi 法兰西圣路易教堂

S. Marcello 圣马尔切洛教堂

S. Marco 圣马可教堂

S. Maria degli Angeli 天使圣母教堂

S. Maria dell' Anima 灵魂圣母教堂

S. Maria Antiqua 古圣母教堂

S. Maria d'Aracoeli 天堂祭坛圣母教堂

S. Maria in Cappella 圣母小教堂

S. Maria della Concezione 无染原罪圣母
教堂

S. Maria in Cosmedin 圣母华彩教堂

S. Maria in Domnica 皇家圣母教堂

S. Maria sopra Minerva 密涅瓦神庙遗迹圣
母教堂

S. Maria dei Miracoli 奇迹圣母教堂

S. Maria in Monserrato 蒙塞拉特圣母教堂

S. Maria di Monte Santo 圣山圣母教堂

S. Maria Maggiore 圣母大殿

S. Maria Nova 新圣母教堂

S. Maria della Pace 和平圣母教堂

S. Maria della Pietá 皮耶塔圣母教堂

S. Maria del Popolo 人民圣母教堂

S. Maria Rotonda 圣母圆形教堂

S. Maria Scala Coeli 天堂阶梯圣母教堂

S. Maria de Schola Graeca 希腊学院圣母
教堂

S. Maria in Trastevere 特拉斯泰韦雷的圣
母教堂

S. Maria in Vallicella 小山谷圣母教堂

S. Maria in Via Lata 拉塔大道圣母教堂

S. Maria della Vittoria 胜利圣母教堂

S. Martino ai Monti 山间圣马丁教堂

SS. Nereo e Achilleo 圣内雷乌斯与圣阿
希莱夫斯教堂

S. Nicola in Carcere 囚徒圣尼古拉教堂

S. Onofrio 圣奥诺弗里奥教堂

S. Pancrazio 圣潘克拉齐奥大教堂

S. Paolo fuori le Mura 城外圣保罗大教堂

S. Paolo alle Tre Fontane 三泉圣保罗教堂

St Paul's American Church 美国圣公会圣
保罗教堂

St Peter's 圣彼得大教堂

S. Pietro in Carcere 圣彼得囚徒教堂

S. Pietro in Montorio 金山圣彼得修道院

S. Pietro in Vincoli 圣彼得镣铐教堂

S. Prassede 圣普拉塞德教堂

S. Pudenziana 圣普正珍教堂

SS. Quattro Coronati 四圣徒殉道者教堂

S. Sabina on the Aventine 阿文提诺山上
的圣撒比纳教堂

S. Sebastiano 圣塞巴斯蒂安大教堂

SS. Sergio e Bacco 圣塞尔吉乌斯与圣巴
克斯教堂

S. Silvestro in Capite 圣西尔维斯特首教堂

S. Spirito in Sassia 撒克逊区圣灵教堂

S. Stanislao 圣斯塔尼斯劳教堂

S. Stefano Rotondo 圣司提反圆形教堂

S. Susanna 圣苏珊娜教堂

S. Teodoro 圣特奥多罗教堂

SS. Trinita dei Monti 山上圣三一教堂

SS. Vincenzo e Anastasio 圣温琴佐与圣阿

Constantia 康斯坦蒂娅

Constantine the Great, Emperor 君士坦丁大帝，皇帝

Constantinople 君士坦丁堡

Copernicus 哥白尼

Cordonata 科多纳塔阶梯

Corelli, Arcangelo 阿尔坎杰洛·科雷利

Corradini, Gertrude 格特鲁德·科拉迪尼

Corso 科尔索大道

Coscia, Niccolò 尼科洛·科夏

Counter-Reformation, Pius V and 庇护五世与"反宗教改革"

Crassus, 'Dives' Marcus Licinius 马尔库斯·李锡尼·克拉苏，"富人"

Crusades 十字军东征

Curia, the 元老院议政厅

Curia Pompeia 庞培娅议政厅

Curio, Gaius Scribonius 盖乌斯·斯克里博尼乌斯·库里奥

Damasus I, Pope and Saint 达马稣一世，教皇、圣徒

Dance, Sir Nathaniel 纳撒尼尔·丹斯爵士

Dandolo, Emilio 埃米利奥·丹多洛

Dante Alighieri 但丁·阿利吉耶里

Danti, Antonio 安东尼奥·丹蒂

David, Jacques-Louis 雅克·路易·大卫

David, Marco 马尔科·戴维

Deakin, Richard 理查德·迪金

Decius, palace of 德西乌斯宫

De Gasperi, Alcide 阿尔奇德·德·加斯佩里

Della Greca, Felice 费利切·德拉·格雷卡

Demetrianus 德梅特里亚努斯

De Rossi, Giovanni Battista 乔瓦尼·巴蒂斯塔·德·罗西

Derry, S. I. S. I. 德里

Dickens, Charles 查尔斯·狄更斯

Didius Julianus, Emperor 狄第乌斯·尤利安努斯，皇帝

Dio Cassius Cocceianus 卡西乌斯·狄奥·科切亚努斯

disabitato 无人区

Diocletian, Emperor 戴克里先，皇帝

disease: 疾病

　　Black Death 黑死病

　　leprosy 麻风病

　　malaria 疟疾

　　plague 瘟疫

　　syphilis 梅毒

　　venereal 性病

Dolci, Giovannino de' 乔瓦尼诺·德·多尔奇

Dolci, Mario de' 马里奥·德·多尔奇

Domenichino 多梅尼基诺

Dominicis, Carlo de 卡洛·德·多米尼奇

Domitian, Emperor 图密善

Domitian's Palace 图密善宫殿

Domus Augustana 奥古斯都宫

Domus Aurea 金宫

Domus Flavia 弗拉维宫

Domus Tiberiana 提比略府邸

Domus Transitoria 飘渺宫

Duca, Iacopo del 贾科莫·德尔·杜卡

Dughet, Gaspard 加斯帕尔·迪盖

Dupaty, Jean Baptiste 让·巴蒂斯特·迪帕蒂

Duphot, Léon 莱昂·迪福

Elagabalus 埃拉伽巴路斯
Elizabeth I, Queen of England 伊丽莎白一世，英格兰女王
Erasmus, Desiderius 德西迪里厄斯·伊拉斯谟
Esquiline 埃斯奎利诺山
Estouteville, Guillaume d' 纪尧姆·德·埃斯图特维尔
Eugenius III, Pope 犹金三世，教皇
Eugenius IV, Pope 犹金四世，教皇
E. U. R. 罗马世博会园区
Eusebius Hieronymus, later Jerome, St 优西比乌·希罗尼穆斯，即后来的圣哲罗姆
Evelyn, John 约翰·伊夫林

Fabbri, Eduardo, Count 爱德华多·法布里伯爵
Fabullus, artist 法布鲁斯，艺术家
Fanzago, Cosimo 科西莫·凡扎戈
Farnese, Giulia 朱莉娅·法尔内塞
Fatebene fratelli, Order of 行善兄弟会
Ferdinand of Austria, later Ferdinand I, Emperor 奥地利的斐迪南，即后来的斐迪南一世，皇帝
Ferdinand II, King 斐迪南二世，国王
Ferrara, Duke of 费拉拉公爵
Ferrari, Ettore 埃托雷·费拉里
Fesch, Joseph, Cardinal 约瑟夫·费施，红衣主教
festivals：节日
  consualia 谷神节

Feast of St Peter 圣彼得日
  Lupercalia 牧神节
  Madonna of the Hams 火腿圣母节
  Rappresentazione dei Morti "死者重现"
Fetti, Fra Mariano 弗拉·马里亚诺·费蒂
Filarete, Antonio 安东尼奥·菲拉雷特
Fiorentino, Giovanni Battista Rossa 乔瓦尼·巴蒂斯塔·罗萨·菲奥伦蒂诺
Flamens 专属祭司
Flaminian Way 弗拉米乌斯大道
Fonseca, Gabriele 加布里埃莱·丰塞卡
Fontana, Carlo 卡洛·丰塔纳
Fontana, Domenico 多梅尼科·丰塔纳
Fontana, Francesco 弗朗切斯科·丰塔纳
Fontana, Giovanni 乔瓦尼·丰塔纳
fontane：喷泉
  Fontana dello Scoglio 斯科利奥喷泉
  Fontana degli Specchi 斯佩基喷泉
  Fontana delle Tartarughe 乌龟喷泉
  Fontana delle Torri 塔楼喷泉
  Fontana di Trevi 特雷维喷泉
  Fontanella del Facchino 送水工喷泉
  Fontanone dell' Acqua Paola 保罗高架渠喷泉
Formosus, Pope 福尔摩苏斯，教皇
Forum Boarium 屠牛广场
Forum of Nerva 涅尔瓦广场
Forum Olitorium 粮油蔬菜广场
Forum, the 城市广场
Forum of Augustus 奥古斯都广场
Forum of Trajan 图拉真广场
Forum of Vespasian 韦斯巴芗广场
Fountain of：喷泉：

the Barcaccia 破船喷泉

the Four Rivers 四河喷泉

Juturna 泉神之池

the Moor 摩尔人喷泉

the Triton 特里同喷泉

Fragonard, Jean-Honoré 让·奥诺雷·弗拉戈纳尔

Francesca Romana, St 罗马的圣弗朗西丝

Francis I, King of France 弗朗索瓦一世，法兰西国王

Franco, Battista 巴蒂斯塔·佛朗哥

Franz, Roesler 勒斯勒尔·弗朗茨

Frederick II, Emperor 腓特烈二世，皇帝

French Academy 法兰西学院

French Revolution 法国大革命

Freud, Sigmund 西格蒙德·弗洛伊德

Frundsberg, Georg von 格奥尔格·冯·弗伦茨贝格

Fuga, Ferdinando 费迪南多·富加

Fuller, Margaret 玛格丽特·富勒

Gaiseric, the Vandal 盖萨里克，汪达尔人

Galba, Emperor 加尔巴，皇帝

Galerius Trachalus 伽列里乌斯·特拉查路斯

Galilei, Alessandro 亚历山德罗·加利莱伊

Galileo Galilei 伽利略·加利列伊

Galleria Nazionale d'Arte Moderna 国家现代美术馆

Galleria Spada 斯帕达画廊

Gallienus, Emperor 加里恩努斯，皇帝

Garibaldi, Giuseppe 朱塞佩·加里波第

Gaulli, Giovanni Battista 乔瓦尼·巴蒂斯塔·高利

Gelasius II, Pope 格拉修二世，教皇

Gerroni, Giovanni 乔瓦尼·哲罗尼

Ghirlandaio, Domenico 多梅尼科·基尔兰达约

Gibbon, Edward 爱德华·吉本

Giberti, Gian-Matteo 吉安–马泰奥·吉贝蒂

Gigli, Beniamino 贝尼亚米诺·吉里

Gimignani, Lodovico 卢多维科·吉米尼亚尼

Giotto di Bondona 乔托·迪·邦多纳

Giovanni e Paolo, SS. 圣约翰与圣保罗

Giovo, Paolo 保罗·乔维奥

Gissing, George 乔治·吉辛

Giulio Romano 朱利奥·罗马诺

gladiatorial combats 角斗竞技

gladiators 角斗士

Goethe, Johann Wolfgang von 约翰·沃尔夫冈·冯·歌德

Gogol, Nikolay Vasilyevich 尼古拉·瓦西里耶维奇·果戈里

Golden House 金宫

Gonzaga, Ferrante 费兰特·贡扎戈

Gracchus, Gaius Sempronius 盖乌斯·塞姆普罗尼乌斯·格拉古

Gracchus, Tiberius Sempronius 提比略·塞姆普罗尼乌斯·格拉古

Grammont, Duc de 格拉蒙公爵

Gramsci, Antonio 安东尼奥·葛兰西

Grand Tour 壮游

Grant, Peter 彼得·格兰特

Great Schism 教会大分裂

Grande, Angiolo Mazzoni del 安焦洛·马佐

尼·德尔·格兰德

Grande, Antonio del 安东尼奥·德尔·格兰德

Grandi, Dino, Count 迪诺·格兰迪伯爵

Greca, Felice della 费利切·德拉·格雷卡

Greece 希腊

Gregorian University 格列高利大学

Gregorovius, Ferdinand 费迪南德·格雷戈罗维乌斯

Gregory I the Great, Pope and Saint 格列高利一世, 教皇、圣徒

Gregory II, Pope and Saint 格列高利二世, 教皇、圣徒

Gregory III, Pope and Saint 格列高利三世, 教皇、圣徒

Gregory V, Pope 格列高利五世, 教皇

Gregory VI, Pope 格列高利六世, 教皇

Gregory VII, Pope and Saint 格列高利七世, 教皇、圣徒

Gregory IX, Pope 格列高利九世, 教皇

Gregory XI, Pope 格列高利十一世, 教皇

Gregory XII, Pope 格列高利十二世, 教皇

Gregory XIII, Pope 格列高利十三世, 教皇

Gregory XVI, Pope 格列高利十六世, 教皇

Guercino 圭尔奇诺

Guerra, Gaspare 加斯帕雷·圭拉

Guicciardini, Francesco 弗朗切斯科·圭恰迪尼

Guidetti, Guido 圭多·圭代蒂

Guido Reni 圭多·雷尼

Guy de Montpellier 盖伊·德·蒙彼利埃

Hadrian I, Pope 阿德里安一世, 教皇

Hadrian's mausoleum 哈德良陵墓

Hadrian's Villa 哈德良别墅

Hamilton, Gavin 加文·汉密尔顿

Hannibal 汉尼拔

Hare, Augustus John 奥古斯都·约翰·黑尔

Hasdrubal 哈斯德鲁巴

Hazlitt, William 威廉·黑兹利特

Heemskerk, Maerten van 梅尔滕·范·海姆斯凯克

Helena, St 圣海伦娜

Henry IV, Emperor 亨利四世, 皇帝

Henry V, Emperor 亨利五世, 皇帝

Hertzian Library 赫茨图书馆

Hildebrand 希尔德布兰德

Hilter, Adolf 阿道夫·希特勒

Holland, Sir Nathanial Dance 纳撒尼尔·丹斯·霍兰爵士

Honorius I, Pope 霍诺里乌斯一世, 教皇

Honorius III, Pope 霍诺里乌斯三世, 教皇

Honorius IV, Pope 霍诺里乌斯四世, 教皇

Horace 贺拉斯

Hortensius, Quintus 昆图斯·霍尔滕西乌斯

hospitals: 医院

S. Gallicano in Trastevere 特拉斯泰韦雷的圣加利卡诺医院

S. Giovanni di Dio 圣约翰医院

S. Maria della Consolazione 抚慰圣母医院

S. Maria della Pietá 哀痛圣母医院

San Michele in Trastevere 特拉斯泰韦雷的圣米迦勒疗养院

S. Rocco 圣罗科医院

S. Spirito in Sassia 撒克逊区的圣灵医院

Houdon, Jean-Antoine 让-安托万·乌东

House of Livia 莉薇娅府

iconoclasm: Byzantine and Roman controversy 圣像破坏运动：拜占庭与罗马的争议

indulgences 赎罪券

Ine, King of Wessex 伊内，威塞克斯国王

Innocent I, Pope and Saint 英诺森一世，教皇、圣徒

Innocent II, Pope 英诺森二世，教皇

Innocent III, Pope 英诺森三世，教皇

Innocent V, Pope 英诺森五世，教皇

Innocent VI, Pope 英诺森六世，教皇

Innocent VII, Pope 英诺森七世，教皇

Innocent VIII, Pope 英诺森八世，教皇

Innocent X, Pope 英诺森十世，教皇

Innocent XI, Pope 英诺森十一世，教皇

Inquistion 宗教裁判所

Insula of Felicula 菲利库拉公寓楼

James Francis Edward Stewart, the 'Old Pretender' 詹姆斯·弗朗西斯·爱德华·斯图亚特，"老僭君"

James, Henry 亨利·詹姆斯

James, William 威廉·詹姆斯

Janiculum, S. Pancrazio 雅尼库鲁姆山，圣潘克拉齐奥门

Janus Quadrilous 四面雅努斯凯旋门

Jerome, St 圣哲罗姆

Jesuits 耶稣会

Jews 犹太人

John XII, Pope 约翰十二世，教皇

John XIII, Pope 约翰十三世，教皇

John XIV, Pope 约翰十四世，教皇

John XVI, anti-Pope 约翰十六世，对立教皇

John XXIII, anti-Pope 约翰二十三世，对立教皇

John XXIII, Pope 约翰二十三世，教皇

Joyce, James 詹姆斯·乔伊斯

Judaeorum, the 犹太人大道

Julia 尤利娅

Julia Maesa 尤利娅·马埃萨

Julius II, Pope 尤利乌斯二世，教皇

Julius III, Pope 尤利乌斯三世，教皇

Justinian I, Byzantine Emperor 查士丁尼一世，拜占庭皇帝

Juvenal 尤维纳利斯

Kappler, Colonel 卡普勒，上校

Kauffman, Angelica 安杰莉卡·考夫曼

Keats, John 约翰·济慈

Keats-Shelly Memorial 济慈-雪莱纪念室

Kent, William 威廉·肯特

Kesselring, Albert 阿尔伯特·凯塞林

Koch, Pietro 彼得罗·科赫

Laetus, Julius Pomponius 尤利乌斯·庞波尼乌斯·拉埃图斯

Lambruschini, Luigi 路易吉·兰布鲁斯基尼

Landini, Taddeo 塔代奥·兰迪尼

Lanfranco, Giovanni 乔瓦尼·兰弗兰科

Lares and Penates, shrine of 拉尔和皮纳特斯神庙

Largo di Torre Argentina 阿根廷塔楼广场

Lateran Palace 拉特朗宫

Leaping Priests 舞蹈祭司

Manzù, Giacomo 贾科莫·曼祖

Marcellus I, Pope and Saint 马塞勒斯一世，教皇、圣徒

Marchionni, Carlo 卡洛·马尔基翁尼

Marcillat, Guillaume de 纪尧姆·德·马尔西亚

Marcus Aurelius, Emperor 马可·奥勒留，皇帝

Margherita, Queen of Italy 玛格丽塔，意大利王后

Marius, Gaius 盖乌斯·马略

Mark Antony 马克·安东尼

Market of Trajan 图拉真市场

Marmont, Auguste de, duc de Raguse 奥古斯特·德·马尔蒙，拉古萨公爵

Marsigli, Luigi Ferdinando, Count 路易吉·费迪南多·马尔西利，伯爵

Martial, Marcus Valerius 马尔库斯·瓦列里乌斯·马提亚尔

Martin V, Pope 马丁五世，教皇

Maruscelli, Paolo 保罗·马鲁斯切利

Masaccio, Il 马萨乔

Masini, Girolamo 吉罗拉莫·马西尼

Maso, Angelo de 安杰洛·德·马索

Maso, Tiburzio and Valeriano de 蒂布尔奇奥·德·马索与瓦莱里亚诺·德·马索

Matteotti, Giacomo 贾科莫·马泰奥蒂

Maxentius, Emperor 马克森提乌斯，皇帝

May, Phil 菲尔·梅

Mazarin, Jules 儒勒·马萨林

Mazzini, Giuseppe 朱塞佩·马志尼

Mazzoni, Giulio 朱利奥·马佐尼

Medici, Giuliano de' 朱利亚诺·德·美第奇

Medici, Ippolito de' 伊波利托·德·美第奇

Medici, Lorenzo de', 'the Magnificent' 洛伦佐·德·美第奇，"豪华者"

Medici, Maddelena de' 马达莱娜·德·美第奇

Melozzo da Forlì 美洛佐·达·弗尔利

Melville, Herman 赫尔曼·梅尔维尔

Mendelssohn-Bartholdy, Felix 费利克斯·门德尔松·巴托尔迪

Mengs, Anton Raphael 安东·拉斐尔·门斯

Mérode, François-Xavier 弗朗索瓦·哈维尔·梅罗德

Messalina, Valeria 瓦莱里娅梅萨利纳

Metternich, Klemens, Prince von 克莱门斯·冯·梅特涅

Michelangelo Buonarotti 米开朗琪罗·博纳罗蒂

Miollis, comte de 米奥利斯伯爵

Mithridates VI 米特里达梯六世

Momo, Giuseppe 朱塞佩·莫莫

Monaldeschi, Gian Rinaldo, Marchese 马尔凯塞·吉安·里纳尔多·莫纳尔代斯基

monasteries 修道院

Moncada, Ugo de 乌戈·迪·蒙卡达

Monte Mario 马里奥山

Monte Testaccio 泰斯塔乔山

Montelupo, Raffaelo da 拉法埃洛·达·蒙泰卢波

Montesecco, Gian Battista 吉安·巴蒂斯塔·蒙泰塞科

Montesquieu, Charles-Louis 夏尔-路易·孟德斯鸠

Montezemolo, Giuseppe 朱塞佩·蒙泰泽莫洛

Moore, Dr John 约翰·穆尔

Moravia, Alberto 阿尔贝托·莫拉维亚

Morelli, Cosimo 科西莫·莫雷利

Morrison, Collin 科林·莫里森

Moro, Aldo 阿尔多·莫罗

Murat, Joachim, King of Naples 若阿尚·缪拉，那不勒斯国王

Museo Barracco 巴拉科博物馆

Museo Capitolino 卡比托利欧博物馆

Museo Chiaramonti 基亚拉蒙蒂博物馆

Museo delle Terme 浴场博物馆

Museum of Rome 罗马博物馆

Museums of the Vatican 梵蒂冈博物馆

Mussolini, Benito 贝尼托·墨索里尼

Musuros, Markos 马科斯·穆索罗斯

Mylne, Robert 罗伯特·米尔恩

Namatianus, Rutilius Claudius 卢提里乌斯·克劳狄·纳马提安努斯

Nanni di Baccio Bigio 南尼·迪·巴乔·比焦

Naples, Ladislas, King of 拉迪斯劳，那不勒斯国王

Napoleon I, Emperor 拿破仑一世，皇帝

Narses 纳尔塞斯

Nazarenes 拿撒勒人画派

Nero, Emperor 尼禄，皇帝

Nerva, Emperor 涅尔瓦，皇帝

Nicholas IV, Pope 尼古拉四世，教皇

Nicholas V, Pope 尼古拉五世，教皇

Nobilior, Marcus Fulvius 马尔库斯·富尔维乌斯·诺比利奥尔

noble families：贵族：

　Annibaldi 安尼巴尔迪家族

　Barberni 巴尔贝里尼家族

　Boncompagni 邦孔帕尼家族

　Borghese 博尔盖塞家族

　Caetani 卡埃塔尼家族

　Conti 孔蒂家族

　Corsi 科尔西家族

　Crescenzi 克雷申齐家族

　Doria 多里亚家族

　Farnese 法尔内塞家族

　Frangipani 弗兰吉帕尼家族

　Normanni 诺尔曼尼家族

　Laterani 拉泰拉尼家族

　Massimo 马西莫家族

　Papareschi 帕帕雷斯基家族

　Pierleoni 皮耶莱奥尼家族

　Ruspoli 鲁斯波利家族

　Savelli 萨韦利家族

　Tebaldi 泰巴尔迪家族

　Torlonia 托洛尼亚家族

　Tuscolani 图斯科拉尼家族

Numa Pompilius, King of Rome 努马·庞皮利乌斯，罗马国王

Nugent, Sir Thomas 托马斯·纽金特爵士

Obelisks 方尖碑

Odoacer, King of Italy 奥多亚塞，意大利国王

O'Flaherty, Hugh 休·奥弗莱厄蒂

omens 预兆

Orange, Philip, Prince of 腓力，奥朗日亲王

Orsini, Berthold 贝托尔德·奥尔西尼

Orsini, Clarice 克拉丽斯·奥尔西尼

Orsini, Giovanni Gaetano 乔瓦尼·加埃塔诺·奥尔西尼

Orsini family 奥尔西尼家族

Orti, Farnesiani 法尔内塞花园

Osborne, Sir D'Arcy, later 12th Duke of Leeds 达西·奥斯本爵士，即后来的第十二代利兹公爵

Ospizio di San Michele 圣米迦勒疗养院

Otho, Emperor 奥托，皇帝

Otto I, the Great, Emperor 奥托一世，皇帝

Otto II, Emperor 奥托二世，皇帝

Otto III, Emperor 奥托三世，皇帝

Oudinot, Nicolas-Charles 尼古拉·夏尔·乌迪诺

Ovid 奥维德

Pacca, Bartolomeo 巴尔托洛梅奥·帕卡

Palastrina, Giovanni Pierluigi da 乔瓦尼·皮耶路易吉·达·帕莱斯特里纳

Palatine hill 帕拉蒂尼山

Palatium Sessorianum 十字宫

Palazetto Venezia 威尼斯宫

Palazetto Zuccari 祖卡里宫

Palazzo della Cancelleria 文书院宫

Palazzo Farnese 法尔内塞宫

Palazzo Venezia 威尼斯宫

palazzi：宫殿：

　Palazzo Albani 阿尔瓦尼宫

　Palazzo Aldobrandini-Chigi 阿尔多布兰迪尼-基吉宫

　Palazzo Altempts 阿尔滕普斯宫

　Palazzo Aste-Buonaparte 阿斯特-波拿巴宫

　Palazzo Barberini 巴尔贝里尼宫

　Palazzo Borghese 博尔盖塞宫

　Palazzo Braschi 布拉斯基宫

　Palazzo Caetani 卡埃塔尼宫

　Palazzo Capranica 卡普拉尼卡宫

　Palazzo Castelli 卡斯泰利宫

　Palazzo Cenci-Maccarani-di Brazzá 琴奇-马卡拉尼-迪布拉扎宫

　Palazzo Chigi 基吉宫

　Palazzo Chigi-Odescalchi 基吉-奥代斯卡尔基宫

　Palazzo Cicciaporci 西齐亚波齐宫

　Palazzo Colonna 科隆纳宫

　Palazzo dei Conservatori 保护者宫

　Palazzo Corsini 科尔西尼宫

　Palazzo Doria 多里亚宫

　Palazzo del Drago 德拉戈宫

　Palazzo Falconieri 法尔科涅里宫

　Palazzo Fiano 菲亚诺宫

　Palazzo dei Flavi 弗拉维宫

　Palazzo Giraud-Torlonia 吉罗-托洛尼亚宫

　Palazzo di Giustizia 正义宫

　Palazzo Lante ai Caprettari 羊肉贩广场的兰特宫

　Palazzo Madama 夫人宫

　Palazzo Massimo alle Colonne 马西莫石柱宫

　Palazzo Mattei di Giove 焦韦马太宫

　Palazzo di Montecitorio 蒙提特利欧宫

　Palazzo Muti-Papazzurri 穆蒂-帕帕祖里宫

Piazza di Castello 卡斯泰洛广场

Piazza Colonna 圆柱广场

Piazza dei Crociferi 游行广场

Piazza Farnese 法尔内塞广场

Piazza di Montecitorio 意大利众议院广场

Piazza Navona 纳沃纳广场

Piazza Nicosia 尼科西亚广场

Piazza dell' Oro 金色广场

Piazza Palombara 帕隆巴拉广场

Piazza di Ponte di Sant' Angelo 圣天使桥广场

Piazza del Popolo 人民广场

Piazza delle Quatro Fontane 四泉广场

Piazza del Quirinale 奎里纳菜广场

Piazza S. Giovanni 圣约翰广场

Piazza di S. Giovanni in Laterano 拉特朗圣约翰广场

Piazza S. Marco 圣马可广场

Piazza di S. Maria Maggiore 圣母大殿广场

Piazza S. Maria sopra Minerva 密涅瓦神庙遗迹圣母教堂广场

Piazza S. Pantaleo 圣潘塔莱奥广场

Piazza S. Pietro 圣彼得广场

Piazza S. Salvatore in Lauro 圣萨尔瓦多雷月桂广场

Piazza Scossa Cavalli 甩马广场

Piazza di Spagni 西班牙广场

Piazza Venezia 威尼斯广场

Piccinico, Giacomo 贾科莫·皮奇尼诺

Piccola Farnesina 小法尔内塞宫

Piccolomini, Aeneas Silvius, later Pius II 恩尼亚·席维欧·皮科洛米尼，即后来的庇护二世

Piero della Francesca 皮耶罗·德拉·弗兰切斯卡

Pietro da Cortona 彼得罗·达·科尔托纳

Pincio 平乔山

Pinturicchio, Bernardino 贝尔纳迪诺·平图里基奥

Piranesi, Giambattista 詹巴蒂斯塔·皮拉内西

Pisa, Council of 比萨会议

Pius II, Pope 庇护二世，教皇

Pius V, Pope and Saint 庇护五世，教皇、圣徒

Pius VI, Pope 庇护六世，教皇

Pius VII, Pope 庇护七世，教皇

Pius IX, Pope 庇护九世，教皇

Platina, Bartolomeo de'Sacchi 巴尔托洛梅奥·德萨基·普拉蒂纳

Plautus, Titus Maccius 提图斯·玛奇乌斯·普劳图斯

plebeians 平民

Pliny the Younger 小普林尼

Plutarch 普鲁塔克

Poletti, Colonel 波莱蒂，上校

Poletti, Luigi 路易吉·波莱蒂

Policlinico hospital 综合医院

Pollaiuolo, Antonio 安东尼奥·波拉约洛

Pompey the Great "伟大的"庞培

Pons Cestius 切斯提奥桥

Ponte Molle 米尔维奥桥

Ponte Sant' Angelo 圣天使桥

Ponte Sisto 西斯托桥

Pontelli, Baccio 巴乔·蓬泰利

Pontifex Maximus 祭司长

Roman Academy 罗马学会

Romano, Antoniazzo 安东尼亚佐·罗马诺

Rome 罗马

Rome-Berlin Axis 罗马—柏林轴心

Romulus 罗慕路斯

Romulus Augustulus, Emperor 罗慕路斯·奥古斯都路斯，皇帝

Rosa, Salvator 萨尔瓦托·罗萨

Roselli, Pietro, architect 彼得罗·罗塞利，建筑设计师

Roselli, Pietro, soldier 彼得罗·罗塞利，军人

Rossellino, Bernardo 贝尔纳多·罗塞利诺

Rossi, Domenico de' 多梅尼科·德·罗西

Rossi Giovanni Antonio de' 乔瓦尼·安东尼奥·德·罗西

Rossi, G. B. De G. B. 德·罗西

Rossi, Mattia de' 马蒂亚·德·罗西

Rossi, Pellegrino 佩利格里诺·罗西

Rossini, Gioacchino 焦阿基诺·罗西尼

Rostra 演讲台

Rovere, Giovanni della 乔瓦尼·德拉·罗韦雷

Rovere, Girolamo Basso della 吉罗拉莫·巴索·德拉·罗韦雷

Rovere, Terenzio Mamiani della 泰伦齐奥·马米亚尼·德拉·罗韦雷

Rovigo, duc de 罗维戈公爵

Rucellai, Giovanni 乔瓦尼·鲁切拉伊

Rubicon 卢比孔

Russell, Odo Wm., later 1st Baron Ampthill 奥多·威廉·罗素，即后来的第一代安普西尔男爵

Rusuti, Filippo 菲利波·卢索蒂

Sabines 萨宾人

Sacre Via 圣道

Sacra Possesso 正式进入梵蒂冈的仪式

Saepta Julia 尤利乌斯选举大厅

Saffi, Aurelio 奥雷利奥·萨菲

St Andrew's Monastery 圣安得烈修道院

Sant' Angelo rione 圣天使区

St John Lateran, Basilica of 拉特朗圣约翰大教堂

S. Maria Maggiore 圣母大殿

St Peter's Basilica 圣彼得大教堂

S. Silvestro in Capite: convent 圣西尔维斯特首修道院

S. Trinitá dei Pelligrini, hospice of, pilgrims 朝圣者圣三一教堂招待所

Salii (Leaping Priests) 舞蹈祭司

Sallust 撒路斯提乌斯

Sallust Palace 撒路斯提乌斯宫

Salvi, Nicola 尼古拉·萨尔维

Salvi, Simone 西蒙内·萨尔维

Salviati, Francesco 弗朗切斯科·萨尔维亚蒂

Sanctis, Francesco de 弗朗切斯科·德·桑克蒂斯

Sangallo the Younger, Antonio da 小安东尼奥·达·圣加洛

Sangallo, Giuliana da 朱利亚诺·达·圣加洛

San Gimignano, Vicenzio di 维琴齐奥·达·圣吉米尼亚诺

Sansovino, Andrea 安德里亚·圣索维诺

Titian 提香

Titus, Emperor 提图斯，皇帝

Tivoli 蒂沃利

Togliatti, Palmiro 帕尔米罗·陶里亚蒂

Torlonia, Leopoldo, Duca 杜卡·莱奥波尔多·托洛尼亚

Tor de' Conti 孔蒂塔

Tor di Nona 托尔迪诺纳

Torlonia, Prince 托洛尼亚亲王

Torre delle Milizie 民兵塔楼

Torriani, Orazio 奥拉齐奥·托里亚尼

Torriti, Jacopo 雅各布·托里蒂

Totila (Ostrogothic king) 托蒂拉（东哥特国王）

Trajan, Emperor 图拉真，皇帝

Trajan's Coloumn 图拉真石柱

Trastevere 特拉斯泰韦雷

Trelawny, Edward John 爱德华·约翰·特里劳尼

Trent, Council of 特伦特会议

Trevi Fountain 特雷维喷泉

Tullia 图利娅

Tullus Hostilius, King of Rome 图卢斯·霍斯提里乌斯，罗马国王

Udine, Giovanni da 乌迪内的乔瓦尼

Umberto, Crown Prince of Italy 翁贝托，意大利王储

Umberto I, King of Italy 翁贝托一世，意大利国王

Urban II, Pope 乌尔班二世，教皇

Urban IV, Pope 乌尔班四世，教皇

Urban V, Pope 乌尔班五世，教皇

Urban VI, Pope 乌尔班六世，教皇

Urban VIII, Pope 乌尔班八世，教皇

Urbina, Gian d' 吉安·德·乌尔维纳

Urbino, Francesco Maria della Rovere, Duke of 弗朗切斯科·马里亚·德拉·罗韦雷，乌尔比诺公爵

Valadier, Giuseppe 朱塞佩·瓦拉迪耶

Valerian, Emperor 瓦勒良，皇帝

Valeriani, Giuseppe 朱塞佩·瓦莱里亚尼

Valvassori, Gabriele 加布里埃莱·瓦尔瓦索里

Vansittart, 1st Baron 范西塔特，第一代男爵

Vanvitelli, Luigi 路易吉·万维泰利

Vasanzio, Giovanni 乔瓦尼·瓦萨齐奥

Vasari, Giorgio 乔尔乔·瓦萨里

Vassalletto, Pietro 彼得罗·瓦萨雷托

Vatican 梵蒂冈

Vatican Gardens 梵蒂冈花园

Vatican Library 梵蒂冈图书馆

Vatican Museums 梵蒂冈博物馆

Velasquez, Diego Rodriguez da Silva y 迭戈·罗德里格斯·达·席尔瓦·委拉斯开兹

venatores 猎手

Venerable English College 英格兰学院

Vernet, Claude-Joseph 克洛德·约瑟夫·韦尔内

Vespasian, Emperor 韦斯巴芗，皇帝

Vespignani, Virginio 维尔吉尼奥·维斯皮尼亚尼

Vestal Virgins 维斯塔贞女

Vettori, Francesco 弗朗切斯科·韦托里

Vie：大道

Via Alexandria (Borgo Nuovo) 亚历山德里亚大道（即博尔戈·诺沃）

Via Appia (Appian Way) 阿庇乌斯大道

Via Ardeatina 阿尔代亚大道

Via Arenula 细沙大道

Via Aurelia Antica 奥勒良古道

Via del Banco di S. Spirito 圣灵银行大道

Via delle Botteghe Oscure 暗店街

Via dei Cappellari 卡佩拉里大道

Via delle Carrozze 马车大道

Via Cernaia 切尔纳亚大道

Via dei Chiavari 基亚瓦里大道

Via Condotti 孔多蒂大道

Via delle Conziliazione 抚慰大道

Via dei Coronari 念珠商街

Via Flaminia 弗拉米乌斯大道

Via dei Fori Imperiali 帝国广场大道

Via Giulia 朱莉娅大道

Via Gregorina 格列高利大道

Via Lata 拉塔大道

Via dei Leutari 洛塔里大道

Via Magistralis 教师大道

Via di Marforio 马尔福里奥大道

Via Nazionale 国家大道

Via Nomentana 诺门塔纳大道

Via Nova 新道

Via Panisperna 帕尼斯佩尔纳大道

Via Papalis 教皇大道

Via dei Pellegrini 朝圣者大道

Via IV Novembre 11 月 4 日大道

Via Rasella 拉谢拉大道

Via Ripetta 小岸街

Via Salaria 盐道

Via S. Celso 圣凯尔苏斯大道

Via S. Chiara 圣基娅拉大道

Via Sistina 西斯蒂纳大道

Via Trionfale 成功大道

Via Veneto 韦内托大道

Via delle Vite 藤蔓大道

Via Sacra 圣道

Vicolo dello Sdrucciolo 斯德鲁齐奥罗巷

Victor Emmanuel II, King 维托里奥·埃马努埃莱二世，国王

Victor Emmanuel III, King 维托里奥·埃马努埃莱三世，国王

Vida, Marco Girolamo 马尔科·吉罗拉莫·维达

Vien, Joseph-Marie, Comte 约瑟夫－马里·维安，伯爵

Vignola, Giacomo Barozzi da 贾科莫·巴罗奇·达·维尼奥拉

Villas：别墅

Villa Albani 阿尔瓦尼别墅

Villa Altieri 阿尔铁里别墅

Villa Borghese 博尔盖塞别墅

Villa Caelimontana 西里欧山别墅

Villa Corsini 科尔西尼别墅

Villa Doria Pamphilj 多里亚－潘菲利别墅

Villa Farnesina 法尔内塞别墅

Villa Giulia 朱莉娅别墅

Villa Giustianini-Massimo 朱斯蒂尼亚尼－马西莫别墅

Villa Ludovisi 卢多维西别墅

Villa Madama 夫人别墅

Villa Mattei 马泰别墅

Villa Medici 美第奇别墅

Villa Medici del Vascello 美第奇船形别墅

Villa Mellini 梅利尼别墅

Villa Montalto 蒙塔尔托别墅

Villa Negroni 内格罗里别墅

Villa Pamphilj 潘菲利别墅

Villa Sovoia (now Villa Ada) 萨沃尼亚别墅（即现在的阿达别墅）

Villa Savorelli 萨沃雷利别墅

Villa Spada 斯帕达别墅

Villa Torlonia 托洛尼亚别墅

Villa Torlonia (Via Nomentana) 托洛尼亚别墅（位于诺门塔纳大道）

Villa Wolkonsky 沃尔孔斯基别墅

Villani, Giovanni 乔瓦尼·维拉尼

Viminal 维米那勒山

Virgil 维吉尔

Vitalian, Pope and Saint 维塔利安，教皇、圣徒

Vitelleschi, Giovanni 乔瓦尼·维泰莱奇

Vitellius, Emperor 维特里乌斯，皇帝

Volterra, Alessandro 亚历山德罗·沃尔泰拉

Volterra, Francesco da 弗朗切斯科·达·沃尔泰拉

Wagner, Richard 理查德·瓦格纳

Wilde, Oscar 奥斯卡·王尔德

Wilkes, John 约翰·威尔克斯

Willison, George 乔治·威利森

Wilmot, Catherine 凯瑟琳·威尔莫特

Winchester, Henry Beaufort, Bishop of 亨利·博福特，温切斯特主教

Winckelmann, Johann 约翰·温克尔曼

Worms, Concordat of《沃尔姆斯协定》

Wotton, Sir Henry 亨利·沃顿爵士

Ximines, Ettore 埃托雷·希梅内斯

Zuccari (Zuccaro), Federico 费德里科·祖卡里（祖卡罗）

Zuccari (Zuccaro), Taddeo 塔代奥·祖卡里（祖卡罗）

"方尖碑"书系

第三帝国的兴亡：纳粹德国史

　　[美国] 威廉·夏伊勒

柏林日记：二战驻德记者见闻，1934—1941

　　[美国] 威廉·夏伊勒

第三共和国的崩溃：一九四〇年法国沦陷之研究

　　[美国] 威廉·夏伊勒

新月与蔷薇：波斯五千年

　　[伊朗] 霍马·卡图赞

海德里希传：从音乐家之子到希特勒的刽子手

　　[德国] 罗伯特·格瓦特

威尼斯史：向海而生的城市共和国

　　[英国] 约翰·朱利叶斯·诺里奇

巴黎传：法兰西的缩影

　　[英国] 科林·琼斯

末代沙皇：尼古拉二世的最后 503 天

　　[英国] 罗伯特·瑟维斯

巴巴罗萨行动：1941，绝对战争

　　[法国] 让·洛佩　　[格鲁吉亚] 拉沙·奥特赫梅祖里

帝国的铸就：1861—1871：改革三巨人与他们塑造的世界

　　[美国] 迈克尔·贝兰

罗马：一座城市的兴衰史

　　[英国] 克里斯托弗·希伯特

1914：世界终结之年

　　[澳大利亚]保罗·哈姆

极北之地：西伯利亚史诗（即出）

　　[瑞士]埃里克·厄斯利

（更多资讯请关注新浪微博@译林方尖碑，

　　微信公众号"方尖碑书系"）

　方尖碑微博　　　　　方尖碑微信